21世纪高等院校教材·工业工程系列

项目管理

（第二版）

张　卓　主编

科学出版社

北　京

内 容 简 介

本书是依据项目管理学科的发展和实践的要求,由多位从事项目管理研究与教学的教师根据自己的学习和实践经验编写而成的,是当前较为系统地介绍项目管理知识体系和最新实践的教材。全书共分为 9 章,以项目管理知识体系和项目管理过程为主线,系统地介绍了项目构思与项目启动、项目论证与评价、项目规划与计划、项目实施与控制、项目结束与后评价、项目组织与沟通、项目风险管理、项目信息管理等方面的理论进展和最新应用。本书特点是力求理论联系实际,注重项目管理知识的系统性和项目管理的实践性相结合,并运用案例强化项目管理知识的应用。

本书可作为管理类、经济类专业的本科生、研究生,工科各专业的本科生的教材;也可作为各类项目管理从业人员的参考书。

图书在版编目(CIP)数据

项目管理/张卓主编 . —2 版 . —北京:科学出版社,2009
(21 世纪高等院校教材 · 工业工程系列)

ISBN 978-7-03-025962-2

Ⅰ. 项⋯ Ⅱ. 张⋯ Ⅲ. 项目管理-高等学校-教材 Ⅳ. F224.5

中国版本图书馆 CIP 数据核字(2009)第 200839 号

责任编辑:林 建 李 欢/责任校对:陈玉凤
责任印制:徐晓晨/封面设计:耕者设计工作室

科 学 出 版 社 出版
北京东黄城根北街 16 号
邮政编码:100717
http://www.sciencep.com

北京京华虎彩印刷有限公司 印刷
科学出版社发行 各地新华书店经销

*

2005 年 9 月第 一 版   开本:B5(720×1000)
2009 年 12 月第 二 版   印张:22
2016 年 5 月第六次印刷   字数:425 000

定价:42.00 元
(如有印装质量问题,我社负责调换)

丛书序

　　教材体现了相关课程的教学内容和基本要求，是教师组织教学的主要依据。一套好的教材，应当覆盖相应专业所要求的知识点而无重要遗漏；一本好的教材，内容上应能自成体系而又与丛书中其他教材无交叉重复。一本教材，若能深受学生喜爱并由此引发其对相关课程愿学、爱学，同时让教师用起来得心应手，当属教材中的上品。倘若是妙笔生花，能把枯燥、艰涩的科学知识组织得详略得当，自然天成，让教师、学生虽登山攀崖却如履平川，使科学知识的授受成为师生共同的乐趣，这样的教材当属极品，是读书人、教书人、写书人毕生追求的最高境界。

　　重视教材建设是南京航空航天大学经济与管理学院的传统。"十五"以来，我们组织教师编写、出版教材 40 余种。其中，9 种入选普通高等教育"十一五"国家级规划教材，《应用统计学》被评为国家精品教材，《灰色系统理论及其应用》等 5 种教材被评为江苏省精品教材。一批优秀教材的出版对学院课程建设形成强有力的支撑。"灰色系统理论"课程入选国家精品课程，"应用统计学"、"预测方法与技术"等 4 种课程入选江苏省精品课程和优秀研究生课程。教材和课程建设为人才培养质量的不断提高奠定了坚实的基础，一大批优秀学子脱颖而出。"十五"以来，南京航空航天大学经济与管理学院先后有 60 多位同学获得全国"挑战杯"创业计划大赛等奖励。其中，陈吕栋等 19 人获国家金奖。5000 多名毕业校友活跃在全国各地，受到用人单位的欢迎。不少人已开始崭露头角，成为高等学校、科研院所、企事业单位和政府部门的学术、技术和管理骨干。2007年，南京航空航天大学经济与管理学院组织申报的经济管理创新人才培养模式试验区被评为教育部、财政部人才培养模式试验区。

　　2005 年，南京航空航天大学经济与管理学院在学校和科学出版社领导的大力支持下，结合工业工程专业（江苏省品牌专业）建设的需要和社会需求，组织出版了工业工程系列教材。这套教材问世以来，相继被许多兄弟院校选用。其中，多数教材在短短 3 年内数次重印，深受师生喜爱。教材出版后，学院、学校和江苏省根据工业工程专业人才培养模式创新、国家和江苏省精品课程、精品教材建设的需要，安排了一批教学改革研究课题。这次对丛书进行修订，吸收了各位作者近年来取得的教学改革成果，融入了新的教学实践经验，并充分考虑读者反馈的意见和建议。同时，根据国家人才培养质量工程的要求，增加了《系统建模与仿真》等新的选题。

在丛书修订过程中，我们仍然要求参加编写工作的老师坚持读者至上的原则。在理论阐述上力求简明扼要，深入浅出，通俗易懂，易于自学。对相关方法和应用技术的讨论，则力求清晰、详尽而不累赘。因此，丛书修订版是在第一版基础上的一次升华，更适合用做政府部门、企事业单位管理干部、工程技术人员和理工科学生系统学习现代工业工程方法与技术的自学参考书。

丛书的修订、再版得到了南京航空航天大学教材出版基金的资助。在此，特向支持丛书出版的领导和专家表示深深的谢意！

好的教材是在多年教学实践的锤炼中逐步形成的，需要根据教学改革、专业设置和学科发展的要求不断充实、修订、完善。殷切期望专家、老师和广大读者将使用这套教材时发现的问题以及改进意见和建议及时反馈给我们，以便修订时借鉴。

国家有突出贡献的中青年专家
南京航空航天大学特聘教授、博士生导师　刘思峰
南京航空航天大学经济与管理学院院长

2009 年 1 月 2 日

第二版前言

21世纪，随着知识经济时代的到来和经济全球化步伐的加快，项目管理理论和实践都得到了快速发展。在项目管理理论方面，项目管理知识体系日趋完善，项目管理成熟度模型日新月异，项目组合管理和项目群管理理论逐步建立。此外，随着信息技术的快速发展，项目管理信息化成为项目管理理论发展的重要方向。

在项目管理实践中，项目管理的思想和方式几乎渗透到了我们工作与生活的方方面面。在我国，大到奥运会、"三峡"工程、大型飞机等巨型项目，小到家庭婚庆、旅游等，无不是依据项目管理的思想来运行的。项目构成了现代社会的基本活动，项目开发的成功确定了企业的兴衰，项目管理的效率和效益更是成为一个地区、一个国家快速发展和综合实力提高的重要基础。项目和项目管理正在改变一个国家的实力，影响一个地区的发展，决定一个企业的成长，造就一个人的职业道路。项目正在成为我们生活的一部分。

本书是一本从管理角度介绍项目管理知识体系及其最新实践的教科书，主要为大学本科生和研究生学习项目管理之用。那些正在从事项目管理实践的项目管理专业人员如果阅读本书，相信也会有相应的收获。本书还可作为各类组织培训项目管理人员的教科书。

本书再版，力求吸收国内外最先进的项目管理理论、方法和知识体系，以及项目管理的最新实践成果，在内容上力求做到科学性、先进性和普遍性相结合，并在理论性与实践性相结合的基础上，更加追求简洁易懂、利于教学。

全书共分9章，全部内容以项目管理的基本过程为主线进行编写，同时包含了项目管理知识体系中的重要组成部分，力求向读者展示一个完整的项目管理知识体系。在每一章后都安排了习题和案例，以帮助学习者更加深刻地领会项目管理的知识，并身临项目的环境之中。

本书由南京航空航天大学经济与管理学院5位从事项目管理研究与教学的教师共同编写。第1章、第2章、第4章和附录由张卓编写，第3章、第6章由张庆编写，第5章由楚岩枫编写，第7章由钱焱编写，第8章、第9章由蔡启明编写。全书由张卓主编、主审。

在本书的编写过程中，邢倩倩、杨华、沈莲军、钱玮等也做了大量工作，在此表示衷心感谢！

　　项目管理至今仍是一门发展中的学科，可供参考的资料并不丰富，加之作者水平所限，本书中难免有疏漏或不妥之处，敬请广大读者和同仁提出宝贵意见，以便今后改进。

张　卓

2009 年 10 月于南京

第一版前言

21 世纪，世界经济发生了深刻的变化。随着知识经济时代的到来、经济全球化步伐的加快，全球性的竞争日益加剧，市场变幻莫测和日益动荡。在新的竞争环境中，组织战略和项目管理将起到关键的作用。美国《财富》杂志预测，项目经理将成为 21 世纪年轻人首选的职业。项目管理将成为组织应对新的竞争环境的挑战、求得生存和发展的重要武器。

20 世纪 50 年代以来，社会经济与科技迅速发展，各国都在不遗余力地提高自己的综合实力，以求在全球竞争中获得领先优势。像我国"三峡"这样的巨型工程项目不断涌现，大型军事科研项目更是成为项目管理理论和实践的重要领域。项目构成了现代社会的基本活动，项目开发的成败决定了企业的兴衰，项目管理的效率和效益更是成为一个地区、一个国家快速发展和综合实力提高的重要基础。项目和项目管理正在改变一个国家的实力，影响一个地区的发展，决定一个企业的成长，造就一个人的职业道路。项目正在成为我们生活的一部分。

本书是一本从管理角度介绍项目管理知识体系及其最新实践的教科书，主要为大学本科生和研究生学习项目管理之用。那些正在从事项目管理实践的项目管理专业人员们如果阅读本书，相信也会有相应的收获。

本书尽量吸收国内外最先进的项目管理理论、方法和知识体系，以及项目管理的最新实践成果，在内容上力求做到科学性、先进性和普遍性相结合，理论性和实践性相结合。全书共有 9 章，全部内容根据项目管理的基本过程编写，同时包含了项目管理知识体系中的重要组成部分，力求向读者展示一个完整的项目管理知识体系。

本书的特点是理论联系实际。每一章都在介绍项目管理知识体系的同时力求与项目管理实践结合起来，并在每一章后都安排了一个案例。这些案例能帮助学习者更加深刻地领会项目管理的知识，并身临项目的环境之中。

本书由南京航空航天大学经济与管理学院 5 位从事项目管理研究与教学的教师共同完成。第 1 章、第 2 章、第 4 章和附录由张卓编写，第 3 章、第 6 章由张庆编写，第 5 章由楚岩枫、张卓编写，第 7 章由钱焱编写，第 8 章、第 9 章由蔡启明编写。全书由张卓主编、主审。

在本书的编写过程中，金晓锋、陈青华、潘衡、赵琪、金晶、张彦、卢振业、杨琦龙等研究生做了大量工作，在此表示衷心感谢！

　　项目管理至今仍是一门发展中的学科，可供参考的资料并不丰富，加之作者水平所限，书中难免出现疏漏或不妥之处，敬请广大读者和同仁提出宝贵意见，以便今后改进。

张　卓

2005 年 6 月于南京

目　录

第1章

项目及项目管理概述

内容提要

在本章中，您将学习到以下主要内容：

1. 项目的概念、构成要素、特点以及项目利益相关者；
2. 项目管理的概念、特点和基本职能；
3. 项目管理系统的层次及特点；
4. 项目管理理论的发展阶段及特点；
5. 项目管理知识体系的构成及不同层次的项目管理的特点；
6. 项目管理资质认证制度；
7. 项目生命周期的各个阶段的划分、特点和主要工作内容；
8. 项目管理成熟度理论；
9. 战略性项目管理的基本方向。

人类的活动可以分为两类：一类是连续不断、周而复始的活动，称为"运作"；另一类是临时性的、一次性的活动，称为"项目"。随着经济的不断发展和人们需求多样化程度的不断提高，项目对各类经济活动和人们日常生活产生着越来越重要的影响。项目管理作为一种现代化管理方式，已经成为组织管理的重要组成部分，并影响到组织的整体发展。

1.1 项目

1.1.1 项目的概念

1. 项目的定义

项目就是在既定资源、技术经济要求和时间的约束下，为实现一系列特定目标的多项相关工作的总称。

在美国项目管理协会（PMI）所发布的项目管理知识体系（PMBOK）中，项目是指"为创造一种独特产品或服务而进行的暂时性努力"。而国际标准ISO10006 则将项目定义为"独特的过程，有开始时间和结束时间，由一系列相互协调、受控的活动所组成，其实施是为了达到规定的目的，包括满足时间、费用和资源等约束"。

可见，项目是一个有待完成的任务，有特定的环境和目标；在一定的组织、有限的资源和规定的时间内完成；满足一定的性能、质量、数量、技术经济指标等要求。

2. 项目的构成要素

一般情况下，项目由以下五个要素构成：

（1）项目范围。即项目要完成的临时性任务，包括产品范围和项目过程范围等。它是一个项目的边界。

（2）项目组织结构。即项目的组织形式，包括组织机构设置、职责、管理机制和相互关系等。

（3）项目质量。即项目任务完成所需要达到的"一组固有特性满足要求的程度"。

（4）项目费用。包括项目投资、运行费用等在内的项目整个寿命周期内的所有现金流出。

（5）项目时间进度。即项目的时间安排，包括开始时间和结束时间等。

在上述五个要素中，项目范围和项目组织结构是基本要素，而质量、费用、时间是项目的约束要素，它们依附于基本要素而存在，可以在一定范围内变动。

1.1.2 项目的特征

与其他组织活动相比较，项目具有以下基本特征。

1. 目的性

任何项目都具有特定的目的性，并通过明确的项目目标表现出来。项目目标一般由成果性目标和约束性目标组成。成果性目标是指项目的最终目标，在项目实施中需要将其转换成为功能性要求或过程要求，是项目全过程的主导目标。约束性目标又称限制条件，是指限制项目实施的客观条件和人为约束，因而是项目实施过程管理的主要目标。

2. 独特性

项目是一次性的任务，这意味着每一个项目都具有特殊性，主要表现在目标、环境、条件、组织、过程等诸多方面。没有两个完全相同的项目。

3. 关联性

项目的关联性主要表现在两个方面：一是目标的关联性，即项目的主要目标如功效、费用和时间之间，存在着紧密的联系；二是实施活动的相互依赖性，即项目实施内部活动之间，以及项目活动和组织其他活动之间存在着相互作用，必须统筹安排、相互协作，才能高质、高效地完成项目任务。

4. 冲突性

在项目的生命周期中总是充满冲突。在项目的设计阶段，常常需要在性能、经费和时间等方面权衡；在项目的实施阶段，常常面临各种变更与资源竞争；在项目的结束阶段，常会产生对项目评价的异议。此外，项目组成员之间、项目利益相关者之间的冲突贯穿项目始终。因此，与其他经理人相比，项目经理需要更加高超的解决冲突的技巧。

5. 生命周期性

任何项目都会有开始时间和结束时间，一般要经历启动、开发、实施和结束四个阶段，这样一个过程称为项目的"生命周期"。项目生命周期的不同阶段表现出明显的规律性，如项目在启动阶段发展比较缓慢，资源投入较少；在开发、实施阶段进展较快，资源投入较多；在结束阶段又趋于缓慢等。

1.1.3 项目的分类

项目可以按照不同的原则来进行分类。从层次上分，有宏观项目、中观项目和微观项目；从项目类别上分，有工程项目和非工程项目；从行业领域分，有建筑项目、制造项目、农业项目、金融项目等；从项目性质上分，有科学研究、产品开发、研制试制、技术改造、招商引资、风险投资、转包生产、组织活动等。每一类项目都有自身的特点和管理规律。

1.1.4 项目利益相关者

项目利益相关者是指项目的参与各方及其受影响的个人或组织。一般地，项目利益相关者的数量与项目大小和复杂程度有关。简单小型的项目利益相关者较少，而大型复杂的项目利益相关者众多。一个大型投资工程项目可能包含客户、投资方、贷款方、设计方、承建方、分包方、项目组、供应商、咨询顾问方等利益相关者，也包括受到项目间接影响的项目用户、政府部门、社会公众、新闻媒体、竞争对手、合作伙伴等。

不同利益相关者的需求和期望各不相同。例如，业主可能十分关心进度，承包商往往关心成本，设计师更加注重技术先进性，政府可能关心税收，社区居民则希望尽量减小项目对环境的不利影响。因此，准确识别利益相关者，了解他们的需求和期望，对于项目管理者来说十分重要。

1.2 项目管理

项目管理是伴随着人类生产活动的复杂化和社会进步而逐渐形成的管理科学的重要分支。20 世纪 70 年代以来，项目管理理论为大型复杂项目的实施提供了有力的支持，改善了对包括人力在内的各种资源利用的计划、组织、领导和控制的方法，从而引起了人们的广泛重视，并对管理实践作出了重要贡献。

今天，市场需求多元化日趋明显，科学技术发展日新月异，国际化竞争愈演愈烈，产品生命周期越来越短，这些都要求企业具有满足快速变化的需求、应对激烈的市场竞争和不断创新产品的能力，项目管理的理念和方法显得更为重要。

1.2.1 项目管理的概念

1. 项目管理的定义

项目管理的直观意义是"对项目进行的管理"，它包括两个方面的含义：项目管理属于管理的大范畴；项目管理的对象是项目。

随着项目及其管理实践的发展，项目管理的内涵得到较大的充实和发展。如今，项目管理已经发展成为一种新的管理方式、一门新的管理学科。

项目管理就是以项目为对象的系统管理方法，通过一个临时性的专门的柔性组织，对项目进行高效率的计划、组织、指导和控制，以实现项目全过程的动态管理和项目目标的综合协调与优化。

所谓全过程的动态管理是指项目管理贯穿于项目的整个生命周期，通过不断进行资源配置和协调，不断作出科学决策，使项目过程始终处于优化运行状态，产生最佳效果。所谓综合协调与优化是指项目管理应综合协调好时间、费用、质量等约束性目标，在较短的时间内成功实现一个特定的成果性目标。因此，项目管理的本质是一种运用既有规律又经济的方法对项目开展高效率的管理活动，并在时间、费用和技术效果上达到预定目标。

2. 项目管理的维度

项目管理是以项目经理负责制为基础的目标管理。一般来说，项目管理是按任务（垂直结构）而不是按职能（平行结构）组织起来的。通常，项目管理围绕项目计划、项目组织、进度控制、费用控制和质量管理等五项基本任务来展开。理解项目管理的另一个角度是项目的三维管理：

（1）时间维。即把项目的生命周期划分为若干阶段，从而进行阶段管理。

（2）知识维。即针对项目生命周期不同阶段的特点和知识构成，采用和研究不同的管理技术方法。

（3）保障维。即对人、财、物、技术、信息等的后勤保障管理。

1.2.2 项目管理的特点

与传统的职能部门管理相比较，项目管理的最大特点是注重综合管理，并且有严格的时间期限。项目管理必须通过不完全的过程，在确定的期限内生产出不完全确定的产品。项目管理的特点主要表现为以下几个方面。

1. 对象的特殊性

项目管理是针对项目的特点而形成的一种管理方法，因此其管理对象应是项目或可以当作项目来处理的运作，尤其是大型的、复杂的项目。鉴于项目管理的科学性和高效性，有时人们会将重复性"运作"中的某些过程分离出来，加上起点和终点当作项目来处理，以便运用项目管理方法，提高过程效率。

2. 内容的创新性

每一个项目的实现都是一个新的任务，需要使用新的技术、新的人员和新的方法。项目管理就是在继承前人经验、知识和成果的基础上，综合多学科成果，将多种技术结合起来，以实现项目目标。

3. 管理的系统性

首先，项目管理的系统性源于项目的系统性，即项目是一项系统性工作，因而项目管理可以依据系统论"整体—分解—综合"的原理，将项目系统分解为许多不同层次的目标和任务责任单元，以便明确分工和责任，促进协作和综合，最终完成预定目标。其次，项目管理过程具有系统性，即强调对项目生命周期的全过程管理，注重局部与整体、阶段与全过程的协调，以避免局部或阶段影响整体或全过程效果情况的发生。

4. 组织的临时性和高度柔性

项目组织具有临时性和高度柔性的特点。一是项目的一次性决定了项目组织的临时性。当项目终结，作为项目实施载体的项目组织的使命也就结束了。二是项目的高度不确定性和冲突性需要项目组织具有高度的柔性，以适应内外环境的不断变化，促进各部分的协调与控制，以确保项目总体目标的实现。

基于组织临时性的特点，项目管理通常采用基于团队的项目经理负责制，即在项目经理全权负责下，项目团队成员分工负责，协调合作，通过各自目标的实现共同完成总体目标。

5. 方法的开放性

项目管理采用先进的管理理论和方法，例如，采用网络图编制进度计划；采用目标管理、全面质量管理、价值工程、技术经济分析等理论和方法控制项目总目标；采用先进高效的计算机信息管理系统进行项目管理等。项目管理方法随着科学技术和管理理论的不断发展而不断丰富。

6. 环境的重要性

任何系统的生存都有赖于其所在的环境。从内部环境看，项目管理需要营造一个有利于组织和团队成员共同合作、和谐发展的环境。从外部环境看，项目的实现与客户、供应商、竞争者、社区乃至国家宏观环境息息相关。项目管理的要点就是创造和保持一种使项目顺利进行的环境。

1.2.3 项目管理系统

项目管理是一项系统工程。项目管理系统包含技术、组织和环境等三个子系统，它们共同作用，形成了项目管理的特定系统（图1-1）。

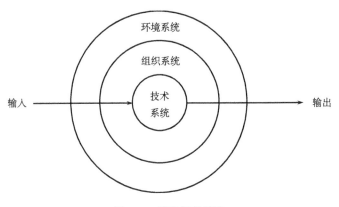

图 1-1 项目管理系统

1. 技术系统

技术系统包含实施项目的基本技术，如网络计划技术、施工技术、控制技术、试验技术等，是项目实施的基础。通常，技术系统的管理工作趋向于标准化和常规化，管理者通常实施程式化决策，并以任务为导向实施管理，其核心是控制技术不确定性。

2. 组织系统

组织系统是指对技术系统的整合方式，如职能式组织结构、矩阵式组织结构、项目式组织结构等，是项目管理的核心。组织系统的管理工作主要是协调项目各职能的相互关系，确保各项技术活动输入，并对其输出进行有效的控制，具有很强的指导性和控制性，其决策活动部分是程式化的，但大部分是非程式化的。

从项目所在组织的角度看，任何具体项目的管理工作都要遵循组织目标、组织制度和管理程序。因此，项目的最高管理者应针对不同的项目内外环境制定项目目标，以及适合于项目组织运行的组织制度和工作程序，确保项目满足客户需求。

3. 环境系统

项目管理是一个开放的系统，它置身于一定的外部环境，必然要受到外部环境的影响。通常，项目管理所面临的环境包括：政治环境，经济环境，社会环境，法律环境，自然环境，技术环境，项目基础设施，交通运输和通信，项目利益相关者等方面。

1）政治环境

政治环境包括：政治局面的稳定性；政府对项目提供的服务，办事效率，政府官员的廉洁程度；与项目有关的政策，特别是对项目有制约的政策，或向项目倾斜的政策等。

一个国家政治稳定程度对项目的各个方面都会造成影响，而这个风险常常是难以估计、难以控制的，直接关系到工程的成败。例如，每次海湾战争都给国际工程承包商带来巨大的打击。

2）经济环境

经济环境包括：国民经济发展状况；国家的财政状况；国民经济计划的安排、国家重点投资发展的项目、领域、地区、工业布局及经济结构等；国家及社会建设的资金来源，银行的货币供应能力和条件；市场对项目或项目产品的需求，市场容量，购买力，人们的市场行为，现有的和潜在的市场，市场的开发等；项目所需的原材料和设备供求情况及价格水平；劳动力供应以及价格；能源、交通、通信、生活设施的价格；城市建设水平；物价水平；当地建筑市场情况等。随着项目的开展，市场调查是重点，经济环境将在不同程度上影响项目的成败。

3）社会环境

社会环境包括：项目所在地的人口数量与增长率、文化素质；当地风俗和禁忌；居民消费习惯、购买力、商业习惯；社会价值取向与道德体系；移民和迁徙政策与状况等。通常，社会环境会对项目的运行起到十分重要的作用。例如，项目管理者需要了解当地的文化，尊重当地习俗；进度计划中要考虑到当地的节假日；项目沟通需要适应当地语言和交流方式等。

4）法律环境

任何项目需要在一定的法律环境中存在和运行，它必须受到法律的制约和保护，通常适用项目所在地的法律。

项目的法律环境包括：项目所在国（地）法律的完备性，执法的严肃性，以及是否能对投资者实施有效保护等；与项目有关的各项法律，如土地法、合同法、劳工法、税法、环保法、外汇管制法等；与项目有关的税收、土地政策、货币兑换政策等。

在国际工程项目中，了解工程所在国（地）法律的特点、总体精神对于项目的正常开展十分重要。

5）自然环境

项目的自然环境包括：可以供项目使用的各种自然资源的蕴藏情况；自然地理状况；气候、天象、天文等。

6）技术环境

技术环境包括：项目相关领域的技术发展水平、技术能力，解决项目运行和建造问题技术上的可能性；同类项目的资料，如相似工程的工期、成本、效率、存在的问题、经验和教训等。

7）项目基础设施、交通运输和通信条件

项目基础设施、交通运输和通信条件包括：场地周围的生活与配套设施，以及周围可供使用的临时设施；现场周围公用事业状况，如水、电的供应能力，给水条件及排水条件；现场以及通往现场的运输情况，如公路、铁路、水路、航空条件、承运能力、费用；各种通信条件、能力及价格等。

8）项目利益相关者

项目利益相关者包括：项目所属企业的基本状况、能力、战略、对项目的要求、基本方针和政策；合资者的能力、基本状况、战略、对项目的要求、政策；承包商、供应商的基本情况；项目的主要竞争对手的基本情况；项目成果使用者、社区的需求和期望等。

鉴于环境对项目的重要性，任何项目管理体系必须建立在对项目环境的了解之上。这就要求项目必须大量占有资料，以作为决策、计划的依据。对环境调查的基本要求是：内容应全面、系统；客观、实事求是；用数据说话，定性和定量相结合；不仅针对现状，而且要了解过去，更重要的是预测未来；满足项目管理所要求的详细程度。

可见，项目管理系统是由技术系统、组织系统和环境系统有机结合、相互作用而构成的。只有形成一个高效、互动的整体，才能确保项目目标的有效实现。

1.3　项目管理的历史沿革

项目管理的发展经历了漫长的历程。潜意识的项目管理自远古时代就开始产生，后经过大量的项目实践逐渐形成了现代项目管理的科学体系。项目管理的发展大致经历了潜意识的项目管理、传统项目管理和现代项目管理三个阶段。

1.3.1　潜意识的项目管理阶段

这一阶段从远古开始一直到 20 世纪 30 年代。人们在生产和生活实践中无意识地运用项目的模式，创造了人类文明的许多奇迹。

人类早期的项目可以追溯到数千年以前，如埃及的金字塔，古罗马的尼姆水道，中国的万里长城、都江堰等，都是先人项目实践的典范，代表了人类智慧的结晶。

西方一些学者认为，人类最早的项目管理是埃及人建造金字塔和中国人建造万里长城。但是直到 20 世纪初，人类管理项目的思想还是非系统性的，没有形成清晰的理论、技术和方法，而主要是依靠个别人的天赋和才能。可以说，此时的项目管理是凭经验，而非科学。

1.3.2 传统项目管理阶段

20 世纪初，随着科学技术的发展和生产活动规模的不断扩大，人们开始探索管理项目的科学方法。1900 年前后，亨利·甘特（Henry L. Gantt）发明了甘特图（又名横道图、条形图）。甘特图简单直观，被广泛应用于项目进度计划与控制中，时至今日仍是管理项目的常用手段。但是甘特图在展示大型复杂项目各项工作和环节之间的逻辑关系方面具有很大的局限性。因此，卡尔·阿丹密基（Karol Adamiecki）于 1931 年研制出协调图以克服上述缺陷，但没有得到足够的重视和承认。

随后，大型工程项目和军事项目中广泛采用了里程碑技术。里程碑技术的应用虽然没有从根本上解决复杂项目的计划和控制问题，但却为日后网络概念的产生充当了重要的媒介。

20 世纪 50 年代，美国军界和企业界纷纷为管理种类日益繁杂、规模不断扩大的项目寻求更加有效的计划和控制技术。在当时开发的众多技术中，网络计划技术最为著名。网络计划技术克服了甘特图的种种缺陷，能够反映项目进展中各项工作间的逻辑关系，清晰描述各工作阶段和工作单位之间的接口界面和项目的进展情况，并可以事先进行优化，从而提高了项目管理的效率和科学性。

网络计划技术（network planning technique）的开端是关键路线法（critical path method，CPM）和计划评审技术（program evaluation and review technique，PERT）的产生和推广应用。1957 年，美国杜邦公司将关键路线法应用于其化工项目，结果不仅大大缩短了建设工期，而且节约投资 10％左右，取得了显著的经济效益。1958 年，美国海军部开发北极星号潜艇的导弹 FBM，研制出计划评审技术，顺利解决了涉及 48 个州 200 多个主要承包商和 11 000 多家企业的组织、协调问题，结果节约了大量投资，并将工期缩短了约两年的时间（缩短工期约 25％）。1962 年，美国国防部发文规定，凡承包有关工程的单位都需要采用这种方法来安排计划。美国政府也明确要求所有政府项目的承包商必须提交一份详尽的 PERT 网络计划，以保证项目的进度和质量。20 世纪 60 年代，耗资 400 亿美元、涉及 2 万多家企业的阿波罗登月计划，也是运用 PERT 进行计划和管理的。

PERT 考虑了项目各工作环节在完成时间上的不确定性，但是忽视了其他方面的不确定性，如网络中是否每个活动都要完成，网络中是否应该有回路等。因此，在网络计划技术诞生之后，许多学者致力于改进这项技术，并取得了令人注目的成果（表1-1）。

表 1-1　网络计划技术的发展

年份	名称	发明人	解决的主要问题
1966	图示评审技术（GERT）	普利茨克尔（Priskre）	综合应用流线图理论和随机函数求随机解，增加了随机适应性
1970	计算机程序模拟技术（MATHNET、RISCA、STATNET、SOLVNET 等）	美国陆军	运用计算机程序进行网络模拟，解决网络分析问题，并进行风险系统费用分析等
1972	风险评审技术（VERT）	莫勒尔（Moeller）	在网络结点逻辑和数学关系式的处理上有较强的适应性，能统筹考虑时间、费用、性能的问题，并给予三者同等的处理层次
1979	VERT-2	莫勒尔（Moeller）	依据 VERT 和 TRACENET，强化了 VERT 的功能
1981	VERT-3	莫勒尔（Moeller）和迪格曼（Digmana）	不仅能分析完成计划的进度，显示各项成果的范围、性能和费用水平，而且能突出显示关键最优路线，提供成功的可能性和失败的风险度

可见，网络方法的出现，给项目管理的科学化注入了新的活力，自此，项目管理有了科学的系统方法。不过，该阶段的项目管理主要应用于国防和建筑业，项目管理的任务主要还是强调项目的执行。

1.3.3　现代项目管理阶段

从 20 世纪 70 年代末至今，项目管理的应用范围日益扩大。项目管理由最初的航空、航天、国防、化工、建筑等部门，广泛普及到了国民经济和企业活动的方方面面。目前，项目管理已经成为企业的基本管理活动之一。今天，项目管理已经成为一门科学、一个职业、一种思想。

1. 一门科学

项目管理在理论和方法上正逐步把系统理论、组织理论、经济学、管理学、行为科学、心理学、计算机科学、信息科学等学科的理论与方法同项目管理实践结合起来，发展成为一门较为完整的独立的学科体系。

2. 一个职业

随着项目及项目管理的广泛应用，项目管理专业人员队伍不断扩大。另外，随着项目管理专业资质认证制度的出现，项目管理职业经理人队伍也在不断壮大。权威机构对未来职业发展的评判中指出，"项目管理将成为21世纪最具前景的黄金职业"。

3. 一种思想

当前，项目管理发展的特点是面向多变市场、迎接国际竞争。项目管理除了计划和协调外，对采购、合同、进度、费用、质量、风险等给予了更多的重视，并形成了现代项目管理的框架。

随着经济全球化步伐的加快和市场竞争的日益加剧，企业管理面临从批量生产向大规模定制转变的变革。项目管理更加注重人的因素、注重顾客需求、注重市场响应、注重组织柔性和适应性的特征显示了强大的优越性，项目管理正在成为企业应对日益变化的环境的一种组织方式、管理方式和思想方法。以战略为指引、以项目管理为核心的新的管理体系正在逐步显现。项目管理正在成为企业成功的重要驱动力。

项目管理科学的发展历程参见图1-2。

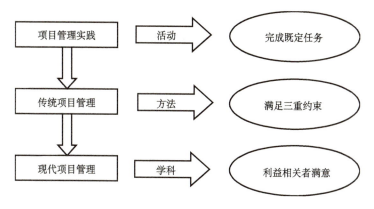

图1-2　项目管理的发展

■1.4　项目管理知识体系

1.4.1　项目管理知识体系

现代项目管理是从第二次世界大战以后发展起来的，经过几十年的发展，项目管理知识体系的建立已经成为现代项目管理发展的重要方向。

项目管理知识体系的概念首先由美国项目管理学会（Project Management Institute，PMI）提出，PMI于1987年公布了第一个项目管理知识体系（project management body of knowledge，PMBOK），并于1996年和2000年分别对其进行了修订。该知识体系把项目管理知识划分为九个领域，包括范围管理、时间管理、费用管理、质量管理、人力资源管理、沟通管理、风险管理、采购管理和综合管理。

国际项目管理协会（International Project Management Association，IPMA）从 1987 年开始进行"项目管理人员能力基准"的研究，并于 1999 年正式推出了国际项目管理能力基准（IPMA competence baseline，ICB）。该基准把个人能力划分为 42 个要素，其中包括 28 个核心要素、14 个附加要素，还包括个人要素的 8 大特征和总体印象的 10 个方面。

基于以上两个方面的要求，为建立适合我国国情的"项目管理知识体系"，形成我国项目管理学科和专业的基础，我国于 1993 年开始研究中国项目管理知识体系，并于 2001 年 7 月正式推出中国项目管理知识体系文件——《中国项目管理知识体系》（C-PMBOK）。

中国项目管理知识体系主要以项目生命周期为基本线索进行展开，从项目及项目管理的概念入手，按照项目开发及其相应的知识内容，同时考虑到项目管理过程中所需要的共性知识及方法工具，共分为 88 个知识模块，如表 1-2 所示。

表 1-2　中国项目管理知识体系框架

2. 项目与项目管理	2.1 项目	2.2 项目管理		
3. 概念阶段	3.1 一般机会研究	3.2 特定项目机会研究	3.3 方案策划	3.4 初步可行性研究
	3.5 详细可行性研究	3.6 项目评估	3.7 商业计划书的编写	
4. 规划阶段	4.1 项目背景描述	4.2 目标确定	4.3 范围规划	4.4 范围定义
	4.5 工作分解	4.6 工作排序	4.7 工作延续时间估计	4.8 进度安排
	4.9 资源计划	4.10 费用估计	4.11 费用预算	4.12 质量计划
	4.13 质量保证			
5. 实施阶段	5.1 采购规划	5.2 招标采购的实施	5.3 合同管理基础	5.4 合同履行和收尾
	5.5 实施计划	5.6 安全计划	5.7 项目进展报告	5.8 进度控制
	5.9 费用控制	5.10 质量控制	5.11 安全控制	5.12 范围变更管理
	5.13 生产要素管理	5.14 现场管理与环境保护		
6. 收尾阶段	6.1 范围确认	6.2 质量验收	6.3 费用决算与审计	6.4 项目资料与验收
	6.5 项目交接与清算	6.6 项目审计	6.7 项目后评价	

7. 共性知识	7.1 项目管理组织形式	7.2 项目办公室	7.3 项目经理	7.4 多项目管理
	7.5 目标管理与业务过程	7.6 绩效评价与人员激励	7.7 企业项目管理	7.8 企业项目管理组织设计
	7.9 组织规划	7.10 团队建设	7.11 冲突管理	7.12 沟通规划
	7.13 信息分发	7.14 风险管理规划	7.15 风险识别	7.16 风险评估
	7.17 风险量化	7.18 风险应对计划	7.19 风险监控	7.20 信息管理
	7.21 项目监理	7.22 行政监督	7.23 新经济项目管理	7.24 法律法规
8. 方法和工具	8.1 要素分层法	8.2 方案比较法	8.3 资金的时间价值	8.4 评价指标体系
	8.5 项目财务评价	8.6 国民经济评价方法	8.7 不确定性分析	8.8 环境影响评价
	8.9 项目融资	8.10 模拟技术	8.11 里程碑计划	8.12 工作分解结构
	8.13 责任矩阵	8.14 网络计划技术	8.15 甘特图	8.16 资源费用曲线
	8.17 质量技术文件	8.18 并行工程	8.19 质量控制的数理统计方法	8.20 挣得值法
	8.21 有无比较法			

1.4.2 项目管理的主要内容

项目管理的主要内容可以概括为多个主体、2 个层次、4 个阶段、5 个过程、9 个领域、42 个要素。

1. 多个主体

(1) 业主。即客户或项目委托人，它可能是一个自然人、一个组织、一个团体，或者是这几种形式的组合。客户是项目交付成果的需求者和最终使用者，因而也是项目的管理者。

(2) 承约商。即承接项目满足客户需求的项目承建方，又称被委托人。在项目启动到结束的整个项目管理过程中，承约商始终起着主导作用。对于大型项目，承约商可以将其中的一些子项目转包给不同的分包商。

(3) 监理。即由业主委托的负责监督和管理项目实施的机构，对项目实施的质量和进度负有管理责任。

(4) 项目管理团队。即直接负责项目运行的群体，是对项目规划、计划、组织、实施及结果负有最重要和最直接责任的一群人，其负责人是项目经理。

2. 2 个层次

(1) 组织层次。即组织对其所实施的所有项目的管理。

(2) 项目层次。即对具体项目的管理。

3. 4 个阶段

(1) 概念阶段。包括机会研究、方案策划、可行性研究、项目评估、项目申请书编写等。

（2）规划阶段。包括目标确定、范围规划、工作分解、进度安排、资源规划、费用预算、质量规划等。

（3）实施阶段。包括采购规划及实施，合同管理，实施计划，进度、费用、质量、安全、变更控制，生产要素管理，现场管理与环境保护等。

（4）收尾阶段。包括范围确认，质量验收，费用决算与审计，资料验收、项目交接与清算、项目审计，项目后评价等。

4.5个过程

（1）启动过程。包括项目发起、项目核准和立项、项目启动等。

（2）计划过程。包括确立项目目标、制定项目计划、确定项目预算、进行资源配置等。

（3）执行过程。包括项目各项任务的具体执行等。

（4）控制过程。包括项目进度、质量、成本、安全、变更等控制活动。

（5）结束过程。包括验收、交接、审计、清算、后评价等活动。

5.9个领域

（1）范围管理。包括背景描述、目标确定、范围规划、工作分解、工作排序、范围变更控制、范围确认、项目资料与验收、项目交接与清算等。

（2）时间管理。包括工作延续时间估计、进度安排、实施计划、项目进展报告、进度控制等。

（3）费用管理。包括资源计划、费用估计、费用预算、费用控制、费用决算与审计、项目审计等。

（4）质量管理。包括质量计划、质量保证、质量控制、质量验收等。

（5）人力资源管理。包括组织规划、团队建设等。

（6）风险管理。包括风险管理规划、风险识别、风险评估、风险量化、风险应对计划、风险监控等。

（7）沟通管理。包括冲突管理、沟通规划、信息分发、信息管理等。

（8）采购管理。包括采购规划、招标采购的实施、合同管理基础、合同履行和收尾等。

（9）综合管理。包括安全计划、安全控制、生产要素管理、现场管理与环境保护、项目经理、项目监理、行政监督、新经济项目管理、法律法规等。

6.42个要素

42个要素如表1-3所示。

1.4.3 项目管理的类型

"项目"既可以指一个特定的项目，也可以指一群或一组项目。因此，对于项目的管理也可以依据组织层次划分为不同的层次，各层次上项目管理的内容及

表 1-3　项目管理要素

序号	知识要素	序号	知识要素	序号	知识要素
1	项目与项目管理	15	资源	29	项目信息学
2	项目管理的运行	16	项目费用和财务	30	标准与规则
3	通过项目进行管理	17	状态与变化	31	问题解决
4	系统方法与综合	18	项目风险	32	会谈与磋商
5	项目背景	19	效果衡量	33	固定的组织
6	项目阶段与生命周期	20	项目控制	34	业务过程
7	项目开发与评估	21	信息、文档与报告	35	人力开发
8	项目目标与策略	22	项目组织	36	组织学习
9	项目成功与失败的标准	23	协作（团队工作）	37	变化管理
10	项目启动	24	领导	38	行销、产品管理
11	项目收尾	25	沟通	39	系统管理
12	项目的结构	26	冲突与危机	40	安全、健康与环境
13	内容、范围	27	采购、合同	41	法律方面
14	时间进度	28	项目质量	42	财务会计

特点各不相同。

1. 宏观项目管理

宏观项目管理是指在国家和全社会层面上对项目群的管理，其主要目标是协调项目与社会及环境的关系，确保国家或社会的可持续发展。宏观项目管理涉及各类项目的投资战略、投资政策和投资计划的制定，各类项目的协调与规划、安排、审批等。

2. 中观项目管理

中观项目管理是指部门性或行业性机构对同类项目的管理，如建筑业、化工业、冶金业、航空工业、交通运输业等。中观项目管理涉及制定部门或行业的投资战略、投资政策和投资规划，项目布局和优先顺序，项目的规划、安排、审批和验收等。

3. 微观项目管理

微观项目管理是指具体的组织（如企业）对其项目的管理活动，包括对其实施的所有项目的管理，即项目群的管理，着重项目之间的协调、优先顺序、资源分配和管理政策等，以及对具体项目的管理两个方面。

1）项目管理主体

通常，微观项目管理的主体包括项目业主、项目设计单位、施工单位、项目监理单位，以及与项目有关的其他相关者，如设备、材料供应商，相关工程咨询机构，政府主管机构，甚至受到项目影响的居民和单位等。这些不同的项目管理主体，根据自己不同的管理目标和管理标准，采取不同的管理方法，对不同的项目内容实施管理。可以说，项目的最终成果是不同项目管理主体共同作用的结果。

2）项目管理层次

任何一个项目的管理都可以分为三个层次：高层管理、中层管理和基层管理。高层管理着重与政府、业主、承包商、竞争对手等各方面进行沟通，负责项目的重大决策；中层管理着重协调项目的内外事务，监控项目质量、进度和成本等，是项目技术与管理的核心；基层管理则主要负责项目具体工作任务的分配、执行、监督、控制等。

1.4.4 项目管理专业资质认证

1. 项目管理证书体系的发展

项目管理证书体系的发展是伴随着项目管理科学体系的发展和应用的需要而产生的。人类通过对项目管理理论与应用知识的研究，逐渐建立了项目管理学科体系，即项目管理知识体系。在项目管理实践中，这一知识体系逐渐演化成为项目管理应用标准。同时，基于项目管理知识体系的教育也得到发展。

为了证明项目管理从业人员的能力及资质，项目管理专业证书应运而生。1984年，美国项目管理学会首先提出项目管理专业人员 PMP 认证。随后英国、法国、德国等国也纷纷推出了相应的证书体系。国际项目管理协会于1996年在各国家证书发展的基础上提出了国际项目管理专业资质能力基准。目前全世界已经有30多个国家开展了 IPMP 的认证与推广工作。

一般认为，PMI 的项目管理知识体系指南（PMBOK guide）是针对项目而言的，它强调实施项目管理所必须掌握的知识领域，是人们按项目管理的方法基础；国际项目管理能力基准（ICB）则是针对人建立的，它强调从事项目管理的人员所应具备的能力要素，是一个对项目管理从业人员的能力进行综合考核的评判体系。

2. PMI 和 PMP 认证

1）美国项目管理学会

美国项目管理学会（PMI）创建于1969年，是一个主要以企业、大学、研究机构的专家为主建立的民间学术团体，现有会员10万多人。

PMI 在推进项目管理知识体系的建立和推广方面扮演了重要角色。在1976年 PMI 大会上，有人提出应将项目管理实践的经验进行总结，并形成"标准"。1981年，PMI 组成了一个10人小组进行"标准"的开发。1984年，PMI 又将该小组扩大为20人。该小组于1987年提交了题为《项目管理知识体系》的研究报告。该知识体系经过1991年和1997年的两次修订，成为现在的项目管理知识体系（PMBOK）。

PMBOK 将项目管理划分为需求确定、项目选择、项目计划、项目执行、项目控制、项目评价和项目收尾七个阶段，归纳了项目管理包括范围管理、时间管理、成本管理、人力资源管理、风险管理、质量管理、采购管理、沟通管理和综合管理九大知识领域，并对各领域的知识、技能、工具和技术进行了全面总结。

目前，PMBOK 已经成为被世界项目管理界公认的全球性标准，国际标准化组织以该知识体系为框架，制定了 ISO10006 标准（《质量管理：项目管理质量指南》），突出了 10 类项目管理的过程。

2）PMP 认证

PMI 的资质认证制度（PMP）始于 1984 年，并于 1991 年正式推广。目前我国已经有 2 万多人通过认证。现在，每年有上万人申请参加认证。

PMP 认证的基础是美国项目管理学会的项目管理知识体系（PMBOK）。申请者必须通过两种形式的考核：

（1）项目管理经历审查。要求参加 PMP 认证考试者必须具有学士学位或同等大学学历，并且拥有 3 年以上、4500 小时以上的项目管理经历；考试者如不具备学士学位或同等大学学历，但持有中学或同等中学学历证书，需要至少具有7500 小时的项目管理经历。

（2）笔试考核。笔试主要针对 PMI 的 PMBOK 中的九大知识模块进行书面考核，共有 200 道选择题，申请者必须至少答对其中的 136 道题才能通过考试。

3. IPMA 和 IPMP 认证

1）国际项目管理协会（IPMA）

IPMA 创建于 1965 年，是世界上成立最早的项目管理专业组织，其目的是促进国际间项目管理的交流，为国际项目领域的研究人员和项目经理提供一个学习、交流的平台。

IPMA 的成员主要是各个国家的项目管理协会，目前，已有包括中国、英国、法国、德国、澳大利亚等国在内的 30 多个成员国组织。这些国家项目管理的会员自动成为 IPMA 的会员。而那些没有项目管理组织，或者本国项目管理组织未加入 IPMA 的国家的个人或团体，可以作为国际成员直接加入 IPMA。

IPMA 的主要产品和服务包括研究与发展、教育与培训、标准化和证书制度、《国际项目管理杂志》、国际会议、讲习班和研讨会等。

2）IPMP 认证

IPMP 是 IPMA 在全球推广的四级证书体系的总称，该体系是 IPMA 于1996 年开始提出的一套综合性资质认证体系，并于 1999 年正式推出其认证标准ICB，目前已经有 30 多个国家开展了 IPMP 认证与推广工作。

（1）IPMP 认证与推广的前提条件。一是建立本国的 PMBOK，即要求IPMP 的成员国必须建立适应本国背景的项目管理知识体系；二是将 ICB 转化成NCB，即各国应按 ICB 的转换规则建立本国的国际项目管理专业资质认证国家标准 NCB。各国建立的 PMBOK 和 NCB 均需要通过 IPMA 的认可。

（2）IPMP 认证内容。IPMP 是一种能力考核，包括知识、经验和个人素质等方面。考核的依据是 ICB（或 NCB），它包含项目管理中知识和经验的 42 个要素（28 个核心要素和 14 个附加要素）、个人素质的 8 个方面和总体印象的 10 个方面。IPMA 要求在一个 NCB 中应包含全部 28 个核心要素和至少由该国挑选的 6 个附加要素，以及个人素质和总体印象的各方面。但对于 14 个附加要素中的另外 8 个任意要素，在考虑各国特征和项目管理新发展时，可以被新要素替代或删除。

（3）IPMP 四级证书体系。IPMP 根据项目管理人员专业水平的不同将项目管理专业人员资质认证划分为四个等级，即 A 级、B 级、C 级、D 级，分别授予不同级别的证书。各级证书的能力要求和认证程序如表 1-4 所示。

表 1-4　IPMP 四级证书体系

等级	头衔	能力要求	认证程序			有效期
			阶段 1	阶段 2	阶段 3	
A	高级项目经理（CPD）	有能力领导一个公司（或一个分支机构）的有诸多项目的复杂规划，管理该组织的所有项目，或者管理一项国际合作的复杂项目	申请履历自我评估证明材料项目清单	可选择：案例研讨或研讨会	项目报告	5 年
B	项目经理（CPM）	可以管理大型复杂项目		案例研讨或报告	面试	
C	项目管理专家（PMP）	能够管理一般复杂项目，也可以在所有项目中辅助项目经理进行管理			考试	
D	项目管理专业人员（PMF）	具有项目管理从业的基本知识，并可以将它们运用于某些领域	申请履历自我评估	考试		无时间限制

（4）IPMP 的能力考核因素。IPMP 的能力考核主要从以下六个方面进行。

基本能力：管理，项目和项目管理，项目背景和利益相关者，系统方法和项目管理，项目管理实施，项目目标，项目成功与失败准则，项目阶段，项目生命周期，标准与指南。

社会能力：洞察力，激励，社会化结构，小组和团队，学习型组织，自我管理，领导艺术，冲突管理，特殊交流状况等。

方法能力：项目结构，过程和时间管理，资源管理，成本管理，财务管理，实施测量和项目进展，项目控制，多项目管理，创新管理，解决问题等。

组织能力：公司和项目组织，质量管理，合同管理，构型和更改文档管理，项目开始，风险管理，项目信息系统/报告，项目结束和评估，人员管理等。

个人素质：沟通能力，首创精神，务实，热情，激励能力，联系能力，开放性，灵敏，自我控制，价值鉴赏力，乐意负责任，人格诚实，解决冲突，辩论文化，公正，解决问题能力，全面思考，忠诚，坚强，乐于助人，领导艺术等。

总体印象：常理（常识），逻辑和系统，语言/文字表达能力，综合能力，明晰，技能，知识水平，经历（阅历）等。

4. PMRC 和中国的项目管理专业资质认证

中国项目管理研究委员会（PMRC）成立于 1991 年 6 月，挂靠在西北工业大学，是我国唯一一个跨行业、全国性的、非营利的项目管理专业组织。1996年，PMRC 代表中国加入 IPMA，并与 IPMA 签订了全面合作协议，开始研究在中国推进国际项目管理专业资质认证工作。1999 年与 IPMA 签订了 IPMP 证书推广协议，正式启动我国的"国际项目管理专业资质认证制度"。2000 年 7 月推出中国项目管理知识体系。2001 年 7 月正式在全国推广国际项目管理专业资质认证。目前，中国的国际项目管理专业资质认证已经得到 30 多个国家项目管理专业组织的认可。

1.5 项目生命周期理论

现代项目管理理论认为任何项目都是由两个过程构成的，其一是项目的实现过程，其二是项目的管理过程。因此，现代项目管理要求在项目实施中分阶段、按过程做好一个项目的管理，保障项目产出物（成果）的生成和项目目标的实现。

1.5.1 项目的生命周期

项目是一个动态的系统，它随时间而变化。像所有生命有机体都会经历出生、成长、成熟、衰老和死亡这种明显的生命周期一样，项目也具有一定的生命周期性。在项目管理中，认识项目系统的生命周期特征是十分重要的。

项目的生命周期性主要体现每个项目都要经历从开始到结束的时间过程，在这一过程中，都要经历概念（concept）、规划（design）、实施（execute）和结束（finish）四个阶段。在不同阶段中，项目所表现出的特征不同，项目管理的内容和重点也各不相同。项目生命周期各阶段的关系如图 1-3 所示，项目生命周期各阶段管理的主要内容如表 1-5 所示。

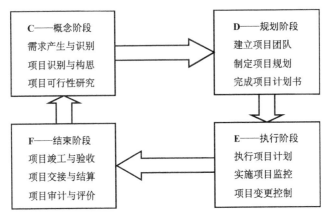

图 1-3　项目生命周期的四个阶段

表 1-5　项目生命周期及其核心工作

C——概念阶段	D——规划阶段	E——执行阶段	F——结束阶段
明确需求	确定项目团队成员	建立项目组织	完成最终产品
调查研究，资料收集	明确项目范围	建立项目沟通机制	项目评估与验收
项目识别	确定项目质量标准	实施项目激励机制	项目结算/清算
项目构思	研究项目实施方案	建立项目工作包	项目审计
明确项目目标	项目工作分解结构	细化各项技术要求	项目文档总结与移交
项目可行性研究	制定项目主计划	建立项目信息系统	资源清理
提出项目申请书	制定项目经费计划	执行 WBS 各项工作	项目后评价
明确合作关系	制定项目资源计划	获得订购物品和服务	转换产品责任者
提出项目团队组建方案	制定项目实施政策与程序	指导/监控/预测：范围、质量、进度、成本	解散项目组
项目风险研究	项目风险评估	解决实施中实际问题	
获准进入下一阶段	提出项目概要报告，获准进入下一阶段	提交各类项目进展报告，获准进入下一阶段	

应该引起注意的是，由于项目对象不同，其阶段的划分和定义也会有所区别。例如，产品的生命周期可以划分为研究与开发、引入市场、成长、成熟、衰退等阶段；大型系统项目的生命周期分为概念定义与可行性研究、设计、生产试制、定型与投入运行、处置（报废或作为他用）等阶段；世界银行贷款项目的生命周期则分为项目选定、项目准备、项目评估、项目谈判、项目实施、项目后评价等阶段。但是可以肯定的是，不论怎样划分项目的阶段，都要对项目完成和限制的条件进行明确的规定，以便对项目的完成情况进行审查。

1.5.2 项目管理过程

过程是指产生某种结果的行动序列。项目管理的过程性主要体现在以下三个方面。

1. 项目管理的过程

项目管理是一个一次性的、渐进的、动态的、系统的过程，由贯穿于项目的每个阶段、按一定顺序发生、工作强度有所变化并互有重叠的活动构成（图1-4）。通常，每个项目都有五个基本的管理过程：启动、计划、执行、控制和结束。

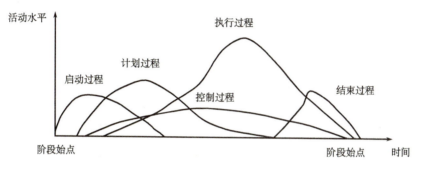

图 1-4 项目管理过程

1）启动过程

"启动过程"根据前一个项目阶段的"结束过程"所输出的文件和信息，以及在这一过程中收集的信息，运用外部环境与内部条件的分析和预测方法、确定性和风险性决策的方法等项目管理分析、管理预测和管理决策方面的工具与方法，作出一个项目阶段是否开始实施的决策，并生成相应的文件与信息作为这一过程的输出。

2）计划过程

"计划过程"所需要的输入信息包括"启动过程"输出的文件或信息，有关项目的目标、要求、技术规范、实施条件和环境、项目成本、费用、资源等方面的信息；"计划过程"的活动就是编制计划作为项目实施的依据。"计划过程"输出的是计划工作所生成的计划文件及其支持细节信息。"计划过程"的活动主要分两类，一类是核心性计划工作（集成计划），另一类是辅助性计划工作（专项计划）。项目或项目阶段的核心性计划工作包括的活动主要有项目或项目阶段的范围界定、工作定义和工作顺序安排、工作持续时间的估算与计划排定、资源的安排与成本估算、预算和计划的确定等。

项目或项目阶段辅助性计划的主要活动有质量计划的制定、组织计划的制定、人员配备计划的制定、沟通计划的制定、风险识别与风险量化、风险应对计划的制定和采购计划与采购工作计划的制定等。

3) 执行过程

这一过程的主要输入有两个，一个是"计划过程"给出的各种计划和相关细节信息与文件，另一个是项目的各种技术文件。而这一过程的输出是项目或项目阶段的产出物。"执行过程"的主体活动是项目生成物的生产工作和相应的管理活动，其中最为主要的工作内容是任务范围的进一步确认、计划任务的实施、项目质量的保证、项目团队的建设、项目相关信息的传递与沟通、采购工作的开展、供应来源的选择、合同管理等。

4) 控制过程

这是确保一个项目或项目阶段的产出物质量、项目工作质量与绩效的项目管理工作过程。"控制过程"的活动又可以分为三大类：一是对于可能发生的问题所采取的预防性的控制活动（事前控制）；二是在"执行过程"中所开展的控制活动（事中控制）；三是在实施工作完成以后所开展的控制活动（事后控制）。"控制过程"的主要工作包括过程控制、范围控制、进度控制、成本控制、质量控制、实际绩效报告、风险控制等。"控制过程"的输入是启动过程和计划过程的输出，而这一过程的输出是项目实施结果的业绩报告和纠偏措施带来的结果。

5) 结束过程

这是终结一个项目或项目阶段的项目管理具体工作过程。"结束过程"的主要工作包括：管理结束，即收集、生成并分发一个项目阶段或整个项目实施工作完成与结束的各种文件和信息的项目管理工作；合同终结，即终结一个项目或项目阶段各种合同的工作，包括各种商品采购和劳务承包合同。通常是"管理结束"工作先行开始，而"合同终结"工作先行结束，最终"结束过程"完成。

2. 项目管理过程的特点

1) 明确的任务内容

启动阶段接受上一个阶段交付的成果，经研究确认后，提出对下一个阶段的明确要求和任务，制定计划文件，下一个阶段才能够开始，并且每一个阶段的执行过程都要记录下来，以便与计划相比较，识别其中的偏差，为项目的控制和重新规划提供依据。由此，计划、执行、控制这三个过程常常要周而复始地循环，直到该阶段结束，其结果提交下一阶段。整个生命周期的每一个阶段就是这样环环相扣，构成了整体化的项目过程。

2) 清晰的可交付成果

两个过程的交接应该具有明显的交接物，使得下一个过程明确看到上一个过程的成果。可交付成果可以是书面文件、图片、样品、实物等，如创意报告、项目申请书、可行性研究报告、项目批准书、网络计划图、项目产出物、项目审计报告、项目后评价报告等。

项目可交付成果的重要性在于：①体现过程的相互联系。前一个过程的结果，对下一个过程乃至整个项目的结果都会产生影响。②确保执行的延续。项目的组织和人员都是临时性的，人员常常是流动的。可交付成果帮助后续人员了解项目，并确保项目执行的延续性。因此，每一个过程的可交付成果都应该尽可能详细、全面地包含一切所需的信息。

3) 有效的工具和方法

项目管理知识体系规定了一系列与过程有关的工具和方法，如启动过程的机会研究、可行性研究、不确定性分析方法等；计划过程的工作分解结构、里程碑计划、网络计划技术等；执行过程的范围管理、采购管理、合同管理等；控制过程的挣值法、质量控制、风险控制技术等；结束过程的质量验收、费用决算、审计、项目后评价技术等。这些工具和方法同项目过程一起形成了项目管理的完整体系。

项目管理过程不同阶段的工作特点如表1-6所示。

表 1-6　项目管理不同阶段的工作特征

阶段 特征	启动	计划	实施	控制	结束
资源投入	低	较低	高	较低	低
经历时间	短	较短	长	长	较短
工 作 量	小	较小	大	较小	小
工作特性	以智力劳动为主	以智力劳动为主	体力与智力劳动并存	以智力劳动为主	以智力劳动为主
风险大小	大	较大	较大	较小	小

1.6　项目管理成熟度模型

现代项目管理理论认为任何项目都是由两大过程构成的，其一是项目的实现过程，其二是项目的管理过程。因此，现代项目管理要求在项目实施中分阶段、按过程做好一个项目的管理，保障项目产出物（成果）的生成和项目目标的实现。

1.6.1　项目管理成熟度的概念

项目管理成熟度是一个组织（通常是一个企业）具有的按照预定目标和条件成功地、可靠地实施项目的能力。严格地讲，项目管理成熟度应该指的是项目管理过程的成熟度。

项目管理成熟度模型作为一种全新的理念，为组织项目管理水平的提高提供了一个评估与改进的框架。项目管理成熟度模型在项目管理过程的基础上，把组织的项目管理水平从混乱到规范再到优化的提升用阶梯式的进化过程描述出来，利于组织识别改进机会，发现提高项目管理水平的途径和方法，使其项目管理能力持续提高。

通常，项目管理成熟度模型有三个基本组成部分：①项目管理能力评估方法；②项目管理能力评估结果；③项目管理能力提升顺序。

1.6.2 常见的项目管理成熟度模型

目前成熟度模型总数超过了 30 种，其中，以美国卡内基梅隆大学软件研究院（SEI）提出的 CMM 模型、美国项目管理学会（PMI）从组织级项目管理层面提出的组织项目管理成熟度模型（OPM3）、著名项目管理专家 Harold Kerzner 博士提出的项目管理成熟度模型 K-PMMM 等最为有名。

1. CMM 模型

1987 年，美国卡内基梅隆大学软件研究所（SEI）受美国国防部的委托，率先在软件行业从软件过程能力的角度提出了软件过程成熟度模型——CMM（capacity maturity model），随后该模型成为在全世界推广实施的一种软件评估标准，用于评价软件承包能力并帮助其改善软件开发质量。

CMM 模型将软件过程能力划分为初始级（initial）、可重复级（repeatable）、定义级（defined）、管理级（managed）和优化级（optimizing）等五个层级，各层级均有明确的能力特征要求。组织依据模型要求，不断改进过程能力，依次提高层级，以对软件开发过程进行持续改进。

CMM 主要用于软件开发过程和软件开发能力的评价和改进，它侧重于软件开发过程的管理及工程能力的提高与评估。CMM 自 1987 年开始实施认证，现已成为软件业最权威的评估认证体系。

2. OPM3 模型

1998 年，PMI 开始启动 OPM3 计划，由 John Schlichter 担任 OPM3 计划的主管，并在全球招募了来自包括中国在内的 35 个不同国家、不同行业的 800 余位专业人员参与，于 2003 年 12 月推出了组织项目管理成熟度模型——OPM3（organizational project management maturity model）。

与 CMM 模型不同，OPM3 模型是一个三维的模型，第一维是成熟度的四个梯级，第二维是项目管理的九个领域和五个基本过程，第三维是组织项目管理的三个版图层次。成熟度的四个梯级分别是标准化级（standardizing）、可测量级（measuring）、可控制级（controlling）、持续改进级（continuously improving）。项目管理的九个领域指项目综合管理、范围管理、时间管理、费用管理、质量管理、人力资源管理、沟通管理、风险管理和采购管理。项目管理的五个基本过程是指启动过程（initiating processes）、计划过程（planning processes）、执行过程

（executing processes）、控制过程（controlling processes）和结束过程（closing processes）。组织项目管理的三个版图层次是单个项目管理（project management）、项目群管理（program management）和项目组合管理（project portfolio management）。

3. K-PMMM 模型

K-PMMM 模型由美国著名项目管理专家 Harold Kerzner 博士于 2001 年提出，包括以下五个层级：

（1）通用术语（common language）。在组织的各层次、各部门使用共同的项目管理术语。

（2）通用过程（common processes）。在一个项目上成功应用的管理过程，可重复用于其他项目。

（3）单一方法（singular methodology）。组织认识到了把其所有方法结合成一个单一方法所产生的协同效应，其核心就是项目管理，并用项目管理来综合全面质量管理（TQM）、风险管理、变革管理、协调设计等各种管理方法。

（4）基准比较（benchmarking）。组织认识到，为了保持竞争优势，过程改进是必要的，将自己与其他企业及其管理因素进行比较，提取比较信息，并用项目办公室来支持这些工作。

（5）持续改进（continuous improvement）。从基准比较中获得的信息建立经验学习文档，组织经验交流，在项目办公室的指导下改进项目管理战略规划。

以上每个层级都有评估方法和评估题，通过综合评估可以得到组织项目管理成熟度的层级，分析不足和制定改进措施，确定是否进入下一梯级。

■ 1.7 战略性项目管理

在当前的经济环境中，组织实施的项目越来越多，这些项目的实施结果也越来越大地影响到组织的竞争优势，成为其战略实施的重要工具。与之相适应，以范围、时间、成本和质量为核心的传统项目管理也正在逐步向组织战略领域扩展。这一扩展主要包含两个领域：项目组合管理和项目群管理。

1.7.1 项目组合管理

随着组织内部项目的不断增多，对于高层管理者来说，如何管理好多个项目，确保这些项目符合组织战略的要求，成为项目管理领域新的研究课题。由此，项目组合管理（project portfolio management）应运而生。

1. 项目组合管理的概念

1）项目组合的含义

美国项目管理协会（PMI）对项目组合（project portfolio）的定义是：一系列项目或项目群同其他工作集合在一起，通过有效管理以满足组织战略目标。

2）项目组合管理的含义

项目组合管理是指在可利用的资源和组织战略规划的指导下，进行多个项目或项目群投资的选择和支持活动。它通过项目评价选择、多项目组合优化等工作，确保项目符合组织的战略目标，从而实现组织收益最大化。

项目组合管理不是简单地对多个项目进行管理，而是超越了传统项目管理的边界，它作为组织项目和战略之间的"桥梁"，将项目实施和组织战略结合起来（图1-5）。

图1-5　项目组合管理——组织战略与项目实施的"桥梁"

3）项目组合管理的特点

与传统项目管理相比，项目组合管理具有如下特点：

（1）选择性。强调"做什么项目"，即通过帮助组织识别产生最大价值的项目，并通过一定的规则将这些项目进行有机组合，使其与组织目标结合在一起，获得项目之间、项目与资源之间的恰当平衡，以实现项目组合价值的最大化。

（2）战略性。它是组织战略层面的管理活动，是进行组织决策的过程，是面向多个项目的管理，与实现组织战略目标和全局利益密切相关。

（3）自上而下式的管理。它是在组织战略目标指导之下所实施的项目管理，通过优先选择符合组织战略目标的项目，有效组合资源能力实现项目目标，进而实现组织的战略目标。

项目组合管理与传统项目管理特点的对比如表1-7所示。

4）项目组合管理的目的和意义

项目组合管理具有以下重要目的和意义：

（1）快速响应外部环境的变化，提高组织的竞争优势。

（2）建立组织所有项目的视图，动态评价项目与战略目标的一致性。

（3）建立一个统一的项目评估与选择机制，使得项目选择符合组织战略目标的要求。

（4）平衡组织内的所有项目进程，确保满足其长期和短期要求，以及风险控制的要求。

表 1-7　项目组合管理与传统项目管理的特点比较

项目	项目组合管理	传统项目管理
管理目标	项目选择和优化	项目完成交付
管理方式	自上而下，战略性	自下而上，战术性
管理范围	组织的所有项目	单个项目或项目群
管理周期	长期性——基于组织生命周期	短期性——基于项目生命周期
决策层次	高层管理者/组织级管理者	项目经理/资源经理
重要干系人	组织高层管理者、相关职能经理、组织股东等	项目发起人、项目经理、项目客户等
管理内容	基于组织战略目标的项目组合范围定义、项目分析选择、多项目组合分析、动态管理组合等	项目管理的九大领域

（5）在组织范围内对项目分配资源，保证组织资源达到最优化，同时提高项目的成功率。

（6）通过识别低价值的、不符合战略的、执行差的项目来降低成本和运营风险。

（7）通过改进项目选择、优化、排序等过程来增加组织的投资回报。

（8）能够识别项目群和项目之间的依赖关系。

（9）改善项目负责人和业务管理者之间的沟通关系，使业务管理者更加关注项目。

可见，组织通过进行项目组合管理，能够合理运用组织的各种资源，快速适应市场环境的变化，提高组织项目（包括信息化项目）实施的成功率，从而提升组织的竞争优势。

2. 项目组合管理的阶段与内容

项目组合管理可分为项目战略定位、分析选择、组合优化、组合决策、实施跟踪等阶段。各阶段的主要工作内容如下所述。

1）项目战略定位

该阶段的主要任务是进行组织战略目标分解，按照战略目标将其项目进行组合分类，使战略目标与项目组合目标结合在一起，为在与组织战略目标相匹配的前提下进行项目整体资源优化配置奠定基础。同时，建立组织所有项目信息和资源库，了解与项目相关的所有信息，是此阶段非常重要的工作。

2）项目分析选择

该阶段的主要任务是建立统一的组织项目评价标准，并据此对每一个项目的资源、进度、成本、效益、风险等各种因素进行分析，最后进行项目选择，对不符合评价标准的项目予以暂停或终止。

3）项目组合优化

该阶段的主要任务是在项目分析的基础上，结合组织当前的资源约束条件，进行项目优化组合，使项目投资收益最大化。这个阶段也是整个项目组合管理过程的关键阶段。一方面，通过优化模型进行多个项目的优化选择；另一方面，在资源、成本等约束条件下，进行组合内的项目平衡，确定最优项目组合。

4）项目组合决策

该阶段的主要任务是在项目组合优化的基础上，进一步调整项目组合，并最终确定项目组合。项目决策者应结合组织战略目标、现有项目用户需求、项目进展情况和资源约束等进行项目组合的最后调整，使项目组合在上述四个方面进一步得到平衡。

5）项目实施与跟踪

该阶段的主要任务是对项目实施进行跟踪，及时了解组合项目执行和内外环境变化情况。一方面，建立项目组合视图，及时监控并了解影响项目组合的各种因素变化情况；另一方面，及时对项目环境、战略目标、影响因素等变化情况进行审查，以便进行及时的变更控制。

可见，项目组合管理过程是一个动态的持续执行、循环反复的过程，随着环境的变化，项目组合优化也随之改变。通过实施上述过程，组织能够建立所有项目的全景图，动态地跟踪项目的执行情况，进行项目和资源优化组合，最终实现其战略目标。

1.7.2　项目群管理

1. 项目群的概念

1）项目群的定义

项目群（program）的概念比较广泛，它既有大项目的含义，同时又指一组相互联系的项目或由一个组织机构管理的所有项目。

项目群通常与组织战略密切相关。它既是战略实施的具体工具，又是为了实现战略性利益而有目的地协调起来的项目集合，其目标是共享组织资源，获取单个项目管理无法取得的效益和控制能力。

2）项目群的特征

（1）多个项目。是指项目群由若干个同时发生或部分搭接的项目构成。这些项目相互之间，要么具有一定逻辑关系，要么虽没有逻辑关系，但具有类似的特征。因此，项目群中一个项目的推迟可能影响到另一个项目，如著名的阿波罗计划中的项目；但也可能不会影响到另一个项目，如南水北调工程的东、中、西线工程项目。

（2）统一的战略目标。是指项目群拥有一个明确的战略目标。组成项目群的多个项目虽然各自拥有具体的目标，但总体上都是为项目群统一的战略目标服务的，例如，南水北调工程的东、中、西线工程项目都是为了解决中国北方水资源短缺这个总目标的。不具有统一战略目标的多个项目只能算作项目组合，而不能称为项目群。

（3）统一的配置资源。是指项目群范围内系统化地合理安排资源。由于目标的统一性，多个项目可能同时使用同一资源，或同一资源供若干个不同项目调用。这就需要在满足单个项目资源需求的基础上，从项目群系统角度出发，在不同项目之间合理调配资源。

项目群和单个项目在内涵上的差异如表 1-8 所示。

表 1-8　项目群和单个项目的内涵差异

类型 特征	项目群	单个项目
管理模式	一种组织框架	一种管理流程
本质特征	一种管理模式和文化	一种专业化管理模式
时间范畴	不明确的	明确的
管理目标	与战略、业务目标相联系	具体特定的项目目标
交付物	多个	单个
管理结果	达成战略目标，超越个体项目目标	达成个体项目目标
管理者	促进多个项目之间相互协作	对单个项目成功负责

2. 项目群管理的概念

项目群管理（program management）是指为了实现组织的战略目标和利益，而对一组项目（项目群）进行的统一协调管理。

通常，项目群管理不直接参与对每个项目的日常管理，其所做的工作侧重于对多个项目在整体上进行规划、控制和协调，以及指导各个项目的具体管理工作。

项目群管理以一般项目管理理论为核心和基础，突出在战略目标指导之下多项目之间的集成管理、协同管理等。而由于项目群中的多重性、高度复杂性和不确定性，风险管理在项目群管理中占据相当重要的地位。

3. 项目群管理的重点

项目群管理的重点是实现项目群内各项目之间在组织、管理要素和全生命周期的集成化管理。

1) 全生命周期集成

全生命周期集成即项目生命周期各阶段的集成，是指将项目群中各项目的实施从决策、设计、施工、运营到后评价，各阶段各环节之间通过充分的交流、协同集成为一个整体。

2) 管理要素集成

项目同时具有范围、工期、费用、质量、人力资源、采购、风险、沟通等多个相互影响和制约的管理目标。项目群集成化管理在项目实施过程中对这些目标和要素进行通盘的规划和考虑，以达到对整个项目群全局优化的目的。

3) 组织集成

通常，项目管理各参与方包括业主、监理咨询、设计师、承包商、分包商、供应商等，他们之间由相互独立的合同构成交易关系。不同项目的各个参与方之间缺乏相互交流和了解，影响了项目之间的合作，容易造成各方追求局部优化的现象。

组织集成就是要解决原有的单个项目自成体系、独立运作、难以协同的难题，通过组织体系的集成，创造协同机会，统一协调需求和资源，充分挖掘提高整体效益的潜力，提高项目管理水平。实践中，建立统一的项目（群）管理办公室是常用的组织集成方法。

➤ 复习思考题

1. 在大众媒体上查找与项目有关的实例，并列出当前热点话题与项目之间关系的清单。

2. 列出非项目活动的清单。分析它们与项目活动的主要区别是什么，以及哪些活动很难简单地划分为项目类或非项目类？

3. 列出项目的主要特性，并分析这些特性如何将项目与运作区分开来。

4. 项目管理的特点是什么？为什么项目管理比传统的职能管理和组织方式更能适应项目环境？

5. 请阐述在宏观层面、行业层面和企业层面，管理者是如何管理不同的项目的？他们管理项目的目的和重点有何不同？

6. 项目主要的利益相关者有哪些？他们分别是如何管理项目的？

7. 项目管理系统包含哪些层次？它们分别起到怎样的管理作用？

8. 项目管理的发展经历了哪些阶段？它们各自的特点是什么？

9. 项目生命周期包含哪些阶段？各阶段的主要内容及特点是什么？

10. 项目管理成熟度模型的作用是什么？有哪些常见的项目管理成熟度模型？它们各有什么不同和联系？

11. 项目组合管理和项目群管理的区别和联系是什么？为什么说它们与组织战略紧密联系在一起？

➤ 案例分析　　　　纸飞机公司

1. 背景

您的小组代表纸飞机公司的全体员工。纸飞机公司成立于 2009 年，是纸飞机市场的领导者。现在，纸飞机公司在新领导班子的带领下，寻求获得中国空军的订单。纸飞机公司必须制定计划和组织生产，在以下条件下完成与空军的合同：

（1）中国空军将以每架 20 万元购买纸飞机公司生产的飞机。

（2）生产出的飞机必须接受严格的检验。

（3）如果飞机没有达到质量标准，纸飞机公司将面临每架 25 万元的罚款。

（4）劳动及管理费用为 300 万元。

（5）每架飞机的材料费为 3 万元。如果纸飞机公司要求 10 架飞机的订单却只完成 8 架，该公司必须支付 10 架飞机的材料成本。未达到质量要求的飞机的材料费须由纸飞机公司支付。

2. 成本及利润估算

公司生产运营成本和利润估算，

计划生产架次：＿＿＿＿＿＿

实际生产架次：＿＿＿＿＿＿

合　格　架　次：＿＿＿＿＿＿

实际销售收入：＿＿＿＿＿×20 万元＝＿＿＿＿

　减管理费用：　　　300 万元

　减原材料费：＿＿＿＿＿×3 万元 ＝＿＿＿＿

　　减罚款：＿＿＿＿＿×25 万元 ＝＿＿＿＿

　最终利润：＿＿＿＿＿＿

3. 活动内容

（1）每组选定一名经理和一名质量检查员。

（2）经理负责确定计划订单架次、组织和控制生产、计算和报告结果。

（3）质量检查员负责检查本组生产质量，并在每轮结束时，验收其他小组的产品。

（4）小组的其余人员在经理的指挥下生产。

（5）每轮时间为 5 分钟，各小组应在听到"开始"信号后方可行动。

4. 飞机装配指导图

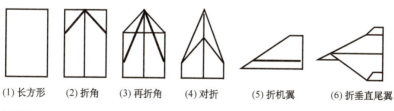

(1) 长方形　　(2) 折角　　(3) 再折角　　(4) 对折　　(5) 折机翼　　(6) 折垂直尾翼

思考题：

1. 项目的特征是什么？上述案例算得上是一个项目吗？

2. 项目的目标是如何确立的？客户与承约商的目标是一致的吗？

3. 您能结合案例说明项目的主要职能和主要阶段吗？

4. 您的项目达到预期的利润了吗？假如是，成功的关键是什么？假如没有，失败的主要原因是什么？

第2章

项目构思与项目启动

内容提要

在本章中，您将学习到以下主要内容：

1. 需求的产生，需求识别的概念；

2. 需求建议书的概念及内容；

3. 项目识别的概念；

4. 项目构思的含义、过程和方法；

5. 项目选定的过程；

6. 项目申请书的内容和编写方法；

7. 项目发起和项目发起人；

8. 项目核准和立项的联系与区别；

9. 项目启动的程序、标志和项目经理应明确的事宜。

2.1 项目构思

2.1.1 需求识别

1. 需求的产生

项目来源于社会经济生活中各种需求和有待解决的问题。项目不是自发产生的，而是受各种需求所驱动的，需求是项目产生的基本前提。随着社会经济的逐步发展，人民生活水平和质量不断提高，人们的需求日益增长，从最初简单的衣食住行逐步发展为现代人越来越丰富的和多元化的需求。为了满足人们日益增长的多样化需求,各种各样的项目便应运而生。

例如,20世纪80年代初,随着我国改革开放和国民经济的发展,人们收入水平大幅提高,人们对日常生活和文化生活的需求逐步增长。大批彩电、电冰箱和洗衣机等家电项目随即产生。随着家用电器的普及和经济的快速发展,我国对电力的需求急剧增长,中央和一些地方政府就陆续提出和建成了许多电厂项目,从一定程度上满足了国民生产和人们生活的需要。20世纪90年代,我国工业化进程和城市化进程的加快,造成城市人口的急剧增长,出现了住房紧张、交通拥挤、水源短缺、垃圾和污水积压等问题,导致人们的居住环境和工作环境不断恶化。于是,城市垃圾和污水处理、住宅区建设、旧城区改造、城市轨道交通、自来水厂等项目大批上马。21世纪初,我国的经济进入了新的快速增长阶段,能源成为这一阶段制约国民经济发展的"瓶颈"。为此,我国各地开发了包括核能、光能、风能、水能、热能在内的多种能源项目,兴建了许多热电厂、水电站、核电站,实施了"西气东输"、电网改造等工程,大大地缓解了能源紧张的情况。另外,随着轿车逐步进入寻常百姓家,城市交通面临巨大压力。许多城市实施了包括地下、路面、高架在内的立体化的交通建设项目,以满足城市交通的需求。可见,任何项目都来自于社会经济发展和人们生活的各种需求。

通常,需求可以划分为公共需求和私人需求。前者需要依靠公共项目的投资予以解决;后者则一般由私人主体进行投资加以解决。

1)公共需求和公共项目

公共需求是指人们对公共物品的需求,它一般是由政府或社会提供的产品。公共物品具有两个主要特征:非排他性和非竞争性。非排他性是指每一个人在使用公共物品时都是一个"免费搭车人"(free rider)。例如,公共场所的免费电梯、市政公路、免费公园、城市绿化等,谁也无法拒绝消费者的使用和享受。

商品的竞争性与消费商品所增加的成本有关。通常,当人们增加消费一个单位商品时,生产者就需要增加一个单位的成本。公共物品则不具备这种特性。例如,电视台发布天气预报的成本与观众的多少关系不大。如果增加消费一个单位商品,社会所需要增加的成本为零,或者每增加一个消费者的消费,社会所需要增加的成本为零时,则称该商品为非竞争性商品。

公共项目起源于公共需求。公共项目又称为公共工程或公用事业项目,主要是指由政府为社会、国家和公众利益而投资兴办的非营利性项目,包括:交通运输、邮电、水利等生产性基础设施建设项目;教育、科学、卫生、体育、气象等社会性基础设施建设项目;城市交通、能源动力、城市绿化等公用事业项目。

随着我国经济的不断发展和社会主义市场经济的逐步建立,人们对公共物品的需求呈现出快速增长的趋势,因而社会对公共项目的投资力度也日益增长。由于经济体制的改革,公共项目逐步由过去的政府统一投资和管理转变为由政府、社会团体、企业乃至私人等多元投资和管理,但其中,政府仍然发挥着主导作用。

2）私人需求和私人项目

与公共需求相对应的是私人需求。私人需求的主体主要是个人、家庭、社会团体、企业、事业单位等。私人需求大量存在，小到举行一次私人聚会，大到投资一家公司、组建一个企业集团，其目的、规模和成本开支各不相同。一般来说，私人需求通过私人投资项目来满足，而且其产出具有明显的排他性和竞争性。

2. 需求识别

需求识别是项目生命周期开始阶段的最初工作。它从识别需求、问题和机会开始，以需求建议书的发布作为结束的标志。客户识别需求、问题和机会，是为了以更好的方式去设计和实施项目，使自己的期望和目标能以更好的方式来实现。只有需求清晰明了，承约商才能准确地把握自己的目的，才能规划出合适的项目，才能最大限度地增加客户的收益，满足客户的需求。

需求识别是一个过程，需求产生之时就是开始识别需求之时。需求识别就是将客户产生的需求概念化、具体化，确定客户到底需要什么样的产品或服务来满足自己，最后用需求建议书表达出来。一般地，需求识别包括提出需求、确认需求、表达需求、建立功能要求和确定技术要求等几个阶段，如图 2-1 所示。

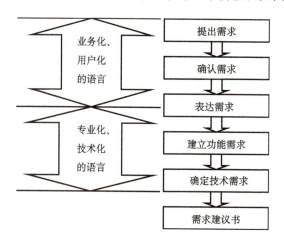

图 2-1　需求识别的过程

通常，需求的提出最初只是一个模糊的概念，它必须通过收集大量的相关资料，进行调查研究，确定自己需要的是怎样一个产品或服务，并充分考虑现实的约束和限制。这是一个认识逐步深化和清晰的过程，它开始于业务化和用户化的语言描述，结束于专业化和技术化的需求描述。

例如，家庭房屋装修最初只是一个模糊的概念，满足这一需求的范围很大，装修的风格有多种多样，所需花费也大相径庭。为此，该家庭需要收集装修的相关信息，进行调查研究，并积极同有关装修公司接触，逐步识别自己的需求，决定自己意愿的费用支出和确定自己的装修风格和式样等。最后，可以把自己确定的想法、要求以及费用支出等明确地写成需求建议书。

需求识别的过程和方法，对项目与项目管理非常重要。准确识别需求不但可以避免投资的盲目性，而且为承约商准确选择项目奠定了基础。

3. 需求建议书

需求建议书（requirement for payment，RFP）是从客户的角度出发，全面、详细地向承约商或项目团队描述客户已经识别的、确定的需求，以及为满足这些需求应做哪些准备工作。一份良好的 RFP 能够让承约商或项目团队完全了解客户的需求，使承约商或项目团队准确把握客户预期的产品或服务的内容和形式，以及对项目的要求、期望的目标、客户的供应条款、付款方式、契约形式、项目时间等。然后，承约商或项目团队据此进行项目识别、项目构思，编写出一份让顾客满意的项目申请书。

例如，上述房屋装修的例子中，客户仅仅向承约商项目团队提交一份简单的房屋装修的申请是不够的，房屋装修只是客户的一种愿望，并不能使承约商或项目团队清楚地了解客户的具体要求，如客户所希望实现的房屋功能、整体风格、费用预算等，这样承约商或项目团队就不能提供一份详细项目申请书和项目规划。所以，需求建议书应当尽可能全面、明确和详细。

通常，一份完善的需求建议书应该包含以下内容：

（1）工作表述。工作表述必须说明项目的工作范围，概括客户要求承约商或项目团队执行的主要任务或工作单元。

（2）要求。客户要求就是客户需要承约商或项目团队通过执行项目能够给自己提供令人满意的收益的交付物。

（3）交付物。对交付物进行详细说明，包括交付物的大小、数量、颜色、重量、速度等物理参数和操作参数。

（4）提供条款。包括客户向承约商或项目团队提供目前的产品或服务的详细资料，以及在此基础上的统计资料等。

（5）需求方法。承约商或项目团队必须在执行工作以前，获得顾客对于实施方式的认同。

（6）合同类型。合同必须以一个商定的价格，给提供满足需求建议书要求的承约商或项目团队付款。

（7）到期日。规定承约商或项目团队交付项目申请书的最终日期。

（8）时间进度表。包括客户确定承约商或项目团队的日期、项目完成的期限和所有交付物提供给客户的限期。

（9）付款方式。规定顾客以何种方式付款给承约商或项目团队，如分期付款、一次性付款或其他方式等。

（10）交付物的评价标准。项目实施的最终目的是使客户满意，因此客户对交付物的评价标准是需求建议书的重要内容。

（11）申请内容。承约商或项目团队的项目申请书至少要包括：

方法。表明承约商或项目团队能清晰地理解需求建议书、客户的预期要求，并且对项目实施的方法进行详细叙述，包括每一项任务及完成的方式的详细描述。

交付物。承约商对要提供的交付物的详细描述。

进度计划。列出条形图或网络图表，列出每周要执行的详细任务的时间表，以便在要求完成日期内能够完成项目。

经验。简要叙述承约商或项目团队近期内所完成的相似的项目，包括客户姓名、地址和电话号码等。

人事安排。列出项目组人员的名单和详细的简历，以及在类似项目中的成功经历。

成本。说明总的固定成本，并通过详细的工作时间分解和每个被指派于项目的员工的小时成本费用来验证。此外，所有直接费用也应逐条列出。

（12）投标事项。一般大型项目的顾客大多是采用招标、投标的方式选择承约商。一般是从若干个投标方案或项目建议书中选择适合的承约商，这就需要在需求建议书中说明有关投标、招标的内容，招标的最后期限。

（13）投标方案的评价标准。客户通过评价各个承约商的项目申请书，从中选择一家来执行项目。评价项目申请书一般是以一定的权重与各项指标（如方法、技术力量和技术方案、类似项目经历、成本、进度计划等）的实际评价值相乘求和得出整个申请书的评价成果。

表 2-1 是一份"A 大学教学办公楼建设项目的需求建议书"样本。

表 2-1　A 大学教学办公楼建设项目的需求建议书

需求单位：A 大学向具有建设部建筑一级认证企业的承约商征求教学办公大楼建设。

项目目标：建筑面积 12 000 平方米、高 6 层框架结构的教学办公大楼。

1. 工作表述

　　承约商将执行下面任务：

　　（1）地基处理；

　　（2）主体框架工程建设；

　　（3）建筑设备安装；

　　（4）装修工程。

2. 要求

　　承约商应根据国家标准建设，须负责过类似项目的组织管理工作。

3. 交付物

　　（1）符合国家建设标准的教学办公大楼；

---

　　(2) 施工竣工图纸及相关资料；

　　(3) 提供施工计划和施工方案。

4. A 大学提供的条款

　　A 大学将向承约商提供教学办公大楼的总体设计图及施工图纸。

5. 需求方法

　　承约商在大楼的施工之前，必须获得 A 大学对施工方案及施工进度安排的认可。

6. 合同类型

　　合同必须以一个商定的价格，给提供满足需求建议书要求工作的承约商付款，采用交钥匙工程的管理模式。

7. 到期日

　　承约商必须最迟在 2009 年 9 月 28 日以前向 A 大学提交 5 份项目建议书备份。

8. 时间表

　　A 大学希望在 2009 年 12 月 30 日前选中一家承约商。项目需要完成的工期是 12 个月，从 2010 年 1 月 1 日至 12 月 31 日，所有的交付物必须不迟于 2010 年 12 月 31 日提供给 A 大学。

9. 付款方式

　　在合同签订之后，预付工程总款额的 20%；当项目完成 1/2 时，再付工程总款额的 40%；在项目完成之后，并经 A 大学验收合格，所有支付物均已移交后，支付剩余的 40% 余款。

10. 申请书内容

　　承约商的申请书至少必须包括如下内容：

　　(1) 方法。承约商能清晰地理解需求建议书，理解什么是被期望达到的要求。而且要详细描述承约商领导项目的方法，要求对每项任务进行详细描述以及任务如何完成的详细描述。

　　(2) 交付物。承约商要提供关于交付物的详细描述。

　　(3) 进度计划。列出甘特图或网络图表，列出每月要执行的详细任务的时间表，以便在要求的项目完成日期内能够完成项目。

　　(4) 经验。叙述承约商最近已经执行的项目，包括客户名称、地址和电话号码。

　　(5) 人事安排。列出将被指定为项目主要负责人的姓名和详细简历，以及他们在类似项目中的成绩。

　　(6) 成本。必须说明总成本构成，并提供一份项目的预算清单。必须说明总固定成本，并通过一份详细的工作时间分解和每个被指派于项目的员工的小时成本费用来验证，此外所有的直接费用也应逐项列出。

11. 申请书评价标准

　　A 大学将按照以下的标准来评价所有承约商的申请书：

　　(1) 方案（30%）。承约商提出的大楼建设方案。

　　(2) 经验（30%）。被指定执行此项目的承约商和主要负责人执行类似项目的经验。

　　(3) 成本（30%）。承约商申请书中所列成本支出的合理性。

　　(4) 进度计划（10%）。为了要在项目完成之日期内或在此日期之前完成项目，承约商应提供施工计划安排，并进行详细、全面的说明。

2.1.2　项目识别

　　在客户向承约商发送需求建议书之后，项目识别活动就开始了。尽管客户在需求建议书中明确地表达了自己的期望，但这种表述仍是一个概念上的目标，而且实现这个目标的途径或方式可能不止一个，即满足客户的特定需求常常可以通过不同的项目来实现。例如，当客户已识别的需求是解决家庭洗浴问题时，承约商可能的备选项目有安装电热水器、安装太阳能装置、安装煤气热水装置等。项目识别就是要从可能的备选项目中选择一个项目来满足已识别的客户需求。

因此，项目识别就是针对客户已识别的需求，承约商从备选的项目方案中选择出一种最能够满足顾客需求的项目。项目识别与需求识别的本质区别在于两种识别的行为主体不同，项目识别的行为主体是承约商或项目团队，而需求识别的行为主体是顾客。

在项目识别中，应注意以下问题：

（1）以满足客户需求为目标。承约商或项目团队工作都应以客户为中心，任何项目方案的确定都要以满足客户需求为前提。

（2）充分考虑项目方案的技术经济可行性。一是项目方案在技术上可以达到满足客户需求的目标；二是要满足客户成本预算约束，不能通过增加预算的办法来盲目追求提高效率；三是要注重项目建成后的运行成本，确保经济地满足客户需求。

（3）注重对相关限制条件的识别。项目识别过程中不仅仅是提出目标，也要对相关的限制条件进行识别。很多项目失败的原因就是因为管理者有意或无意地忽视了这些限制条件。制约因素多种多样，如地理、气候、自然资源、人文环境、政治体制、法律规定、技术能力、人力资源、时间期限等，所有这些都有可能制约和限制项目的实现。脱离制约和限制条件而谈论项目的前景是没有意义的。

在许多情况下，需求识别和项目识别总是相互交融、相互作用的。客户往往在产生需求之初就和承约商接触联系。他们向承约商了解各种可能的备选方案的优点、缺点及技术经济性，逐步完善自己的需求。承约商也需要密切与客户的联系，帮助客户识别需求，同时也使自己能够准确地把握客户的期望，有针对性地提出满足需求的解决方案，从而在众多参与竞争的承约商中脱颖而出。

2.1.3 项目构思

1. 项目构思的含义

所有项目都是从一个想法开始的。当客户识别了需求并向承约商或项目团队提交了需求建议书（RFP）后，承约商或项目团队就进入了项目构思阶段。项目构思又称为项目创意，是承约商或项目团队为了满足客户的需求，在需求建议书所规定的条件下，为实现客户预定的目标所作的项目设想。

1）项目构思的特点

（1）项目构思是一个思维过程，承约商或项目团队通过该过程对未来项目的目标、功能、范围以及项目涉及的主要因素和大体轮廓进行设想与初步界定。

（2）项目构思又是一个创造性的探索过程，它通过对各种可能的项目方案的调查研究、对比分析、综合判断，提出富有创新性的项目建议，需要构思者具有像艺术家那样的激情和灵感。比如，深圳的"锦绣中华"公园，虽然深圳作为一座新兴城市无法拥有中华五千年璀璨历史和 960 万平方公里的锦绣河山，但一个公园却可以使深圳居民享受中华锦绣，这正是项目构思的魅力。

（3）项目构思是未来项目规划的基础，直接影响到整个项目的成功与否。其中，客户需求是项目构思的依据，要实现的目标是项目构思的方向，客户满意是项目创新构思的关键。

2）项目构思的内容

一般地，项目构思需要考虑项目的投资背景及意义，项目投资方向和目标，项目投资的功能及价值，项目的市场前景及开发潜力，项目建设环境和辅助配套条件，项目成本及资源约束，项目所涉及的技术和工艺，项目资金筹措及调配计划，项目运营后预期的经济效益，项目运营后的社会、经济、环境效益，项目投资风险及控制方法，项目实施及其管理等内容。

2. 项目构思的过程

通常，项目构思分为三个阶段，即准备阶段、酝酿阶段和完善阶段。

1）准备阶段

项目构思的准备阶段就是对项目构思进行一系列准备工作的时期，一般包括四个方面的具体内容：一是确定项目构思的性质和范围；二是通过详细的调查，收集项目构思所需的资料和信息；三是对于收集来的资料和信息进行初步的整理工作；四是研究资料和信息，通过分类、组合、演绎、归纳、分析等多种方法，从所收集的资料和信息中找出有用的信息资源。

2）酝酿阶段

项目构思的酝酿阶段一般包括潜伏、创意出现、构思诞生三个过程。潜伏过程就是把所获得的资料和信息与需要进行构思的项目联系起来，进行全面系统的比较分析。创意出现就是在大量的思维过程中产生与项目相关一些独特新意，它是构思的雏形阶段，是不完全、不成熟或不全面的想法或构思，是项目构思者有意识活动中逻辑思维和非逻辑思维的一种结果。构思诞生就是通过多次、多种创意的出现和反复思考形成项目的初步轮廓，并用语言、文字、图形等可记录的方式明确表现出来的结果。

酝酿阶段是进一步进行项目构思的切入点，也是整个项目规划的基础。在这一阶段能否捕捉到思维过程中随机出现的独特创意是非常重要的，因为这个独特的创意往往会成为决定整个项目未来蓝图的关键。

3）完善阶段

项目构思的完善阶段就是从项目构思诞生到项目构思完善的过程，包括发展、评估、定型三个阶段。发展是对诞生的构思进行进一步分析和设计，对构思的内涵和外延进行进一步补充和完善的活动。评估是对诞生的项目构思进行分析评价或者是对多个构思方案进行比较筛选的活动。定型是在发展和评估的基础上对项目构思作进一步的调查、分析和研究，看其是否使顾客满意、是否符合实际情况、是否能获得预期的经济效益、资源是否充足、成本是否合理，并在此基础上，把项目的构思具体细化为可操作的项目方案。在项目构思完善的过程中，问题被逐一解决，缺陷被逐步改进，直到产生令人满意的项目方案为止。

项目构思是一个渐进的、环环相扣的发展过程。为了达到预定的目标，每一个阶段都要认真对待、扎实工作，这样才能为一个卓越的项目奠定坚实基础。

3. 项目构思的方法

项目构思是一种创造性的思维活动，没有固定的方法、模式可循，需要针对具体的项目进行具体的分析。常用的项目构思方法如下。

1）项目混合法

项目混合法包括项目组合法和项目复合法两种。项目组合法就是把两个或两个以上的项目相加，形成新的项目。项目复合法就是将两个或两个以上的项目，根据需求复合成一个新的项目。项目组合法与项目复合法的不同之处如表 2-2 所示。

表 2-2　项目组合法与项目复合法的区别

方法	特点	举例
项目组合法	组合后的项目仍然基本保留原有项目各自的性质	组合家具、组合音箱、组合机床等不改变原先单独各自的性质，只是将其简单组合，产生功能更为完善、具有更大价值的新产品
项目复合法	复合后的项目变成与原有项目性质完全不同的新项目	高效复合化肥，它改变了原有化肥的物理化学性质，成为一种新的化肥

2）比较分析法

比较分析法是通过对已经掌握或熟悉的项目（既可以是成功的项目也可以是失败的项目），进行横向或纵向的比较分析，从而发现新的项目投资机会。这种方法需要对项目进行内涵和外延的深入思考和研究，因而需要掌握大量的信息和资料，同时还需要项目策划者具有一定的思维深度，因此这种方法比项目组合法和项目复合法要复杂。

例如，在某地一条热闹的商业街上，一家餐饮集团发现该商业街上的餐厅很少，而且效益不太理想。经过详细分析每家餐厅的食物质量、进货渠道、价格定位、就餐环境、经营管理状况等情况，该餐饮集团发现，这些餐厅有的是食物质量不理想，有的是进货成本过高，有的是价格定位不合理，有的是就餐环境不理想，有的是服务质量较差，有的是促销宣传不够，有的是内部管理混乱，导致各家餐厅的效益不理想。只要针对上述问题进行改进，并做到经营有特色，发挥规模效益，就可能取得理想的收益。于是，该集团公司把这条商业街上所有的餐厅都承租下来，经过半年的调整运作，已大有改善，如今这条商业街已成为当地一个著名的商贸、餐饮中心。

3）集体创造法

集体创造法，顾名思义就是集思广益，通过集体的力量共同创造。一个成功的项目构思所涉及的问题、因素、领域众多，需要大量的信息、丰富的知识和多层次的思维，这些往往是一个人难以胜任的。只有发挥集体的力量，才能获得完善的项目构思方案。

集体创造法一般有以下四种方法：

（1）头脑风暴法。头脑风暴法是一种多人集思广益的创造构思方法，一般需要召集较多的人，分成小组，一组以6～12人为佳，进行开放式的讨论与畅谈。其原则是：①自由表达，禁止评论。即参与者畅所欲言地表达自己的想法，其他人不得打断，并暂时不作出任何评价。②归纳总结，综合评价。即对各人提出的大量想法和设想进行认真归纳和总结，从中找出有价值和新颖的构思，并通过综合评价找出最有价值和最切合实际的构思。

（2）逆向头脑风暴法。逆向头脑风暴法是假设已有的构思不是最理想的方案，存在着或多或少、这方面或那方面的缺陷，需要加以改善。这种方法是针对构思中的不足加以讨论、解决，不是进行新的项目构思，常用于项目构思方案的调整、修正和完善。

（3）多学科法。多学科法根据构思项目的性质和特征，选择相关多学科的专家来进行共同的研究和讨论。由于一些大中型项目的技术性很强，涉及领域较多，在项目的构思阶段就有必要组织多学科的专家共同研究，这样才能顾及项目所涵盖的方方面面，做到取长补短、尽善尽美。一般地，与项目相关的专家包含技术专家、营销专家、投资分析专家、金融专家、环保专家、投资决策者、执行经理人、行业负责人等，同时必须请外部的专家担任小组的组长，负责归纳整理小组成员的意见，并进行总结，提出建设性意见等。

（4）集体问卷法。集体问卷法就是以问卷的形式，让每一位参与者解答项目构思相关的主要问题，提出自己的看法、设想，并且在一定时间内将问卷收回，进行统一的整理、归纳和总结，再提交集体讨论会作进一步的研究、讨论、比较和筛选，并最终形成一致的项目构思。

4）创新法

在以上几种较为传统的方法的基础上，人们又研究出以下几种项目构思的新方法：

（1）信息整合法。信息整合法是将所有能够获得的信息进行整理后，把不同性质的信息进行穿插、整合，创造出新的构思。如同边缘动物、植物杂交会培育出优良的下一代一样，信息交融也会得到令人意外的构思效果。例如，某企业掌握了人们日益注意自身保健和食品需求不断增加的两种信息，并将这两种不同信息进行整合后，研制出一种具有一定疗效的食品，推向市场后备受消费者的欢迎。

（2）逆向创新法。顾名思义，逆向创新法就是反"顺向思维"其道而行之，具有其独特性，往往能够获得独特的效果。例如，商品的传统定价方法是以质定价，有一家企业生产出口羊毛衫，质量不错但价格低廉，销路却不好，原因在于一种"便宜无好货"的思维定式。于是该企业采取逆向定价的开发方针，先定较高的价，再设法去开发与价格相匹配的高质量产品，结果销路大增，获得了良好的经济效益。

（3）辐集创新法。辐集创新法是使头脑中的许多创新思维向某个中心点集中，它的基本功能是抽象、概括和判断。一般地，创新活动是多侧面、多角度、连续不断的过程，运用辐集创新法具有去粗取精、去伪存真的功能和提纲挈领、收拢梳理、集中使用的作用。它可以使创新思路逐渐清晰，本质渐渐显现，最终在一点上取得突破。例如，把人们收入提高、旅游消费渐热和女性爱美之心等信息汇集到一点，便可构思出小巧玲珑、外观美丽、便于携带的旅游化妆盒等产品。

（4）发散创新法。发散创新法是从某一研究和思考的对象出发，充分展开想象思维，从一点联想到多点，在对比联想、接近联想和相似联想的广阔领域中充分扩展思维，从而形成项目构思的扇形格式，产生由此及彼的多项创新思维。例如，美国纽约港口的自由女神像翻新时形成了约 200 吨废料，建设者便巧妙地将废铜皮铸成纪念币，把废铅、废铝做成纪念尺，把水泥碎块、朽木装进透明小盒作为纪念品供人选购，从而变废为宝，从一堆垃圾中获得了良好的经济效益。

2.1.4　项目选定

项目选定就是从已形成的备选项目方案中选择经济效益好，并且切实可行的、最能够满足客户需要的方案。评价项目方案的标准主要有成本、收益、风险、时间、可行性和客户满意度等。项目选定包括机会研究、项目选择和完成项目申请书等工作。

1. 机会研究

项目选定是项目可行性研究的过程。可行性研究是指根据目前的个人、组织和社会状况与能力，对拟实施项目在满足需求上是否有效（适用性）、技术上是否可行（可能性、先进性、风险性）、经济上是否有利可图（合理性、盈利性）所进行的综合分析和全面科学评价的技术经济研究活动。在可行性研究中，市场需求是基础，实现技术是手段，经济效益是核心。

可行性研究一般分为机会研究、初步可行性研究、详细可行性研究、最后决策和评价报告等阶段。其中，机会研究是可行性研究的第一步，通常发生在项目识别和构思阶段。它通过对自然资源、社会和市场的调查和预测来确定项目，选择最有利的项目投资机会。

机会研究可以分为一般机会研究和项目机会研究。一般机会研究主要包括地区研究（人口、地理、政治、经济、自然环境等）、行业研究（生产力布局、供需关系、主要竞争者等）和资源研究（储备、分布和限制条件等），目的是识别投资机会，把握投资方向。项目机会研究则侧重对特定项目的市场需求、外部环境（国家政策、产业竞争结构等）和项目承办者的优劣势进行分析，最终确定最佳的投资项目方案。

机会研究既可以由项目识别者自己实施，也可以委托他人或者两方各做一部分来完成。

2. 项目选择

特定的社会需求可以由多个不同的项目来满足。例如，解决城市交通拥挤的问题可以通过扩建道路、发展地铁和建设高架轨道交通等项目来完成。另外，当个人或组织识别了多个项目而可以利用的资源又有限时，必须要对拟实施的项目及其方案进行选择。

项目选择要综合考虑政治、经济、文化、环境、技术、财务、物资、人力资源、组织结构和风俗等多种因素，权衡必要和可能两个方面，对被选的项目进行筛选。应尽可能地选择那些投入少、收益大的项目进行进一步的研究，进而付诸于实践，筛选掉那些希望不大或效益低下的项目，避免在以后阶段中的大量人力和财力的浪费。

3. 项目申请书

在仔细研究需求建议书、进行项目识别并选定项目方案之后，承约商需要对是否投标进行选择。选择时应充分考虑项目与本企业任务的一致性、扩展业务的机会、面临的竞争与风险、各种资源的可得性和客户的声誉等因素。如果决定投标，则需要精心准备一份项目申请书。

项目申请书在招标条件下又称为投标书，它是一份向客户宣传自己能胜任项目的营销性文件。因此，准备一份富有竞争力的项目申请书的要点是：准确理解和把握客户的需求；能执行所申请的项目；证明自己是最佳承约商；能在规定的预算和进度计划约束下完成项目；能使客户的价值最大化和实现客户满意。

项目申请书一般包含三个部分的内容，即技术、管理和成本。

（1）技术部分。技术部分的目的是使客户认识到承约商理解需求或问题，并能够提供风险最低且收益最大的解决方案。该部分的内容应包括理解需求或问题，提出方法或解决方案，说明客户收益等。

（2）管理部分。管理部分的目的是使客户确信承约商能够很好地完成项目所提出的任务，并获得预期的效果。该部分的内容应包括工作任务描述、交付物、项目进度计划、项目组织、相关经验、设备和工具等。

（3）成本部分。成本部分的目的是使客户确信承约商提出的项目价格是现实的、合理的。一般地，项目的成本要素包括劳动力成本、原材料成本、分包商和顾问费用、设备设施租金、差旅费、文件费用、企业管理费、物价上涨、意外开支准备金、赏金或利润等。承约商在确定项目定价时既要充分考虑成本预算的可信度和可能面临的风险，又要考虑客户的预算和可能面临的价格竞争。

2.2 项目启动

承约商中标之后，客户的需求已由一个"模糊"的目标变成一个具体的可以执行的项目方案，即一个清晰的既定目标，剩下的工作就是如何通过项目规划、项目执行来实现这个既定目标。在这之前还需要做如下的准备工作，以便使项目真正启动起来。

2.2.1 项目发起

项目选定之后，还要有一个发起过程，才能使项目正式启动起来。所谓项目发起，就是让项目利益相关方认识项目的必要性，使其根据自己的义务投入人力、物力、财力等。一般地，项目发起过程本身也需要投入各种资源。

通常，充当项目发起人的可以是项目客户或承约商，也可以是其他项目利益相关者。项目发起人可以来自政府或民间。例如，长江三峡水利枢纽工程的发起人是国务院，京九铁路的发起人是铁道部，而北京恒基中心这个房地产开发项目的发起人是香港恒基集团。

在许多情况下，项目发起人并不自己实施项目，而是将其委托给他人。这时项目发起人就是项目委托人，即把项目交给项目团队的个人或组织。项目委托人可以来自项目所在组织的内部，也可以来自外部。

有时一些小型项目，特别是民间项目，没有正式的、单独的发起过程。例如，民营企业内部职工自发组成产品开发小组进行新产品研制项目或工艺改进项目等，一般没有正式的发起过程。

现代的一些项目，特别是一些建设项目，技术复杂，项目周期长，需要巨额的资金、大量的人力和物力，单靠项目发起单位一家之力是无法完成的。项目发起单位必须宣传、说服和动员社会上的有关力量（包括政府等）给予支持。在发起一个项目、寻求他人支持时，通常要有书面材料交给潜在的支持者或参与者，使其明白项目的必要性和可能性。这种书面材料称为项目发起文件。

2.2.2 项目核准和立项

一般地，小型项目，特别是私人项目，只要合法、可行，不必经过有关部门的批准就可以实施，但是对于一些大型项目，特别是需要由政府投资的公益性项目和基础性项目，还需要向有关部门申报，待审查、批准之后才能启动。这种由项目实施组织最高决策者或主管部门正式承认项目的必要性，并把完成项目所需的全部权力交给项目管理团队的过程称为项目核准。

当项目的实施关系到当地或整个国民经济和社会发展时，还需要上报到相应各级政府的发展和改革委员会审批，重大项目需要报国务院审批，通过之后列入当地或国家的社会经济发展规划或基本建设规划中，这一过程称为项目立项。

2.2.3 项目启动

1. 项目启动条件

项目启动就是项目经理组建项目团队，并开始执行项目具体工作的过程。项目启动应至少满足以下条件：

（1）项目进行了充分的可行性研究，并且结果表明项目可行；

（2）项目申请书得到了上级有关部门的核准；

（3）资源配置基本就绪。

2. 项目启动过程

1）项目启动过程的目标

（1）在已确认的项目范围边界上明确项目的整体框架；

（2）成立项目组织，并将其融入项目所在单位；

（3）形成项目的决策机制；

（4）建立项目的沟通机制（包括项目与单位、项目之间、项目和环境等）；

（5）形成管理项目复杂性和动态性的合适计划；

（6）逐步形成项目的特定文化。

2）项目启动过程

项目启动过程分为计划、准备、实施和后续工作等四个阶段。

（1）计划。该阶段的核心工作是任命项目经理和项目核心团队。一般地，项目经理在接受委托或委任时，需要明确四件事情，即资金、权限、要求和时间。在资金方面，就是要明确委托人有无足够的资金用于项目，并支付项目经理和项目团队成员的工资；在权限方面，就是查明委托人有无足够的权限保证项目的顺利进行，以及委托人授予项目经理的权限是否能够保证项目的顺利实施；在要求方面，就是要明确委托人对项目、项目经理和项目团队的具体要求；在时间方面，就是要正式确定项目的启动时间和完成时间，以及在时间上的奖惩措施。任何项目只有选定了项目经理，明确其职责，才能进行项目启动。

（2）准备。该阶段的核心任务是获得项目建设的许可证。项目许可证书就是正式承认项目的文件，通常由项目实施组织的高层管理者或者项目的主管部门颁发。项目许可证书赋予了项目经理或项目管理班子将资源用于项目活动的权力。

例如，国务院 1984 年 4 月以（84）国函 57 号文原则批准了长江流域规划办公室 1983 年编报的《150 米方案三峡水利枢纽可行性研究报告》，又于 1984 年 4 月底颁发了 43 号文件《关于开展三峡工程筹备工作的通知》，这两个文件就是长江三峡水利枢纽工程的项目许可证书。后一个文件要求成立长江三峡工程开发总公司，在三峡工程建设期间该公司是建设单位（总甲方），工程投产后全部资产，包括债权和债务，都归其所有，并负责水电站的经营管理。根据这两个文件，三峡工程施工准备工作于 1984 年正式开始。

（3）实施。该阶段的核心是项目启动的交流和信息的发布。应把项目启动的信息有效地发布给项目的利益相关者，并针对项目的实施进行有效的沟通。同时，项目团队，特别是项目核心团队对项目的宗旨、基本目标、初步安排要做到心中有数，明确自己的具体职责。有时，一些项目还需要有一个正式的项目启动仪式，让公众了解到项目的正式开始。只有项目正式启动，有关项目的账户才正式启用，一切与项目有关的资源调配才合法有效。

（4）后续工作。是指项目启动后紧接着需要开展的工作，其核心是完成所有与项目启动的有关文件资料的整理；与项目发起人签署有关项目运作的文件，获得承诺的授权；颁布项目管理文件，如项目管理手册等。有时，一些项目还需要进行广泛的宣传和营销，以便项目利益相关者及时了解项目的意义和进展。

正式的项目启动过程和职责分配如表 2-3 所示。

表 2-3　项目启动过程和职责分配

职责 活动	项目业主/内部发起人	项目经理	项目核心团队	项目团队	项目团队成员	项目顾问	外部利益相关者	项目文件
1. 计划项目启动								
任命项目经理和选择项目核心团队	R							
检查项目任务和项目前阶段结果			R					
选择交流方式			R					
选择项目组成员			R					
确定项目文件方法和形式			R					
接受项目任务	C	R						(1)
2. 准备项目启动								
雇用项目顾问（可选）			R					
准备项目启动的交流活动			R			(C)		
邀请参加者		R						
获得项目建设许可证	C	R				(C)		

职责 / 活动	项目业主/内部发起人	项目经理	项目核心团队	项目团队	项目团队成员	项目顾问	外部利益相关者	项目文件
制定项目启动计划、组织和宣传草案			R		C	(C)	C	
完成项目启动的交流文件			R		C	(C)	C	
3. 实施项目启动								
分发项目启动文件		R						
实施项目启动交流	C			R		(C)	C	
签发项目启动文件	R	C						
4. 项目启动后续工作								
完成项目启动过程文件			R			(C)		
与项目业主签署有关协议	C	R						(2)
项目营销和宣传	C				R	(C)	C	
分发项目管理文件	C	R					C	

注：R 代表负责人，C 代表合作者。（1）表示项目经理接受项目发起人的任务；（2）表示就项目管理文件和项目启动与项目发起人达成一致。

2.2.4　项目管理手册

在项目启动阶段，确定项目管理的各个事项对于今后项目各项活动的有序开展非常重要。通常，可以用项目管理手册（表 2-4）来规范项目管理的各项工作。

表 2-4　项目管理手册范例

项目管理手册目录
1. 项目合作
1.1 应该做的事项列表
2. 项目启动
2.1 项目组织和文化
2.1.1 项目任务
2.1.2 项目沟通机制
2.1.3 项目职责分配矩阵
2.2 项目环境
2.2.1 项目前和项目后阶段
2.2.2 项目环境图

➢ 复习思考题

　　1. 项目的需求是如何产生的？如何识别这些需求？请描述一下你在日常生活中识别需求的情境。

　　2. 项目目标是什么？如何确定项目目标？

　　3. 项目是如何开始的？请描述其过程。

　　4. 为什么做一份全面而详细的需求建议书是重要的？它至少应该包含哪些内容？

　　5. 为什么客户要在 RFP 中给予承约商指示，指导他们按照标准的格式提交申请书？

　　6. 什么是项目识别？在识别项目时应该注意哪些问题？

　　7. 什么是项目构思？项目构思的主要方法有哪些？各自有什么特点？

　　8. 项目申请书由谁来完成？其主要作用是什么？主要包含哪些内容？

　　9. 项目启动需要经过哪些程序？什么样的项目需要经过项目核准和立项？

　　10. 如何评价项目申请书？以下三个项目申请书的评价标准如下表所示，采用三级评分法（3＝优，2＝一般，1＝差），各评价指标的权重如下表所示。请在这三个项目申请书中作出选择。

标准	权重	项目申请书 1	项目申请书 2	项目申请书 3
质量指标	0.25	2	1	3
成本指标	0.20	3	2	1
项目计划	0.20	3	3	1
项目组织	0.15	2	3	3
成功可能性	0.10	2	2	3
承约商信誉	0.10	3	2	3

➤ 案例分析　瑞康公司的新型阀门开发计划

瑞康公司是生产用于工业水槽的水阀门的制造型企业，其产品主要用于建筑行业。但现在，瑞康公司计划开发一种新型阀门，以进入空间更大、利润更为丰厚的市场。瑞康公司新型阀门计划的目标是设计和生产比竞争对手质量更高、成本更低的新型阀门。

考虑到公司的具体情况，瑞康公司决定实施开发和设计外包。于是公司准备了一份 RFP 文件，包括下列目标和客户需求：

（1）产品目标。创新设计出比竞争对手更好的阀门产品，并在价格上具有竞争力，产品附加值高。

（2）市场需求。①容易安装；②不会堵塞；③操作噪声小；④在压力发生变化时能保持水位；⑤水位容易设定；⑥高度可以调节。

瑞康公司将 RFP 发给了四家公司，并最终选择了伟邦公司作为产品开发商，其重要的原因是该公司的投标价格最低。伟邦公司的项目申请书主要是由其市场部的人员编写的。该公司在阀门设计方面没有太多的经验，其销售团队把这次中标看做一个赢得与主要设备供应商合作，获得较大利润的良好机会。市场部根据以前完成项目的计划标准任务和工作包来估计该项目的进度和成本。

伟邦公司设计团队由经验丰富的工程师费先生领导，还包括另外两名工程师和两名设计师。费先生在仔细研究了市场和项目计划之后认为，原先对项目的投资估计过低。于是他不得不对项目进度和费用安排进行重新计划。

由于前期工作过于粗糙，在项目实施的过程中不得不多次改变设计思想、工作任务和工期安排。伟邦公司发现，要实现瑞康公司产品开发低成本、高性能的目标实在是太困难了。伟邦公司已经为该项目花费了超过预算 4 倍的费用，因此不得不要求瑞康公司追加投资。

此外，该项目进展困难的另外一个原因是两家公司对于原先的交付物存在异议。例如，两家公司对于产品原型的要求和交付时间存在分歧。为了达到瑞康公司对原型的要求，伟邦公司不得不追加时间和经费。交付时间被拖延，伟邦公司不得不交叉工作，在原型还没有完成时就开始准备生产样品了。这样做的结果是完成的原型无法生产，既浪费了金钱，又浪费了时间。

最后，伟邦公司确实完成了一种真正具有创新意义的阀门，但是生产这种产品的成本太高，使得瑞康公司追加的投资超过预算至少 50％ 以上。

虽然新阀门的研发工作已经完成了 90%，瑞康公司还是取消了与伟邦公司的合同，决定自己来完成剩余的 10%工作。但是，工作的艰巨是瑞康公司没有想到的：虽然花费的时间和经费是预算的两倍，却仍然没能生产出一件产品。因为，即使完成这种产品的开发，由于其高昂的开发和制造成本，产品的价格也绝对没有市场竞争力。

思考题：

1. 这个项目出现了什么问题？出现问题的主要原因是什么？

2. 如果您是瑞康公司的项目发起人，您将如何组织这个项目？

第3章

项目论证与评估

内容提要

在本章中，您将学习到以下主要内容：

1. 项目论证和项目评估的作用及其在现代项目管理中的地位；

2. 项目论证的一般程序；

3. 项目机会研究的目的、主要内容、方法和结果；

4. 项目初步可行性研究和辅助（功能）研究的目的、主要内容、方法和结果；

5. 项目可行性研究的内涵、作用、原则和主要内容；

6. 项目可行性研究报告的一般体例；

7. 项目评估的作用、主要内容和报告的一般体例；

8. 项目环境影响分析的主要内容和报告的一般体例。

3.1 项目论证与评估概述

3.1.1 项目论证与评估的概念

1. 项目论证

现代项目管理的一种基本思想就是项目投资与建设应该建立在科学的项目论证的基础上。项目论证是指对拟实施项目技术上的先进性、适用性，经济上的合理性、盈利性，建设或实施上的可能性、风险性进行全面科学的综合分析，为项目决策提供客观依据的一种技术经济研究活动过程。

项目论证应该围绕着市场需求、工艺技术、财务经济、社会环境影响等四个方面展开分析和论证，其中，市场是基础，技术是手段，财务经济是核心，社会环境是前提。

2. 项目评估

项目评估是指在项目论证的基础上，从项目对企业、对社会贡献的各个角度对拟建项目进行全面的经济、技术论证和评价，并给出评价结果的过程。项目评估是项目投资前管理的重要一环，其目的是审查项目论证结果的可靠性、真实性和客观性，为企业的融资决策、银行的贷款决策以及行政主管部门的审批决策等提供科学依据。

项目论证是从宏观到微观逐步深入研究的过程，而项目评估则是将微观问题再拿到宏观中去权衡的过程。因此，项目评估可以看做项目论证的延伸，但是比项目论证更高级的阶段。通过评估，项目可能被否定，也可能只作局部修改补充后被肯定。项目评估工作要求的知识更丰富，其结论更具权威性。

3.1.2 项目论证与评估的作用

任何项目都可能有多种方案可供选择，不同的方案又可能产生出不同的效果。同时，未来的环境也具有不确定性，同一方案在不同的环境状态下也可能产生出不同的效果。为了从多种可供选择的方案中选出最接近决策者目标或使投资人的投资效果最大化的方案，就需要对这些方案进行分析、评价，预测其可能产生的各种后果。

项目论证通过对实施方案的工艺技术、产品、原料未来的市场需求与供应情况，项目的投资与收益情况以及社会环境影响情况进行分析，从而得出各种方案的优劣以及在实施技术上是否可行、经济上是否合算、建设上是否许可等信息供决策参考。而项目评估是对项目论证结果的审查和研究，以求项目规划更加合理与完善。

项目论证与评估的作用主要体现在以下几个方面：

（1）项目论证与评估是确定项目是否实施的依据。现代项目管理过程中，项目是否实施，决策的主要依据来自于项目论证与评估的结论。

（2）项目论证与评估是筹措资金、向银行贷款的依据。投资人或金融机构在决定是否向项目投资或贷款的时候，首先要研究项目的财务分析和国民经济分析的数据，审查项目在实施后是否具有足够的盈利能力和还贷能力。

（3）项目论证与评估是编制计划、设计、采购、施工及机构设置、资源配置的依据。项目论证与评估的重要内容就是分析项目的规模、技术方案、实施进程、资源配置等，这将为项目在启动阶段，编制进度计划、资源计划、费用计划、组织规划、采购计划和实施性能要求等提供明确的依据。

（4）项目论证与评估是防范风险、提高项目效率的重要保证。项目论证与评估还对项目的不确定性进行了分析，这对于项目在实施过程中如何最大限度地规避风险、提高执行效率提供了依据。

3.1.3 项目论证与评估的主要内容

1. 项目论证的主要内容

项目论证一般分为机会研究、初步可行性研究和详细可行性研究三个阶段。机会研究阶段的主要内容是寻求投资机会，鉴别投资方向；初步可行性研究阶段的主要内容是初步判断项目是否有生命力、能否盈利；详细可行性研究阶段的主要内容是详细进行技术经济论证，在多方案比较的基础上选择出最优方案。

2. 项目评估的主要内容

项目评估的内容主要包括审查项目建设发展的必要性、建设条件、技术评估、财务评估、社会效益评估、环境影响评估等。

3.1.4 项目论证与评估的一般程序

项目论证与评估是一个连续的过程，它包括问题提出、制定目标、拟订方案、分析评价、方案比选，最后选定一个满意方案供投资者决策。具体讲，项目论证与评估一般包括以下七个主要步骤。

1. 开始启动阶段

该阶段的主要任务是要明确问题，包括弄清项目论证的范围与界限，投资人、业主或相应的代理人的目标等。

2. 调查研究阶段

调查研究阶段应包括项目的各个方面，如市场需求和机会、产品定位与生产规模、技术选择与设备选择、资源供应情况、社会环境影响等。每个方面根据项目的实际情况可采用实地调查或资料分析等方法。要尽可能多地掌握资料，对关键性问题或不确定问题进行系统、深入而详尽的分析研究。

3. 拟订方案阶段

该阶段的主要工作是拟订多种可行的、能够相互替代的实施方案，然后进行分析和比较。达到项目目标通常会有多种可行的方法或途径，从而形成多种可行的、能够相互代替的技术或投资方案。项目论证的核心就是从多种可行方案中选优，因此拟订方案成为项目论证的关键一步。在列出技术方案时，既不能把实际上可行的方案漏掉，也不能把不可行的方案当作可行方案列进去，应当根据调查研究的结果和掌握的资料进行仔细甄别。

4. 方案评估阶段

方案评估阶段包括：分析各个可行方案在技术上、经济上、建设条件上的优势和局限；方案的各种技术经济指标如投资费用、经营费用、预期收益、投资回收期、投资收益率等的计算分析；方案的综合评价与选优，如敏感分析、风险分析以及对各种方案的求解结果进行比较、分析和评价，最后根据评价结果选择一个最满意、合理的方案。

5. 深入论证阶段

对最满意的方案开展详细全面的论证，包括进一步的市场分析、工艺流程分析、项目选址及服务设施分析、劳动力及培训、组织与经营管理、现金流量及财务分析、国民经济分析、社会环境影响分析等。

6. 编制报告阶段

该阶段一般需要编制项目论证报告、环境影响报告书和采购方式审批报告等。通常，这些报告都有特定的要求。这些报告的编制和实施有助于投资人的科学决策。

7. 编制资金筹措计划和项目实施进度计划阶段

项目的资金筹措在比较方案时，已作过详细考察，其中一些潜在的项目资金需求会在贷款者进行可行性研究时显现出来。实施中的期限和条件的改变也会导致资金的改变，这些都应根据项目前评价报告的财务分析作出相应的调整，以保证项目可以根据协议的实施进度及预算进行。

以上步骤只是进行项目论证与评估的一般程序，而不是唯一程序。在实际工作中，根据所研究问题的性质、条件、方法的不同，也可采用其他适宜的程序。

3.2 项目机会研究

项目机会研究包括一般项目机会研究和特定项目机会研究。

3.2.1 一般项目机会研究

一般项目机会研究是研究项目机会选择的最初阶段，是项目投资者或经营者通过掌握大量信息，并经分析比较，从错综纷繁的环境中鉴别发展机会，最终形成确切的项目发展方向或投资领域的过程，其结果一般称为项目意向。

按照联合国工业发展组织推荐的纲要，一般项目机会研究通常需要作区域研究、行业研究和以资源为基础的研究。

1. 一般项目机会研究的主要内容

一般项目机会研究是一种全方位的搜索过程，需要大量的信息数据的收集整理和分析。具体为：

（1）区域研究。即通过分析地理位置、自然特征、人口、地区经济结构、经济发展状况、区域进出口结构等状况，选择投资或发展方向。

（2）行业研究。即通过分析行业特征、经营者或投资者所处行业的地位作用、行业整体增长情况、能否扩展等，进行项目的方向性选择。

（3）资源研究。即通过分析资源分布状况、资源储量、可利用程度、已利用状况、利用的限制条件等信息，寻找项目机会。

2. 一般项目机会研究的依据

一般项目机会研究所作的区域、行业、资源三个方面的研究需要有下列信息及数据的支持：①区域经济发展现状及趋势；②区域社会发展现状及预测；③区域资源状况及数量趋势；④产业结构现状及发展趋势；⑤有关法律法规；⑥行业发展情况及增长率；⑦进出口结构及趋势分析等。

3. 一般项目机会研究的方法——要素分层法

1）要素分层法介绍

要素分层法是项目机会研究与选择中比较常用的一种方法。它将一般项目机会研究涉及的各个方面要素列出并区分类别，对各要素的重要程度给出权重，并通过评分的方法找出关键要素，确立项目方向。

项目机会选择涉及许多要素，要素分层法就是将这些杂乱无章的影响因素按照项目机会、项目问题、项目承办者的优势和劣势进行分层；通过要素分层分析，并采取主观评分（通常是专家评分）的方法，判断机会与问题、优势与劣势各自的强弱，从而作出判断。所以，要素分层法是一种定性（要素分层）与定量（要素评分）相结合的方法，它要求在占有充分信息的情况下，将影响项目发展的有利因素和不利因素作出直观展示，因此，该方法简单直观，易于操作，十分便于决策。

2）要素分层法的分析程序

要素分层法可以按照如下步骤操作：

（1）列举项目影响因素。通常是随机列出项目意向所涉及的所有（或主要）影响因素。

（2）影响要素分层。根据各要素对项目机会、项目问题、承办者所处优势、承办者所处劣势分别列出。

（3）作出分层矩阵。用矩阵的形式将影响因素列举出来（表3-1）。

表 3-1　要素分层矩阵示意表

项目	项目机会	得分	项目问题	得分
外 部	1. 2. 3. ……		1. 2. 3. ……	
	优势		劣势	
内 部	1. 2. 3. ……		1. 2. 3. ……	
得分合计				

（4）要素评分。运用主观评分的方法对各影响要素打分。评分的方法不限，既可采取一般评分法，也可采用加权评分法，或采用高低点评分法等。

（5）评分修正。分析项目问题转化为项目机会的可能性、劣势转化为优势的可能性，对转化后的情况重新评分。具体评分时可以运用头脑风暴法，先请评分人员分别评，然后集中起来介绍自己打分的理由，最后再分别打分。有些复杂项目、争议比较大的项目会重新几次打分，使得评价更加科学、公正。

（6）决策。核算出项目机会、项目问题、优势、劣势和各自的得分，并依据得分决定放弃该项目还是建设该项目。

4. 一般项目机会研究的结果

项目机会研究通过上述分析来鉴别投资机会或项目设想，一旦证明是可行的就需对它们进行详尽的研究。一般项目机会研究的结果是机会研究报告，该报告为决策者提出可供选择的项目发展方向或投资的基本方向。

3.2.2 特定项目机会研究

1. 特定项目机会研究的概念

特定项目机会研究是在一般机会研究已经确定了项目发展方向或投资领域后，作进一步的调查研究，经方案评价和比较，将项目发展方向或投资领域转变为概括的项目提案或项目建议。与一般项目机会研究相比较，特定项目机会选择更深入、更具体。

2. 特定项目机会研究的主要内容

1) 市场研究

对已选定的项目领域或投资方向中若干项目意向进行市场调查和预测。市场调查和预测应包括需求和供应两个方面，同时还要概略了解项目意向的相关需求。例如，若确定新型建筑材料的市场需求，就需要分析建筑业的发展概况。在特定项目机会研究阶段的市场研究不同于可行性研究阶段的市场调查和预测，这个阶段不需要具体研究市场与项目规模的关系，而是从宏观的角度把握市场的总体走势及动态。

2) 项目意向的外部环境分析

需要研究除市场之外的其他与项目意向有关的环境，如具体政策的鼓励与限制（包括税收政策、金融政策等），进出口状况及有关政策等。

3) 项目承办者优劣势分析

项目承办者优劣势分析即分析承办者在选定的项目意向上有哪些优势、哪些劣势，劣势能否转化为优势；也可以通过寻找投资或发展"机会"和"问题"的方式，再分析将"问题"转化为"机会"的途径进行优劣势的评价。

3. 特定项目机会研究的方法和结果

特定项目机会研究仍然主要采用要素分层法，但是在要素设置上更具体、更明确。

特定项目机会研究为决策者提供具体项目建议或投资提案，同时提出粗略的比较优选和论证的依据。其结果形式通常为机会研究报告。

3.3 项目可行性研究

3.3.1 可行性研究概述

1. 可行性研究的概念

机会研究、初步可行性研究、详细可行性研究、评估是项目投资决策前的四个阶段。在实际工作中，前三个阶段依项目的规模和复杂程度可把前两个阶段省略或合二为一，但详细可行性研究是不可缺少的。改扩建项目一般只作初步和详细可行性研究，小项目一般只进行详细可行性研究。在许多场合项目论证也称为项目可行性研究，而且特指项目详细可行性研究。本节的项目可行性研究就中、小型项目而言就是指包括机会研究、初步可行性研究在内的整个项目论证，而对大型项目主要是指详细可行性研究。

项目可行性研究是在项目决策前对项目有关的工程、技术、经济等各方面条件和情况进行详尽、系统和全面的调查、研究、分析，对各种可能的建设方案和技术方案进行详细的比较论证，并对项目建成后的经济效益、国民经济和社会效益进行预测和评价的一种科学分析过程和方法，是项目进行评估和决策的依据。

2. 初步可行性研究

初步可行性研究是介于机会研究和详细可行性研究之间的一个中间阶段，是在项目发展方向或投资意向确定之后，对项目的初步分析和判断。对于中小型项目而言，由于调查研究和分析判断过程不太复杂，所以往往不需要进行初步可行性研究，而直接进行详细可行性研究。对于大型的或比较复杂的项目，其详细可行性研究需要对技术、经济、环境及社会影响等进行深入调查研究，是一项费时、费力且费资金的工作。实施初步可行性研究可以将详细可行性研究的内容简化，作粗略的论证估计，其目的如下：

（1）分析项目是否有生命力，从而决定是否应该继续深入调查研究，即进行详细可行性研究。

（2）项目中是否有关键性的技术问题或其他问题需要作更充分的论证。

（3）必须要作哪些职能研究或辅助研究（如实验室试验、中间试验、重大事件处理、深入市场研究等）。

初步可行性研究的结构与主要内容基本与详细可行性研究相同，所不同的是占有的资源细节有较大差异。如果就投资可能性已进行了项目机会研究，那么项目的初步可行性研究阶段往往可以省略。如果关于行业或资源的机会研究包括足够的项目数据，可继续进入项目可行性研究阶段或决定终止进行这一研究，那么有时也可越过初步项目可行性研究阶段。然而，如果项目的经济效果使人产生疑问，就要进行初步项目可行性研究来确定项目是否可行。

3. 辅助（功能）研究

辅助（功能）研究是指对项目的一个或少数几个方面进行更为深入的专题研究，并作为初步可行性研究、详细可行性研究和大规模投资建议的前提、辅助或补充。辅助研究分类如下：

（1）市场研究。即对要制造的产品进行市场研究，包括市场需求预测以及预期的市场渗透情况等。

（2）投入研究。即原料和投入物资的研究，包括项目使用的基本原材料和投入物资的可获得性，以及这些原材料和投入物资的未来价格趋势。

（3）试验研究。即根据需要进行试验室和中间工厂的试验，以决定具体原料是否合适。

（4）选址研究。特别是对那些运输费用影响大的项目地址的选择十分重要。

（5）规模经济性研究。该项研究的主要任务是在考虑各种选择的技术、投资费用、生产成本和价格之后，评价最具经济性的项目规模。通常要对几种规模的项目生产能力进行分析，确定每种规模的经济结果。规模经济性研究一般作为技术选择研究的一个部分进行，但不扩大到复杂的技术问题中去。

（6）设备选择研究。如果项目的设备涉及多种来源，而且性能各异、成本不一，就要实施这种研究。项目一般在投资或实施阶段进行设备订货。如果设备选择涉及巨额投资，影响项目的构成和经济性，那么设备选择研究就是必不可缺少的。

辅助研究的内容因研究的性质和打算研究的项目不同而异，但由于其涉及项目的关键方面，因此其结论为随后的项目论证报告编制指明了方向。在大多数情况下，辅助研究如果在项目可行性研究之前或一起进行，其内容则构成项目可行性研究的一个必不可少的部分。如果对某一项具体功能的详细研究过于复杂，不能作为项目可行性研究的一部分进行，辅助研究则需要与项目可行性研究分别并同时进行。如果在进行项目可行性研究过程中发现某项具体的功能还需要进行更详尽的鉴别，那么就应在完成可行性研究之后再进行辅助研究。

4. 可行性研究的依据

项目可行性研究必须在国家有关的规划、政策、法规的指导下完成，同时还要提供所需的各种技术资料。可行性研究工作的主要依据有：

（1）国家有关的发展规划、计划文件。包括对该行业的鼓励、特许、限制、禁止等有关规定。

（2）项目主管部门对项目建设要求和请示的批复。

（3）项目建议书及其审批文件。

（4）项目承办单位委托进行可行性研究的合同或协议。

（5）企业的初步选择报告。

（6）拟建地区经济、社会和自然环境资料。

（7）主要工艺和装置的技术资料。对某些需要经过试验的问题，应由项目承办单位委托有关单位进行试验或测试，并将其结果作为可行性研究的依据。

（8）项目承办单位与有关方面取得的协议，如投资、原料供应、建设用地、运输等方面的初步协议。

（9）国家和地区关于工业建设的法令、法规，如"三废"排放标准、土地法规、劳动保护条例等。

（10）国家有关经济法规、规定，如企业法、税收、合资合作、贷款等规定，国家关于建设方面的标准、规范、定额资料，市场调查报告等。

5. 可行性研究的原则

1）科学性原则

这是可行性研究工作必须遵循的最基本的原则。遵循这一原则，要做到：

（1）树立科学的态度。要按客观规律办事，不能凭主观臆断，也不能盲目听从长官意志。

（2）运用科学的方法。包括科学的信息收集、分析和鉴别技术，确保信息真实可靠；科学地分析、比较和决策技术，确保分析、决策方法的科学性和适宜性。

2）客观性原则

客观性原则就是要坚持从实际出发、实事求是的原则。遵循这一原则，要做到：

（1）正确认识项目的各种建设条件。项目研究工作应该从实际出发，尽量排除主观臆断。

（2）实事求是地运用客观的资料作出符合科学的决定和结论。

（3）可行性研究报告和结论必须符合客观逻辑，不能掺杂任何主观成分。

3）公正性原则

可行性研究应站在公正的立场上，不偏不倚，既不能根据可行性论证委托单位要求对项目作出不符合实际的评价，也不能唯长官意志办事，弄虚作假。应该把国家和人民的利益放在首位，同时综合考虑项目利益相关者的各方利益，不存偏私之心，不为利益或压力所动，为项目的投资决策提供可靠的依据。

3.3.2 可行性研究的内容

1. 市场需求预测

产品的需求预测是项目可行性研究的基础工作，这项工作的好坏将直接影响项目可行性研究的水平。市场需求预测是就拟议中的项目使用期间对某一具体产品的需求量作出估计。一个项目在任何一个特定时间内，对其产出物的需求大小主要由市场构成、相同产品和代用品的供应和竞争、需求的收入弹性与价格弹性、经销渠道和消费增长水平等因素决定，因此，市场需求预测通常较为复杂。

1) 需求分析

项目的需求分析的主要内容有以下几点：

（1）市场当前需求的大小与组成，该市场的地域范围应当确定。

（2）市场细分，主要按以下因素确定：最终用途（如消费者）；消费者类别（如消费者的不同收入水平）；地理区域（如区域市场、国内市场和出口市场）等。

（3）对整个市场及其各部分在项目使用期间的需求变化趋势的分析。

（4）项目产品在国内与国际竞争发展和消费者反应变化的情况下，在所预测的时期内预期达到的市场渗透率。

（5）作为预测增长与市场渗透依据的定价结构。

销售环境通常也是需求和市场研究的一部分，包括售后服务类型、预定的包装标准及要建立的销售组织。支配出口市场的因素往往比支配国内市场的因素更为复杂，因此需要分别考虑进行估计和预测的方法。

2) 需求预测

项目的需求预测是在需求分析的基础上对拟定项目寿命周期内产出物的需求进行的估计和推测，包括：

（1）对某一种或几种产品潜在需求的预测。

（2）对潜在供应的估计。

（3）对拟议中项目可能达到的市场渗透程度的估计。

（4）对某段时期内潜在需求的特性的估计。需要估计关于这些不同方面的数量和质量数字。

项目需求预测的基本步骤如下：

（1）确定、收集并分析关于当前消费量及其在一段时期内变化规律的现有数据。

（2）按细分市场将该消费量数据分类。

（3）确定以往需求的主要决定因素及其对以往需求的影响。

（4）预测这些决定因素今后的发展及其对需求的影响。

（5）通过以一种方法或几种方法的结合对这些决定因素进行推断来预测需求。

3) 预测方法

预测有效需求有各种不同的方法，包括定性和定量两大类。在特定的情况下使用何种方法主要取决于产品类型、供应市场的性质和需求增长的主要决定因素。常用的定量预测方法包括时间序列预测法、因果回归预测模型、消费水平法（包括需求的收入弹性与价格弹性）、最终用途（消费系数）法。

时间序列预测法和因果回归预测模型由于其他相关学科大都有详细介绍，在这里不作介绍。下面对消费水平法和最终用途法作简单介绍。

（1）消费水平法。这是一种运用标准和已确定系数来考虑消费水平的方法，当某一产品直接被消费时，就可采用这种有用的方法。例如，通过确定 1000 个居民拥有汽车的比率，或确定各划分的收入水平、工业单位和政府中的汽车拥有系数，即可估计出对汽车的需求。一旦得知总需求量，即从总需求量中减去当前汽车保有量，便可得出新车的需求量。

决定产品消费水平的一个主要因素是消费者收入，这种收入首先影响到消费者愿为购买某一特定产品拨出的家庭预算。大部分消费品的消费量和消费者的收入水平正相关，但其相关程度因产品不同而异。

（2）最终用途（消费系数）法。这种方法对评价中间产品特别适用，方法为：①验明一项产品所有可能的用途，包括供其他工业投入、直接消费需求进口和出口等。②取得或估计该项产品和使用该项产品的各项工业的投入产出系数，然后根据所预测的各种消费工业的产出水平，得出对一项产品的消费加出口和纯进口的需求量。

例如，为了预测甲醇的需求量，首先就要验明哪些工业使用甲醇。这些工业包括甲醛、肥料和制药工业等。在考虑到其他用户对甲醇的需求量以后，这三种工业已制定的生产计划就可说明将来对甲醇的需求量。

2. 原材料和投入物的供应分析

原材料和其他投入物的供应分析是进行项目可行性研究需要详细分析的主要内容之一，具体包括以下几方面。

1）原材料和投入物的分类

原材料和投入物可分为原料（未加工或半加工的）、经过加工的工业材料（中间产品）、制成品（组件）、辅助材料、工厂供应品及共用设施（水、电、气、燃料、废水和废气处理等）等类型。

2）原材料与投入物的调查

在很多项目中，不同的原材料可用于同一生产。在这种情况下，必须对不同原材料进行调查研究，在衡量全部有关因素后，确定哪一种原材料最为适宜。如果各种可供选择的原料都易于得到的话，则其选择主要取决于工艺与技术是否经济。

3）原材料和投入物的选择

（1）质量性能。鉴定原材料和投入特性需作何种分析取决于投入的性质及其在特定项目中的用途。分析应当包括下列各种性能和特点：物理性能、力学性能、化学性能、电气和磁力性能等。

（2）来源和可得数量。基本生产原材料的来源及其可得性，对于确定大部分工业项目的技术和经济可行性具有重要的意义。在许多项目中，对技术、加工设备和产品组合的选择在很大程度上取决于基本原材料的规格，而在其他工业中，潜在的可得数量决定项目的规模。因此，需要对项目的基本原材料和投入物的来源和可得性进行准确的估计。

（3）单位成本。原材料和投入物的单位成本也是确定项目是否经济的关键性因素之一。如果是国内材料，一方面须参照过去的趋势以及对今后的预测考虑现价，另一方面须从供应弹性考虑。从对某一种材料的需求量日益增长来说，其供应弹性愈低，价格就愈高。

4）供应计划的制定

在制定供应计划时，应使原材料和投入物的需要量及其可得性、预计的单位成本等资料与项目可行性研究的其他成分联系在一起，这样，供应计划就可作为计算投入物数量和类别以及交货需要量的一个基础。任何供应计划都受所选用的技术与设备的影响，因为这两者都决定所需投入物的技术规格。

制定供应计划的主要目的是确定原材料和其他投入物的年成本，由此得出的结果将作为经济评价中资金流动表编制的基础。此外，供应计划还指明了需要的储存设施的规模，尤其是当投入物需求地和供应地相隔较远或运输困难时更是如此。投入物的存储费用应列入投资费用与生产成本的计算中。

3. 产品结构及工艺方案的确定

产品结构及其生产过程采用什么工艺方案，是项目可行性研究中的技术选择问题，它对项目的经济效益有着直接的影响。要根据具体的技术经济条件选择"适宜技术"，并作相应的评价。采用新结构、新工艺应有实验的根据，而不应采用不成熟的技术，因为项目的技术方案首先要"可行"的。工艺方案的选择，包括所采用技术和工艺过程。当然，它与生产规模有着密切的关系。

项目可行性研究中技术评价应反映下述几个方面：

（1）技术先进性。应从技术水平和实用两方面来进行评价，以判断项目是否达到国际先进水平、国际水平或国内先进水平。

（2）技术实用性。指项目所采用的技术，对推动生产、推广应用、满足需要方面所具有的适应能力。

（3）技术可靠性。指技术在使用中的可靠程度，即在规定时间内和规定条件下，产品工作性能符合要求和工艺方法成功的概率。

（4）技术的连锁效果。指技术应用后对科学技术和其他领域的作用，如推动其他行业的发展、改善劳动条件、增加就业机会、改善人民生活、提高文化素养等。

（5）技术后果的危害性。指技术的应用给社会带来不良影响的程度，如污染环境、破坏生态平衡、损害资源等，包括排除这些危害的难易程度和所需费用等。

4. 生产规模（或生产能力）的确定

根据需求分析的结果，可以预测出项目产出物在未来规定年份可能的需要量，然后根据项目设想的生产情况及条件，可以估算出该产出物在未来若干年内可能达到的产量。此外，确定某一项目的生产规模还必须考虑规模经济性的问题。

1）生产规模或生产能力的定义

生产规模或生产能力一般是指一个项目在一定时期内能够生产的量或单位数。这个定义意味着该项目生产的预期总产量。虽然项目在整个寿命周期内的生产和产品组合必然有所变化，但在一个较短时期内，生产能力可以视为常数。生产规模定得是否合理，直接影响到项目的经济效果和企业的长远发展。通常，生产能力应当是衡量项目规模的最主要标志。在正常情况下，项目产品的年产量可以作为其生产能力的度量。

2）确定可行的生产规模

在项目可行性研究中确定适当的生产规模是关键。虽然对具体的商品需求和市场渗透所作预测是其起点，而且来源有限的基本原材料和投入或资金对某些项目可能是一种限制因素，但在多数情况下，这些参数的范围仍然太大。此时，需要将投资、生产规模、销售额、盈利率等联系起来加以考虑，对生产规模和生产能力的各个选择方案进行比较，以选出最优生产规模。

在确定可行的生产规模之后应该考虑到详细的技术和设备问题，而在确定生产规模之前需要考虑的两个问题是：最低限度经济规模以及与各级生产水平相对应的生产技术和设备的来源。

（1）最小经济规模和设备限制因素。项目一般应该确定最小生产规模，以达到规模经济的效益。在确定一个项目的最小经济规模时应利用国内外同行业广泛的经验，因为所研究项目的生产成本和其他项目的相同生产领域的生产成本之间是有联系的。如果由于资金有限或可预见的需求规模有限而使这种经验不适用，就应该充分说明由此将造成的生产成本和价格较高、不能在国外市场上竞争等情况以及需要何种程度的保护。

（2）资金和投入的限制因素。资金及其他基本投入的缺乏会妨碍项目的规模扩大。即使达到最小经济规模，项目的生产成本与同一生产领域其他项目的生产成本相比也可能较高，并且规模经济将只达到项目可行性的最低要求。如果项目可行的生产规模低于最小经济规模，就应该在项目可行性研究报告中对在生产成本、产品价格，以及关于需要何种程度的保护政策等问题进行详细说明。

（3）投资费用和生产成本。如果资金或原材料和投入方面没有严格的限制，投资费用和生产成本就会成为一个越来越重要的决定因素。通常，投资费用的数量随着每生产单位平均增长的生产规模而减少，但是成本增长通常并不与规模保持严格的比例。

3）预计的销售额与生产规模

应该仔细分析预计的销售额和可行的正常生产规模的关系，以决定可供选择的生产规模。对于某些新产品或必须为其开辟新市场的产品来说，初期生产规模应高于初期需求和销售额，这样企业生产规模在若干年间都能满足需求的增长，但是这种有计划的生产规模的不充分利用不应该低于销售收益和生产成本的平衡点（即收支相抵点）。需求和销售不断增长，可能超过企业生产规模，因而在需求和生产之间就会有一个越来越大的差距，最终可能成为项目扩建的理由。销售额和生产规模之间的比例关系取决于市场预测、价格需求弹性、成本-生产规模比率等因素。

可见，为确定适当可行的正常生产规模，必须用数量表明项目评价中各有关组成部分在各个生产水平上的影响，确定相应的现金流量，以对不同生产规模所涉及的问题作出评价。应按 2～3 个可供选择的生产水平进行产品销量、定价、投资费用和生产成本、利润水平等的比较，以探明正常生产能力和项目盈利的最佳关系。

在某些项目中，经济的做法是对某些生产阶段规定较高的过剩生产能力，如果在这些阶段成本-生产规模比率对这种较高的生产能力有利的话，同时按需求增长比例提高其他阶段的生产能力，可有多种不同的组合，必须选择最合适的。

根据所决定的、可行的正常企业规模，可能有必要比较详细地用数量表明各种投入的需要量并决定这些投入的总费用。应该对项目的人力需要量作出估计，虽然在选定技术和设备之后还需要更详细地规定人力需要量，但是由于生产技术可能涉及技术人员的来源，所以对多数项目来说，在可行的正常工厂生产能力确定之后估计人力需要量是很有用的。

5. 技术与设备选择

1）技术选择

项目可行性研究应该说明具体项目所需的技术，评价可供选择的各种技术，并按项目各组成部分最佳结合选择最适合的技术。应估计获得这类技术所涉及的各种问题，说明与选择的技术相联系的具体设计和技术服务，同时选择和获得技术还必须与选择机器设备相呼应。

（1）技术选择。在项目可行性研究中应对各种可供选择的技术进行评价，以确定对项目来说最合理的技术和技术组合。这种评价应充分考虑到项目的生产规模或服务能力、产出物的性能要求、资金实力和技术本身的先进与否。技术的选择还必须联系到项目的主要原材料以及其他长期和短期的生产要素资源的适当结合，在某些情况下，原材料可以决定将要采用的技术。

（2）技术获得方式。在选择技术的同时，应找出能获得这种技术的其他来源。当必须从其他企业获得技术时，就必须决定获取的方法。这些方法可以分为技术许可证交易、技术的全套购买和技术供应方分享所有权的合资经营企业。应该对这些获取方式所涉及的问题作出分析，包括许可证交易、技术分解、合同内容、购买技术的方式以及许可证持有者参与合资经营企业所带来的问题等。

（3）技术费用。除选择技术和因此而可能需要的设计和技术服务外，在项目可行性研究报告中还应估计技术和技术服务的费用。可参考同一行业其他项目的技术支付进行估价；也可按不同的支付方案估价，诸如按一次总付、按连续使用费率支付或两者结合。如果技术获取与使用需要在一段时间内同技术许可方保持联系，那么采取支付使用费的方式较为合适。

2）设备选择

设备选择和技术选择是相互依存的，在项目可行性研究报告中，应根据生产能力和所选择的生产技术来确定机械和设备方面的需要。

项目可行性研究阶段的设备选择，应概略说明通过使用某种技术达到某种生产规模或服务能力所必需的设备的最佳组合。在所有项目中，必须说明每一实施阶段的所需具体设备以及这些设备的产能。从项目经济分析的角度出发，在符合项目需要和产出物性能要求的条件下，设备费用要控制到最低限度。

设备选择应与评价报告的其他组成部分联系起来，这些组成部分大多数应在确定项目生产规模和工艺流程时涉及，包括原材料和投入物、人员的培训、环境保护、宏观政策等。例如，有时候设备选择可能会受到基本设施方面的限制、电力或运输供应方面的制约；有些先进的设备，可能会需要进行人员培训；有些设备的维修设施受到限制；而政府的某些政策，如进口管制、外汇管制等，可能限制某些类型设备进口，从而不得不选择国产设备。

6. 坐落地点和项目选址

坐落地点和项目选址这两个词常常被当作同义词使用，但应当对二者加以区分。地点的选择应当在一个相当广阔的地理区域内，从中可以考虑几个可供选择的具体选址。一个合适的地点可以包括一个相当大的地区，但是项目选址则应当是确定建立项目的具体场地所在，因而应该更为详细。

1）地点的选择

项目的地点选择应考虑以下四个方面：

（1）政府政策的作用。政府政策的导向对于项目地点的选择有很大的影响，比如，一些国家建立了一些特定的区域，并为这些区域制定了各种形式的鼓励政策，此时如果项目建立在区域以内就可能享受投资和收益上的优惠。如果涉及大量的政府或机构资金，政府政策除了具有劝导作用以外，还可能会直接决定项目地点。因此，应对项目的多个可供选择的地点进行技术、财政和经济等方面的比较评价。

（2）注重原材料还是市场。项目地点选择在接近原材料产地还是主要市场所在地对于节约运输成本具有决定性作用。基于此，选择地点的典型方法是计算几个供选择地点的运输、生产和经销费用，这些供选择地点主要是根据是否具备原料和主要市场确定的。一个以资源为基础的单位应当位于靠近基本原料来源的地方，主要依靠进口原料的项目可能需要设在港口；而对注重市场的项目则应设在主要消费中心附近。

（3）当地条件。一是基本设施，包括项目所需要的能源、运输、水、通信等基础设施，为此需要了解要设置的生产规模和采用的技术；二是自然社会环境，包括与项目相关的劳动力供给、施工和维修设施、法律法规、气候条件、废物处理设施等。

（4）地点的最后选定。一个最适当的项目地点应该兼有下列条件：项目距离原料产地和市场销地都相当近、环境条件好、劳动力来源充足、电和燃料充足而且价格合理、税收公平、交通运输条件好、用水供应充分以及有良好的废物处理设施。项目可行性研究报告必须考虑到所有这些因素，最好的地点应是生产成本最低，并且与其他地点在其他方面的费用差别不大的地方。

2）项目选址

一旦决定了地理区域，项目可行性研究报告就应当说明项目的具体选址或至少两三个可供选择的地址的费用。这就需要评价每个地址的特点，包括以下四个方面：

（1）土地费用。即项目获取当地土地的费用，是项目建设投资的主要构成之一。

（2）当地条件。即项目所在地能源、运输、水、通信等基础设施的条件，是项目投资于成本的重要构成要素。此外，应当对当地的劳动力供应情况、废料处理，以及项目所在地的自然条件等进行分析。

（3）场地整理和开拓。即考虑各个可供选择的项目场地整理和开拓费用。

（4）地址的选定。通常，供选择的项目地址是和范围较广的地点连在一起考虑的，因此所需的资料大部分都是同时收集的。项目地址的选定就是按照项目业主或投资者所制定的准则，综合考虑前面各个因素对项目地址进行最后的选择。

7．投资、成本估算与资金筹措

1）总投资费用

投资费用就是固定资本与净周转资金的合计。固定资本是建设和装备一个投资项目所需的资金，包含固定投资和生产前的所有投资费用，诸如筹建开办费、项目可行性研究和其他咨询费、建设期贷款利息、生产人员培训费以及试运转费用等；周转资金（或称流动资金）是指全部或部分经营该项目所需的资金，在项目评价阶段计算周转资金需要量很重要，应使它保持在一个合理的、必要的水平上；净周转资金则是流动资产减去短期负债，流动资产包括应收账款、存货（原料、辅助材料、供应品、包装材料、备件及小工具等）、在制品、成品和现金，短期负债主要包括应付账款（贷方）等。

在不同的研究设计阶段，投资估算的精确度要求不同。机会研究要求的估算精度一般为±30%。初步项目可行性研究要求为±20%，项目可行性研究要求为±10%，工程设计时则要达到±5%。

2）资金筹措

资金筹措是指为项目建设与运行筹集必要的资金的过程，包含筹资渠道和筹资方式两个方面。资金筹措是项目可行性研究的重要内容，它不仅对任何投资决定而且对项目拟定和投资前分析都是明显的基本先决条件。

目前，项目的资金来源渠道主要有自有资金（即投资人资金，包含政府、法人、公共团体、个体投资者等的资金）和各种借款（包含银行借款、非银行金融机构借款、其他借款等）两个方面。

筹资方式主要有吸收投资、发行股票、发行债券、银行借款、保留盈余、融资租赁等。

资金筹措分析需要说明实际或可能的资金来源，包括自有资金、各种借款及其偿还条件，它是项目可行性研究最为基本和最为关键的内容之一。

对于多数大型投资项目，除了自筹资金外，通常还需一定数量的借款。项目借款基本上分为两种：

（1）长期借款。从各类金融机构，如世界银行或某个国家银行获得，一般用于项目的长期资产投资。与设备制造商联系起来，又分为供方贷款和买方贷款。工业发达国家之间出于输出设备的竞争，这种借款的条件比较优惠，利率也较低。

（2）短期借款。由商业银行信贷或商业信用获得，一般用于项目的流动资金投资。

任何借款均存在成本（利息）和偿还问题，应在确保偿还的基础上努力使资金成本最低。

3）生产成本

在项目可行性研究阶段，财务分析要求对项目生产成本进行估算。估算的精度应当和投资估算的精度相当。成本估算要以生产计划的各种消耗和费用开支为依据，计算全部成本和单位产品的成本。

大多数投资前的项目可行性研究报告只算生产总成本，这是因为在项目可行性研究阶段对各项成本，无论是原料、劳动力或管理费用，作为整体估算要比计算单位产品成本简单一些。生产总成本一般划分为四大类：制造成本、管理费用、销售费用、财务费用和折旧等，前三类成本费用的总和称为经营成本。

生产成本在项目可行性研究中的用途为估算盈亏，计算净周转资金的需要量，并用于财务评价。

4）财务报表

为了估计一个新建或扩建项目的资金需要和经济效益，要编制一套财务报表。财务报表关系到管理决策，必须注重所用的表格形式。只有当财务报表有标准的项目和格式，才能从事有意义的对比和分析。项目可行性研究中要求编制以下财务报表：

（1）现金流量表。包含在不同时间点上的现金流入（获得资金和销售收益等）、现金流出（投资支出、生产成本、还本付息等）和净现金流量（现金流入减去现金流出）。可见，现金流量表是项目财务分析的基础。

（2）损益表。损益表是用于计算整个项目期间每一阶段的项目收入或亏损的。与现金流量表不同，损益表将项目收益和所需的项目成本联系起来，反映了项目投资的收益能力和收益水平。

（3）资产负债表。资产负债表主要反映出项目整个使用期间各个阶段的资金来源和资金使用的总体情况，其中，资金来源包括自有资金和借款；资金使用形成项目资产，包括现金和其他流动资产、固定资产和其他长期资产。资产负债表反映了项目资金的平衡状况。

8. 经济评价

经济评价分为财务评价、国民经济评价和不确定性分析三个方面。

1）财务评价

对于一项投资而言，其基本目的是从投入资本取得最大的财务收益。因此，项目财务评价的基本任务就是在于确定投资方案的经济效果，并用相应的经济效果评价指标来加以表示。项目财务评价分为以下三个步骤：

（1）第一步，进行基础准备。主要包括产品销售预测、技术方案拟定、产品的价格预测、投资估算及产品成本估算等。

（2）第二步，编制财务报表。在完成上述基础工作之后，就可着手编制财务报表，包括投资估算表、成本估算表、资产负债表、损益表和现金流量表等。

（3）第三步，计算经济效果。即选择适当的评价方法和评价指标进行分析。项目财务评价包括静态评价方法，如投资收益率与投资回收期；动态评价方法，如净现值法、内部收益率法、外部收益率法、动态投资回收期法以及收益/成本比值法等。当项目寿命周期较长，投资额较大时最好使用动态评价方法，以便考虑资金的时间价值。

2）国民经济评价

项目国民经济评价，就是从国民经济的利害得失出发，对项目所作的经济效果评估。它将项目纳入整个国民经济系统之中，从国家和社会的全局出发去衡量项目在经济效果上是否可行。

与财务评价不同，项目的国民经济评价是从国家的角度，评价项目对实现国家经济发展战略目标及对社会福利的实际贡献。它除了对项目的直接经济效果考虑外，还要考虑项目对社会的全面的费用效益状况；它将工资、利息、税金作为国家收益，而不是项目成本；它所采用的产品价格为社会价格，采用的贴现率也为社会贴现率。

3）不确定性分析

任何项目投资的评价都基于对未来经济数据的预测。项目内外诸多的不确定性因素的影响，导致项目运行结果也存在着不确定性。因此，在未来的客观实际和项目运行并不是肯定的情况下，就需要对项目评价结果进行不确定性分析。产生项目不确定性的最普遍原因有通货膨胀、技术变革、额定生产能力测定失实以及施工期和试车期的长短等。项目不确定分析分三个步骤进行：盈亏平衡点分析、敏感性分析和概率分析。

9. 环境影响评价

随着环境保护问题的重要性越来越突出，环境保护成为项目可行性研究的重要内容。不论在哪一类项目的可行性研究报告中都必须有专门的部分说明项目的环境污染情况和治理方法，并在提交项目可行性研究报告的同时，向有关部门提交环境影响报告书。

1）项目环境影响评价的含义和必要性

环境是指作用于人类的所有自然因素和社会因素的总和。在项目可行性研究中，环境是指自然环境。自然环境是指在环绕着人类的空间中，可以直接、间接影响到人类生活、生产的一切自然形成的物质、能量的总体。构成自然环境的主要物质有空气、水、植物、动物、土壤、岩石矿物、太阳辐射等。自然环境可以为人类提供基本的生产条件和对象，同时又是人类社会生产和生活中产生的废弃物的排放场和自然净化场。可见，自然环境是人类生产和生活赖以存在和发展的基础。人类社会的发展和自然环境之间是一种相互制约、相互促进的关系。

任何项目都要处于某一特定的自然环境当中，不可避免地与周围环境发生相互作用，通过与环境发生物质流和能量流的交换对环境造成有利或不利的影响。因此在对项目进行国民经济评价时，必须权衡项目对环境的影响，进行全面的项目环境影响评价。

环境影响评价是对可能影响环境的重大工程建设、区域开发建设及区域经济发展规划或其他一切可能影响环境的活动，在事前进行调查研究的基础上，预测和评定项目可能对环境造成的影响，为防止和减少这种影响，制定最佳行动方案的活动。在项目动工兴建之前对其选址、设计、施工和投产后可能造成的影响都应进行预测和评价。

项目环境影响评价是一项综合性很强的技术工作，它需要预测项目对大气、水质、动植物、岩石土壤等要素的影响，分析各种环境要素变化可能给人类社会的发展带来的好处或危害，估算消除这些危害所需要付出的代价，并就项目对环境的影响作出综合性的评价。这需要数学、化学、物理、生物工程与经济学等专业技术人员的通力合作。另外，环境影响评价不仅要考虑项目对环境的近期影响，还要考虑项目对环境的长期影响，甚至要考虑项目结束几年、几十年后对环境的影响。

2）项目环境影响评价制度

我国在多年环境保护实践中总结出八项环境管理制度，其中与项目密切相关的有两项，即"三同时"制度和"项目环境影响评价制度"。

（1）"三同时"制度。是指新建、改建、扩建项目和技术改造项目以及区域性开发建设项目的污染治理设施必须与主体工程同时设计、同时施工、同时投产的制度。

（2）项目环境影响评价制度。主要包括：①所有大、中、小型新建、扩建和技术改造项目要提高技术起点，采用能耗小、污染物产生量少的清洁生产工艺，严禁采用国家明令禁止的设备和工艺。②建设对环境有影响的项目必须依法严格进行环境影响评价，编制环境影响报告书。③环境影响报告书对建设项目产生的污染和环境的影响作出评价，制定防治措施，经项目主管部门预审并依照规定的程序报环境保护行政主管部门批准。环境影响报告书经批准后，计划部门方可批准建设项目设计任务书。④在建设项目总投资中，必须确保有关环境保护设施建设的投资。建设项目建成投入生产后，必须确保稳定达到国家或地方规定的污染物排放标准。要把环境容量作为建设项目环境影响评价的重要依据。

3）项目环境影响评价的依据

进行项目环境影响评价与管理的主要依据就是环境标准。我国现行环境标准体系分为两级环境标准体系，即国家级与地方级（包括行业管理）。具体有以下七种类型：

（1）环境质量标准。是指在一定时间和空间内，各种环境介质（如大气、水、土壤等）中有害物质和因素所规定的容许含量与要求，是衡量环境受到污染的尺度，是有关部门进行环境管理、制定污染排放标准的依据。

（2）污染物排放标准。

（3）环境基础标准。是指对制定环境标准的有关名词、术语、符号、指南、准则所作出的统一规定，是制定环境标准的基础。

（4）环境方法标准。是指对环境保护工作中的实验、分析、抽样、统计、计算方法的规定。

（5）环境标准样品标准。

（6）环境保护仪器设备标准。

（7）污染报警标准。

1992 年国家环保总局和国家技术监督局联合发了六项限制污染物排放标准：《锅炉大气污染物排放标准》（GB13271—1991）、《纺织染料工业水污染物排放标准》（GB4281—1992）、《造纸工业水污染物排放标准》（GB3544—1992）、《钢铁工业污染物排放标准》（GB13456—1992）、《肉类加工工业污染物排放标准》（GB13457—1992）和《合成氨工业水污染物排放标准》（GB13458—1992）。

1993 年我国颁发了七项环保业标准，1994 年国家计委与国家环保总局发布了《环境保护计划管理办法》，国家环保总局制定了《开发建设项目生态环境影响评价技术规定》，规定了我国基本建设项目与环保管理程序。

4）环境影响评价报告书的内容

环境影响评价报告书是指预测评价经济建设和资源开发活动对周围环境可能造成的污染、破坏和其他影响的书面报告。它是项目建设计划的重要组成部分，由环境影响评价负责单位组织协作单位进行。编制环境影响评价报告书的目的，是在项目可行性研究阶段，对项目可能给环境造成的近期、远期影响和拟采取的防治措施进行评价和论证，并提出防治措施，选择技术上可行、经济和布局上合理、对环境不利影响较小的方案。项目环境影响评价报告书主要包含以下内容。

（1）建设地区的环境现状。包括：①项目的地理位置（附平面图）；②地形、地貌、土壤和地质情况；江、河、湖、海、水库的水文情况；气象情况；③矿藏、森林、草原、水产和野生动物、野生植物、农作物等情况；④自然保护区、风景游览区、名胜古迹、温泉、疗养区以及重要政治文化设施情况；⑤现有工矿企业分布情况；⑥生活居住区分布情况和人口密度、健康状况、地方病等情况；⑦大气、地下水、地面水的环境质量状况；⑧交通运输情况；⑨其他社会经济活动污染、破坏现状资料，等等。

（2）项目主要污染源和污染物。包括：①主要污染源。包含产生污染物的装置、设备、生产线及其投入物、产出品和排出物的品种、数量、排出方式，产生震动和噪声、粉尘、恶臭、有毒气体的装置和车间；易燃、易爆、剧毒物料的运输线路、储存库站位置；放射性物料及放射性废弃物的运输线路、储存和使用场所及其位置。②主要污染物。包含污染物的性质、成分、数量、危害程度等。

（3）项目拟采用的环境保护标准。环境保护标准是指国家及项目所在地区环保部门颁发的标准，如大气环境质量标准、污染物排放标准、噪声卫生标准、生活饮用水卫生标准，以及有关法规、规定等。如地区规定严于国家规定时应执行地区规定；地区没有特定要求的，执行国家规定。目前个别国家和地方尚未制定标准的由可行性研究单位与当地环保部门协商确定。

（4）治理环境的方案。包括：①项目对周围地区的地质、水文、气象可能产生的影响，以及防范和减少影响的措施；②项目对周围地区自然资源可能产生的影响，以及防范和减少这种影响的措施；③项目对周围自然保护区、风景游览区名胜古迹、疗养区等可能产生的影响，以及防范和减少这种影响的措施；④各种污染物最终排放量对周围大气、水、土壤的破坏程度及对居民生活区的影响范围和程度，污水、废气、废渣、粉尘及其他污染物的治理措施和综合利用方案；⑤噪声、震动、电磁波等对周围居民生活区的影响范围和程度，消声、防震的措施；⑥绿化措施，包括防护地带的防护林和建设区域的绿化。

（5）环境监测制度的建议。包括：①监测布点原则；②监测机构的设置和设备选择；③监测手段和监测目标，等等。

（6）环境保护投资估算。包括环境影响经济损益简要分析。对可以量化的环境影响，可将其计算并列入经济评价中现金流量表内进行分析。

（7）环境影响评论结论。包括：①环境现状概述；②建设项目的影响源及污染源状况的简要说明；③环境影响预测和评价结果的概括总结；④对环保措施的改进建议。

另外，对涉及水土保持的建设项目，还必须有经行政主管部门审查同意的水土保持方案。

建设项目环境影响报告表、环境影响登记表的内容和格式，由国务院环境保护行政主管部门规定。

10.综合分析

综合分析一般应结合项目具体情况选择分析评估以下各项：①政治和国防评估；②工业配置评估；③发展地区经济或部门经济的评估；④提高国家、地区和部门科技水平的评估；⑤减少进口、节约外汇和增加出口、创造外汇的评估；⑥环境保护和生态平衡的评估；⑦节约能源的评估；⑧节约劳动力和提供就业机会的评估；⑨产品质量评估；⑩提高社会福利和人民物质文化生活的评估。

3.3.3 可行性研究的程序

项目的可行性研究，一般由项目业主根据工程需要，委托有资格的设计院或咨询公司进行，编制可行性研究报告。

1.委托与签订合同

项目的可行性研究，既可以由项目主管部门直接给工程设计单位直接下达任务进行，也可以由项目业主自行委托有资格的工程设计单位承担。

项目业主和受委托单位签订的合同中一般应包括：进行该项目可行性研究工作的依据，研究的范围和内容，研究工作的进度和质量，研究费用的支付方法，合同双方的责任，协作方式和关于违约处理的方法等主要内容。

2.组织人员和制定计划

受委托单位接受委托后，应根据工作内容组织项目小组，并确定项目负责人和各专业负责人。

项目组根据任务要求，研究和制定工作计划和安排实施进度。在安排实施进度时，要充分考虑各专业的工作特点和任务交叉情况，协调技术专业与经济专业的关系，为各专业工作留有充分的时间，根据研究工作进度和内容要求，如果需要向外分包时，应落实外包单位，办理分包手续。

3.调查研究与收集资料

项目组在了解清楚委托单位对项目建设的意图和要求的基础上，查阅项目建设地区的经济、社会和自然环境等情况的资料。拟定调查研究提纲和计划，由项目负责人组织有关专业人员赴现场进行实地调查和专题抽样调查，收集与整理所得的设计基础资料和技术经济资料。

调查的内容包括：市场和原材料、燃料、厂址和环境；生产技术、财务资料及其他。各专题调查可视项目的特征和要求，分别拟定调查细目、对象和计划。

4. 方案设计与选优

接受委托的工程设计单位，根据建设项目建议书，结合市场和资源环境的调查，在收集整理了一定的设计基础资料和技术经济基础数据的基础上，提出若干种可供选择的建设方案和技术方案，进行比较和评价，从中选择或推荐最佳建设方案。

技术方案一般应包括生产方法、工艺流程、主要设备选型、主要消耗定额和技术经济指标、建设标准、环境保护设施、工厂组成、定员。

项目的建设方案一般应包括：①市场分析、产品供销预测、生产规模、产品方案的选择，产品价格预测。②核算原材料和燃料的需用量、规格；评述资源供应情况和供应条件；预测原材料、燃料的进厂价格。③估算工厂全年总运输量，选择运输方案。④确定外协工作和协作单位。⑤厂址选择及其论证，项目的筹资方案。如有借款，应说明借款来源、利息、偿付条件；项目建设工期安排，等等。

在方案设计与优选中，对重大问题或有争议的问题，要会同委托单位共同讨论确定。

5. 经济分析和评价

按照建设项目经济评价方法的要求，对推荐的建设方案进行详细的财务分析和国民经济分析，计算相应的评价指标，评价项目的财务生存能力和从国家角度看的经济合理性。在经济分析和评价中，需对各种不确定因素进行敏感性分析。

当项目的经济评价结论不能达到有关要求时，可对建设方案进行调查或重新设计，或对几个可行性的建设方案同时进行经济分析，选出技术、经济综合考虑较优者。

6. 编写可行性研究报告

在对建设方案和技术方案进行技术经济论证和评论后，项目负责人组织可行性研究工作组（项目组）成员，分别编写详尽的可行性研究报告，在报告中既可推荐一个或几个项目建设的方案，也可提出项目不可行的结论意见或项目改进的建议。

3.3.4 可行性研究报告

可行性研究报告视项目的规模和性质，有简有繁。下面是项目可行性研究报告的一般目录格式。

第一部分　概论或报告要点

这一部分要综合叙述报告中各部分的主要问题和研究结论，并对项目的可行与否提出最终建议，为可行性研究的审批提供方便。主要内容有以下几个方面。

1. 项目背景

（1）项目名称。

（2）项目的承办单位。

（3）项目的主管单位。

（4）项目拟建地区和地点。

（5）承担可行性研究工作的单位和法人代表。

（6）研究工作依据。

（7）研究工作概况。包括：①项目建设的必要性；②项目发展及可行性研究工作概况。

2. 可行性研究结论

（1）市场预测和项目规模。

（2）原材料、燃料和动力供应。

（3）项目选址。

（4）项目工艺技术方案。

（5）环境分析与结论及治理措施。

（6）项目组织及人力资源。

（7）项目实施进度。

（8）投资估算和资金筹措。

（9）项目财务和经济评价结论。

（10）项目综合评价结论。

3. 主要技术经济指标

4. 存在的问题及建议

第二部分　项目背景和发展概况

1. 项目提出的背景

（1）国家或行业发展规划。

（2）项目发起人以及发起缘由。

2. 项目发展概况

（1）已进行的调查研究项目及成果。

（2）试验试制工作（项目）情况。

（3）厂址初勘和初步测量工作情况。

（4）项目建议书（初步可行性研究报告）的编制、提出及审批过程。

3. 投资的必要性

第三部分　市场分析

1. 市场调查

（1）拟建项目产出物用途调查。

（2）产品现有生产能力调查。

（3）产品产量及销售量调查。

（4）替代产品调查。

（5）产品价格调查。

（6）国外市场调查。

2. 市场预测

（1）国内市场需求预测。国内市场需求预测包括：①本产品目标对象；②本产品的消费条件；③本产品更新周期的特点；④可能出现的替代产品；⑤本产品使用中可能产生的新用途。

（2）产品出口或进口替代分析。产品出口或进口替代分析包括：①替代进口分析；②出口可行性分析。

（3）价格预测。

3. 市场促销策略

（1）促销方式。

（2）促销措施。

（3）促销价格。

（4）产品销售费用预测。

4. 产品方案和建设规模

（1）产品方案。产品方案包括：①产品名称；②产品规格与标准。

（2）建设规模。

5. 产品销售收入预测

第四部分 建设条件与项目选址

1. 资源和原材料

（1）资源详述。

（2）原材料及主要辅助材料供应。

（3）需要做生产试验的原料。

2. 建设地区的选择

（1）自然条件。

（2）基础设施。

（3）社会经济条件。

（4）其他应考虑的因素。

3. 项目选址

（1）项目坐落地点多方案选择。

（2）具体地址的推荐方案和理由。

第五部分　项目的工艺技术方案

1. 项目组成

2. 工艺技术方案

（1）产品标准。

（2）生产方法。

（3）技术参数和工艺流程。

（4）主要工艺设备选择。

（5）主要原材料、燃料、动力消耗指标。

（6）主要生产车间布置方案。

3. 总平面布置和运输

（1）总平面布置。

（2）厂内外运输方案。

（3）仓储方案。

（4）占地面积及分析。

4. 土建工程

（1）主要建筑物的建筑特征及结构设计。

（2）特殊基础工程的设计。

（3）建筑材料。

（4）土建工程造价估算。

5. 其他工程

（1）给排水工程。

（2）动力及公用工程。

（3）地震设防。

（4）生活福利设施。

第六部分　环境保护与劳动安全

1. 建设地区的环境现状

2. 项目主要污染源和污染物

3. 项目拟采用的环境保护标准

4. 治理环境的方案

5. 环境监测制度的建议

6. 环境保护投资估算

7. 环境影响评价结论

8. 劳动保护与安全卫生

（1）生产过程中职业危害因素的分析。

（2）职业安全卫生主要设施。

（3）劳动安全与职业卫生机构。

（4）消防措施和设施方案建议。

第七部分　企业组织和人力资源

1. 企业组织

（1）企业组织形式。

（2）企业工作制度。

2. 人力资源

（1）人员规模和结构。

（2）年工资和职工年平均工资估算。

（3）人员培训及费用估算。

第八部分　项目实施进度安排

1. 项目实施的各阶段

（1）建立项目实施管理机构。

（2）资金筹集安排。

（3）技术获得与转让。

（4）勘察设计和准备订货。

（5）施工准备。

（6）施工和生产准备。

（7）竣工验收。

2. 项目实施进度表

（1）甘特图。

（2）网络图。

（3）里程碑事件图。

3. 项目实施费用

（1）建设单位管理费。

（2）生产筹备费。

（3）生产职工培训费。

（4）办公和生活家具购置费。

（5）勘察设计费。

（6）其他应支出的费用。

第九部分　投资估算与资金筹措

1. 项目总投资估算

（1）固定资产总额。

（2）流动资金估算。

2. 资金筹措

（1）资金来源。

（2）项目筹资方案。

3. 投资使用计划

（1）投资使用计划。

（2）借款偿还计划。

第十部分　财务效益、经济和社会影响评价

1. 生产成本和销售收入估算

（1）生产总成本。

（2）单位成本。

（3）销售收入估算。

2. 财务评价

3. 国民经济评价

4. 不确定性分析

5. 社会效益和社会影响分析

第十一部分　可行性研究结论与建议

1. 结论与建议

2. 附件

3. 附图

这是比较完整且典型的可行性研究报告的写法。针对不同规模及不同特点的项目，可行性研究报告的内容可依据实际情况有所删减。但总的思路是：项目可行性研究报告一定要给项目业主提供一个系统完整的思路、项目可行性的结论及实施要点和关键。要有观点，有依据，可实施，可信度高。

3.4　项目评估

项目评估的内容主要包括项目建设发展的必要性、建设条件、技术评估、财务评估、社会效益评估、环境影响评估等，评估的结果形成评估报告。

3.4.1　项目经济效益评估

项目经济效益评估是从企业的角度出发，运用有关财务分析的方法对项目的经济效益进行综合评价，并对项目的合理性提出判断意见。

1. 项目经济效益评估的目标

（1）了解项目盈利能力。盈利能力是反映项目经济效益的主要标志。经济评估通过分析项目建成后是否有盈利、盈利能力有多大、项目盈利是否足以弥补项目投资，来判断项目是否可行。

（2）了解项目清偿能力。从广义来说，项目清偿能力包括两个层次：①项目的财务清偿能力，即项目收回全部投资的能力；②债务清偿能力，主要是项目偿还投资借款和其他债务的能力。从狭义上讲，项目清偿能力只是指第二层含义，即债务清偿能力。

（3）了解项目财务外汇平衡情况。对于涉及进出口设备或业务的项目，还要通过财务评估，编制财务外汇平衡表，掌握项目的外汇情况。

2. 项目经济效益评估的方法

项目经济效益评估的方法，基本上类似于可行性研究时的项目价值分析方法。所不同的是，分析的主体不同，立足点不同，侧重点不同。可行性研究是项目承担方来做，项目评估则是由项目隶属的政府管理部门、项目主管部门、贷款银行等机构来做。可行性研究一般是站在用资角度考虑问题，项目评估则一般站在银行、国家投资角度来考虑问题。

可行性研究侧重于项目技术、经济方面的论证，项目评估则着重于对可行性研究的质量和可靠性的审查与评估。

项目经济效益评估中主要用到的技术方法有投资回收期法、投资收益率法、追加投资回收期法、追加投资收益率法、净现值法、内部收益率法、外部收益率法等。

3.4.2 项目社会效益评估

项目社会效益评估是从项目对社会、国家的整体贡献出发，来评估项目的价值的方法。按照资源合理配置的原则，采用影子价格、影子汇率、影子工资、社会折现率等评估参数，来计算和分析国民经济为投资项目所付出的代价及其对国民经济作出的贡献，以评价投资项目的合理性。

1. 评估目标和途径

1）对宏观经济的影响效果

项目的宏观影响主要体现在对国民经济增长的贡献上，从国家角度，要求项目投资所增加的国民收入净增值和社会效益净增值大于为项目所付出的社会成本。主要通过如下指标实现：

（1）项目在正常生产能力条件下，每年所获国民收入净增值和社会净效益同项目总投资额的比率，用以考察项目每年对国家和社会的实际贡献情况。

（2）在项目整个寿命期内获得的总国民收入净增值和社会净效益同项目总投资额的比率，用以考察项目在整个寿命期内对国家和社会的总贡献情况。

（3）以国民收入净增值和社会净收益分别计算的总投资回收期，用以考察项目的投资回收能力。

2）社会效果

（1）劳动就业目标，考察项目建成后为社会提供的劳动就业机会的数量。

（2）收入分配目标，考察项目提供的国民收入净增值在国家、地区、部门、企业和个人之间的分配关系。

（3）创汇节汇目标，考察项目的国际竞争能力情况。

（4）环境保护目标，考察项目的社会环境影响情况。

2. 评估技术与方法

1）社会折现率

社会折现率是从国家角度对资金机会成本和时间价值进行估量的评估指标。它是从社会的观点反映最佳资源分配和社会可接受的最低投资收益率。采用适当的社会折现率对项目进行投资评价，有助于合理使用项目资金，引导投资方向，调控投资规模，促进资金在全社会范围内的合理配置。

社会折现率作为项目社会效益评估的重要参数，在衡量投资项目的内部收益率时具有重要作用，同时它也是项目经济可行性和比较选优的主要依据之一。

社会折现率的测定方法主要有两种：一种是用投资项目经济内部收益率排队的方法测定；另一种是用现行价格下投资收益率的统计值测定。第二种方法比较简单实用，具体计算方法在此不作详细介绍。在我国现阶段，国家规定社会折现率的取值标准为 12％。

2）影子价格

影子价格的概念是 20 世纪 30 年代末至 40 年代初由荷兰数理经济学、计量经济学创始人之一詹恩·丁伯根和苏联数学家、经济学家、诺贝尔经济学奖获得者康托罗维奇分别提出来的。影子价格是指当社会经济处于某种最优状态时，能够反映社会劳动的消耗、资源稀缺程度和最终产品需求情况的价格。它是商品或生产要素的边际变化对国民收入增长的贡献值。也就是说，影子价格是由国家的经济增长目标和资源可用量决定的。

一般来说，项目投入的影子价格就是它的机会成本——资源用于其他用途时的边际产出价值，也是用户为获得产品而愿意支付的价格。

对项目进行社会效益分析的着眼点是整个国民经济，因而确定影子价格的过程是对国民经济在生产、交换、分配和消费过程中全部环节及其相互制约因素的全面考察过程，要正确确定商品或劳务的影子价格，应考虑社会资源的可用量、政策变动及社会经济未来变动等各种不确定性因素的影响，因此要精确测定影子价格并不容易。

3.4.3　评估报告

项目评估的结果最终以评估报告的形式予以呈现。

评估报告一般包括两个部分，即正文部分和附件部分。正文部分是对项目主要特点进行概括说明，并对有关问题作简明叙述。这部分内容应严谨明了，言简意赅，尽量少用只有专家才能看得懂的专业术语。附件部分是为正文所提的观点提供详细的证据，包括必要的资料、表格、数据分析、附图以及一些技术说明等。下面是评估报告的简要介绍。

1. 正文部分

（1）企业概况。包括：历史、机构、人员组成及知识构成情况，经营管理情况，近三年的生产经营情况及财务情况等。

（2）项目概况。包括：项目的基本内容、主要产品（或主要项目产出物）的介绍，项目目的，投资必要性。

（3）市场情况分析。包括：产品需求预测，供应市场范围、生产规模、市场竞争能力、产品生命周期、国内外同类产品情况评估等。

（4）投入物。包括：主要投入物名称、耗用量、价格、来源、可靠程度、有无替代品等。

（5）技术和设计。包括：工艺和技术、设备性能、技术力量保证程度、设计方案是否科学等。

（6）投资计划。包括：总投资额、投资内容、投资方式、资金现有情况、资金筹措情况等。

（7）财务预测。包括：产品成本、销售收入及盈利水平，偿债能力等。

（8）项目风险评估。包括：盈亏平衡分析、敏感性分析、概率分析等。

（9）经济效益评估。包括：产品成本、销售收入及盈利水平、偿债能力、外汇使用或平衡情况，投资回收期分析等。

（10）社会效益评估。包括：国民生产总值贡献情况，提供劳动与就业机会情况，对科学技术发展的促进与贡献情况等。

（11）环境影响评估。包括：对环境的影响是否重大，是否影响其他产业或经济的发展。

（12）总结与结论。包括：总结评述报告的各个部分，提出评估结果。

（13）建议。包括：需要完善的地方。

2. 附件部分

（1）附表。包括：各类财务预测表、经济分析表，如敏感性分析表、销售情况预测分析表等。

（2）附图。主要有工厂平面布置图、生产流程图、项目实施图等。

（3）有关资料与文件。如项目建议书、可行性研究报告、进口设备、技术清单等。

评估报告要求有数据、有分析、有观点，条理清楚，论述简洁，重点突出。引用的数据与分析的资料要经过核实。

> ➤ 复习思考题

1. 什么是项目论证？现代项目管理中为什么要进行项目论证？

2. 项目论证的作用有哪些？

3. 项目论证一般要遵循什么样的程序？

4. 项目的一般机会研究和特定机会研究的内容和结果是什么？

5. 项目的初步可行性研究的主要内容有哪些？其在项目论证中的地位如何？

6. 项目的可行性研究的主要内容有哪些？

7. 如何编制一份完整的可行性研究报告？

8. 什么是项目评估？项目评估和项目论证关系应该是什么样的？

9. 项目评估的主要内容有哪些？

10. 如何编制项目评估报告？项目评估报告与项目可行性研究报告有何不同？

➤ 案例分析

关于设立南京"好帮手"家政服务公司的可行性研究报告要点

家政服务业的产生和存在是社会发展和人类需求的结果。现代社会，一方面是竞争激烈、生活节奏加快、双职工家庭增多，人们忙于追求事业发展，而花费在与家人沟通和家务劳动的时间减少，家庭功能向社会转移；另一方面人们对家庭精神生活、物质生活质量、子女教育与发展、老人健康等又提出了更高的要求。家政服务业的出现，正好为家庭担当了这方面的责任。家政服务业的发展，促进着家庭生活质量提高和家庭生活幸福美满，同时又为社会剩余劳动力提供新的就业岗位，直接促进了家庭生活的稳定与幸福。因而，家政服务业也促进了社会的安定与精神文明建设。

可见，家政服务业是一项方兴未艾的产业。不仅因为它符合社会发展趋势和要求，更是因为家庭生活服务是人人都必须的事业。我国家庭生活质量提高的需求，在呼唤着家政事业的发展。同时，通过调查我们发现，目前高级的专业家政服务人员在市场非常缺乏。如果能够通过一定的资金投入，把这个行业高、中、低端的小公司整合起来，规范管理，分门别类，使走出公司的各档次家政服务人员成为标准化"产品"，不仅会大大节约成本，而且质量会得到保证，可以很快树立起公司强势品牌的形象，形成良性循环。因此，我们计划成立"好帮手"家政服务公司。

本项目投入资本总计20万元，成立的"好帮手"家政服务公司实行员工制，员工主要来自南京市下岗职工和农村剩余劳动力，其中下岗职工保证在与70％以上，员工的统一招收、组织、培训、宣传，都有一套标准化的严格管理程序。公司和每一位员工签订劳动合同，并为员工购买人身保险。所有员工上岗前都经过正规培训，员工穿着统一的工作服上岗，享受休息日和节假日。工资实行"底薪＋提成"的方式，加班有加班费。员工对雇主家因工作失误而造成的经济损失由公司进行赔偿。由于本公司员工均与本公司有劳务合同，双方有明确的责任义务，员工和顾客的安全利益均有保障。

1. 项目背景和历史

人口部门的数据显示，南京市现有人口620万人，其中流动人口为70万～80万，家庭户有200多万家，其中对保姆的需求量为36万人，而南京现在保姆的保有量却不足12万人，有至少24万个空缺。

随着南京开放程度的加大，越来越多的投资商、学者在宁安家落户。这些人需要的是有文化、有修养、能正确使用家电、布置居室的家政服务人员。南京市的高端家政市场还在成长，但目前高收入家庭已经不容易找到合适的高级服务人员，存在着严重的供需失衡。多数保姆还是农民工和下岗职工，高层次人员只是将之作为临时性工作。有一定文化程度素养、知识面比较广的这一类也有很大需求：社会人口老龄化，家庭中的老人需要照顾；独生子女照顾、培养、教育的需求增大；专门为产妇及婴儿提供服务的"月子保姆"现在市场非常走俏；生活质量的提高使得家庭对于家政人员的要求已经越来越高。

南京目前经注册登记的家政公司有 200 多家，总数接近上千家。这些家政服务公司有些只提供钟点工这一单一的服务项目，而且从业人员没有经过培训，个人素质较低，责任心不强。不少公司内部管理混乱，散兵游勇混杂，经营状况不佳，甚至面临亏损倒闭的境况。并且因为多数家政公司没有与雇员签劳动合同和缴纳社会保险，家政，被视为非正规就业。家政服务要发展必须提高服务质量，完善内部管理，树立良好信誉。

2. 市场和生产能力

随着中国社会逐步步入家庭的小型化、人口的老龄化、生活现代化和劳动社会化，都直接促使人们产生家政服务的需求。我国超过 60 岁的人口占总人口的 10%，这是中国进入老龄化社会的标志；我国 10 岁以下人口占总人口的 25%，两者之和为 35%，按城乡人口 3:7 的比例计算，城市的老人和儿童有 1.2 亿人，他们是首先需要得到社会、家庭或他人照顾的群体，这其中隐含着对家政服务的巨大需求，同时不少现代的家庭已经具备接受社会提供家政服务的能力和条件。

据"五普"资料，南京市 65 岁及以上老年人口 52 万人，占 8.49%，比"四普"增加 19.36 万人，比重上升 2.17 个百分点，其中每 10 户老人家庭中就有近 4 户是"空巢"家庭。

1987～1990 年出生的孩子，都赶上了南京市人口出生"高峰期"。预测结果显示，南京市处于生育旺盛期的育龄妇女人（20～34 岁）数正在不断增加，2001～2010 年婴儿出生总量呈逐年递增的趋势。从 2001 年开始计算，到 2005 年累计迁入妇女的生育数占全市婴儿出生人数的比重接近 10%，到 2010 年将达到 1/3 左右。南京市少年儿童人口数预计 2010 年为 81 万人，2020 年为 128 万人。在城市家庭中，90% 的学生请过家教或正在接受家教。

南京的城镇住户调查资料反映，南京现有的家庭户均人口数为 2.90 人。传统的家庭结构模式已经逐渐被现有的"夫妻二人加孩子加双方父母"的现代家庭结构模式所替代。生活节奏的加快使人们越来越不愿意在日常的家务中花费更多的宝贵时间，因此对钟点工的需求呈上升趋势。

从劳动力供给情况看，家政服务人员的供方市场是源源不断的。据南京市劳动保障部门统计，南京市仅市级企业目前下岗人员就达 10 万人，当年大中专毕业生未能工作的有 3 万人，进城寻找工作的民工达 20 万人。从相对数来看，南京市每万人拥有在校大学生 502.5 人，中等专业学校在校学生数是 7.69 万人。

因此，组建家政服务公司，提供老人陪护、月子保姆、学生家教及钟点工的服务，从需求和供给两个方面考虑都是很有市场的。

3. 设备及投入物

企业的投入包括计算机 1 台、激光打印机 1 台、传真机 1 台、交换机 1 台、电话机 10 台、微波炉 1 台、办公桌椅 12 套、沙发 1 套、资料柜 2 个、其他办公设备及装修费用总投入计 20 700 元，包括宣传在内的产品销售准备需要 3000 元。固定资产第一年一次投入，预计第六年固定资产更新，购入的价格为原来的 1.5 倍。

4. 办公地点的选择

公司办公地点选择在龙江小区月亮广场 10 幢 B 座 410 室。该房屋已铺设地板，墙面也已粉刷，不需要对房屋进行重大结构改造。内有简单家具，水、电、气供应正常，已装有有线电视、电话、宽带，有洗衣机、柜式空调、冰箱等简单电器。

5. 项目设计

公司拟提供的老人陪护服务包括生活料理、技术护理、心理护理、康复护理；学生家教服务包括影响型家教、艺术型家教、成人型家教；钟点工服务包括礼仪待客、电器维护、家居安全、事故处理、家庭事务。

租用经过简单装修的房子，即地板已经装修、墙面已经进行粉刷、卫生间已经装潢的并且已经购买空调等电器设备。主要工程有房屋布置进行装修，基本不需要对房屋的结构进行改造。需要的时间为 15 天左右。

6. 公司机构和管理费用

公司组织结构如图 3-1 所示。管理费用包括经理和销售办公人员工资、通信费用、交通费用、会计用品和水电费等总计 15 900 元（不含销售人员提成）。

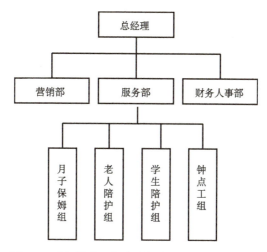

图 3-1　"好帮手"家政服务公司组织结构示意图

7. 人力资源

公司各部门的职能如下。

总经理：负责公司的日常管理、公司日常经营的重大决策、机构的调整等。

营销部：公司产品的宣传、营销及售后服务。

服务部：客户服务工作执行。

财务人事部：计算产品成本，编制成本费用报表，进行成本费用的分析和考核，对所承担的工作负责；职工的招聘、选用、解聘以及档案管理；职工的培训安排等。

劳动定员为：总经理 1 人，营销部 7 人，服务部 81 人，财务人事部 3 人，总计 92 人。

根据岗位不同，员工的工作时间安排如下：管理、营销人员、办公人员：上午 8：00～

12：00，下午 13：30～17：30；其他人员：根据客户需要，以有效工作时间（客户签字确认的工作时间）为准，经与员工协商可以依法延长日工作时间和安排员工休息日（星期六、星期日）加班，但每日延长工作时间一般不超过 3 小时，并保证员工每周至少休息一天。

管理人员工资为"基本工资＋奖金"，学生家教为"提成"，其他工作人员为"基本工资＋提成"。其中，总经理基本工资为 2500 元，各部门经理为 1600 元，其他管理人员为 1000 元，工作人员为 350 元。营销人员提成 6％，家政服务人员提成 20％。

公司主要委托外部进行培训，月子保姆委托上海月子保姆培训中心培训，老年陪护、钟点工均委托南京化建公司培训中心、其他人员在公司内部组织培训。公司组建初期有月子保姆 10 人，老年陪护 20 人，学生家教 20 人，钟点工 30 人，总计需培训费用 38 500 元。

8. 执行时间安排

项目执行各阶段所需时间分别为：房屋租赁 7 天，装修 15 天，办公设备购买与安装 7 天，组建管理机构 7 天，招收和培训职工 30 天，产品销售准备 30 天。由于有些阶段可以并行操作，所以预计总共需要 37 天。

项目执行各阶段成本（包括工商登记费用、设备投入、首月供应计划、装修计划、第一年房租、招聘费用、前期宣传费用）总计 66 500 元。

9. 财务和经济评价

公司所需资金 20 万元，全部为自有资金。预计第一年盈利，以后每年的销售利润率为 60％左右，投资回收期大约为 11 个月。

10. 论证结果及结论

本项目在财务评价时全部投资内部收益率远远高于行业基准收益率 30％，投资回收期为 11 个月。投资净现值（$i_0 = 10\%$）NPV＝441.43（万元），说明盈利能力满足了行业最低要求，投资净现值也大于零，该项目在财务上是可以接收的。经过敏感性分析，项目虽然存在一定的风险，但是其利润率能保持一个较高的水平，加上在技术上没有什么大问题，故认为项目可以采纳。

思考题：

1. 项目可行性研究的作用是什么？其主要内容有哪些？

2. 以上案例中可行性研究的结论可能受到哪些不确定因素的影响？在怎样的情况下会使得项目不可行？

第*4*章

项目规划与计划

内容提要

在本章中，您将学习到以下主要内容：

1. 项目规划和计划的含义及主要内容；

2. 项目目标的特点、确定和描述；

3. 项目范围规划和范围定义的内容、依据和技术；

4. 项目结构分解的概念、层次、类型和步骤；

5. 工作排序和工作时间估计；

6. 项目计划的作用、形式、内容与过程；

7. 网络计划技术；

8. 项目进度计划的编制依据、基本方法、操作步骤和相关技术（里程碑计划、甘特图计划、网络进度计划）；

9. 项目资源计划、费用估计和费用预算的基本知识；

10. 项目质量管理体系、质量计划的内容、依据、技术、方法和结果；

11. 项目安全管理的概念、HSE 管理体系、安全计划的内容等。

4.1　项目规划与计划概述

4.1.1　项目规划和计划的含义

项目规划和计划是项目管理的重要组成部分，其主要任务是明确项目目标，确定项目范围，制定项目的组织规划、进度计划、资源计划、费用计划和质量安全计划等。

1. 项目规划和计划的一般过程

项目规划和计划主要包含以下步骤：①确定项目目标；②定义项目范围——确定项目边界；③实施项目工作分解——确定项目工作分解结构；④估计项目各项工作的工期、所需资源和成本；⑤编制主进度计划、资源计划、费用计划、质量安全计划等；⑥项目组织规划——确立项目组织结构和工作关系；⑦设立项目档案；⑧审查和批准项目计划。

2. 项目规划和计划的主要工作及其相互关系

项目规划和计划过程中各项工作的关系如图 4-1 所示。

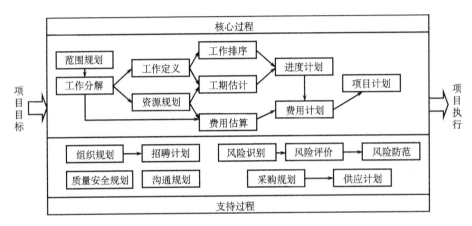

图 4-1　项目规划和计划的过程及各项工作的关系

4.1.2　项目目标

1. 项目目标的特点

项目目标，简单地说就是实施项目所要达到的期望结果。项目的实施就是一个追求项目目标的过程。因此，如同其他目标一样，项目目标的确定不仅要在客户同承约商之间达成一致，而且要具体、明确、可测量、切实可行。

项目目标具有以下三个主要特点。

1）多样性

项目是一个多目标的系统，各种目标之间相互关联、相互作用，要确定项目目标，就需要对项目的多个目标进行权衡。

项目无论大小、种类如何，其基本目标可以表现为三个方面，即时间、成本和技术性能。项目实施的目的就是要充分利用可获得的资源，使得项目在一定的时间内、在一定的预算下，获得所期望的技术性能。然而，这三个基本目标之间往往存在着一定的冲突。通常，缩短工期要以提高成本为代价，而降低成本、压缩工期可能会影响技术性能的实现。因此，项目目标的确定需要在这三个方面寻求最佳的平衡。

2）优先性

在项目的多目标系统中，不同目标在不同项目中的重要程度是不同的。例如，预算拮据的私人住宅装修项目，成本目标十分重要；新型战机的研制项目，技术性能目标的重要性要高于成本目标；而生命周期较短的开发项目，时间目标则显得尤为重要。在项目管理中，识别目标的优先顺序对于指导项目规划和实施是一项十分重要的工作。

3）层次性

项目目标是一个从抽象到具体的层次结构。项目目标的最高层是总体目标，它指明要解决的问题的总的依据和原动力，可能是一个很抽象的概念。这个抽象的概念被层层分解，最终形成针对项目具体技术问题的特定目标。在项目目标的层次结构中，上层目标是下层目标的目的，下层目标是上层目标的手段。上层目标一般表现为模糊性、难以控制性，而下层目标则表现出具体、明确和可控的特点。

例如，京九铁路建设项目，其最高目标是改善我国交通基础设施，带动中东部地区的经济发展。对该目标进行分解可以得到交通设施建设目标和促进经济增长目标；进一步分解得到交通流量目标、财务目标、国民经济目标、社会发展影响目标、环境影响目标等；再进一步分解，最终形成施工建设的具体技术目标。

实施项目的过程就是多样化、多层次、不同优先级目标之间的协调过程，这种协调包括项目在同一层次多个目标之间的协调、项目总体目标与其子项目目标之间的协调、项目本身与组织总体目标的协调等。

2. 项目目标的确立过程

项目目标的确定过程包括明确制定项目目标的主体和描述项目目标两个阶段。一般地，项目目标由项目发起人或项目提议人来确定，而承约商的意见对于项目目标的确定起着重要的参考作用。项目目标的描述应该明确、具体，并尽可能量化，保证项目目标容易被沟通、理解和度量，并使所有项目团队成员能够结合项目目标确定个人的具体目标。

3. 项目目标的描述

在项目申请书中，项目目标的描述是一项非常重要的内容。在一般情况下，项目申请书的起草人是项目经理，因此，项目经理是确定项目目标的重要主体。从一定程度上讲，项目经理对项目目标的正确理解和准确定义决定了项目的成败。

描述项目目标的准则有以下几条：①能定量描述的，不要定性描述；②应使每个项目组成员都明确目标；③目标应该是现实的，不应是理想化的；④目标的描述应尽量简化。

4.1.3 项目范围规划

1. 范围规划

1）范围规划的定义

项目范围规划就是确定项目范围并编制项目范围说明书的过程。项目范围说明书阐述了为什么要进行这个项目，明确了项目目标和主要可交付的成果，是项目实施的重要基础，也是项目团队和项目委托方之间签订协议的基础。项目和子项目都要编写范围说明书，一般由项目团队来完成。

2）范围规划的依据

（1）成果说明书。项目成果是指项目委托人要求项目团队在项目结束时交付的成果，一般通过成果说明书来明确表述。

（2）项目许可证。项目许可证是正式承认某项目存在的一种文件，它既可以是一个特别的文件形式，也可以用其他文件替代，如企业需求说明书、产品说明书等。一般地，项目许可证中有关于项目目标的陈述。

（3）制约因素。制约因素是限制项目团队行动的因素，它会限制项目团队对项目范围、人员配置以及日程安排的选择。

（4）假设前提。假设前提是指制定项目范围规划的基本前提条件。它将某些不确定因素假定为是真实的、符合现实的和肯定的，因而常常包含一定程度的风险。

3）范围规划的工具和技术

（1）成果分析。通过成果分析可以加深对项目成果的理解，确定其是否必要、是否有价值，主要包括系统工程、价值分析、质量功能分析等技术。

（2）成本效益分析。成本效益分析用以比较不同项目方案的有形和无形的费用与效益，并利用投资收益率、投资回收期等财务指标估计各项目方案的相对优越性。

（3）项目方案识别技术。项目方案识别技术是指提出实现项目目标的方案的所有技术，如头脑风暴法和侧面思考法等可用于识别项目方案。

（4）专家判断。有时，项目需要邀请各领域的专家对各种方案进行评价。任何经过专门训练或具有专门知识的集体或个人均可视为领域专家。

项目范围规划的结果是形成项目范围说明书、辅助性细节说明和范围管理计划等。范围说明书主要包括项目合理性说明、项目成果的简要描述、可交付成果清单、项目目标实现程度等；辅助性细节说明包括对项目有关建设条件及制约因素的陈述；范围管理计划则包括项目范围变化的可能性、频率和幅度，以及变更管理等。

2. 范围定义

范围定义就是把项目的主要可交付成果划分为相对较小的更易管理的单位。

范围定义的依据是范围说明书、制约因素、假设前提、其他计划结果、历史资料及经验教训等。范围定义的结果是项目的工作分解结构（work breakdown structure，WBS）。

WBS 是面向可交付成果的对项目元素的分组，它组织并定义了整个项目范围，与项目经理、职能经理和所有参与项目的成员的工作任务直接相关。

4.1.4　项目结构分解

1. 项目工作分解结构

工作分解结构（WBS）是由项目各部分构成的、面向成果的树型结构，该结构定义并组成了项目的全部范围，其目的是将整个项目逐层分解为可以明确指派管理和任务职责的项目结构体系，以便于项目计划、实施、控制等管理活动。

除了可以明确项目范围之外，项目工作分解结构还可以用于为各工作单元分派人员，规定这些人员的相应职责，做到事事有人做、人人有专责、分工又协作，确保项目有序地完成。另外，依据项目工作分解结构可以对各工作单元进行时间、资源和费用需要量的估算，提高时间、资源和费用估算的准确性，为进度、资源和费用的计划与控制奠定共同基础。

1）项目工作分解的层次

项目工作分解是一个由粗到细的分解过程。一般地，项目可以分解为五个层次，即项目整体、子项目或任务大类、子类别或子任务、次子类别或次子任务、工作包等。

2）项目工作分解的原则

项目工作分解应遵循以下原则：

（1）功能或技术。即应根据项目的功能系统或涉及的技术领域来进行项目分解，这是项目分解的基本原则。

（2）组织结构。即项目分解应考虑与项目的组织体系相适应。

（3）地理位置。即项目分解应考虑处于不同地区或地点的子项目。

（4）系统或子系统。即根据项目在某些方面的特点或差异将项目分为不同的子项目。

3）项目工作分解的类型

项目工作分解结构主要有两种类型：产品导向型 WBS 和活动导向型 WBS。

（1）产品导向型 WBS。产品导向型 WBS 依据的是最终产品的构成（图 4-2），其特点是重视结果而忽略过程，有助于项目的分包、结果检查等管理工作，但是在较低层次上的分解结构不容易理解，并且难以据此掌握项目的进展过程。

（2）活动导向型 WBS。活动导向型 WBS 的基本依据是项目活动的过程（图 4-3），其优点是分解结构简单易懂，逻辑性强，容易进行活动的识别和定义，且易于实施；其缺点是不易跟踪考察，且容易导致注重过程而忽略结果。

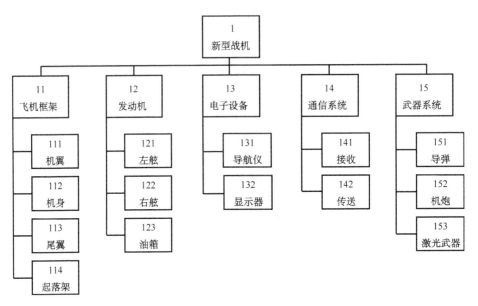

图 4-2 产品导向型 WBS

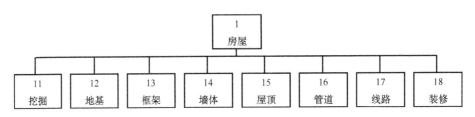

图 4-3 活动导向型 WBS

4）项目工作分解的步骤

（1）认识项目的主要组成部分，即项目的主要可交付成果。

（2）确定每一组成部分是否分解得足够详细，以便可以对其进行费用和时间估计。

（3）确定可交付成果的构成要素。构成要素应该是有形的、可检查的，以便据此对项目绩效进行评价。

（4）核对分解是否正确，确保分解没有遗漏和冗余。

（5）在验证分解完全正确后，建立一套编号系统。

（6）随着其他计划编制活动的进行，对 WBS 更新或修正。

5）项目工作分解的结果

项目工作分解的结果可以用项目工作列表（表 4-1）或项目工作分解结构图（图 4-4），以及责任分配矩阵（responsibility assignment matrix，RAM）

（表 4-2）等可视化工具表示出来。每一项工作任务或活动都需要用工作说明书（activity description）详细陈述出来（表 4-3）。

表 4-1 家庭生日晚会工作列表

工作编码	工作名称	工作描述	负责人
1.0	晚宴	包括生日蛋糕、餐饮在内的 30 人参加的宴会	妈妈
1.1	生日蛋糕	新鲜、标有"生日快乐"字样、三层结构、蜡烛	明明
1.2	饮料	红、白葡萄酒各 3 瓶，香槟酒 3 瓶，果汁和冰水	爸爸
1.3	清洗	包括食品、餐具、器皿等	爷爷
1.3.1	食品	包括需要生吃、烹饪和装饰的食品	爸爸
1.3.2	餐具	30 套餐具，所有烹饪器具、器皿等	爷爷
1.4	做菜	包括凉菜、熟菜（含蔬菜、海鲜等）	妈妈
1.4.1	凉菜	8 道凉菜，荤素各半，大号盘装盘，造型	爷爷
1.4.2	熟菜	8 道熟菜（3 道蔬菜，2 道海鲜，肉、鱼、蛋各 1）	妈妈
1.4.2.1	蔬菜	包括时令蔬果，色彩含红、绿、黄三色	妈妈
1.4.2.2	海鲜	包含龙虾、海贝类、海蟹	爸爸
1.4.2.3	其他	包含牛肉、淡水鱼、禽蛋	妈妈
2.0	娱乐	包含音响设备、灯光、室内装饰和音乐声像光碟	亮亮
2.1	音响	功放设备和声像功能，可播放磁带、光碟、唱片	亮亮
2.2	灯光	5 种以上色彩，闪烁功能	奶奶
2.3	装饰	包括鲜花、彩纸、气球、彩带	明明
2.4	光碟	包括 DVD、唱片、卡拉 OK、音乐磁带等	亮亮

表 4-2 家庭生日晚会责任矩阵

生日晚会	活动	爷爷	奶奶	爸爸	妈妈	明明	亮亮
	生日晚会		S	P	S	S	S
1.0	晚宴		S	S	P	S	
1.1	生日蛋糕					P	
1.2	饮料			P			
1.3	清洗	P		S			

生日晚会	活动	爷爷	奶奶	爸爸	妈妈	明明	亮亮
1.3.1	食品				P		
1.3.2	餐具		P				
1.4	做菜	S		P			
1.4.1	凉菜	P					
1.4.2	熟菜			S	P		
1.4.2.1	蔬菜				P		
1.4.2.2	海鲜			P			
1.4.2.3	其他				P		
2.0	娱乐			S		S	P
2.1	音响						P
2.2	灯光		P				
2.3	装饰					P	
2.4	光碟						P

注：P代表负责人；S代表协助人。

表4-3 材料订购工作（任务）说明书

任务名/代号	订购材料/D
任务交付物	签名并发出材料订单
验收标准	部门经理签字，并发出订单
技术条件	公司采购工作程序
任务描述	根据第X号表格和工作程序第Y条规定，完成订单并报批
假设条件	所需材料存在
信息源	采购部、供应商目录
约束	必须考虑材料价格
其他	风险：材料可能不存在 防范：事先通知潜在的材料供应商，了解该材料存在的可能性
签名	（项目组主办成员）

2. 工作排序

经过分解的项目各项工作任务（简称工作）之间存在着一定的关系。工作排序就是确定项目各项工作之间的关系并加以说明。工作之间的依赖关系有两种：一种是工作之间本身存在的、无法改变的逻辑关系，如某产品的生产活动总是在其设计之后；另一种是由人为组织关系所确定的工作关系，如某企业生产组织时安排先生产A产品还是B产品。此外，外部的制约因素有时也会影响工作排序，

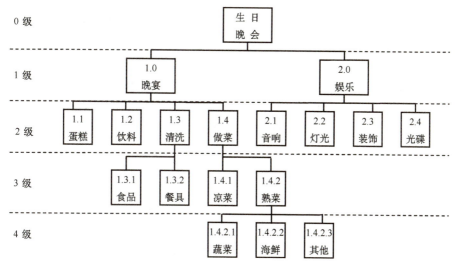

图 4-4 家庭生日晚会工作分解结构图

如资金约束、资源约束等。工作排序的原则是由逻辑关系决定组织关系，兼顾外部约束。

工作排序确定的主要程序是：首先，根据项目工作列表和工作说明书确定各项工作的强制性逻辑关系，它主要取决于技术方面的限制，比较容易确定。其次，根据项目的组织关系确定那些没有逻辑关系的工作的顺序，它主要依赖于项目管理人员的知识和经验，比较难以确定。最后，分析和预测可能产生的外部约束，并据此对工作排序进行适当调整。

确定工作排序的常用工具包括甘特图（又称横道图）、单代号网络图、双代号网络图、图形评审技术（GERT）和风险评审技术（VERT）等。工作排序的结果是项目网络图，以及工作的详细关系列表等。

3. 工作时间估计

工作时间估计就是确定项目各项工作可能的延续时间，它是项目计划的一项重要基础性工作，其结果决定了项目各项工作的起止时间和完成项目的总时间。

一项工作的延续时间主要取决于其所拥有的人力、物力和财力资源的多寡，以及人员能力、物资质量和设备效率等因素。因此，工作时间估计要以工作详细列表和工作说明书为依据，充分考虑资源数量和能力，广泛收集历史数据，采用专家判断法、类比法等方法进行科学估算。

当工作任务比较简单，其工作量及单位时间投入的资源量比较明确，项目活动进行中干扰因素较少时，一般可以通过以下公式来估算一项工作任务的延续时间。

$$\text{任务工期} = \frac{\text{任务所需总工作量}}{\text{每日可以完成的工作量}}$$

例如，某一土方施工要求完成的土方量为 10 000 立方米，在现有施工队伍和施工设备条件下，每天可完成 500 立方米，则该土方施工任务的工期估算应为 20 天。

当一项工作所面临的干扰因素较多，完成任务所需总工作量和投入的资源量很难准确确定时，可以利用概率分析的方法来进行工作延续时间的估计。

一般来说，对于那些在延续时间估计中存在高度不确定因素的工作，可以给出三个估计时间：

（1）最乐观时间（T_O），即在一切内外部条件处于最佳状态时，完成工作所需的时间。

（2）最悲观时间（T_P），即在遇到最不利的内外部条件时，完成工作所需的时间。

（3）最可能时间（T_M），即在正常情况下完成工作所需的时间。

假设三种估计时间都是基于特定的概率统计，是在综合分析项目特点、工作特点、环境等因素的基础上作出的估计，则该项工作的延续时间的期望值为

$$\text{工作延续时间} = \frac{T_O + 4 \times T_M + T_P}{6}$$

例如，一项任务的最乐观工期估计为 8 天，最可能工期估计为 12 天，最悲观工期估计为 18 天，根据以上公式，则该任务的工期的期望值为（8＋4×12＋18）/6 天，即 12.3 天左右。

在制定项目进度计划时，并不一定要对每一项工作都给出三个估计时间，如果工作简单或者以前有关于类似工作的丰富经验，则可以对工作延续时间只给出一个估计值。

4.1.5　项目计划

1. 项目计划的概念与作用

项目计划是确定项目目标，并为达到目标、对项目实施工作所需进行的各项活动作出周密安排的项目管理职能。项目计划围绕着项目目标，系统地确定项目的工作任务、安排项目进度、编制资源预算等，从而保证项目能够在合理的工期内，用尽可能少的费用高质量地实现项目目标。

项目计划是项目实施的蓝本，规定了做什么、如何做、由谁去做等内容。项目计划也是项目控制、协商和交流的基础。项目计划的具体作用包括：

（1）指导项目实施。

（2）把项目计划编制所依据的假设和前提以书面文件表示出来。

（3）将项目的目标、方案、资源需求和配置、执行步骤等决策编写成书面

文件。

（4）促进项目有关各方之间的沟通。

（5）对项目内容、范围和时间安排的关键性问题进行审查。

（6）为进度测量和项目控制提供基准。

2. 项目计划的形式与内容

1）项目计划的形式

项目计划阶段位于项目批准以后、项目实施之前。而作为项目管理的一个职能，它贯穿于项目生命周期的全过程。随着项目的进展，项目计划不断地得到细化、具体化，同时又不断地得到修改和调整，形成一个前后相继的计划体系。

项目计划按制定的过程，可分为概念计划、详细计划、滚动计划三种形式。

（1）概念计划。概念计划的任务是确定初步的工作分解结构（WBS），并对项目 WBS 中的任务进行估计，从而形成初步的项目计划。概念计划规定了项目的整体轮廓和战略方向。

（2）详细计划。详细计划的任务是制定详细的工作分解结构，并依据对实现项目目标必须做的每一项具体任务的详细研究，形成详细的项目计划。详细计划提供了项目的详细范围、具体的工作任务，以及执行工作任务的步骤、时间和资源。

（3）滚动计划。滚动计划的作用是用滚动的方法对可预见的将来逐步制定更加合理和详细的计划，随着项目的推进，项目内外环境会随之变化，因此需要对项目计划进行不断的评估，使计划更加精确、合理，并增加计划的灵活性。

2）项目计划的内容

项目计划必须回答五个基本问题：做什么、如何做、何人做、何时做及花费多少。

（1）做什么。即项目的技术目标是什么，这是项目经理和项目团队成员在确立和检查技术目标时必须弄清楚的问题。

（2）如何做。即达到技术目标所依据的基本工作，它由项目的工作分解结构、工作列表和工作说明书等来描述。

（3）何人做。即人员使用计划，它决定何人在何时做何事。可以通过项目责任分配矩阵、人员使用计划等来解决，并在工作分解结构图中注明。

（4）何时做。即项目进度计划，它决定每一项工作在何时实施、需多长时间、每项工作需要哪些资源等问题。

（5）花费多少。即项目费用计划，它决定了项目的资金需求、来源和投入时间及投入量等问题。

3）项目计划的构成

项目计划由以下 10 个方面构成：

（1）工作计划。工作计划也称实施计划，主要说明采取什么方法组织实施项目，研究如何最佳地利用资源，用尽可能少的资源获取最佳效益，具体包括工作细则、工作检查及相应措施等。

（2）组织计划。组织计划主要是依据工作分解结构中的各项工作任务进行项目组织设计和职责分配，明确组织关系和人员职责等。人员组织计划的表达形式主要有项目组织结构图、责任分配矩阵和工作说明书等。

（3）进度计划。进度计划是根据实际条件和合同要求，以拟建项目的竣工投产或交付使用时间为目标，按照合理的顺序所安排的实施日程。其实质是把各项工作活动的实施时间用图表的形式（如甘特图、网络图、里程碑事件图、项目计划表等）表示出来，并通过调整和优化使整个项目能在工期和预算允许的范围内最好地安排工作任务。

进度计划是资源计划、费用计划、采购计划等其他计划编制的依据，如果进度计划不合理，将导致人力、物力使用的不均衡，影响项目的经济效益。

（4）资源计划。资源计划涉及决策什么样的资源（人员、材料、设备等）以及多少资源将于何时用于项目的各项工作的执行过程中，因此它必然与进度计划和费用计划相对应。资源计划的结果主要是制定资源需求计划图表，对各种资源的需求及具体安排加以描述。资源的需求安排一般应分解到具体的工作上。

（5）费用计划。费用计划包括项目各层次工作单元计划成本、基于项目时间的计划成本曲线和项目的成本模型、项目现金流量（包括支付计划和收入计划）、项目资金筹集（贷款）计划等。费用计划建立在各项工作或活动的费用估计的基础之上。

（6）质量计划。项目质量计划的主要目的是确保项目的质量标准能够得以满意地实现。质量计划的基本依据是企业质量方针、项目范围陈述、产品描述和相关标准和规范等，其主要内容是形成项目质量管理计划，编写质量控制过程操作说明，设计各种检查表格，制定质量保证计划和质量改进计划等。

质量计划包括与维护项目质量有关的所有活动。质量计划是对特定的项目、产品、过程或合同，规定由谁监控，应使用哪些程序和相关资源的文件；是针对具体的项目要求，以及应重点控制的环节所编制的对设计、采购、项目实施、检验等质量环节的质量控制方案。

（7）采购供应计划。多数的项目都会涉及原材料、仪器设备等的采购、订货、运货、供应等问题，有的非标准设备还包括试制和验收等环节。采购供应计划就是对各种物资的采购供应作出详细安排，确保项目按计划顺利实施。采购供应计划不仅会影响项目的实施，而且会影响项目的质量和成本。

（8）变更控制计划。由于在项目实施过程中，内外环境会随时发生变化，导致原计划与实际不符的情况经常发生。这时需要对原项目范围和计划进行变更。项目变更控制计划主要是规定处理变更的步骤、程序，确定变更行动的准则，包括合理调整项目范围、制定纠偏计划等。

（9）文件控制计划。文件控制计划由一些能保证项目顺利完成的文件管理方案构成，包括文件控制的人力组织和控制所需的人员及物资资源数量、文件控制方式、细则等，其作用是建立并维护好项目文件，以供项目团队成员在项目实施期间使用。

项目管理的文件包括全部原始的及修订过的项目计划、全部里程碑文件、有关标准、结果、项目目标文件、用户文件、进度报告文件以及项目文书往来等。项目结束时，需要对全部文件进行检查，按项目规定移交相关文件，并妥善保存相应文件以备将来参考查阅。

（10）其他计划。项目管理过程还包括有众多的辅助和支持计划，如安全计划、沟通计划、风险应对计划、培训计划、软件支持计划等。

3. 项目计划的过程

一般地，项目计划制定的过程可以分为项目计划前的准备工作和项目计划工作两个阶段。

1）项目计划前的准备工作

（1）对项目目标和任务进行精确定义。即项目计划应在对项目目标进行细化，明确技术设计和实施方案之后作出。

（2）进行详细的项目环境调查。应对影响项目计划和实施的一切内外部影响因素进行详细分析，并作出调查报告。

（3）实施项目结构分析。通过项目的结构分析不仅获得项目静态结构，而且通过逻辑关系分析，获得项目动态的工作流程——网络。

（4）完成各项目工作单元的基本定义。即将项目目标、任务进行分解，准确定义项目各项工作任务的范围、目标、质量要求、工作量、延续时间等。

（5）制定详细的实施方案。为了完成项目的各项工作任务，使项目经济、安全、稳定、高效率地实施和运行，必须对实施方案进行全面研究。

2）项目计划工作

项目计划工作可分为以下九个步骤：

（1）定义项目交付物。这里的交付物不仅指项目的最终产品，也包括项目的中间产品。例如，一个系统设计项目标准的项目产品可以是系统需求报告、系统设计报告、项目实施阶段计划、详细的程序说明书、系统测试计划、程序及程序文件、程序安装计划、用户文件等。

（2）确定项目的各项工作任务。确定实现项目目标必须完成的各项工作，并以工作分解结构图（WBS）反映出来。

（3）建立逻辑关系图。即在假设资源独立的前提下，确定各项工作任务之间的相互依赖关系。

（4）确定各项工作时间。根据经验或应用相关的方法给各项工作分配可支配的时间。

（5）确定项目人力资源及其可支配时间。项目团队成员可支配的时间是指具体花在项目中的确切时间，应扣除正常可支配时间中的假期、教育培训时间等。

（6）平衡和优化资源配置。对各项工作任务的持续时间、开始日期、任务分配等进行调整，做到进度、资源和质量三者的平衡，保持各项工作任务之间的相互依赖关系，证实计划的合理性。通过资源平衡与优化可使项目团队成员承担合适的工作量，还可调整资源的供需状况。

（7）确定管理支持性工作。管理支持性工作往往贯穿项目的始终，具体指项目管理、项目会议等管理工作。

（8）重复上述过程直到完成。

（9）完成计划汇总。

4.2 网络计划技术

4.2.1 网络计划技术概述

1. 网络计划技术的概念

网络计划技术是用网络图对项目任务的工作进度进行安排和控制，以保证实现项目预定目标的科学的计划管理技术。一般地，网络计划是指在网络图上加注工作的时间参数等而编制成的进度计划。所以，网络计划主要由两大部分组成，即网络图和网络参数。网络图是由箭线和结点组成的用来表示工作流程的有向、有序的网状图形，如图4-5所示。网络参数是根据项目中各项工作的延续时间和网络图所计算的工作、结点、路线等要素的各种时间参数。

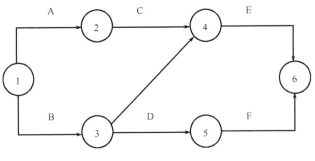

图 4-5 网络图

网络计划的基本形式是计划评审技术（PERT）和关键路线法（CPM）。PERT 和 CPM 并无本质的区别，但从使用目的来说略有不同。用 PERT 法编制项目进度计划时，以"箭线"或"事项"代表工作，按工作顺序，依次连接完成网络结构图，在估计工作的持续时间的基础上，即可计算整个项目工期，并确定关键路线。这种方法的重点是研究项目所包含的各项工作的持续时间。

用 CPM 法编制项目进度计划时，其图形与 PERT 法基本相同。除了具有与 PERT 法相同作用之外，CPM 法还可以调整项目的费用和工期，以研究整个项目的费用与工期的相互关系，争取以最低的费用、最佳的工期完成项目。

PERT 无法准确确定工作持续时间，只能以概率论为基础加以估计，在此基础上，计算网络的时间参数。而 CPM 法可以以经验数据为基础较准确地确定各工作的持续时间。对于一般项目来说，根据经验和知识，能够对项目的各项工作所需时间进行合理、准确的确定。所以，项目管理中最常用的是 CPM 法。

若按网络的结构不同，可以把网络计划分为双代号网络和单代号网络。而双代号网络又可以分为双代号时间坐标网络和非时间坐标网络，单代号网络又可分为普通单代号网络和搭接网络。搭接网络主要是为了反映工作之间执行过程的相互重叠关系而引入的一种网络计划表达形式。

2. 网络图的基本构成

在双代号网络图中，网络是由若干表示工作的箭线和结点组成的，其中每一项工作都用一根箭线和两个结点来表示，每个结点都编以号码，箭线的箭尾结点和箭头结点就是每一工作的起点和终点。以下以在双代号网络图为例，说明网络图的基本构成。

1）箭线（或工作）

在一个项目中，任何一个可以定义名称、独立存在、需要一定时间或资源完成的工作（或称活动、任务、工序等）都可以用一个箭线表示。一个箭线所表达的工作任务的具体内容可多可少，范围可大可小。例如，既可以把整个产品设计作为一项工作，也可把产品设计中的每一道工序、任务作为一项工作。

工作通常可以分为以下两种：

（1）需要消耗时间和（或）资源的工作。这类工作称为实工作，在网络图中用实箭线表示。一般在箭线的上方标出工作的名称，在箭线的下方标出工作的持续时间；箭尾表示工作的开始，箭头表示工作的完成；相应结点的号码表示该项工作的代号。

（2）既不消耗时间，也不消耗资源的工作。这类工作称为虚工作，在网络图中用虚箭线表示。虚工作是虚设的，只表示相邻工作之间的逻辑关系，虚工作的持续时间为零。

2）结点（或事项）

每一项工作都存在一个开始时刻和结束时刻，称为结点或事项。结点的主要作用是联结箭线。箭线尾部的结点称为箭尾结点，或开始结点；箭线头部的结点称为箭头结点，或结束结点。

网络图中的第一个结点称为起始结点，它意味着一个项目或任务的开始；最后一个结点叫终止结点，它意味着项目或任务的完成。网络图中的其他结点称为中间结点。

在网络图中，就一个结点来说，可能有许多箭线通向该结点，这些箭线称为内向箭线或内向工作；若由同一个结点发出许多箭线，这些箭线就称为外向箭线或外向工作。

结点具有时间的内涵，不同类型的结点具有不同的时间内涵。起始结点标志着整个网络计划和相关工作开始的时刻；终止结点标志着整个网络计划和相关工作完成的时刻；箭尾结点标志着相应工作的开始时刻，箭头结点标志着相应工作结束的时刻；中间结点标志着内向工作的完成和外向工作开始的时刻。

3）路线

从起始结点开始，沿着箭线的方向连续通过一系列箭线与结点，最后到达终止结点的通路称为路线。每一条路线都有自己确定的完成时间，它等于该路线上各项工作持续时间的总和，也是完成这条路线上所有工作的计划工期，又称为路长。

在网络图的各条路线中，路长最长的路线称为关键路线，位于关键路线上的所有工作称为关键工作；其他路线则称为非关键路线，位于非关键路线上的所有工作都称为非关键工作。有时，一个项目可能同时存在若干条关键路线，即这几条路线的路长相同。关键路线和关键工作直接影响整个项目工期的实现。

在一定条件下，关键路线可能会发生变化，主要体现在两个方面：①关键路线的数量增加；②关键路线和非关键路线可能会发生互相转化。例如，非关键路线上的某些工作拖延了，导致其路长超出了关键路线的路长，则该路线就转化为关键路线，而原来的关键路线就转化为非关键路线。

目前，在项目计划中广泛应用的网络图方法包括双代号网络图和单代号网络图。

4.2.2 双代号网络图

双代号网络图又称为"活动在线上"（activity on arrow，AOA），即在箭线上标识项目的一项工作或活动的方法，如图 4-6 所示。

图 4-6 一项活动的 AOA 表示法

1. 网络图的绘制

1）网络图绘制的基本规则

双代号网络图的绘制应遵循以下基本规则：

（1）必须正确表达项目各工作之间的逻辑关系。首先要正确确定工作之间的逻辑关系，其次要正确绘制。

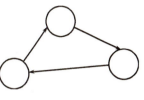

图 4-7　循环回路

（2）不允许出现循环回路。即不能从某一个结点出发顺着箭线的方向又回到该结点，如图 4-7 所示。

（3）严禁出现带双向箭头或无箭头的连线。箭头所指的方向就是工作进展的方向，因此一条箭线只能有一个箭头，如图 4-8 所示。

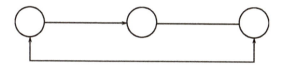

图 4-8　双向箭头箭线和无箭头箭线

（4）严禁出现无箭头结点或无箭尾结点的箭线。箭头结点和箭尾结点代表了一项工作的开始时间和结束时间，如图 4-9 所示。

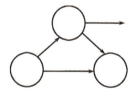

(a) 无箭头结点的箭线

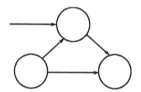

(b) 无箭尾结点的箭线

图 4-9　无箭头结点的箭线和无箭尾结点的箭线

（5）尽量避免箭线交叉。当箭线交叉不可避免时，可采用过桥法（暗桥法）或指向法，如图 4-10 所示。

（6）在双代号网络图中，起始结点只有一个；在不考虑分期完成任务的网络图中，终止结点也只能有一个；其他所有结点均应是中间结点。

（7）关于箭线的画法。

一是箭线形状。箭线可采用直线或折线画法，避免采用圆弧线。当网络图的某些结点有多条内向箭线或多条外向箭线时，在不违反"一项工作应只有唯一的一条箭线和相应的结点"的规则的前提下，可使用母线法绘图，如图 4-11 所示。

二是箭线长短。在非时间坐标网络图中，箭线的长短与工作持续时间无关，而主要考虑网络图的图面布置；在时间坐标网络图中，箭线的长短应与工作持续

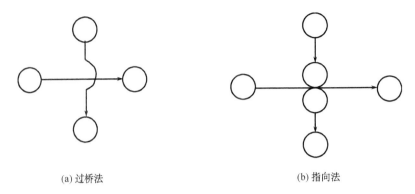

(a)过桥法   (b)指向法

图 4-10   交叉线的画法

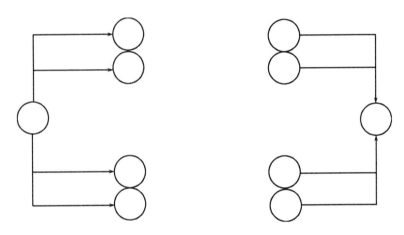

图 4-11   箭线的母线画法

时间相对应，如图 4-12 所示。

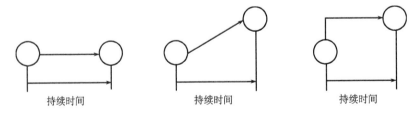

图 4-12   时间坐标网络图中箭线长短与持续时间的对应关系

三是箭线方向。通常，网络图从左向右的方向标志着项目进展的方向，称为正向；反之则为反向。所以，箭线的方向应尽量从左向右表示项目进展，避免出现反向箭线。

（8）关于结点编号。双代号网络图中的所有结点都必须编号且不能出现重复编号；箭尾结点的编号应小于箭头结点的编号；可采用连续编号或非连续编号的方式，而非连续编号的方式有利于网络计划的修改和调整。

2）网络图的绘制步骤

绘制网络图通常是先画一个初步网络图，在此基础上进行优化和调整，最终得到正式的网络计划图，其基本步骤如下：

（1）项目分解。根据计划要求将项目分解为各项独立的工作。宏观控制的网络计划，可以分解得粗一些；具体实施的网络计划，可以分解得细一些。一般地，项目分解和工艺、方法的选定是密切相关的。

（2）工作关系分析。即确定各项工作之间的逻辑关系。一般根据已确定的项目实施方法、工艺、环境条件以及其他因素，对项目进行分析，通过比较、优化等方法确定合理的逻辑关系。工作分析的结果是明确各项工作的紧前和紧后的关系，形成项目工作列表。

（3）估计工作的基本参数。一项工作的基本参数包括工作持续时间和资源需要量。一般地，应对每项工作估计两个持续时间，即工作的正常持续时间和最短持续时间。正常持续时间是指在正常条件下，完成该工作所需要的时间；最短持续时间是指通过采取特殊措施，如增加资源的投入等，完成该工作所用的最短时间。

（4）绘制初步网络图。将项目所包含的各项工作及其关系用网络图表示出来。

2. 网络计划时间参数计算及关键路线

绘制网络图是为了对项目进度进行安排，并综合考虑资源和成本因素，对项目计划进行优化。为此，必须首先计算网络计划时间参数，这是网络计划实施、优化、调整的基础。

1）网络计划时间参数的组成

网络计划时间参数可归纳为以下三类：

（1）结点参数。包括结点最早时间和结点最迟时间。

（2）工作参数。包括基本参数、最早时间、最迟时间和时差。

（3）路线参数。包括计算工期和计划工期。

2）关键工作及关键路线的确定

（1）关键工作的确定。关键工作是网络计划中总时差最小的工作。若按计算工期（T_c）计算网络参数，则关键工作的总时差为 0。若按计划工期（T_p）计算网络参数，则

$T_p = T_c$ 时，关键工作的总时差为 0；

$T_p > T_c$ 时，关键工作的总时差最小，但大于 0；

$T_p < T_c$ 时，关键工作的总时差最小，但小于 0。

（2）关键路线的确定。

一是根据关键工作确定关键路线。首先确定关键工作，由关键工作所组成的路线就是关键路线。

二是根据自由时差确定关键路线。关键工作的自由时差一定最小，但自由时差最小的工作不一定是关键工作。若从起始结点开始，沿着箭头的方向到终止结点为止，所有工作的自由时差都最小，则该路线是关键路线，否则就是非关键路线。

三是根据关键结点确定关键路线。凡结点的最早时间与最迟时间相等，或者最迟时间与最早时间的差值等于计划工期与计算工期的差值，该结点就称为关键结点。关键路线上的结点一定是关键结点，但关键结点组成的路线不一定是关键路线。因此，仅凭关键结点还不能确定关键路线。

3. 双代号时标网络图

时间坐标网络图，简称为时标网络图，是以时间为尺度绘制的网络图（图4-13）。

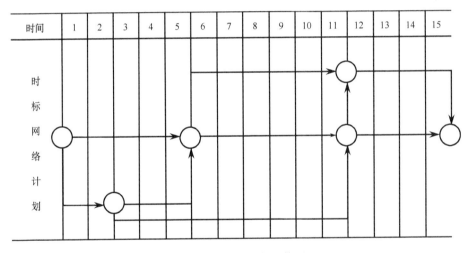

图 4-13　双代号时标网络图

双代号时标网络图的绘制方法一般有两种：①计算无时标网络计划的时间参数，再将该计划在时间计划表上进行绘制；②不计算网络时间参数，直接根据无时标网络计划在时间计划表上绘制。双代号时标网络图的绘制应符合以下基本要求：

（1）各项工作的时间是以结点在时间计划表上的水平位置及箭线水平投影长度表示的，与其所代表的工作持续时间值相对应。

（2）结点的中心必须对准时标的刻度线。

（3）虚工作必须用垂直虚箭线表示，有时差时加方点线或波形线表示。

（4）时标网络计划宜按最早时间编制，不宜按最迟时间编制。

4. 实例分析

某企业管理信息系统开发项目的工作顺序如表 4-4 所示，根据该项目工作列表编制双代号时间网络计划。

表 4-4　项目工作列表

序号	工作名称	工作代号	紧后工作	持续时间/周
1	系统设计	A	B、E	6
2	硬件采购和交付	B	C	4
3	硬件装配和测试	C	D	6
4	硬件安装	D	G	8
5	软件说明书	E	F	2
6	软件采购和交付	F	G	8
7	系统测试	G	H	2
8	用户检测	H	—	2

1）绘制非时标网络图

本案例项目涉及工作八项，根据逻辑关系绘制非时标网络图，如图 4-14 所示。

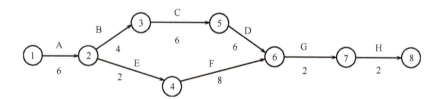

图 4-14　某企业管理信息系统项目进度计划网络图

2）绘制时标网络图，如图 4-15 所示。其中，粗实线为关键路线。

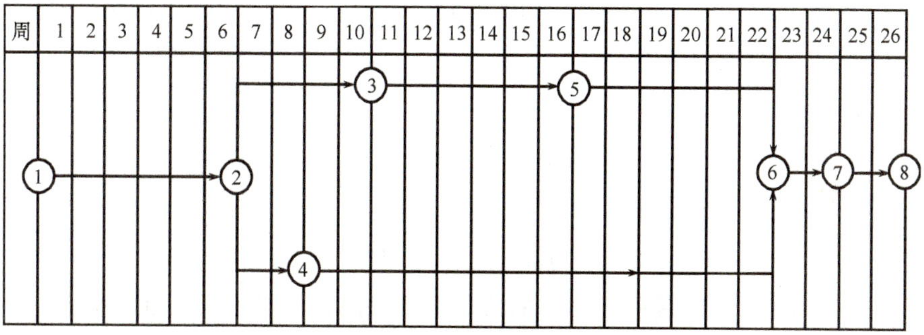

周	1	2	3	4	5	6	7	8	9	10	11	12	13	14	15	16	17	18	19	20	21	22	23	24	25	26

图 4-15　企业管理信息系统项目时标网络计划

容易确定，线路 A—B—C—D—H—G 为关键路线，总工期为 26 周。

4.2.3 单代号网络图

单代号网络图又称"活动在结点上"（activity on node，AON）的网络图，它用结点表示一个活动（或工作）及其相关事项，如图 4-16 所示。在单代号网络图中，箭尾结点表示的工作是箭头结点的紧前工作；反之，箭头结点所表示的工作是箭尾结点的紧后工作。因此，单代号网络图所表示的逻辑关系易于理解，绘制时不易出错。

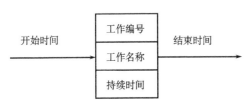

图 4-16　一项工作的 AON 表示法

1. 网络计划时间参数计算及关键路线的确定

单代号网络计划的特点是以结点表示工作，结点的编号即为工作的代号，箭线表示工作之间的逻辑关系。所以，单代号网络计划的时间参数只包括两部分：工作参数与路线参数。

1）工作参数

单代号网络计划的工作参数所包含的内容和概念与双代号网络计划完全相同，所不同的是表示符号不一样。单代号网络计划工作参数的内容及表达符号如下：

工作 i 的持续时间，用 D_i 表示；

工作 i 的最早开始时间，用 ES_i 表示；

工作 i 的最早完成时间，用 EF_i 表示；

工作 i 的最迟开始时间，用 LS_i 表示；

工作 i 的最迟完成时间，用 LF_i 表示；

工作 i 的总时差，用 TF_i 表示；

工作 i 的自由时差，用 FF_i 表示。

（1）工作最早时间的计算。工作 i 的最早开始时间 ES_i 应从网络计划的起始结点开始，顺着箭线的方向依次逐项计算。起始结点的最早开始时间，若无规定，其值应等于 0，即

$$ES_i = 0$$

当 i 工作只有一项紧前工作时，

$$ES_i = ES_h + D_h$$

式中，ES_h 为工作 i 的紧前工作 h 的最早开始时间；D_h 为工作 i 的紧前工作 h 的持续时间。

当工作 i 有多项紧前工作时，

$$ES_i = \max\{ES_h + D_h\}$$

工作 i 的最早完成时间为

$$EF_i = ES_i + D_i$$

（2）工作最迟时间的计算。工作 i 的最迟完成时间 LF_i 应从网络计划的终止结点开始，逆着箭线的方向依次逐项计算。终止结点所代表的工作 n 的最迟完成时间 LF_n 应根据网络计划的计算工期 T_c 或计划工期 T_p 计算，即

$$LF_n = T_p（或 \ T_c）$$

式中，T_p 的确定与双代号网络计划相同；计算工期 $T_c = \max\{EF_n\}$；EF_n 为网络终止结点所代表工作 n 的最早完成时间。

当工作 i 只有一项紧后工作时，

$$LF_i = LF_j - D_j$$

式中，LF_j 为工作 i 的紧后工作 j 的最迟完成时间；D_j 为工作 i 的紧后工作 j 的持续时间。

当工作 i 有多项紧后工作时，

$$LF_i = \min\{LF_j - D_j\}$$

工作最迟开始时间为

$$LS_i = LF_i - D_i$$

（3）工作时差的计算。

工作总时差为

$$TF_i = LS_i - ES_i \ 或者 \ TF_i = LF_i - EF_i$$

工作自由时差为

$$FF_i = \min\{ES_j - EF_i\} \ 或者 \ FF_i = \min\{ES_j - ES_i - D_i\}$$

式中，ES_j 为工作 i 的紧后工作 j 的最早开始时间。

2）路线参数

单代号网络计划计算工期的确定，前已叙述，在此不再重复。

与双代号网络不同的是，单代号网络用时间间隔 $LAG_{i,j}$ 表示相邻两项工作之间的时间关系。时间间隔是指相邻两项工作之间，后项工作 j 的最早开始时间与前项工作 i 的最早完成时间之差，其计算公式为

$$LAG_{i,j} = ES_j - EF_i$$

终止结点与其前项工作的时间间隔为

$$LAG_{i,n} = T_p（或 \ T_c）- EF_i$$

式中，n 为终止结点，或是虚拟的终止结点。

2. 单代号搭接网络图的绘制方法

在搭接网络图中，工作间的逻辑关系由相邻两工作之间的不同时距，即相邻工作的时间差值来决定。由于相邻工作各有开始和结束时间，所以基本时距有五种情况：开始到开始时距、开始到结束时距、结束到开始时距、结束到结束时距、混合时距等。相应的搭接关系就有开始到开始（start-to-start）、开始到结束（start-to-finish）、结束到开始（finish-to-start）、结束到结束（finish－to-finish）及混合搭接关系五种（表 4-5）。

表 4-5　相邻工作的搭接关系和搭接时距

序号	搭接关系	搭接时距
1	开始到开始的搭接	紧前工作的开始时间到紧后工作的开始时间的时间间隔
2	开始到结束的搭接	紧前工作的开始时间到紧后工作的完成时间的时间间隔
3	结束到开始的搭接	紧前工作的结束时间到紧后工作的开始时间的时间间隔
4	结束到结束的搭接	紧前工作的结束时间到紧后工作的结束时间的时间间隔
5	混合搭接	同时用上述四种基本搭接关系中的两种以上来限制工作之间的逻辑关系

3. 案例分析

表 4-6 列出了某项目工作列表，根据该表编制单代号网络计划。

表 4-6　项目工作列表

序号	工作名称	工作代号	紧后工作	持续时间/天
1	项目策划	A	B、C、D	5
2	材料购置	B	D	8
3	组织准备	C	D、E	15
4	项目实施	D	E	15
5	项目结束	E		10

1）绘制单代号网络图

根据项目工作列表绘制单代号网络图，如图 4-17 所示。

2）计算网络时间参数

（1）计算工作时间。网络的起始结点是虚设的，其结点编号为 0，持续时间、最早开始时间、最早完成时间均为 0。据此，可以从左向右计算各结点或工作的最早时间、最迟时间和时差等工作时间参数，其结果如表 4-7 所示。

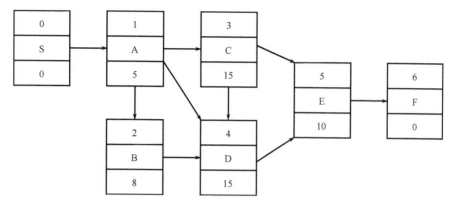

图 4-17 项目单代号网络图

表 4-7 网络图中的工作时间计算

工作	持续时间	最早时间		最迟时间		时差		说明
		开始	结束	开始	结束	总时差	自由时差	
S	0	0	0	0	0	0	0	
A	5	0	5	0	5	0	0	关键工作
B	8	5	13	12	20	7	7	
C	15	5	20	5	20	0	0	关键工作
D	15	20	35	20	35	0	0	关键工作
E	10	35	45	35	45	0	0	关键工作
F	0	45	45	45	45	0	0	

（2）计算相邻工作的间隔时间，如表 4-8 所示。

表 4-8 相邻工作的间隔时间

相邻工作	间隔时间符号	间隔时间
A—B	$LAG_{1,2}$	0
A—C	$LAG_{1,3}$	0
A—D	$LAG_{1,4}$	15
B—D	$LAG_{2,4}$	7
C—D	$LAG_{3,4}$	0
C—E	$LAG_{3,5}$	15
D—E	$LAG_{4,5}$	0

3）确定关键工作和关键路线

本案例中，总时差为 0 的工作是关键工作，即 A、C、D、E 是关键工作；根据关键工作可知关键路线是 0－1－3－4－5－6。

4.2.4 网络计划优化

上述网络图所描述的项目计划仅是一个初始方案，这种方案可能存在某些问题。如在时间方面，可能会出现计算工期超出了要求工期的情况；在资源方面，可能会出现供不应求或不平衡的情况；或在时间和资源方面的潜力未能得到最佳的发挥。因此，要使项目进度计划如期实现，并使项目工期短、质量优、资源消耗少、成本低，就必须用最优化原理调整原网络计划，这就是网络计划的优化问题。

网络计划优化是在满足既定的约束条件下，按某一目标，通过不断调整，寻找最优网络计划方案的过程。网络计划优化包括工期优化、资源优化及费用优化三个方面。

1. 网络计划的工期优化

工期优化也称为时间优化，其目的是通过不断压缩关键路线上关键工作的持续时间等措施，达到缩短工期，并最终满足要求工期的目的。

1）缩短工期的方法

（1）强制缩短法。通过采取措施使网络计划中某些关键工作的持续时间缩短，达到缩短工期目的的一种方法。该方法的核心是选择哪些工作来压缩其持续时间，以达到缩短工期的目的。

（2）调整工作关系法。根据项目各项工作关系的特点，将某些串联的关键工作调整为平行作业或交替作业。

（3）关键路线转移法。利用非关键工作的时差，用其中的部分资源加强关键工作，以缩短关键工作的持续时间，达到缩短工期的目的。

2）选择调整对象（工作）考虑的主要因素

（1）缩短持续时间对质量影响不大的工作。

（2）有充足备用资源的工作。

（3）缩短持续时间所需增加的资源量最少的工作。

（4）缩短持续时间所需增加的费用最少的工作。

3）工期优化的步骤

（1）计算并确定初始网络计划的计算工期、关键路线及关键工作。

（2）按要求工期计算应缩短的时间。

（3）确定各关键工作能缩短的持续时间。

（4）根据 2）中的因素选择关键工作压缩其持续时间，并重新计算网络计划的计算工期。

（5）若计算工期仍超过要求工期，则重复以上步骤，直到满足工期要求或工期已不能再缩短为止。

（6）当所有关键工作的持续时间都已达到其能缩短的极限而工期仍不能满足要求时，应对计划的原技术、组织方案等进行调整或对要求工期的合理性进行重新审定。

2. 网络计划的资源优化

在一个项目的实施过程中，可能会出现资源供需的矛盾：资源的短缺或者冗余。前者可能会导致工期延误，后者则会导致项目效率低下。网络计划的资源优化，就是力求解决这种资源的供需矛盾，实现资源的均衡利用。

资源优化通常有两个目标：①对于一个确定的网络计划，当可供使用的资源有限时，如何合理安排各项工作的进展，使得完成计划的总工期最短，即"资源有限，工期最短"的目标；②对于一个确定的网络计划，当总工期一定时，如何合理安排各项工作，使得在整个计划期内所需要的资源比较均衡，即"工期固定，资源均衡"的目标。

1）"资源有限，工期最短"的优化

"资源有限，工期最短"的优化的核心，是使单位时间内资源的最大需求量小于资源限量，而为此需延长的工期最少，使"工期最短"。这种优化必须在网络计划编制后进行，并且不能改变各工作之间的先后顺序关系，否则会使求解问题变得十分复杂。当出现第 t 个时间单位资源需用量 R_t 大于资源限量 R_a 时，就要进行计划调整。资源调整时，应对资源冲突的各项工作的开始和结束时间作出新的安排。其选择标准是"工期延长时间最短"。其优化的一般步骤是：

（1）计算网络计划每个时间单位的资源需用量。

（2）从计划开始之日起，逐个检查每个时间单位资源需用量是否超出资源限量。若在整个工期内每个时间单位均能满足资源限量要求，可行优化方案即编制完成，否则必须进行计划调整。

（3）分析资源需用量大于资源限量的时间区段，确定新的安排顺序。

（4）若最早完成时间最小值和最迟开始时间最大值同属一个工作，应找出最早完成时间为次小、最迟开始时间为次大的工作，分别组成两个顺序方案，再从中选取较小者进行调整。

（5）绘制调整后的网络计划，重复上述步骤，直到满足要求为止。

2）"工期固定，资源均衡"的优化

工期固定，是指严格要求项目在规定（国家颁布的定额、甲乙双方签订的合同或上级机关下达的指令）的工期指标范围内完成。资源均衡是指在可用资源数量充足并保持工期不变的前提下，通过调整部分非关键工作的进度，使资源需求量随着时间的变化趋于平稳的过程。随着各项目情况的不同，资源本身的性质不同，资源平衡的目标亦有区别。但就一般情况而言，理想的资源计划安排应是平行于时间坐标轴的一条直线，即使资源需求量保持不变。

实际上，资源计划安排难以达到理想状态，但可以通过调整工作的时间参数使资源需求量在理想情况上下的较小的范围内波动。常用的资源均衡方法是一种启发式方法，又称为削峰填谷法，或削高峰法，其基本步骤如下：

(1) 计算网络计划每时间单位资源需要量。

(2) 确定削峰目标，其数值等于每时间单位资源需要量的最大值减去一个单位量。

(3) 确定高峰时段的最后时间点及相关工作的最早开始时间和总时差。

(4) 计算有关工作的时间差值。

(5) 若峰值不能再减少，即求得均衡优化方案，否则，重复以上过程。

3. 网络计划的费用优化

一个项目由许多必须完成的工作或工序所组成，而每项工作或工序都有着各自的实施方案、资源需求和持续时间，并且不同的实施方案、资源使用和持续时间之间存在着一定的内在联系。网络计划的费用优化，就是应用网络计划方法，在一定的约束条件下，综合考虑费用与时间之间的相互关系，以求费用与时间的最佳组合，达到费用低、时间短的优化目的。因此，网络计划的费用优化的核心是在时间与费用之间寻求一个最佳的平衡点。

1) 项目时间与费用间的关系

一般来说，项目费用包括直接费用和间接费用两部分。在一定的范围内，直接费用随着时间的延长而减少。例如，为了加快项目进度，必须突击作业，增加投入而导致直接费用增加；而间接费用则随着时间的延长而增加，即成正比关系，通常用直线表示，其斜率表示间接费用在单位时间内的增加值。间接费用与项目管理水平、项目条件等因素相关。项目费用与时间的关系，如图 4-18 所示。

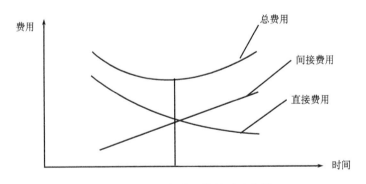

图 4-18 时间与费用的关系示意图

由图 4-18 可见，项目总费用曲线是由直接费用曲线和间接费用曲线叠加而成的，曲线的最低点就是项目费用与时间的最佳组合点，表示在合适的工期下项目总费用最低。

2）费用优化方法

费用优化的目的就是使项目的总费用最低，其优化过程应考虑以下几个问题：

（1）在规定工期的条件下，确定项目的最低费用。

（2）若需要缩短工期，则考虑如何使增加的费用最少。

（3）若要求以最低费用完成整个项目计划，如何确定项目的最佳工期。

（4）若增加一定数量的费用，则可使工期缩短多少。

进行费用优化，应首先求出不同工期情况下最低直接费用，然后考虑相应的间接费用的影响和工期变化带来的其他损益，包括效益增量和资金的时间价值等，最后再通过叠加求出项目总费用。

3）费用优化的步骤

（1）按工作正常持续时间确定关键工作和关键路线。

（2）计算网络计划中各项工作的费用率。

（3）按费用率最低的原则选择优化对象。

（4）考虑不改变关键工作性质并在其能够缩短的范围之内等原则，确定优化对象能够缩短的时间并按该时间进行优化。

（5）计算相应的费用增加值。

（6）考虑工期变化带来的间接费用及其他损益，在此基础上计算项目总费用。

（7）重复上述（3）～（6）步，直到总费用最低为止。

4.3 项目进度计划

项目进度计划是表达项目中各项工作、任务的开展顺序、开始及完成时间，以及相互衔接关系的时间安排。通过进度计划的编制，使项目实施形成一个有机整体。项目进度计划既是项目进度控制和管理的依据，又是项目资源计划和费用计划编制的基础。

根据计划所包含的内容不同，项目进度计划可分为总体进度计划、分项进度计划、年度进度计划等。这些不同的进度计划共同构成了项目的进度计划体系。

1. 进度计划编制依据及基本要求

1）编制进度计划的依据

（1）项目要求及特点。

（2）项目的内外部环境。

（3）项目各项工作的时间估计。

（4）项目的资源需求及供给情况。

2) 编制进度计划的基本要求

（1）确保项目实现工期目标。

（2）确保项目进展的均衡性和连续性。

（3）确保项目进度与资源、费用和质量等目标的协调统一。

（4）确保进度计划的科学性、合理性和现实性。

（5）大型、复杂、长工期的项目要实行分期、分段编制进度计划的方法，对不同阶段不同时期，提出相应的进度计划，以确保计划的可执行性和指导性。

项目进度计划的编制通常是在项目经理的主持下，由各职能部门、技术人员、项目管理专家及参与项目工作的其他相关人员等共同参与完成。

2. 进度计划编制方法

常用的编制项目进度计划的方法有以下三种。

1）里程碑

项目的里程碑（milestone）计划就是以项目中某些重要事件的完成或开始时间作为基准所形成的进度计划，它是项目的一个战略计划或框架，以中间产品或可实现的结果为依据，显示了项目为达到最终目标必须经过的条件或状态序列。它描述了项目在每一个阶段应达到的状态，而不是如何达到。

图 4-19 显示了某项目的里程碑计划图。

里程碑事件	1月	2月	3月	4月	5月	6月	7月	8月
签订子承包合同			▲					
完成产品规范				▲				
产品设计评审					▲			
子系统测试						▲		
产品首件提交							▲	
完成生产计划								▲

图 4-19　产品开发项目里程碑图

（1）里程碑计划的编制方式。里程碑计划的编制方式主要有两种：①编制进度计划以前，根据项目特点编制里程碑计划，并以该里程碑计划作为编制项目进度计划的依据。②编制进度计划以后，根据项目特点及进度计划编制里程碑计划，并以此作为项目进度控制的主要依据之一。

（2）里程碑计划的编制程序。编制里程碑计划的基本程序包括以下步骤：①从达成最后一个里程碑，即项目的终结开始反向进行。②运用"头脑风暴法"产生里程碑的概念草图。③复查各个里程碑。有些里程碑可能是另外某个里程碑的一部分，而有些则可能是将产生新的里程碑概念的活动。④尝试每条因果路径。⑤从最后一个目标开始，顺次往前，找出逻辑依存关系，以便可以复查每个里程碑，增加或删除某些里程碑，或者改变因果路径的定义。⑥画出最后的里程碑图。

2）甘特图

甘特图（Gantt chart），又称为横道图（bar chart），是进度计划最常用的一种工具，最早由 Henry L. Gantt 于 1917 年提出。由于其简单明了、易于编制，因此甘特图成为小型项目管理中编制进度计划的主要工具。即使在大型工程项目中，它也是高层管理者了解全局、基层安排进度时的有用工具。

图 4-20 显示了某市场调查项目的甘特图。图中左侧列出了项目的所有工作，项目的时间表则在图的顶部列出，图中的横道线显示了各项工作的开始时间和结束时间，线段的长度则代表了各项工作的持续时间。图中时间表可以根据计划的详细程度，以月、周、天、小时等为时间单位。在绘制图形时还可以用不同的颜色代表不同性质的工作；或者用粗实线代表关键工作，用细实线代表非关键工作等，而图中的箭头则代表各项工作之间的逻辑关系。

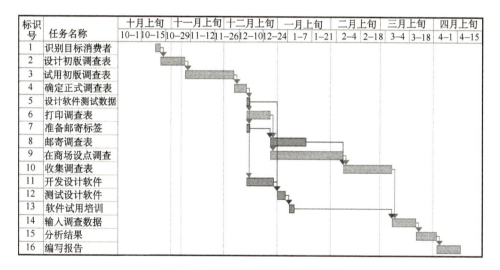

图 4-20　市场调查项目计划甘特图

甘特图直观、简单、容易制作、易于理解。但是，当项目所包含的工作数量较多、逻辑关系复杂时，甘特图则难以表达清楚，更不利于进行定量分析和进度优化。

甘特图的类型包括传统甘特图（图 4-21）、带有时差的甘特图（图 4-22）和具有逻辑关系的甘特图（图 4-20）等。

3）网络图

随着科学技术和生产的迅速发展，出现了许多庞大而复杂的科研和工程项目，它们工序繁多、协作面广，常常需要动用大量人力、物力和财力。如何合理而有效地把它们组织起来，使之相互协调，在有限资源下，以最短的时间和最低费用，最好地完成整个项目，就成为一个突出的问题。关键路线法（CPM）和

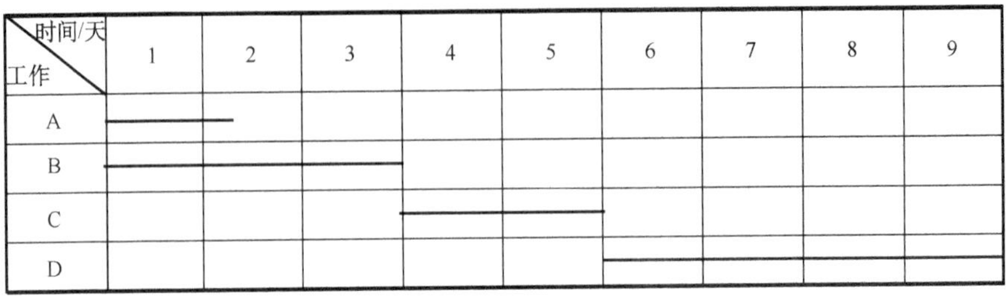

时间/天 工作	1	2	3	4	5	6	7	8	9
A									
B									
C									
D									

图 4-21　传统甘特图

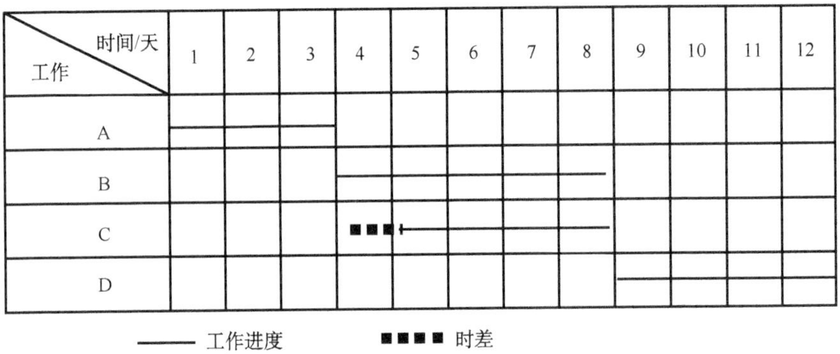

时间/天 工作	1	2	3	4	5	6	7	8	9	10	11	12
A												
B												
C												
D												

—— 工作进度　　　■■■■ 时差

图 4-22　带有时差的甘特图

计划评审技术（PERT）就是在这种背景下出现的。

虽然 CPM 和 PERT 是分别独立发展起来的两种计划方法，但其基本原理一致，即用网络图（network chart）来表达项目中各项活动的进度和它们之间的相互关系，并在此基础上进行网络分析，计算网络中各项时间参数，确定关键工作与关键路线，利用时差不断地调整与优化网络，以求得最短工期。此外，还可将成本与资源问题考虑进去，以求得综合优化的项目计划方案。

很显然，采用以上几种不同的进度计划方法，其本身所需的时间和费用是不同的。里程碑计划编制时间最短，费用最低；甘特图所需时间要长一些，费用也高一些；CPM 要把每个活动都加以分析，如工作任务数目较多，还需用计算机求出总工期和关键路线，因此花费的时间和费用要更多一些；PERT 法可以说是制定项目进度计划方法中最为复杂的一种，所以花费的时间和费用也最多。

3. 进度计划编制程序

编制项目进度计划包括项目描述、项目分解、工作描述、工作责任分配表制定、工作先后关系确定、任务工期估算、绘制网络图、进度安排八个步骤。

（1）项目描述，形成项目描述书，对项目总体要求作一个概要性的说明。

（2）项目分解，形成项目工作分解结构。它是编制进度计划和实施进度控制的基础。

（3）工作描述，形成项目工作列表和各项工作的说明书。

（4）工作责任分配，形成项目工作责任分配矩阵（表）。

（5）确定项目各项工作的先后关系，形成项目网络图。

（6）项目工作延续时间估计，确定各项工作的开始时间和结束时间。

（7）对网络图进行优化和调整。

（8）形成项目进度安排。

进度安排的目标是制定项目详细的时间安排计划，以此作为项目执行的重要依据和项目控制的标准。因此，项目经理要组织有关职能部门参加，明确对各部门的要求，据此各职能部门可拟定本部门的项目进度计划和实施计划等。

4. 进度计划编制结果

1）项目进度计划

项目进度计划至少包括每一项工作的计划开始日期和预期完成日期。在资源分派被确认之前，这个项目进度只是初步方案。一般情况下，资源分派应该在项目计划制定完成前进行。

项目进度计划可以以摘要或详细的形式表示，称为"控制性进度计划"。它可以用表格（如带日期的工作任务分配表）表示，但更经常的是利用一种或多种格式的图形，如里程碑图、甘特图和网络图等表示。

带日期的工作任务分配表是在 WBS 的给定级别上，一些工作带有部分或全部时间日期的列表。进度计划的这种形式能够给出一个综合性的清单，但不够直观。表 4-9 是一个市场调研项目的工作任务分配表。

表 4-9　市场调研项目的工作任务分配表

活动	负责人	工期估计/天	最早时间		最迟时间		总时差/天
			开始时间	完成时间	开始时间	完成时间	
1. 识别目标消费者	小张	3	0	3	0	3	0
2. 设计初始问卷调查表	小张	10	3	13	3	13	0
3. 测试问卷调查表	小张	20	13	33	13	33	0
4. 确定最终调查表	小张	5	33	38	33	38	0
5. 准备邮寄标签	小张	2	38	40	46	48	8
6. 打印问卷调查表	小蔡	10	38	48	38	48	0
7. 开发数据分析软件	小蔡	12	38	50	96	108	58
8. 设计软件测试数据	小钱	2	38	40	106	108	68
9. 邮寄问卷并获得反馈	小张	65	48	113	48	113	0
10. 测试软件	小钱	5	50	55	108	113	58
11. 输入反馈数据	小楚	13	113	126	113	126	0
12. 分析结果	小楚	8	126	134	126	134	0
13. 准备报告	小楚	10	134	144	134	144	0

2）细节说明

项目进度计划的细节说明至少包括对所有设定的假定和约束的说明。此外，细节说明还应包括各种应用方面的详细说明等。常作为细节说明的信息包括按时段提出的资源需求（常以资源柱状图的形式出现）、替代进度计划（例如，最好和最坏的情况，平衡过的资源或未平衡的资源，有或无强制日期等）、进度储备或进度风险估算等。

3）进度管理计划

项目进度管理计划主要说明进度中何种变化需要进行处理。根据项目的需要，它可以是正式的或是非正式的，十分详细的或大致轮廓的。它是整体项目计划的一个附属部分。

4）资源需求更新

根据进度计划对资源需求计划和活动清单进行更新。

4.4　项目资源计划

4.4.1　资源计划概述

项目资源包括项目实施所需要的人力、设备、材料、能源及各种设施等。项目资源计划涉及决定什么样的资源，以及多少资源将用于项目的每一项工作的执行过程中，因此它必然是与费用估计相对应的，是项目费用估算和计划的基础。通常，项目经理需要了解当地各种资源的供给情况，如当地人力资源供给量和成本情况等。如果需要从外地聘请当地所缺乏的劳动力时，项目劳动力成本可能会有所上升。当项目团队缺乏对项目所在地的资源情况的了解时，聘请一家咨询公司或一个项目顾问是一种简单而有效的方法。

1. 资源计划编制依据

资源计划编制就是确定完成项目活动所需要的资源（人、设备、材料等）的种类、数量及供给时间的计划活动。资源计划编制的依据主要有以下几个方面。

1）工作分解结构

通常，项目工作分解结构已列出了项目各组成部分（各项工作）所需要的资源种类，因此是资源规划的基本依据。

2）范围说明书

范围说明书阐述了项目的必要性以及项目的各项目标，因此，在资源计划中必须使用足够的资源达到这些目标。

3）后备资源说明书

后备资源说明书列出了可供使用的资源种类和数量，因而也是编制资源计划的依据之一。

4) 组织方针

项目资源计划的制定必须考虑项目实施组织的组织方针，如有关人员招聘、物资和设备租用或采购的方针等。不同的组织方针将会导致资源的获得与组织方式的不同。

具体进行资源规划时，应当充分利用项目团队成员的技能和知识，以及过去类似项目的资源要求和使用情况的历史资料。

2. 资源计划编制方法

1) 专家评判

专家评判是编制资源计划最为常用的方法。专家可以是从任何具有专门知识或经过特殊培训的组织或个人中选择，其可能的来源主要包括：职业或专业技术协会，专业咨询顾问，本行业的专家、学者，本行业的工业组织，组织内部的专业技术人员等。

2) 方案选定

实施某个特定的项目可以有多种资源计划方案，这就需要从中选择出最符合要求和最经济的方案。一般地，资源计划方案的选定由专家或技术人员来完成，最常用的方法是"头脑风暴法"。它通过激发项目团队全体成员自发地提出主张和想法，经过比较、筛选和综合论证，最终选择出最优的方案来。

3) 数学模型

有时，项目资源计划可以通过建立一定的数学模型来提高科学性，如基于网络计划技术的资源均衡模型、资源分配模型等。

3. 资源计划编制程序

资源计划包含整个项目和各项工作或任务两个层次。整个项目的资源计划主要包括确定项目使用资源的种类，每种资源的单位成本、资源需求量和需求时间，并以此为基础计算出每种资源的预算成本。各项工作或任务的资源计划则明确各项工作或任务中所需资源的名称、计划使用量和使用时间，同时确定该资源是否为驱控资源。驱控资源是指该资源的增加可以促使任务工期的缩短。

资源计划的编制可以是自上而下的，也可以是自下而上的。前者是首先确定各类资源的主要约束，然后将各项资源按需求进行分解；后者则是将各项工作或任务的资源计划汇总以形成整个项目的资源计划（表4-10）。

计划是项目执行与控制的基础。项目管理者可以根据项目进展和实际资源使用情况输入必要的资源量，并将资源的实际使用量和实际成本同资源计划进行比较，从而达到对项目实施控制的目的。

表 4-10　任务资源计划使用情况

任务代码：　　　　　　　　　　　　任务名称：

施工单位：　　　　　　　　　　　　负责人：

资源代码	资源名称	计量单位	单位成本	数量	计划成本	驱控资源	使用日期

填报日期：　　　　　　　　　　　　填报人：

4. 资源计划编制结果

资源计划的结果是形成各类资源的需求计划。这些资源需求计划可以用项目资源计划矩阵（表 4-11）和资源负荷图（图 4-23）等可视化工具来表示。资源需求计划一般应分解到具体的工作上，做到具体、可操作。

表 4-11　某培训项目资源计划矩阵

任 务	方法学家	课程专家	评估员	科学专家	数学专家	印刷设备	计算机主机
识别需求	S	P					
建立需求		P					
设计预备课程	S	P		S	S		
评价设计	S	S	P				
开发科学课程		S		P			
开发数学课程		S			P		
测试综合课程	S	S	P				S
印刷与分销		S				P	

注：P 表示主要资源；S 表示次要资源。

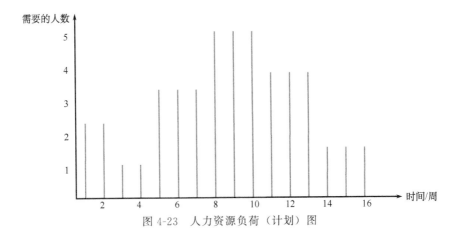

图 4-23　人力资源负荷（计划）图

4.4.2　项目费用估计

费用估计是指对完成项目各项工作所需资源（人、材料、设备等）的费用进行估计。通常，费用估计是在各项资源需求量和供应时间已知的条件下进行的，此时资源价格估计是一项核心工作。此外，应充分考虑费用与工作质量和工作延续时间的相互联系。在多数情况下，延长工作持续时间可以减少工作的直接费用，而追加费用则可缩短项目工作的持续时间。

1. 费用估计的主要依据

项目费用估计的主要依据有如下几点：

（1）工作分解结构（WBS）。

（2）资源需求计划，即资源计划安排结果。

（3）资源价格，包括工时费、材料单价等。

（4）工作的持续时间。

（5）历史信息。主要是同类项目的项目费用估计数据等。

（6）会计表格。会计表格说明了各种费用信息项的代码结构，有利于项目费用的估计与正确的会计科目相对应。

2. 费用估计的常用方法

1）经验估算法

经验估算法的本质是一种专家意见法，它依靠有专门知识和丰富经验的人对各种资源的费用进行估计。其优点是简单、快速；其缺点是往往难以保证估算的准确性。因此，该方法一般适用于项目概念阶段的成本估算，或者定义不明的新型项目的成本估算，这种项目没有经验可供参考。

2）类比估算法

类比估算法是依据过去类似项目对未来项目费用进行估算的一种方法。该方法既可以用于项目的全部费用的估算，也可以用于子项目费用的估算，还可以用于某一工作或任务费用的估算。类比估算法的基本前提是新项目与原有项目的相似性。新旧项目的相似性越高，费用估算的准确性也越高。

通常，类比估算法应首先由技术人员对新项目和原有项目的技术进行比较，发现其中的差异，再由费用估算人员对技术差异导致的费用差异进行估算，建立技术差异的费用关系。最后，依据项目工期、规模、位置、复杂程度以及其他影响因素对初步估算的费用进行必要的调整。

类比估算法具有主观评价的特性。即使技术人员的比较可以定量客观，费用估算人员还需要确定有关技术差异的费用影响，因而其估算的不确定性还是比较大的。

类比估算法适用于项目的采办早期，此时还没有系统的实际费用数据，也没有相似系统的大型数据库，只有此种方法的估算较为准确。

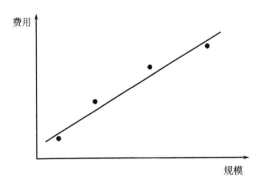

图 4-24 显示了以规模为类比对象进行费用估算的例子。其中，横坐标代表项目规模，纵坐标代表各项费用因素，如材料成本、人工成本和运费等。图中的点是根据过去类似项目的资料绘制而成，然后用回归的方法求出这些点的回归线，它体现了规模和项目费用之间的基本关系。这里的回归线可以是直线，但也有可能是曲线。

图 4-24　规模-费用图

值得注意的是，为考虑图中各点数据的可比性，应将不同年份的项目成本数据应以"基准年度"来进行折算，目的是消除通货膨胀的影响。画在图上的点应该是经过调整的数字。此外，如果项目周期较长，还应考虑到今后几年可能发生的通货膨胀、材料涨价等因素。可见，类比估算法的前提是有过去类似项目和可比的资料。

3）参数估算法

参数估算法利用项目特性参数和项目费用之间的关系来估算待建项目的费用，这种估算可以是依据经验，但更多的是依赖数学模型。用于估算的模型既可以是简单的，如商业住宅以居住空间的平方米的金额估算；也可以是复杂的，如软件开发费用模型一般要用 10 多个参数，每个参数又包括 5～6 个方面。

由于参数估算法建立了项目费用和项目特性之间的量化模型，所以其基础条件是必须要初步确定项目的性能参数。参数估算法可以很容易地适应在设计、性能和计划特性方面的更改，应用较为广泛，尤其是在频繁更改设计和需要进行快速成本估算时。

参数估算法的基础是建立一个有关性能与费用关系的数据库，为两者关系模型的建立提供依据。

4）基于 WBS 的全面费用估算

基于 WBS 的全面费用估算是利用 WBS 方法，先把项目任务进行分解，直到可以确认的程度，如某种材料、某种设备、某一活动单元等，然后估算每个 WBS 要素的费用，并由此确定整个项目的估算费用。采用这一方法的前提条件如下：

（1）对项目需求作出一个完整的界定，包括工作报告书、规格书以及总进度表等。工作报告书是对实施项目所需的各项工作的叙述性说明，包含工作目标、资金限制等。规格书是对工时、设备以及材料标价的依据。总进度表则明确项目实施的主要阶段和分界点，包括长期订货、原型试验、设计评审会议以及其他任何关键的决策点等。

（2）制定完成任务所必需的逻辑步骤。一旦项目需求被勾画出来，就应制定完成任务所必需的逻辑步骤。在现代大型复杂项目中，通常用网络图来表示。

（3）编制 WBS 表。WBS 表详细列出了项目所包含的工作以及各项工作所需要的资源，它和网络图一道形成了费用估算的基本依据。

基于 WBS 的项目费用估算方法需要进行大量的计算，工作量较大，所以其估算工作本身也需要花费一定的时间和费用。但这种方法的准确度较高，用这种方法得出的费用估算结果还可以用来作为项目控制的依据。最高管理层则可以用这些报表来选择和批准项目，评定项目的优先性等。

5）费用估算中的几个问题

（1）估算的方向。项目估算的方向分为自上而下估算和自下而上估算两种。

自上而下估算一般在已完成的类似项目可作借鉴的情况下使用。首先，由中高层管理者估计整个项目的费用和各个分项目的费用，并将此结果传送给下一层管理者，责成其对组成项目和子项目的任务和子任务的费用进行估算，并继续向下传送其结果，直到项目的最底层。这种方法的优点是中、高层管理人员能够比较准确地掌握项目整体费用分配，从而使项目的费用能够合理地控制在比较有效的水平上，在一定程度上避免了项目的费用风险。但该方法特别需要建立良好的沟通渠道，以使费用估算者和项目实施者对估算结果达成共识。

自下而上的费用估算方法是指从项目的基层单位开始估算费用，并逐级将估算结果累加起来，最终形成项目整体的估算费用。例如，以初步设备清单、试验方案和制造计划为基础，可以确定研制和生产硬件项目的费用。该方法的优点是对于项目费用估算更加全面、科学。但是应防止在费用估算时的代理行为，即基层人员过高估计项目开支的行为，以及对项目总体费用难以把握的现象。

（2）协调估算。无论是"自上而下"还是"自下而上"的费用估算，最终都要将其结果上报项目高层进行协调和审批。审批时应充分考虑通货膨胀、项目风险等因素影响，并对两种估算方式可能产生的偏差进行协调，最终确定项目高层和基层都可以接受的项目预算。

（3）压缩成本。在项目预算时，另一个值得注意的问题是压缩成本和费用与进度、质量交换的可能性。有时，由于竞争关系和资金不足的原因，必须要对项目费用进行一定程度的压缩。有时，需要在费用、进度和质量之间寻找一种平衡。项目经理的任务就是要在项目各利益相关者之间发现各方都能接受的项目预算。

（4）不可预见费用。在项目费用估算中，应加入不可预见费用，以抵消不确定性的影响。一般来说，项目的不确定性越高，不可预见费用就越多。通常，项目的不可预见费用占整个项目费用的 5%～10%。不可预见费用的使用通常由公司经理直接掌握，未经批准项目经理不得擅自使用。

3. 费用估计的基本结果

费用估计的基本结果有以下两个方面：

(1) 项目的费用估计。描述完成项目所需的各种资源的费用，包括劳动力、原材料、库存及各种特殊的费用项，如折扣、费用储备等的影响，其结果通常用劳动工时、工日、材料消耗量等表示。

(2) 详细说明。包括工作估计范围描述、对于估计的基本说明（如费用估计是如何实施的）、所作各种假设的说明、费用估计结果的有效范围等。

在大型项目中，费用估算的结果最后应以下述的报告形式表述出来：

(1) 对每个 WBS 要素的详细费用估算。还应有一个各项分工作、分任务的费用汇总表，以及项目和整个计划的累积报表。

(2) 每个部门的计划工时曲线。如果部门工时曲线含有"峰"和"谷"，应考虑对进度表作若干改变，以实现工时的均衡性。

(3) 逐月的工时费用总结，以便在项目费用必须削减时，项目负责人能够利用此表和工时曲线作权衡及研究。

(4) 逐年费用分配表。此表以 WBS 要素来划分，表明每年（或每季度）所需费用。此表实质上是每项工作项目现金流量的总结。

(5) 原料及支出预测。它表明供货商的供货时间、支付方式、承担义务以及支付原料的现金流量等。

4.4.3　项目费用预算

费用预算是给每一项独立工作分配全部费用，以获得度量项目实际执行的费用基线的计划过程。费用预算的依据是费用估算、工作分解结构和进度计划等，其主要技术和方法与费用估算相同。与费用估算不同的是，费用预算是项目费用的正式计划，费用基线也将作为今后项目执行和监控的基本依据。

1. 费用预算的主要特点

1) 计划性

在项目计划过程中，项目首先被逐步分解为各项可执行的、独立的工作或任务，然后对每项独立的工作或任务进行费用估算，最后根据费用估算和进度计划要求对各项工作或任务的费用进行批准、确认和汇总就可以形成项目的费用预算了。可以说，费用预算是另一种形式的项目计划。

2) 约束性

预算是一种分配资源的计划，它对所有涉及的人员表现为一种约束，他们只能在这种约束的范围内行动。因此从某种程度上讲，预算既体现了组织的政策和倾向，又表达了对项目各项活动的重要性的认识和支持力度。合理的预算应尽可能"正确"地为相关工作和活动确定必要的资源数量，既不过分慷慨，以避免浪费和管理松散；也不过于吝啬，以避免无法在既定的工期下确保质量。

3）控制性

预算既是项目执行的标准，又是执行控制的依据。预算的制定一方面应体现项目对效率和效益的追求，强调管理者必须有效地控制资源的使用；另一方面，由于进行预算时不可能完全预计到实际工作中所遇到的问题和环境的变化，所以对项目计划偏离的情况常常可能出现，这就需要依据项目预算所提供的基准对项目的执行进行监控，及时发现偏离，并采取有效的措施修正偏离，确保项目目标的实现，如图 4-25 所示。

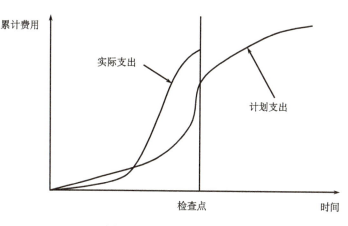

图 4-25　累计费用线示例

2. 费用预算的结果

费用预算的主要结果是获得项目费用预算表、费用负荷图和费用基线等。在费用预算表中，应列出项目所有工作或任务的名称、费用预算值、需要时间等（表 4-12）。而费用负荷曲线图是费用预算表的一种图形表达形式（图 4-26）。费用基线一般是指项目费用累积负荷曲线，它是项目费用预算的基准线，将作为度量和监控项目实施过程中费用支出的依据（图 4-27）。通常，费用基线随时间的关系是一个 S 形曲线。

表 4-12　某项目费用预算表

工作名称	预算值	进度日程预算（项目日历表）										
		1	2	3	4	5	6	7	8	9	10	11
A	400	100	200	100								
B	400		50	100	150	100						

工作名称	预算值	进度日程预算（项目日历表）										
		1	2	3	4	5	6	7	8	9	10	11
C	550		50	100	250	150						
D	450			100	100	150	100					
E	1 100					100	300	300	200	200		
F	600								100	100	200	200
月计	3 500	100	300	400	500	500	400	300	300	300	200	200
累计		100	400	800	1 300	1 800	2 200	2 500	2 800	3 100	3 300	3 500

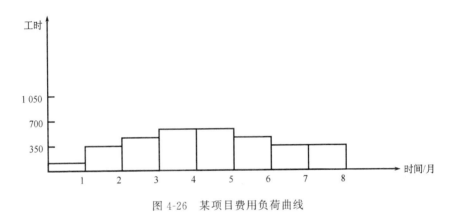

图 4-26　某项目费用负荷曲线

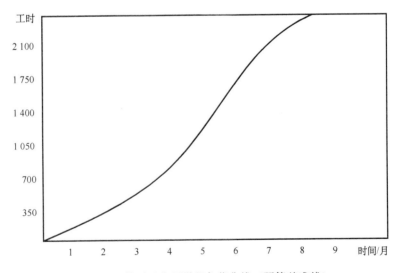

图 4-27　某项目费用累积负荷曲线（预算基准线）

4.5 项目质量与安全计划

4.5.1 质量计划

1. 项目质量管理概述

1) 项目质量的概念

根据 ISO9000：2000《质量管理体系基础和术语》和 GB/T19000—2000 标准，质量是"一组固有的特性满足需求的程度"。"固有的"是指在某事某物中本来就有的，尤其是永久的特性。"特性"是指可区分的特征，它可以是特有的或是赋予的，可以是定量的或是定性的，可以是多种多样的，如物理的、感官的、行为的、时间的、功能的等。"要求"可以是明确的、隐含的，前者指标准、法律、法规及合同中规定的必须履行的需求，后者指顾客的期望等。隐含的要求还包括组织、顾客或其他相关方的惯例或一般做法等。

项目质量的主体是项目。项目由过程和结果组成，因此，项目管理质量包含结果和过程两个方面。项目管理过程质量主要包含项目整个寿命周期各阶段的全过程的质量。项目结果，又称为项目产品，指项目产品范围中规定的交付给顾客的产品，它可能是有形产品，也可能是无形产品，而更多的是两者的结合。例如，工程项目质量包括建筑工程产品实体（有形产品）和服务（无形产品）两个方面的质量。根据项目一次性的特点，项目质量取决于由 WBS 确定的项目范围内的所有子项目、各工作单元的质量，以及项目生命周期各阶段的工作质量。因此，要确保项目质量，必须应首先保证工作质量。

2) 项目质量管理概述

质量管理是指"在质量方面指挥和控制组织的协调的活动"，通常包括制定质量方针和质量目标，以及质量策划、质量控制、质量保证和质量改进等。

项目质量管理是指围绕项目质量所进行的指挥、协调和控制活动，其目的是确保项目按规定的要求满意地实现，它包括使项目所有的功能活动按照原有的质量及目标要求得以实施。

项目质量管理是一个系统工程。该系统包括管理职责、资源管理、项目实现，以及测量、分析和改进四个方面的循环，将项目客户及其他利益相关者的要求转化为客户和其他利益相关者满意的输出（图 4-28）。项目质量管理的最重要工作是建立项目质量管理体系并使之有效运行。项目质量管理的最终目标是使项目客户和所有利益相关者满意。

3) 项目质量管理体系的建立和实施

建立和实施项目质量管理体系必须遵循质量管理的八项原则，即以顾客为关注焦点，突出领导的作用，促进全员参与，采用过程方法、管理的系统方法，以

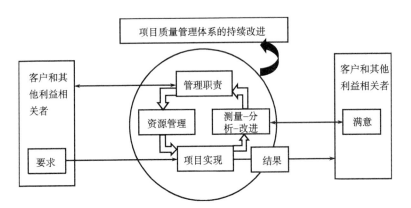

图 4-28   项目质量管理体系模型

事实为决策基础，对系统的持续改进，建立和保持与供应商的互利关系等，通过以下八个步骤建立项目质量管理体系并使之有效运行：

(1) 确定项目客户和利益相关方的需求和期望。

(2) 建立项目的质量方针和质量目标。

(3) 确定实现项目质量目标必须的过程和职责。

(4) 确定和提供实现项目质量目标必须的资源。

(5) 规定测量每个过程的有效性和效率的方法。

(6) 应用规定的方法确定每个过程的有效性和效率。

(7) 确定防止不合格并消除产生原因的措施。

(8) 建立和应用持续改进项目质量管理体系的过程。

4) 项目质量管理体系文件

项目质量管理体系文件的用途是：满足客户要求和质量改进；提供适宜的培训；重复性和可追溯性；提供客观证据；评价质量管理体系的有效性和持续改进适宜性等。

项目质量管理体系中使用的文件类型主要有以下几种：

(1) 质量手册。质量手册是"规定组织质量管理体系的文件"，它向组织内部和外部提供关于质量管理体系的一致信息。

(2) 质量计划。质量计划是"对特定的项目、产品、过程或合同，规定由谁及何时应使用哪些程序和相关资源的文件"。

(3) 规范。规范是"阐明要求的文件"。

(4) 指南。指南是阐明推荐的方法或建议的文件。

(5) 程序、作业指导书和图样。它们是提供如何一致地完成活动和过程的信息的文件。

(6) 记录。记录是"阐明所取得的结果或提供所完成活动的证据的文件"。

质量管理体系标准要求建立一个形成文件的质量管理体系，但并不要求将质量管理体系中所有的过程和活动都形成文件。文件的多少及详略程度取决于项目的复杂性、过程接口的多少、人员的技能水平等因素。文件的目的是使质量管理体系的过程得到有效的运作和实施。

2. 项目质量策划

项目质量计划阶段的主要工作包括制定项目质量方针、确定项目质量目标、实施项目质量策划、形成项目质量计划等。

项目质量方针反映了项目总的质量宗旨和质量方向，它提供了质量目标制定的框架，是项目质量策划的基础之一。

1）项目质量策划的内容

质量策划是质量管理的一部分，致力于制定质量目标并规定必要的运行过程和相关资源以实现质量目标。项目质量策划就是围绕项目所进行的质量目标策划、运行过程策划、确定相关资源等活动的过程。

（1）质量目标策划。项目质量目标包括总目标和具体目标。项目总体目标规定了项目拟达到的总体质量水平，通常可以用合格率、优质工程项目等指标衡量。项目具体目标包括性能、可靠性、安全性、经济性、时间性等方面。通常，无论是对项目总体目标还是具体目标的描述都应尽量定量化。例如，某建筑工程单位的项目质量目标是单位工程竣工一次验收合格率达 100%；单位工程优良品率达 90%；工期履约率达到 100%；顾客满意度达到 100%；每年开发 1～2 项新的施工方法等。

在项目质量目标策划时，应该考虑的因素有：①项目性能要求，它主要是由客户需求所决定的；②项目外部条件，包括环境、地质、水文条件等；③市场条件，即社会对项目的期望等"隐含需求"；④质量经济性因素，如质量与成本的关系等。

（2）运行过程策划。项目质量是由一系列过程确定的。运行过程策划就是要识别和规范项目实施过程、活动和环节，这些影响项目质量的过程和环节称为项目质量环。例如，工程项目质量环包括工程调查与任务承接、施工准备、材料采购、施工生产、检验与试验、功能试验、竣工交验、回访与保修等八个环节（图4-29）。项目运行过程策划就是要识别与确认项目质量环，并规定各环节的质量管理程序（包括质量管理的重点和流程）、措施（包括质量管理技术措施和组织措施等）和方法（包括质量控制方法和评价方法等）。

（3）确定相关资源。为进行项目质量管理，需要建立相应的组织机构，配备人力、材料、设备和设施，提供必要的信息支持，以及创造项目合适的环境等。

2）项目质量策划的依据

（1）项目特点。不同项目具有不同的特点，其质量目标、运行过程和需要的资源各不相同，因此其质量策划也不尽相同。

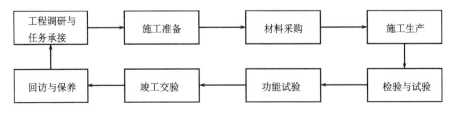

图 4-29　施工项目质量环

（2）质量方针。质量方针是由高层管理者对项目整个质量目标和方向所做出的一个指导性文件。项目团队可以根据项目的实际情况对质量方针进行适当调整，并明确制定自己的质量工作方针。项目的质量方针必须与项目的投资者完全共享。

（3）范围陈述。项目范围陈述说明了项目所有者的需求以及项目的主要要求和目标，项目质量规划应适应这些需求、要求和目标。

（4）产品描述。产品描述是对项目成果的说明。与范围描述相比，产品描述通常包含更加详细的技术要求和其他的内容，因而是项目质量策划的主要依据。

（5）标准和规范。项目质量策划必须考虑到任何实际应用领域的特殊标准和规范，这些都将影响项目质量计划的制定。

（6）其他工作的输出。比如，采购计划就要说明承包人的质量要求从而影响到项目质量管理计划。

3）项目质量策划的技术与方法

（1）成本效益分析法。质量策划必须权衡成本与效益的关系。项目质量管理的基本目标是实现质量效益和成本比的最大化。

（2）类比法。类比法又称为基准比较法，就是将实际进行中或计划之中的项目做法同其他项目的实际做法进行比较，为改进项目实施提供思路或标准。

（3）流程图。流程图主要用于项目运行策划，主要有系统流程图和原因结果图两种。系统流程图主要用于分析系统各要素之间所存在的相互关系（图 4-30），原因结果图主要用于分析各种因素和原因是如何导致各种结果和潜在的问题的（图 4-31）。

（4）实验设计。实验设计是一种分析技术，可用来找出对项目结果影响最大的因素。例如，汽车设计人员希望确定怎样组合隔振弹簧和轮胎才能以合理的成本获得最理想的汽车行驶性能。实验设计也可以用于权衡质量、成本与进度之间的关系。例如，使用资深工程师要比青年工程师贵得多，但是资深工程师却能在较短的时间内更好地完成委派给他们的工作。

4）项目质量策划的结果

项目质量策划的主要结果是项目质量计划。质量计划是对特定的项目、产

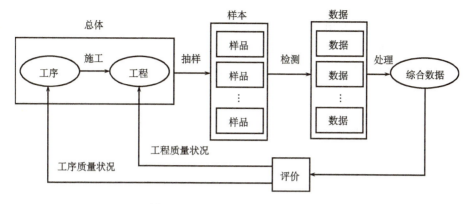

图 4-30　工程项目质量评判流程图

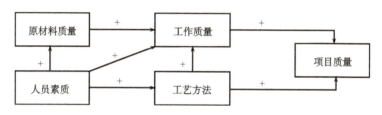

图 4-31　原因结果图

品、过程和合同，规定由谁、何时、使用哪些程序和相关资源实现质量目标的一系列计划文件，主要有以下内容：

（1）项目质量目标。包括总体目标和具体目标。

（2）项目质量管理计划。主要描述项目管理团队如何通过项目质量管理体系实施项目质量方针。质量计划提供了对整个项目进行质量控制、质量保证及质量改进的基础。

（3）具体操作说明。对质量管理计划中的具体条款进行附加的操作说明，包括对它们的解释及在质量控制过程中如何度量的问题。

（4）检查表格。检查表格是一种用于对项目执行情况进行分析的工具，通常包括命令和询问两种形式。标准而频繁使用的检查表格有助于确保执行工作的顺利开展。

（5）其他过程的输入。质量计划过程也有助于对其他领域工作的开展。

5）质量计划文件

具体来讲，项目质量计划是由一系列文件构成的，主要包括：①项目质量目标及其说明；②质量管理工作流程；③职责、权限和资源分配表；④作业程序和作业指导书；⑤试验、检查、检验和评审大纲；⑥质量目标的测量方法；⑦质量改进计划和程序；⑧质量控制与改进技术等。

6）质量技术文件

质量技术文件主要用于说明形成、保证和提高项目质量的技术支持内容，包括项目设计文件、工艺文件、研究试验文件、改进设计和工艺的文件、质量记录等。技术文件应准确、完整、协调、一致、规范。

4.5.2　项目安全计划

1. 项目安全管理概述

1）项目安全的概念

在项目实施过程中，引起事故的直接原因一般可分为两大类，即物的不安全状态和人的不安全行为。这里，物的不安全状态是指由于项目实施过程中使用的物质、能量等的客观存在而可能导致事故和伤害发生的状态。人的不安全行为是指人们在项目实施中可能导致不安全状态的行为，如违章操作，违反规定堆放物料、乱摆工具等。

物的不安全状态是事故发生的根源，如果没有物的不安全状态存在（即达到了物的本质安全），人的行为通常不会产生不安全的结果。因此，安全工作首先要解决物的不安全状态问题，这主要是依靠安全科学技术和工程技术来实现。但是在实践中，由于科学技术和工程技术本身的局限性，以及出于经济性的考虑，并不能使项目中的所有物品达到完全的安全状态，因此，消除不安全行为成为安全工作的努力方向。

2）项目安全管理的概念

项目安全管理就是在项目实施过程中，组织安全生产的全部管理活动。项目安全管理包括确立项目安全目标、制定项目安全计划、建立项目安全管理体系，控制项目安全状态和不安全行为，以使项目工期、质量、费用等目标的实现得到充分保证。

项目安全管理的中心问题是保护项目实施过程中人的安全与健康，保证项目顺利进行。项目安全管理中，采用合理的安全技术、建立健全安全法规和标准、确保人员的安全行为，特别是建立健康、安全和环境管理体系并使之有效运行，是项目安全管理的关键。

3）项目健康、安全与环境管理体系

健康、安全与环境管理体系（health, safety and environment management system, HSE），是国际上一种为减轻和消除工业生产中可能发生的健康、安全与环境方面的事故风险，保护人身安全和生态环境而制定的一套系统的管理办法。这里，健康实质是职业卫生，环境一方面指项目或生产进程中的劳动环境，另一方面指生产对人类生存环境的作用。

HSE 管理体系的目的是将健康、安全和环境事故控制在政府和社会公众可以接受的水平内，通过一系列管理程序和规范化、责任到人的管理活动（例如，对全体员工进行 HSE 培训教育，制定 HSE 管理目标，作业前进行隐患分析评估，制定切实可行的措施计划，作业过程中严格监督与检查，定期考核等），精心"编织"起一张"安全网"。

项目的健康、安全与环境管理体系由以下相关要素构成：

（1）领导和承诺。企业高层管理者和项目经理应直接抓 HSE 管理工作，在 HSE 管理方面提出明确的承诺，并将其作为企业文化的一部分，成为项目团队的共同理念。

（2）方针和战略目标。是指企业对其在 HSE 管理方面的意向和原则声明，它指明了公司在健康、安全与环境方面的努力方向，提供了规范行为的准则。它包括遵守有关的法律、法规，以及其他内、外部要求；树立对健康、安全与环境管理体系进行持续改进的指导思想；遵循预防为现、防控结合、重在提高的原则；切实把项目安全问题当作头等大事来抓等。

（3）组织结构、资源和文件。包括组织机构和职责、资源、能力、承包方、信息交流、文件及控制等。

（4）评价和风险管理。对项目可能产生的危害和影响建立判别准则，并进行评价，建立说明危害和影响的文件，确定项目安全的具体目标和行为准则，制定风险削减措施等。

（5）规划。是指通过设施的完善，责任的明确，工作程序、应急反应计划的制定、评价及不断完善等活动，达到既定目标，实现项目承诺。它包括总则、设施的完整性、程序和工作指南、变更管理、应急反应计划等。

（6）实施和监测。包括活动和任务、监测、记录、不符合及纠正措施、事故报告、事故调查处理等。

（7）审核和评审。审核是对 HSE 管理体系是否按照预定要求运行的检查和评价活动，对公司是否符合 HSE 管理体系的要求进行验证；评审是指公司的最高管理者对 HSE 管理体系进行全面评价，目的是确定 HSE 管理体系的适宜性、充分性和有效性，实现持续改进。

4）项目 HSE 管理体系文件

项目 HSE 管理体系包括以下三个层次的文件：

（1）政策性文件（HSE 管理手册）。它规定了企业为实现健康、安全与环境管理总目标而确定的具体政策、方针等。

（2）程序文件。它规定了项目中有关健康、安全与环境管理工作的内容及相关程序，在程序文件中具体规定了由谁负责管理、管什么、如何管、书面记录什么内容等。

（3）作业文件。作业文件是基层从事实际作业的健康、安全与环境指导书，用于指导项目各岗位人员所从事的作业，对每一项作业的程序、各环节人员的配合等均要具体说明。

2. 项目安全计划

1) 安全计划的主要内容

安全计划针对项目特点、项目实施方案及程序，依据安全法规和标准等加以编制。主要内容如下：

(1) 项目概况。包括项目的基本情况、主要的不安全因素等。

(2) 安全控制目标。应明确安全控制总目标和子目标，且目标要具体化。

(3) 安全控制程序。主要应明确安全控制工作过程和安全事故处理过程等。

(4) 安全组织结构。包括安全组织结构形式、安全组织机构的组成等。

(5) 职责权限。根据组织结构状况，明确不同组织层次、各相关人员的职责和权限等。

(6) 规章制度。包括安全管理制度、操作规程等规章制度的建立，应遵循的法律法规和标准等。

(7) 资源配置。针对项目特点，提出安全管理和控制所必需的材料、设施等资源要求和具体的配置方案。

(8) 安全措施。针对不安全因素，确定相应措施。

(9) 检查评价。明确检查评价方法和评价标准等。

(10) 奖惩制度。明确奖惩标准和方法。

安全计划的结果是形成包括安全计划所有内容在内的文件。

2) 制定项目安全计划应注意的几个关系

(1) 安全与过程的关系。安全是一个项目实施的过程变量。只有有了安全保障，项目实施过程才能持续、稳定地进行。

(2) 安全与质量的关系。从广义上看，质量包涵安全工作质量，安全概念也包含着质量，两者交互作用、互为因果。项目既要"安全第一"，又要"质量第一"。"安全第一"是从保护生产要素的角度出发，而"质量第一"则是从关心产品成果的角度出发。安全为质量服务，质量需要安全来保证。

(3) 安全与进度的关系。项目进度应以安全作保障，安全就是速度。在项目实施过程中，应追求安全加速度，尽量避免安全减速度。当速度与安全发生矛盾时，应优先保证安全。

(4) 安全与效益的关系。总体看，安全与效益是统一的，安全促进了效益的增长。就具体安全措施看，一方面安全技术措施的实施，会改善作业条件，带来经济效益；另一方面也需要一定的投入。在安全管理中，既要保证安全，又要经济合理。

(5) 预防与控制的关系。项目安全管理的方针是"安全第一，预防为主"。安全管理首要的是针对项目的特点，事先对生产要素采取管理措施，有效地控制不安全因素的发展和扩大，将可能发生的事故，消灭在萌芽状态。其次是重在控制，要对项目过程实施全过程动态管理，做到安全管理的全员参与，实现全过程、全方位、全天候的动态管理。

➤复习思考题

1. 项目规划和计划的主要工作有哪些？它们对项目管理起到什么作用？

2. 项目目标包含哪些内容？其确定过程包含哪些步骤？

3. 什么是项目范围规划和范围定义？它们有什么联系和区别？

4. 项目工作分解结构的作用是什么？其类型有哪些？各有什么特点？

5. 项目规划中，工作排序是如何确定的？

6. 项目各项工作的持续时间是如何确定的？它们与资源、费用、质量的关系是什么？

7. 网络图在项目计划中的作用是什么？其构成要素有哪些？

8. 简述双代号网络计划与单代号网络计划的区别。

9. 甘特图和里程碑计划是项目进度计划常用的两种方法，它们各自有什么特点？二者适用场合如何？想想你曾经经历的或正在经历的项目，试着画出其中某一个或两个简单项目的甘特图和里程碑计划。

10. 与甘特图相比，网络图的优点有哪些？甘特图可以从网络图中创建吗？网络图可以从甘特图中创建吗？

11. 如何利用工作分解结构 WBS 创建网络图？

12. 本章表 4-9 中的关键路线是什么？为什么找出关键路线非常重要？在网络计划和项目规划中，关键路线有哪些不同的用途？

13. 项目资源计划包含哪些内容？它和项目进度计划和项目质量安全计划是如何结合的？

14. 试述项目费用估计和项目费用预算的区别。

15. 简要说明下列项目费用估算方法，并讨论它们的估算精度和适用场合。

（1）经验意见法。

（2）类比估算法。

（3）参数估算法。

（4）基于 WBS 的全面费用估算法。

16. 项目质量规划的主要内容是什么？在项目的质量管理中，项目质量管理体系如何建立和运行？其主要作用是什么？

17. 项目安全计划的主要内容是什么？在项目的健康安全环境管理中，项目 HSE 管理体系如何建立和运行？其主要作用是什么？

18. 为表 4-13 所列项目绘制 AON 和 AOA 网络图。

表 4-13　项目工作列表

项目一		项目二		项目三		项目四	
工作	紧前工作	工作	紧前工作	工作	紧前工作	工作	紧前工作
A	—	A	—	A	—	A	—
B	A	B	A	B	A	B	—

项目一		项目二		项目三		项目四	
C	—	C	A	C	A	C	—
D	—	D	B	D	B	D	C
E	D	E	D	E	B	E	A
F	B、C、E	F	D	F	C	F	B
		G	D	G	D	G	E
		H	E、F、G	H	D	H	F、G、J
				I	G	I	A
				J	E、F、H、I	J	D、I

19. 对于以下网络图（图 4-32、图 4-33）计算其工作时间参数，并确定项目的关键工作和关键路线。

（1）

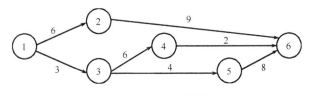

图 4-32　项目网络图

（2）

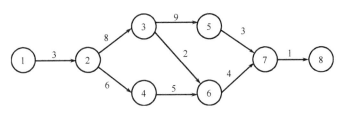

图 4-33　项目网络图

20. 某项目的工作如表 4-14 所示。请完成以下问题：

（1）画出该项目的网络图。

（2）计算项目的正常工期和相应的成本。

（3）项目工期缩短一天，成本增加最少的方案是什么？此时项目的成本是多少？

（4）项目工期缩短两天，成本增加最少的方案是什么？此时项目的成本是多少？

（5）项目的最短工期是多少？成本增加最少的方案是什么？项目的成本是多少？

表 4-14　项目工作持续时间和成本

工作	紧前工作	正常情况		赶工情况		成本斜率
		工期/天	成本/百元	工期/天	成本/百元	/（百元/天）
A	—	4	210	3	280	70
B	—	9	400	6	640	80
C	A	6	500	4	600	50
D	A	9	540	7	600	50
E	B、C	4	500	1	1 100	200
F	B、C	5	150	4	240	90
G	E	3	150	3	150	—
H	D、F	7	600	6	750	150

➤案例分析　L公司的管理信息系统开发项目

　　L公司计划投标一个为海运集装箱进行自动化布置、储藏和维护的计算机管理信息系统项目。经初步预测，该管理信息系统的建设所包含的工作及其持续时间如表 4-15 所示。进一步研究每项工作所需要的直接成本如表 4-15 所示。

表 4-15　L公司管理信息系统开发项目工作列表

工作名称	工作代号	紧前工作	持续时间/周	直接成本/千元	增加成本/（千元/周）
基本设计	C	—	10	100	10
子系统 A 的设计	D	C	8	80	12
子系统 B 的设计	E	C	6	160	20
绘制 A 图纸	F	D	5	100	16
绘制 B 图纸	G	E	4	40	8
软件说明	H	E	2	180	24
A 的零件采购	I	D	4	200	6
B 的零件采购	J	E	4	210	8
总装设计	K	D、E	5	120	12
软件采购	L	H	5	160	10
A 零件交付使用	M	F	5	0	0
B 零件交付使用	N	G	3	0	0
软件交付使用	O	L	3	0	0
A 的装配	P	I、M	1	140	—
B 的装配	Q	J、N	5	160	19
测试 A	R	P	2	120	30
测试 B	S	Q	3	120	22
最终安装	T	K、R、S	8	130	26
系统测试	U	T、O	6	110	19

　　注："增加成本"指每缩短一周所需要增加的成本。

思考题:

1. 以正常工期进行工作,可以在多少天之内完成工作?如果 L 公司在该项目工期的基础上想要获得 10％的税前利润,标书的标价应为多少?

2. 如果获得了该项目,并以正常的工作速度进行,则 L 公司应该尤其注意哪些工作以确保项目的工期?

3. 如果业主方面希望缩短工期两周,那么 L 公司又应该怎么办?

第 **5** 章

项目实施与控制

内容提要

在本章中，您将学习到以下主要内容：

1. 项目计划的实施与控制；

2. 项目进度计划的实施过程、项目进度监控类型、项目进度更新的基本方法和内容；

3. 项目费用控制的方法和技术；

4. 项目质量控制的特点；

5. 项目现场管理和安全控制的具体内容；

6. 项目变更的概念和基本要求；

7. 项目招投标的主要内容；

8. 项目合同管理。

5.1 项目实施与控制概述

5.1.1 项目实施过程

1. 项目计划的实施

1）项目计划实施的定义

项目计划的实施就是将项目计划转变成行动，以已经制定的计划为基础，所进行的一系列活动或努力的过程。项目实施最终产生项目产品，是项目管理应用领域的一个关键环节。

2）项目计划实施的内容

项目计划实施的内容主要有：执行项目计划，按照项目计划开展各项工作，并根据项目实施中所发生的实际情况，进一步明确项目计划所规定的任务范围；采取各种项目质量保证和监控措施，确保项目能够符合预定的质量标准；提高项目团队的工作效率和对项目进行高效管理的综合能力；采购与招标，以及合同管理等。

2. 项目跟踪与报告

1）项目跟踪与报告的定义

项目跟踪与报告是指项目各级管理人员根据项目的规划和目标等，在项目实施的整个过程中对项目状态以及影响项目进展的内外部因素进行及时的、连续的、系统的记录和报告的系列活动过程。

项目跟踪与报告的工作内容主要有两方面：①对项目计划的执行情况进行监督；②对影响项目目标实现的内外部因素的变化情况和发展趋势进行分析和预测。

2）项目跟踪与报告系统的建立

项目建立跟踪与报告系统时，要考虑的问题有很多，主要有以下几个方面：

（1）项目跟踪与报告的对象。主要包括范围、变更、资源供给、关键假设、进度、项目团队工作时间及任务完成情况等。

（2）收集信息的范围。项目跟踪与报告所要收集的信息主要有投入活动的信息、采购活动的信息、实施活动的信息和项目产出信息等。

（3）项目跟踪与报告的过程。项目跟踪与报告包括观察、测量、分析和报告四个基本过程。

5.1.2 项目控制

1. 项目控制原理

项目控制就是监视和测量项目实际进展，若发现实施过程偏离了计划，就要找出原因，采取行动，使项目回到计划的轨道上来。项目控制包括进度控制、费用控制、质量控制、变更控制、安全控制等方面。

项目控制的原理可以归纳为以下几点。

1）动态控制原理

项目控制是一个动态过程，也是一个循环进行的过程。从项目开始，计划就进入了执行的轨迹。实施符合计划，项目目标的实现就有了保证；实施与计划不一致时，就产生了偏差，若不采取措施加以处理，项目目标就可能难以实现。所以，当产生偏差时，就应分析偏差的原因，采取措施，调整计划，使实际与计划在新的起点上重合，并尽量使项目按调整后的计划继续进行。但在新的因素干扰下，又有可能产生新的偏差，又需继续按上述方法进行控制。

2）系统原理

项目是一个系统，项目管理是一项系统工程。项目控制实际是用系统理论和方法解决系统问题。无论是控制对象还是控制主体，无论是进度计划还是控制活动，都是一个完整的系统。因为进行项目控制，首先应编制项目的各种计划，包括进度计划、资源计划等，计划的对象由大到小，计划的内容从粗到细，形成了项目的计划系统；项目涉及各个相关主体、各类不同人员，这就需要建立组织体系，形成一个完整的项目实施组织系统；为了保证项目执行，自上而下都应设有专门的职能部门或人员负责项目的检查、统计、分析、调整等工作，不同的人员负有不同的控制责任，分工协作，这样形成了一个纵横相连的项目控制系统。

3）信息原理

项目控制的过程也是一个信息传递和反馈的过程。信息是项目控制的依据。项目执行的信息从上到下传递到项目实施相关人员，以使计划得以贯彻落实；而项目实际执行信息则自下而上反馈到各有关部门和人员，以供其分析并作出决策、调整。

4）弹性原理

通常，影响项目的因素很多。这就要求在确定项目目标时应进行目标的风险分析，使计划具有一定的弹性。在进行项目控制时，也可以利用这些弹性优化项目实施过程，以更有效地实现预期的项目目标。

2. 项目控制类型

1）按控制方式分类

项目的控制方式包括前馈控制（事先控制）、过程控制（现场控制）和反馈控制（事后控制）。

前馈控制是在项目的启动和计划阶段，根据经验对项目实施过程中可能产生的偏差进行预测和估计，并采取相应的防范措施，尽可能地消除和缩小偏差。这是一种防患于未然的控制方法。

过程控制是在项目实施过程中进行现场监督和指导的控制。

反馈控制是在项目的阶段性工作或全部工作结束，或偏差发生之后再进行纠偏的控制。

2）按控制内容分类

项目控制的目的是为了确保项目实施能满足项目的目标要求。对于项目可交付成果的目标描述一般都包括交付期、成本和质量这三项指标，因此项目控制的基本内容就包括进度控制、费用控制和质量控制三项内容。此外，在项目整个寿命周期的控制过程中还涉及项目变更控制、项目安全控制等内容。

在项目控制过程中，进度、费用和质量这三项控制指标通常是相互矛盾和冲突的。如加快进度往往会导致成本上升和质量下降；降低成本可能会影响进度和质量；同样，过于强调质量也会影响工期和成本。因此，在项目的进度、成本和质量的控制过程中，要进行权衡分析。

3. 项目控制要素的权衡分析

1）权衡分析的步骤

首先，理解和认识项目中存在的冲突，寻找和分析引起冲突的原因。冲突原因可能来自人的差错、不准确的预算、关键信息有误等；或来自不确定问题或未想到的问题，例如，项目领导关系的变化、资源分配的变化、市场变化等。其次，展望项目的各个方面、各个层次的目标，分析项目的环境和形势，然后确定多个替代方案，分析和优选最佳方案。最后，审批及修改项目计划。更新计划要报送业主和上级领导批准后方能实施。

2）权衡分析的方法

图解分析法是一种常用的权衡分析法，它应用图形分析的方法，权衡质量、进度和成本三个要素，以获得最优的控制方案。当这三个要素中有一个固定不变时，那么另两个要素可建立相互间二维函数关系。

（1）质量不变前提下的权衡。图 5-1 给出了当质量保持不变时，成本对进度的函数曲线。点 CT 代表目标成本和进度，但遗憾的是该任务已不可能在目标成本和进度内完成。如只满足目标进度，完成任务将大大增加成本到 N 点，要减少成本的增加，可延长任务完成时间，这就是对成本和时间的权衡。M 点为增加成本的最低点。

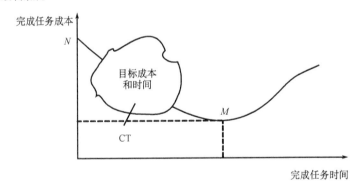

图 5-1 质量不变下的成本-时间权衡

当质量标准不变时，可以用下面四种方法建立进度/成本曲线：①获得额外资源，追加项目预算，以解决成本突破预算的问题；②重新定义项目工作范围，删减一部分工作量；③改变资源分配，支持正在跟踪的关键线路活动；④改变活动流程，这很可能导致对资源的重新计划和分配。

保持质量目标不变意味着公司绝不能提供不符合合同或业主质量要求的产品或服务而牺牲公司的声誉这一最宝贵的资源。因此在进行质量不变情形下的权衡时，要考虑公司对业主的依赖程度、本项目在公司项目群中的优先程度及对公司未来业务的影响。

（2）成本不变情况下的权衡。图 5-2 给出的是成本不变时，质量对进度的函数关系曲线。A、B、C 三条曲线代表三种不同的技术路线。

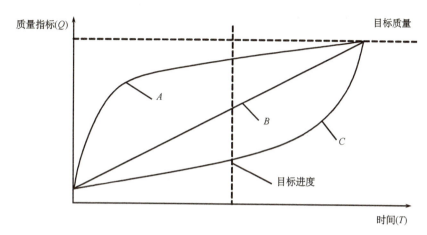

图 5-2　成本不变下的质量-时间权衡

三条曲线的斜率发展情况不一样。其中，曲线 A 的 $\triangle Q/\triangle T$ 开始最大，随着时间 T 的增大 $\triangle Q/\triangle T$ 逐渐减少，因此在开始时增加时间可获得较大的性能提高。而随着时间的增加，性能提高的程度越来越弱。目标进度是否坚持，取决于质量的达到水平。如曲线 A，在目标进度点时质量水平已达到 90% 左右，可以坚持目标进度而牺牲 10% 的质量要求。对于路径 C，性能随时间增加而增加的趋势变化正好相反，必须延长时间。因为业主不可能接受不到 50% 的原质量要求的项目产出。对路径 B，则取决于业主能接受的最低质量的多少。

（3）时间固定时的权衡。图 5-3 是时间固定时，成本对性能的变化，同样给出 A、B、C 三种情况。图 5-3 和图 5-2 相似，权衡方法也基本相同。

当同时考虑进度、质量、成本三个要素时，需要用三维图解分析法。这也是一种常见的情况。由于在三维立体空间坐标上建立曲线复杂而又难以表示清楚，可以将某一要素坐标等级化，或固定几个特殊点，如图 5-4 所示。

4. 项目控制过程

项目控制过程包括：制定项目控制目标，建立项目绩效考核标准，衡量项目实际工作状况，获取偏差信息，分析偏差产生的原因和趋势，采取适当的纠偏行动等步骤。

1）制定项目控制目标，建立项目绩效考核标准

项目控制目标就是项目的总体目标和阶段性目标。总体目标通常就是项目的合同目标，阶段性目标可以是项目的里程碑事件要达到的目标，也可以由项目总体目标分解来确定。绩效标准通常根据项目的技术规范和说明书、预算费用计

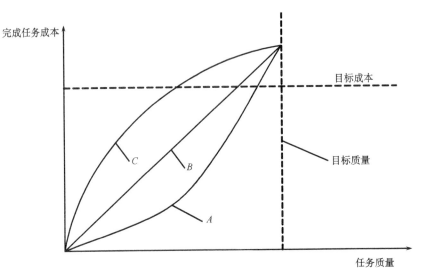

图 5-3　时间不变下的成本-质量权衡

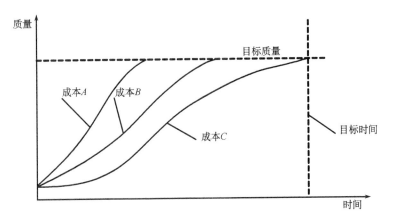

图 5-4　三维图解分析法的权衡

划、资源需求计划、进度计划等来制定。

2）衡量项目实际工作状况，获取偏差信息

通过将各种项目执行过程的绩效报告、统计等文件与项目合同、计划、技术规范等文件对比或定期召开项目控制会议等方式考查项目的执行情况，及时发现项目执行结果和预期结果的差异，以获取项目偏差信息。

3）分析偏差产生原因和趋势，采取适当的纠偏行动

项目进展中产生的偏差就是实际进展与计划的差值，一般会有正向偏差和负向偏差两种。正向偏差不一定是好事，负向偏差也不一定是坏事，关键是看正、负向偏差产生的原因。

（1）造成项目偏差的责任方通常有业主（或客户）、项目承包方、第三方、供应商、不可抗力等。

（2）造成项目偏差的根源有项目设计的原因、项目方案设计的原因、项目计划的原因、项目实施过程的原因等。

在进行偏差原因分析时，常用的工具是因果分析图或称鱼刺图，如图5-5所示。

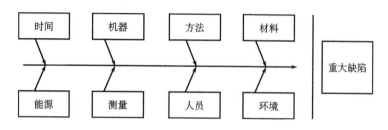

图 5-5　项目偏差因果分析图

对偏差原因的分析，还应包括各种原因对偏差的影响程度，对影响程度大的原因要重点防范。利用项目偏差的因果分析图，找出全部偏差原因之后，可通过专家评分法给出各种原因对偏差影响程度的权重。表5-1列出了某项目偏差原因分析的专家权重评分示例。

表 5-1　项目成本偏差原因影响权重表

原因		具体原因及其权重	
类型	权重	类型	权重
设计原因	0.13	设计要求难以达到	0.75
		设计错误	0.25
实施方案原因	0.26	任务衔接出现问题	0.64
		实施工艺难以满足技术要求	0.26
		缺乏必要的施工设备	0.10
宏观经济与政策原因	0.51	施工材料价格上涨	0.65
		相关税率上调	0.23
		外汇汇率上调	0.12
实施管理原因	0.06	指令传递延误	0.62
		质量问题返工	0.23
		任务小组冲突	0.15
其他原因	0.04	第三方原因	0.55
		突发性自然灾害	0.22
		意外交通事故	0.23

（3）偏差趋势分析主要是分析偏差会随着项目的进展增加还是缩小，是偶然发生的还是必然会发生，以及对项目后续工作的影响程度等。

（4）偏差分析的目的就是为了确定纠偏措施，明确纠偏责任。只有掌握了项目偏差信息，了解了项目偏差的根源，才可以有针对性地采取适当的纠偏措施。而只有明确了造成偏差的责任方和根源，才能分清应由谁来承担纠正偏差的责任和损失，以及如何纠正造成偏差的行为。

5.2 项目进度控制

5.2.1 项目进度计划的实施

1. 项目实施环境

项目实施环境是指项目运行系统赖以生存和发展所处的内部和外部条件的总称。具体地说，项目实施环境包括项目实施周围的一切有关事物，如项目所需要的技术、资源、产品性质、购买者与竞争对手，以及项目的自然因素等。项目实施环境对项目实施计划的制定、组织机构的设置、施工技术的选择、人员的配备、经营方向的确定等都将产生重要的影响。因此，必须使项目实施与其环境中的各种因素相互适应、密切配合。在制定项目实施计划时，既要考虑项目实施对外界环境提供的物力、财力、人力和技术等方面的要求，还要考虑项目外部社会成员对项目实施的需求与欲望。

2. 进度计划实施保障

项目进度受到了众多因素的制约，因此，必须采取一系列措施，以保证项目能满足进度要求。

1）进度计划的贯彻

计划实施的第一步是进度计划的贯彻，也是关键的一步。其工作内容包括：

（1）检查各类计划，形成严密的计划保证系统。为保证工期的实现，应编制各类计划。高层次的计划是低层次计划的编制依据，低层次计划是高层次计划的具体化；在贯彻执行这些计划时，应首先检查计划本身是否协调一致，计划目标是否层层分解、互相衔接。在此基础上，组成一个计划实施的保证体系，以任务书的形式下达给项目实施者，以保证实施。

（2）明确责任。项目经理、项目管理人员、项目作业人员，应按计划目标明确各自的责任、相互承担的经济责任、权限和利益。

（3）计划全面交底。进度计划的实施是项目团队全体成员的共同行动，要使相关人员都明确各项计划的目标、任务、实施方案和措施，使管理层和作业层协调一致，将计划变为项目人员的自觉行动。要做到这一点，就应在计划实施前进行计划交底工作。

2）调度工作

调度主要通过监督、协调、调度会议等方式实现。其主要任务是掌握项目计划实施情况，协调各方面关系，采取措施解决各种矛盾，加强薄弱环节，实现动态平衡，保证完成计划和实现进度目标。

3）关键工作

关键工作是项目实施的主要矛盾，应紧抓不懈。可采取以下措施：

（1）集中优势资源按时完成关键工作。

（2）专项承包。对关键工作可采用专项承包的方式，即定任务、定人员、定目标。

（3）采用新技术、新工艺，技术、工艺选择不当，就会严重影响工作进度。

（4）保证资源的及时供应。

（5）加强组织管理。根据项目特点，建立项目组织和各种责任制度，将进度计划指标的完成情况与部门、单位和个人的利益分配结合起来，做到责、权、利一体化。

（6）加强进度控制。进度控制贯穿于项目进展的全过程，是保证项目工期必不可少的环节。

5.2.2　进度监控

1. 进度监控

项目进度监控就是在项目实施过程中，收集反映项目进度实际状况的信息，对项目进展情况进行分析，掌握项目进展动态，对项目进展状态进行观测。

通常采用日常监控和定期监控的方法对项目进度进行监控，用项目进展报告的形式描述观测的结果。

1）日常监控

随着项目的进展，要不断地监控进度计划中所包含的每一项工作的实际开始时间、实际完成时间、实际持续时间、目前状况等内容，并加以记录，以此作为进度控制的依据。

2）定期监控

定期监控是指每隔一定时间对项目进度计划执行情况进行一次较为全面、系统的观测、检查。间隔的时间因项目的类型、规模、特点和对进度计划执行要求程度的不同而异。

2. 项目进展报告

项目进度监控的结果通过项目进展报告的形式向有关部门和人员报告。项目进展报告是记录观测检查的结果、项目进度现状和发展趋势等有关内容的书面形式报告。

1）项目进展报告分类

项目进展报告根据报告的对象不同，一般分为项目概要级进度控制报告、项目管理级进度控制报告和业务管理级进度控制报告。

2）项目进展报告的内容

项目进展报告的内容主要包括：项目实施概况、管理概况、进度概要；项目实际进度及其说明；资源供应进度；项目近期趋势，包括从现在到下次报告期之间将可能发生的事件等内容；项目费用发生情况；项目存在的困难与危机等。

3）项目进展报告的形式

项目进展报告的形式可分为日常报告、例外报告和特别分析报告。

4）项目进展报告的报告期

项目进展报告的报告期应根据项目的复杂程度和时间期限以及项目的监控方式等因素确定，一般可考虑与定期监控的间隔周期相一致。一般来说，报告期越短，及早发现问题并采取纠正措施的机会就越多。

5.2.3 进度更新

由于各种因素的影响，项目进度计划的变化是绝对的，不变是相对的。进度控制的核心问题就是能根据项目的实际进展情况，不断地进行进度计划的更新。可以说，项目进度计划的更新既是进度控制的起点，也是进度控制的终点。

1. 比较分析

将项目的实际进度与计划进度进行比较分析，以评判其对项目工期的影响，确定实际进度与计划不相符合的原因，进而找出对策，这是进度控制的重要环节之一。进行比较分析的方法主要有以下几种。

1）甘特图比较法

甘特图比较法是将在项目进展中通过观测、检查、搜集到的信息，整理后直接用横道线与原计划的横道线并列标出，进行直观比较的方法。例如，将某混凝土基础工程的施工实际进度与计划进度比较，如表 5-2 所示。

表 5-2 某钢筋混凝土基础施工实际进度与计划进度比较

工作编号	工作名称	工作时间/天	项目进度									
			1	2	3	4	5	6	7	8	9	10
1	挖土	3										
2	立模	3										
3	绑扎钢筋	4										
4	浇混凝土	5										
5	回填土	3										

检查日期

表5-2中细实线表示计划进度，粗实线表示实际进度。在第5天末检查时，挖土已按计划完成；立模比进度计划拖后1天；绑扎钢筋的实际进度与计划进度一致；浇筑混凝土工作尚未开始，比进度计划拖后1天。

通过上述比较，项目管理者就明确了实际进度与计划进度之间的偏差，为采取调整措施明确了方向和任务。但是，这种方法仅适用于项目中各项工作都是按均匀的速度进行的情况，即每项工作在单位时间内所完成的任务量是相等的。

2）实际进度前锋线比较法

根据前锋线与工作箭线交点的位置判断项目实际进度与计划进度偏差，如图5-6所示。实际进度前锋线可用于判断相关工作的进度状况，同时也可用于判断整个项目的进度状况。

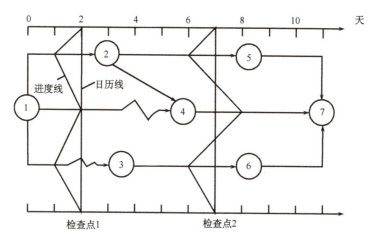

图5-6 实际进度前锋线

（1）判断相关工作的进度状况。由实际进度前锋线图可以直接观察出工作的进展情况并作出判断，如图5-6所示。在第7天进行检查时，工作2-5和3-6比原计划拖后1天，工作4-7比原计划提前1天。

（2）判断项目的进度状况。某工作的提前或拖后对项目工期会产生什么影响，这是项目管理人员最为关心的。根据实际进度前锋线可以判断该工作的状况对项目的影响。如果该工作是关键工作，则其提前或拖后将会对项目工期产生影响，如图5-6所示。因为工作2-5是关键工作，所以该工作拖后1天，将会使项目工期拖后1天；如果该工作是非关键工作，则应根据其总时差的大小，判断其提前或拖后对项目工期的影响。

3）S形曲线比较法

S形曲线比较法是以横坐标表示进度时间，纵坐标表示累计完成任务量，绘制出一条按计划时间累计完成任务量的S形曲线，将项目的各检查时间实际完成任务量与S形曲线进行比较的一种方法。

（1）S形曲线绘制。S形曲线反映了随时间进展累计计划完成任务量的变化情况，如图5-7所示，其中实线为计划S形曲线。

S形曲线的绘制步骤如下：

第一步，计算每单位时间内计划完成的任务量占总任务量的百分比 q_i；

第二步，计算时刻 j 的计划累计完成的任务占总任务量的百分比，即

$$Q_j = \sum_{i=1}^{j} q_i$$

式中，Q_j 为某时刻 j 计划累计完成的任务量占总任务量的百分比；q_i 为单位时间的计划完成任务量占总任务量的百分比。

第三步，按各规定时间的 Q_j 值，绘制S形曲线。

（2）S形曲线比较。即在图上直观地进行项目实际进度与计划进度的比较。通常，在计划实施前绘制出计划S形曲线，在项目进行过程中，按规定时间检查实际完成情况，绘制实际累计完成任务量曲线，即可得出实际进度的S形曲线。如图5-7中，虚线表示实际S形曲线。比较两条S形曲线，即可得到相关信息。

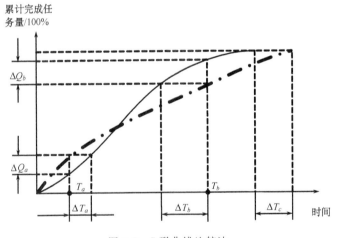

图 5-7　S形曲线比较法

项目实际进度与计划进度比较。当实际进展点落在计划S形曲线左侧时，表明实际进度超前；若在右侧，则表示拖后；若正好落在计划曲线上，则表明实际与计划一致。

项目实际进度与计划进度之间的偏差。图5-7中，ΔT_a 表示 T_a 时刻实际进度超前的时间，ΔT_b 表示 T_b 时刻实际进度拖后的时间。

项目实际完成任务量与计划任务量之间的偏差。如图5-7所示，ΔQ_a 表示 T_a 时刻超额完成的任务量，ΔQ_b 表示在 T_b 时刻少完成的任务量。

项目进度预测。如图 5-7 所示，项目后期若按原计划速度进行，则工期拖延预测值为 ΔT_c。

4)"香蕉"形曲线比较法

"香蕉"形曲线是两条 S 形曲线组合而成的闭合曲线。对于一个项目的网络计划，在理论上总有最早和最迟两种开始和完成时间，因此都可以绘制出两条 S 形曲线，即以最早时间和最迟时间分别绘制出相应的 S 形曲线，前者称为 ES 曲线，后台称为 LS 曲线，两者的组合即为"香蕉"形曲线，如图 5-8 所示。

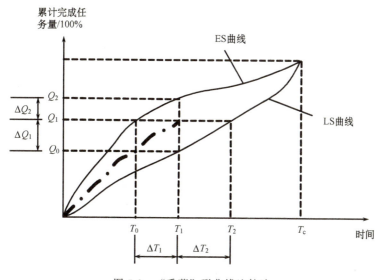

图 5-8 "香蕉"形曲线比较法

在项目实施过程中，根据每次检查的各项工作实际完成的任务量，计算出不同时间实际完成任务量的百分比，并在"香蕉"形曲线的平面内绘出实际进度曲线，即可进行实际进度与计划进度的比较：

"香蕉"形曲线比较法主要进行如下两个方面的比较：

（1）时间一定，比较完成的任务量。当项目进展到 T_1 时，实际完成的累计任务量为 Q_1；若按最早时间计划，则应完成 Q_2，可见，实际比计划少完成：$\Delta Q_2 = Q_1 - Q_2 < 0$；若按最迟时间计划，则应完成 Q_0，实际比计划多完成：$\Delta Q_1 = Q_1 - Q_0 > 0$。

由此可以判断，实际进度在计划范围之内，不会影响项目工期。

（2）任务量一定，比较所需时间。当项目进展到 T_1 时，实际完成累计任务量 Q_1，若按最早时间计划，则应在 T_0 时完成同样任务量，所以，实际比计划拖延，其拖延的时间是 $\Delta T_1 = T_1 - T_0 > 0$；若按最迟时间计划，则应在 T_2 时完成同样任务量，所以，实际比计划提前，其提前量是 $\Delta T_2 = T_1 - T_2 < 0$。

由图 5-8 示例可以判断，项目实际进度未超出计划范围，进展正常。

2. 进度计划调整

项目进度计划的调整，一般有以下几种方法。

1）关键工作的调整

关键工作无机动时间，其中任一工作持续时间的缩短或延长都会对整个项目工期产生影响。因此，关键工作的调整是项目进度更新的重点。

（1）关键工作的实际进度较计划进度提前时的调整方法。若仅要求按计划工期执行，则可利用该机会降低资源强度及费用。实现的方法是，选择后续关键工作中资源消耗量大或直接费用高的予以适当延长，延长的时间不应超过已完成的关键工作提前的时间；若要求缩短工期，则应将计划的未完成部分作为一个新的计划，重新计算与调整，按新的计划执行，并保证新的关键工作按新计算的时间完成。

（2）关键工作的实际进度较计划进度落后时的调整方法。为保证项目按期完成，就要缩短后续关键工作的持续时间。要在原计划的基础上，采取组织措施或技术措施缩短后续工作的持续时间以弥补时间损失，通常采用网络计划法进行调整。

2）改变某些工作的逻辑关系

若实际进度产生的偏差影响了总工期，则在工作之间的逻辑关系允许改变的条件下，改变关键线路和超过计划工期的非关键线路上有关工作之间的逻辑关系，达到缩短工期的目的。但这种调整应以不影响原定计划工期和其他工作之间的顺序为前提，调整的结果不能形成对原计划的否定。例如，可以将依次进行的工作变为平行或互相搭接的关系，以缩短工期。

3）重新编制计划

当采用其他方法仍不能奏效时，则应根据工期要求，将剩余工作重新编制网络计划，使其满足工期要求。例如，某项目在实施过程中，由于地质条件的变化，造成已完工程的大面积塌方，耽误工期 6 个月。为保证该项目在计划工期内完成，在认真分析研究的基础上，重新编制网络计划，并按新的网络计划组织实施。

4）非关键工作的调整

当非关键线路上某些工作的持续时间延长，但不超过其时差范围时，则不会影响项目工期，进度计划不必调整。为了更充分地利用资源，降低成本，必要时可对非关键工作的时差作适当调整，但不得超出总时差，且每次调整均需进行时间参数计算，以观察每次调整对计划的影响。

当非关键线路上某些工作的持续时间延长而超出总时差范围时，则必然影响整个项目工期，关键线路就会转移。这时，其调整方法与关键线路的调整方法相同。

5）增减工作项目

由于编制计划时考虑不周，或因某些原因需要增加或取消某些工作，则需重新调整网络计划，计算网络参数。增减工作项目只能改变局部的逻辑关系，而不应影响原计划总的逻辑关系。

6）资源优化

当供应满足不了需要时，应进行资源调整。资源调整的前提是保证工期不变或使工期更加合理。

5.3 项目费用控制

5.3.1 项目费用控制内容和依据

项目费用控制就是在整个项目的实施过程中，定期地、经常性地收集项目的实际费用数据，进行费用的目标值和实际值的动态比较分析，并进行费用预测，如果发现偏差，则及时采取纠偏措施，以使项目的成本目标尽可能好地实现。

1. 项目费用控制内容

（1）对造成费用基准变化的因素施加影响，以保证这种变化朝有利的方向发展。

（2）确定实际发生的费用是否已经出现偏差。

（3）在出现费用偏差时，分析偏差对项目未来进度的影响，并采用适当的纠偏措施。

费用控制还应包括寻找费用向正反两方面变化的原因，同时还必须考虑与其他控制过程相协调。

2. 项目费用控制的依据

（1）费用基准计划。项目费用基准计划将项目的费用预算与进度计划联系起来，可以用来作为测量和监控费用实际情况的依据。

（2）实施执行报告。实施执行报告通常包括项目各工作的所有费用支出，是发现问题的最基本的依据。

3. 项目费用控制的作用

（1）变更申请。变更申请可以是请求增加预算或者是减少预算。

（2）有助于提高项目的费用成本管理水平。

（3）有助于项目团队发现更为有效的项目实施方法，从而可以降低项目成本。

（4）有助于项目管理人员加强经济核算，提高经济效益。

5.3.2 挣得值分析法

挣得值分析法，简称挣得值法，或挣值法，是对项目进度和费用进行综合控制的一种有效方法。挣值法通过测量和计算已完成工作的预算费用与已完成工作的实际费用和计划工作的预算费用得到有关计划实施的进度和费用偏差，以达到判断项目预算和进度计划执行情况的目的。

挣值法的独特之处在于以预算和费用来衡量项目进度，其核心是计算挣值（earned value），即已完成工作的预算费用。

1. 三个基本参数

（1）计划工作量的预算费用（budgeted cost for work scheduled，BCWS）。BCWS 是指项目实施过程中某阶段计划要求完成的工作量所需的预算费用，其计算公式为

$$BCWS = 计划工作量 \times 预算定额$$

BCWS 主要是反映进度计划应当完成的工作量，而不是反映应消耗的费用。

（2）已完成工作量的实际费用（actual cost for work performed，ACWP）。ACWP 是指项目实施过程中某阶段实际完成的工作量所消耗的费用。它是反映项目执行的实际消耗的指标。

（3）已完成工作量的预算成本（budgeted cost for work performed，BCWP）。BCWP 是指项目实施过程中某阶段实际完成的工作量按预算定额计算出来的费用，即挣得值（earned value）。其计算公式为

$$BCWP = 已完成工作量 \times 预算定额$$

2. 四个评价指标

（1）费用偏差（cost variance，CV）。CV 是指检查期间 BCWP 与 ACWP 之间的差异，计算公式为

$$CV = BCWP - ACWP$$

当 CV<0 时，表示执行效果不佳，即实际消耗人工（或费用）超过预算值，即超支，见图 5-9（a）。

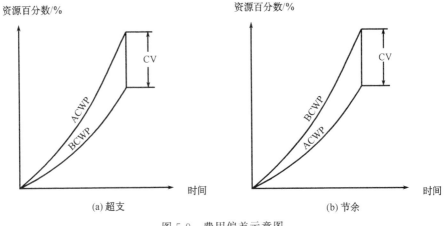

图 5-9　费用偏差示意图

当 CV>0 时，表示实际消耗人工（或费用）低于预算值，即有节余或效率高，见图 5-9 (b)。

当 CV=0 时，表示实际消耗人工（或费用）等于预算值。

（2）进度偏差（schedule variance，SV）。SV 是指检查日期 BCWP 与 BC-WS 之间的差异，其计算公式为

$$SV = BCWP - BCWS$$

当 SV>0 时，表示进度提前，见图 5-10 (a)。

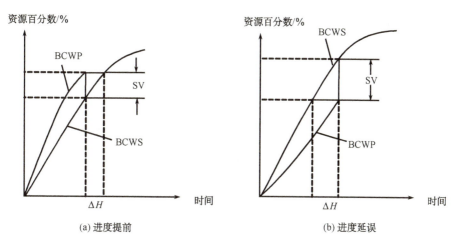

图 5-10　进度偏差示意图

当 SV<0 时，表示进度延误，见图 5-10 (b)。

当 SV=0 时，表示实际进度与计划进度一致。

（3）费用执行指标（cost performed index，CPI）。CPI 是指预算费用与实际费用值之比（或工时值之比），其计算公式为

$$CPI = BCWP/ACWP$$

当 CPI>1 时，表示低于预算，即实际费用低于预算费用。

当 CPI<1 时，表示超出预算，即实际费用高于预算费用。

当 CPI=1 时，表示实际费用与预算费用吻合。

（4）进度执行指标（schedule performed index，SPI）。SPI 是指项目挣得值与计划之比，即

$$SPI = BCWP/BCWS$$

当 SPI>1 时，表示进度提前，即实际进度比计划进度快。

当 SPI<1 时，表示进度延误，即实际进度比计划进度慢。

当 SPI=1 时，表示实际进度等于计划进度。

3. 评价曲线

挣值法评价曲线如图 5-11 所示。图的横坐标表示时间，纵坐标则表示计划完成费用（以实物工程量、工时或金额表示）。图中 BCWS 按 S 形曲线路径不断增加，直至项目结束达到它的最大值。可见 BCWS 是一种 S 形曲线。ACWP 同样是进度的时间参数，随项目推进而不断增加，也是 S 形曲线。利用挣值法评价曲线可进行费用进度评价，如图 5-9 所示。CV＜0，SV＜0，表示项目执行效果不佳，即费用超支，进度延误，应采取相应的补救措施。

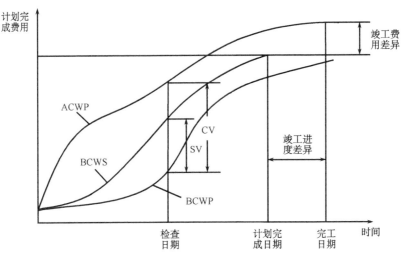

图 5-11　挣值法评价曲线图

4. 预测项目完成时的费用

项目完成费用估计（estimate at completion，EAC）就是在项目目前的完成和实施情况下，估算的最终完成项目所需的总费用。有以下三种情况：

（1）当目前的变化可以反映未来的变化时，EAC＝实际支出＋按照实施情况对剩余预算所作的修改，即

$$EAC = 实际费用 + （总预算成本 - BCWP）\times（ACWP/BCWP）$$

或

$$EAC = 总预算成本 \times（ACWP/BCWP）$$

（2）当过去的执行情况显示了所有的估计假设条件基本失效，或者由于条件的改变原有的假设不再适用的情况下，

$$EAC = 实际支出 + 对未来所有剩余工作的新的估计$$

（3）现在的变化仅是一种特殊情况，项目经理认为本来的实施不会发生类似的变化时，

$$EAC = 实际支出 + 剩余的预算$$

5. 挣值法在工程实践中的应用

某一工程建设项目混凝土工程合同总价款为 800 万元，按照施工方案，计划 10 个月完成。在第 5 个月检查时发现：计划工作的预算成本为 290 万元，实际成本累计为 310 万元，挣值为 280 万元。

(1) 根据挣值法的计算步骤，可以计算出，

费用偏差（CV）：$CV = BCWP - ACWP = 280 - 310 = -30$（万元），$CV < 0$，说明超支，即在执行到第 5 个月时，成本超支 30 万元。

进度偏差（SV）：$SV = BCWP - BCWS = 280 - 290 = -10$（万元），$SV < 0$，说明进度滞后，即在执行到第 5 个月时，进度滞后。

(2) 为了检验结果的准确性，再另求两指标进行判断。

费用执行指标（CPI）：$CPI = BCWP/ACWP = 280/310 = 0.9$，$CPI < 1$，费用超支。

进度执行指标（SPI）：$SPI = BCWP/BCWS = 290/310 = 0.94$，$SPI < 1$，进度滞后。

该指标所判断结果与采用偏差法所得结论一致，综合可得如下结论：该项目执行到第 5 个月时，已经超出了成本，又落后于计划进度，应进行分析找原因。

【例 5-1】 表 5-3、表 5-4、表 5-5 分别给出了包装机项目的每期预算费用、每期累计完成比率及每期实际费用。根据上述三个表计算该项目的每期累计挣得值。假设检查点为第 8 周末，试根据检查结果预测该项目完成的总费用及进度。

表 5-3 包装机项目的每期预算费用

工作名称 \ 预算费用/进度	预算值/千万元	进度/周											
		1	2	3	4	5	6	7	8	9	10	11	12
设 计	24	4	4	8	8								
建 造	60					8	8	12	12	10	10		
安装与调试	16								8	8			
合 计	100	4	4	8	8	8	8	12	12	10	10	8	8
累 计		4	8	16	24	32	40	52	64	74	84	92	100

表 5-4 包装机项目的每期累计完成比率

进度/周	1	2	3	4	5	6	7	8
设 计/%	10	25	80	90	100	100	100	100
建 造/%	0	0	0	5	15	25	40	50
安装与调试/%	0	0	0	0	0	0	0	0

表 5-5 包装机项目的每期实际费用

工作名称	进度/周								总费用/千万元
	1	2	3	4	5	6	7	8	
设　计	2	5	9	5	1				22
建　造				2	8	10	14	12	46
安装与调试									0
合　计	2	5	9	7	9	10	14	12	68
累　计	2	7	16	23	32	42	56	68	68

解：包装机项目的每期累计挣得值计算结果如表 5-6 所示。

表 5-6 包装机项目的每期累计挣得值

工作名称	挣得值/千万元	进度/周							
		1	2	3	4	5	6	7	8
设　计	24	2.4	6	19.2	21.6	24	24	24	24
建　造	30				3	9	15	24	30
安装与调试									
累　计	54	2.4	6	19.2	24.6	33	39	48	54

设检查点为第 8 周，则

$$CV = BCWP - ACWP = 54 - 68 = -14(千万元)$$

$$SV = BCWP - BCWS = 54 - 64 = -10(千万元)$$

$$CPI = BCWP / ACWP = 54/68 = 0.79$$

$$SPI = BCWP / BCWS = 54/64 = 0.84$$

费用预测：预测值＝总预算／CPI＝100/0.79＝126.58（千万元）

进度预测：预计完成时间＝计划完成时间/SPI＝12/0.84＝14.29（周）

图 5-11 给出了工程项目预算费用、实际费用、挣得值三条曲线的比较。在实际执行过程中，最理想的状态是 ACWP、BCWS、BCWP 三条曲线靠得很近，平稳上升，表示项目按预定计划目标前进。如果三条曲线离散度不断增加，则预示可能发生关系到项目成败的重大问题。

经过对比分析，发现某一方面已经出现费用超支，或预计最终将会出现费用超支，则应对其作进一步的原因分析。原因分析是费用责任分析和提出费用控制措施的基础，费用超支的原因是多方面的，有宏观因素、微观因素、内部原因、外部原因，以及其他技术、经济、管理、合同等方面的原因。

通常要压缩已经超支的费用，而不损害其他目标是十分困难的，一般只有当给出的措施比原计划已选定的措施更为有利，或使工程范围减少，或生产效率提高，成本才能降低。

5.4 项目质量控制

项目的质量管理是指围绕项目质量所进行的指挥、协调和控制等活动。进行项目质量管理的目的是确保项目按规定的要求圆满地实现，它包括使项目所有的功能活动能够按照计划的质量及目标要求得以实施。项目的质量管理是一个系统过程，在实施过程中，应创造必要的资源条件，使之与项目质量要求相适应。项目各参与方都必须保证其工作质量，做到工作流程程序化、标准化和规范化，围绕一个共同的目标，开展质量管理工作。

提高项目质量的一个重要途径就是有效进行项目的质量控制。项目质量控制，是通过认真规划，不断进行观测检查，以及采取必要的纠正措施，来鉴定或维持预期的项目质量或工序质量水平的一种系统。质量控制不仅局限在质量本身的范畴，而且包括为保证和提高项目质量的理想水平而进行的一切工作。

5.4.1 项目质量控制的特点

项目不同于一般产品，对于项目的质量控制也不同于一般产品的质量控制，其主要特点有以下几点。

1. 影响质量的因素多

项目的不同阶段、不同环节、不同过程，影响因素不尽相同，它们都给项目的质量控制带来了难度。项目的进行是动态的，影响项目质量的因素也是动态的。项目质量控制的一项重要内容就是加强对影响质量的因素的管理和控制。

2. 易产生质量变异

质量变异就是项目质量参数的不一致性，偶然因素和系统因素是产生这种变异的原因。偶然变异是偶然因素造成的，这种变异对项目质量的影响较小，是经常发生的，是难以避免、难以识别，也难以消除的；系统变异是系统因素所造成的，这类变异对项目质量的影响较大，易识别，通过采取措施可以避免，也可以消除。由于项目的特殊性，在项目进行过程中，易产生这两类变异。

3. 易产生判断错误

由于项目的复杂性、不确定性，造成质量数据的采集、处理和判断的复杂性，这往往会导致对项目的质量状况作出错误判断。在项目质量控制中，经常需要根据质量数据对项目实施的过程或结果进行判断。这就需要在项目的质量控制中，采用更加科学、更加可靠的方法，尽量减少判断错误。

4. 项目一般不能解体或拆卸

项目的质量控制应更加注重项目进展过程，注重对阶段结果的检验和记录。已加工完成的产品可以解体、拆卸，对某些零、部件进行检查，但项目一般做不到这一点。

5. 项目质量受费用和工期的制约

项目质量不是独立存在的，它受费用和工期的制约。在对项目进行质量控制的同时，必须考虑其对费用和工期的影响，同样应考虑费用和工期对质量的制约，使项目的质量、费用、工期都能实现预期目标。

5.4.2 项目质量控制的工具和技术

1. 检查

检查包括为确定结果是否符合要求所采取的诸如测量、检验和测试等活动。检查的目的是确定项目成果是否与计划要求一致。

2. 控制图

控制图是项目过程的结果随时间推移而变化的一种曲线图形。控制图上首先要根据项目的质量管理计划标出控制对象的质量计划基准和计划允许误差的控制上限和控制下限，然后记录各个时间点或样本的项目质量测量结果的实际值，如图 5-12 所示。

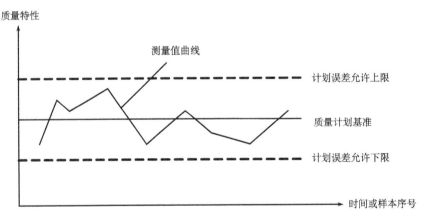

图 5-12　质量控制图（测量统计均值）

当采用分组样本的检测统计量对质量控制对象总体加以分析控制时，可先分析样本组的质量检测参数的均值和标准差。采样可按班组、时间等特征分组，然后依据各组的质量检测参数均值和标准差或极差绘制控制图，如图 5-13 所示。

图 5-13　质量控制图（测量统计极差或标准差）

3．帕累托图

帕累托图也称排列图，是一种按事件发生频率从大到小排列，然后再按累计频率绘制而成的曲线图，该曲线称为帕累托曲线。帕累托图的横轴表示引发质量问题的原因，纵轴表示相应原因导致质量问题出现的次数或百分比（频率）。

绘制帕累托图的步骤如下：

（1）找出所有检测出的质量缺陷并将质量缺陷分类。

（2）针对某一类质量缺陷找出所有原因，可采用因果分析图。

（3）统计各种原因所引发的质量缺陷的数量和频率。

（4）将各类原因按引发质量缺陷的次数和频率从大到小排序，绘制相应的直方图。

（5）在（4）的基础上绘制累计次数或频率曲线，即帕累托曲线，如图 5-14 所示。

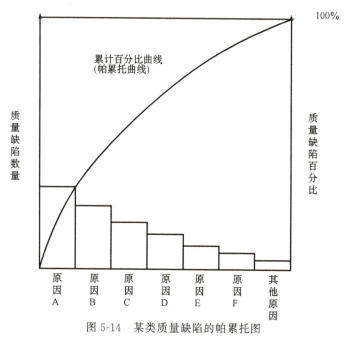

图 5-14　某类质量缺陷的帕累托图

4. 统计抽样

在一个质量控制对象总体中，随机制取若干个个体进行质量检测的方法。

5. 流程图

质量控制中的流程图用于规定项目质量控制的程序和步骤。

6. 趋势分析

在项目质量控制中，常用项目已完成成果的质量检测结果来预测未来成果的质量。

5.4.3 项目质量控制的层次

1. 不同阶段的质量控制

1）项目决策阶段的质量控制

项目决策阶段包括项目的可行性研究和项目决策。项目的可行性研究直接影响项目的决策质量和设计质量。所以，在项目的可行性研究中，应进行方案比较，提出对项目质量的总体要求，使项目的质量要求和标准符合项目所有者的意图，并与项目的其他目标及项目环境相协调。

项目决策是影响项目质量的关键阶段，项目决策的结果应能充分反映项目所有者对质量的要求和意愿；同时应充分考虑项目费用、时间、质量等目标之间的对立统一关系，确定项目应达到的质量目标和水平。

2）项目设计阶段的质量控制

项目设计阶段是影响项目质量的决定性环节，没有高质量的设计就没有高质量的项目。在项目设计过程中，应针对项目特点，根据决策阶段已确定的质量目标和水平，使其具体化。

3）项目实施阶段的质量控制

项目实施阶段的质量是一种符合性质量，即实施阶段所形成的项目质量应符合设计要求。

项目实施阶段是一个从输入转化到输出的系统过程。项目实施阶段的质量控制，也是一个从对投入品的质量控制开始，到对产出品的质量控制为止的系统控制过程，如图 5-15 所示。

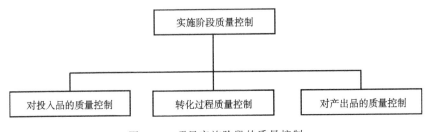

图 5-15　项目实施阶段的质量控制

2. 工序过程控制

工序是构成项目实施过程的基本单元，每一道工序质量的优劣，最终都将会影响项目质量，因此，工序质量是形成项目质量的最基本环节。若项目实施过程中每一道工序的质量都能符合要求，则项目质量就能得到保证，工序质量越好，项目质量所得到的保证程度就越高。

1）工序质量控制概念

工序质量包括两方面内容：一是工序活动条件的质量；二是工序活动效果的质量。就质量控制而言，这两者是互为关联的。一方面要控制工序活动条件的质量，使每道工序投入品的质量符合要求；另一方面应控制工序活动效果的质量，使每道工序所形成的产品（或结果）达到其质量要求或标准。工序质量控制，就是对工序活动条件和活动效果进行质量控制，从而达到对整个项目质量控制的目的。

工序质量控制的原理是，采用数理统计方法，通过对工序样本数据进行统计、分析，判断整个工序质量的稳定性。若工序不稳定，则应采取对策和措施予以纠正，从而实现对工序质量的有效控制。

工序质量控制的基本原则是：

（1）严格遵守工序作业标准或规程。

（2）主动控制工序活动条件的质量。

（3）及时控制工序活动效果的质量。

（4）合理设置工序质量控制点。

2）工序质量控制点的设置

工序质量控制点是指在不同时期工序质量控制的重点。质量控制点的涉及面较广。根据项目的特点，视其重要性、复杂性、精确性、质量标准和要求等，质量控制点可能是材料、操作环节、技术参数、设备、作业顺序、自然条件、项目环境等。质量控制点的设置，主要视其对质量特性影响的程度及危害程度加以确定。

质量控制点的设置是保证项目质量的有力措施，也是进行质量控制的重要手段。在工序质量控制过程中，首先应对工序进行全面分析、比较，以明确质量控制点；然后应分析所设置的质量控制点在工序进行过程中可能出现的质量问题或造成质量隐患的因素，并加以严格控制。

3. 质量因素的控制

影响项目质量的因素主要有四个方面：人、材料与设备、方法和环境。对这四方面因素的控制，是保证项目质量的关键。

1）人的控制

人，是指直接参与项目的组织者、指挥者和操作者。人，作为控制的对象，是要避免产生失误；作为控制的动力，是要充分调动人的积极性，发挥人的主导作用。因此,应提高人的素质,健全岗位责任制,改善劳动条件,公平合理地激励劳动热情;应根据项目特点,从确保质量出发,在人的技术水平、生理要求和人的心理行为等方面控制人的使用。更为重要的是提高人的质量意识,形成人人重视质量的项目环境。

2)材料与设备的控制

对材料的控制主要通过严格检查验收,正确合理地使用,杜绝使用不合格材料等环节来进行控制。设备包括项目使用的机械设备、工具等。对设备的控制,应根据项目的不同特点,合理选择,正确使用、管理和保养。

3)方法控制

项目的实施方案、工艺、组织设计、技术措施等都是方法。对方法的控制,主要通过合理选择、动态管理等环节加以实现。根据项目特点合理选择技术可行、经济合理、有利于保证项目质量、加快项目进度、降低项目费用的实施方法。同时在项目进行过程中正确应用各种方法,并随着条件的变化不断对其进行调整。

4)环境控制

影响项目质量的环境因素较多,有项目技术环境,如地质、水文、气象等;项目管理环境,如质量管理体系、质量管理制度等;劳动环境,如劳动组合、作业场所等。根据项目特点和具体条件,应采取有效措施对影响质量的环境因素进行控制。

5.5 项目变更控制

在项目生命周期中,存在着各种因素不断干扰项目的进行,项目总是处于一个不断变化的环境之中。对于项目管理者来说,关键的问题是能够有效地预测可能发生的变化,以便采取预防措施,以实现项目的目标。但当项目的内外环境变化无法保证项目按计划实施时,或项目需求发生变化时,就要进行项目变更。

5.5.1 项目变更概述

1. 项目变更的定义

项目变更是指项目组织为适应项目运行过程中与项目相关的各种因素的变化,保证项目目标的实现而对项目计划进行部分变更或全部变更。

2. 引起项目变更的因素

1)项目利益相关者引起的变更

项目利益相关者引起的变更是指主要的项目利益相关者,如政府、投资者、顾客、项目组织、项目决策者等由于新的需求或决策,对项目进行变更。

（1）顾客引起的变更。例如，顾客需求变化导致的对项目成果、费用或者进度的变化，或者对于其中之一的要求发生变化而导致其他要素的变化。

（2）项目团队引起的变更。例如，在项目实施过程中，项目团队发现项目设计方案不合理，则提出设计变更建议。

（3）项目经理引发的变更。例如，某位负责为顾客开发自动发票系统的项目经理提出，为了降低项目成本并加快进度，自动发票系统应该采用现成的标准化软件，而不是为顾客专门设计软件。

2）计划不完善引起的变更

计划不完善引起的变更是指在项目计划过程中，忽略了某些环节而引起的变更。例如，在建造房屋时，客户或承约商未将安装下水道列入工作范围，则应进行范围变更。

3）不可预见事件引发的变更

不可预见事件引发的变更是指由于一些不可预测的事件的发生导致项目无法按原有计划实施。例如，地质条件的变化使得原先的设计方案不能满足要求，则需要进行设计变更；暴风雨延缓了项目实施过程，则需进行进度变更，等等。

5.5.2 项目变更控制

1. 项目变更控制的含义

项目变更控制是指为使项目朝着有益的方向发展而采取的各种监控和管理措施。项目经理和项目团队必须对变更进行控制。项目变更可以分为影响项目整体和局部两大类，对于影响项目全局的变更要特别重视。项目控制的很大部分就是控制变更。

2. 项目变更控制的前提

对项目变更进行有效的管理和控制，必须掌握项目工作分解，提供项目实施进展报告，提交变更要求，参考项目计划。

为了对项目变更进行控制，应由项目实施组织、项目管理团队或两者共同建立变更控制系统。变更控制系统由变更控制委员会、人员职责和权限、变更审批程序和制度、变更文件等组成。变更控制系统还应当有处理自动变更的机制。自动变更又称现场变更，是不经实现审查即可批准的变更，多数自动变更是由意外的紧急情况造成的。

变更控制系统可细分为整体、范围、进度、费用和合同变更控制子系统。变更控制系统应当同项目管理信息系统一起通盘考虑，形成整体。

3. 项目变更控制的基本要求

项目变更控制的任务是查明项目内外造成变更的因素，必要时设法消除；查明项目是否已经发生变更，以便在变更实际发生时对其进行管理。各方面的变更控制必须紧密结合起来。

项目变更的基本要求有以下几个方面。

1) 事先设计变更控制机制

在项目早期，项目承约人和客户之间、项目经理和项目团队之间应就有关变更方式、程序等问题进行协商，并形成文件或协议。

2) 谨慎对待变更请求

对任何一方提出的变更请求，其他各方都应谨慎对待。例如，承约方对客户提出的变更请求，在未对这种变更可能会对项目的工期、费用产生何种影响作出判断前，就不能随便同意变更，而应估计变更对项目进度和费用的影响程度，并在变更实施前得到客户的同意。客户同意对项目进度和费用的修改建议后，所有额外的任务、修改后的工期估计、原材料和人力资源费用等均应列入变更计划。

对于一个变更的申请，一般有以下六种可能的结果：

（1）在现有的资源和时间范围允许的情况下采纳。在考虑了变更对于进度的影响之后，项目经理决定，可以采纳变更申请，而且变更也不会影响项目的进度和资源。

（2）可以采纳，但需要延长交付进度。变更的唯一影响是延长交付进度，而不需要额外的资源来满足变更申请。

（3）在现有的可交付进度内可以采纳，但需要额外的资源。采纳这种变更申请，项目经理需要获得额外的资源，但项目能按照现有的进度或变更后进度交付。

（4）可以采纳，但需要额外的资源和延长交付进度。

（5）可以采纳，但需要采取多次发布策略，并排定不同发布时期交付成果的优先次序。在这种情况下，为了采纳变更申请，项目计划将不得不进行重大修改。例如，当变更申请要求增加更多特征时，项目经理就需要同客户一道重新排定这些特征的优先级，并根据确定的优先级，安排不同特征的交付时期。

（6）不能采纳，变更将严重影响项目的进程。此时，有两种解决方案，一种是拒绝变更申请，项目照常进行，而把申请看做另外一个项目；另一种是停止现有的项目，根据申请更新计划，启动一个全新的项目。

3) 制定变更计划并实施变更

变更申请确定后，应根据申请更新项目计划，并采取有效措施加以实施，以确保项目变更达到既定的效果。

（1）明确界定项目变更的目标。项目变更的目的是为了适应项目变化的要求，实现项目预期的目标。这就要求明确项目变更的目标，并围绕该目标制定变更计划，做到有的放矢。

（2）优选变更方案。变更方案的不同影响着项目目标的实现，一个好的变更方案将有利于项目目标的实现，而一个不好的变更方案则会对项目产生不良影响。这就存在着变更方案的优选问题。

（3）做好变更记录。项目变更的控制是一个动态过程，它始于项目的变化，终于项目变更的完成。在这一过程中，拥有充分的信息、掌握第一手资料是作出合理变更的前提条件。这就需要记录整个变更过程，而记录本身就是项目变更控制的重要内容。

（4）及时发布变更信息。项目变更方案一旦确定以后，应及时将变更的信息和方案公布于众，使项目团队成员能够掌握和领会变更方案，以调整自己的工作方案，朝着新的方向去努力。同样，变更方案实施以后，也应通报实施效果。

4. 项目变更控制的三角形分析

所谓的"项目三角形"是指由项目的时间、项目成本预算和项目范围所构成的三角形（图5-16）。大多数项目都会有明确的完成日期、项目预算和项目范围的限制。项目时间、项目预算和项目范围三个要素称为项目成功的三大要素。如果调整了这三个要素中的任何一个，另外两个就会受到影响。虽然这三个要素都很重要，可一般来说会有一个要素对一个项目的影响最大。因此，在使用项目三角

图 5-16　项目三角形

形法控制项目的范围变动时，首先应明确项目的时间、预算和范围三个要素中的哪一个对项目的成功完成最重要。这决定哪个是首先确保的目标，哪个次之，进而决定应该如何去优化项目范围变动方案和行动。

5.6　项目安全控制与现场管理

5.6.1　项目现场管理

项目现场是指从事项目活动的场地，例如，施工项目现场就包括建筑用地和施工用地等。现场管理是指对这些场地进行科学安排，合理使用，并与各种环境保持协调关系。现场管理的目标是规范场容、文明作业、安全有序、整洁卫生、不损害公众利益。

1. 项目现场管理的意义

（1）有效的现场管理有利于项目活动的正常进行。项目现场管理的好坏，涉及人流、物流和财流是否畅通，涉及项目活动是否顺利进行。

（2）项目现场管理直接关系到各项专业活动的技术经济效果。在项目现场，各项专业管理工作按合理分工分头进行而又密切协作，它们相互影响、相互制约，但均以现场为基础。

（3）项目现场管理反映了项目承担者的面貌。通过观察项目现场，项目承担者的精神面貌、管理面貌赫然显现。一个文明的项目现场不仅能提高项目经济效益，而且能赢得良好的社会信誉。

（4）项目现场管理是贯彻执行有关法规的"焦点"。这就要求在施工现场从事施工和管理工作的每个人员，都应具有法制观念，执法、守法、护法。

2. 项目现场管理的原则

1) 基础性管理原则

一般来说，项目的各项目标都要通过加强现场管理才能实现，而要做好现场管理则应做好各项基础工作，包括标准化工作、计量工作、原始记录、业务核算、统计和会计工作等。所以，现场管理属基础性管理。

2) 综合性管理原则

项目现场管理既包括目标性管理，又包括生产要素管理，还有组织协调和现场文明管理等。可见，现场管理是综合性管理。

3) 群众性管理原则

现场管理的综合性强，内容多，因此，必须依靠项目团队中每一位成员的精心工作、自我控制和自身素质的提高。

4) 动态性管理原则

项目现场的各项生产要素要不断进行动态组合，各种条件和环境也在不断变化，因此必须进行动态管理，以不断适应变化了的情况。

3. 项目实施现场管理方法

现场管理的方法有许多，采用何种管理方法可以根据现场活动的具体内容作出选择。

1) 标准化管理方法

标准化管理就是按标准和制度进行现场管理，使管理程序标准化、管理方法标准化、管理效果标准化、场容场貌标准化、考核方法标准化等。为了实现标准化管理，首先应制定各种标准，然后按标准执行，根据标准对执行的结果进行考核和评价。

2) 核算方法

核算方法是指对现场管理的有关内容进行核算，如进行业务核算、统计核算和会计核算等。

3) 检查和考核方法

在现场管理过程中，不断检查管理的实际情况，将实际情况与计划或标准相对比，以找出差距，根据对比的结果对现场管理状况进行评价和考核并改进管理工作。

4. 现场管理措施

现场管理措施是视项目的具体情况所采取的管理办法。就施工项目而言，现场管理措施主要有开展"5S"活动、合理定置和目视管理。

1）"5S"活动

"5S"活动是指对施工现场各生产要素所处状态不断地进行整理、整顿、清扫、清洁和素养。因为这五个词的日语中罗马拼音的第一个字母都是"S"，所以简称为"5S"。"5S"活动是符合项目特点的一种科学的管理方法，是提高现场管理效果的一项有效措施和手段。开展"5S"活动，要特别注意调动项目团队全体人员的积极性，做到自觉管理、自我实施和自我控制。

2）合理定置

合理定置，就是将项目现场所需要的物在空间上合理布置，实现人与物、人与场所、物与场所、物与物之间的最佳配合，使项目现场秩序化、标准化、规范化，以体现文明作业水平。合理定置是改善项目现场环境的一项重要的日常管理工作，贯穿于整个项目进展过程之中。

3）目视管理

目视管理实际上就是用眼睛看的管理，也可称为"看得见的管理"。它利用形象直观、色彩适宜的各种视觉感知信息，组织项目现场活动，达到提高生产效率、保证项目质量、降低成本的目的。

目视管理的基本特征是：以视觉显示为基本手段，便于判断和监督；以公开化为基本原则，尽可能地向所有人员全面提供所需要的信息，形成一个让所有人都自觉参与完成项目目标的管理系统。

目视管理以项目实施现场的人、物及其环境为对象，贯穿于项目实施全过程，存在于项目实施现场管理的各项专业管理之中，并且应覆盖作业者、作业环境和作业手段。其主要内容和形式是：

（1）将项目实施任务和完成情况制成图表，公布于众，使每个项目参与者都知道。

（2）看板、挂板或写后张贴现场的各项管理制度、操作规程、各种标准、现场管理实施细则等。

（3）以清晰的、标准化的视觉显示信息落实定置设计，实现合理定置。

（4）标牌显示现场管理岗位责任人。

（5）形象直观、适用方便的现场作业控制手段。我国建筑业最常用的施工作业控制手段有点、线控制，施工图控制，通知书控制，看板控制，旗语、手势等信息传导信号控制等。

（6）利用各种色彩、安全色、安全标志等进行现场管理。

（7）张榜公布现场管理的各项检查结果。

（8）采用先进、科学的信息显示手段。

5.6.2 项目安全管理的工作内容

项目实施过程中存在着许多对员工健康、安全和环境产生负面影响的因素，项目安全管理的核心内容是确保员工健康，保障实施安全，保护环境生态。其中，控制人的不安全行为和物的不安全状态是安全管理的重点。项目一般通过建立安全管理体系并使之有效运行来完成这些任务。项目安全管理体系主要包括以下五个方面。

1. 承诺与责任

明确承诺并确立安全卫生工作方针和战略目标；建立完善的组织结构，明确职责；制定各项安全卫生规章制度，并鼓励全员参与和认真履行；为安全管理体系的有效运行提供保障。

2. 培训与教育

建立各项培训制度，明确培训与教育工作目标与要求，制定培训计划；加强安全教育，提高员工职业安全意识；有应急培训，并定期进行演练。

3. 规划与计划

明确安全卫生工作具体目标和实施准则；制定安全卫生工作计划，编制操作程序和工作指南；为安全卫生工作计划提供必需的资源，包括安全卫生专业人员、资金和设施等。

4. 危险与控制

明确危险与控制工作目标、要求，制定危险性评估和管理的工作体系与程序；依据等级控制原则，制定危险控制计划，并且措施到位；重视本质安全和源头控制计划，措施到位，并建立事故预案。

5. 检查与审核

明确安全工作质量控制要求和目的，制定各级安全检查制度，建立作业场所检查和监测工作体系；定期检查，及时反馈信息，及时纠正发现的问题，事故的上报、调查与处理按规定进行；定期评审、考核安全管理体系运转的有效性，不断改进提高。

5.7 项目采购与招标

项目采购是一项很复杂的工作。稍有不慎，就可能导致采购工作的拖延、采购预算超支、不能采购到满意或适用的货物或服务，而造成损失，影响项目的顺利完成。

5.7.1 项目采购规划

1. 项目采购规划的内容和依据

1）采购规划的内容

采购工作直接关系到项目的质量、成本和进度。因此，项目各方应尽可能多地掌握所需货物及服务在国内外市场中的供求情况，各承包商、供应商的产品性能规格及其价格等信息，确保用最低价格及时满足符合项目质量要求的物资供应。它要求项目组织、业主、采购代理机构之间的通力合作。采购代理机构尤其应该重视市场调查和信息，必要时还需要聘用咨询家来帮助制定采购规划，提供有关信息，直至参与采购的全过程。

项目采购规划是在考虑了买卖双方之间关系之后，从采购者（买者）的角度来进行的。项目采购规划过程就是识别项目的哪些需要可以通过从项目实施组织外部采购产品和设备来得到满足。

2）项目采购规划的依据

（1）范围说明书。范围说明书说明了项目目前的界限，提供了在采购规划过程中必须考虑的项目要求和策略的重要资料。随着项目的进展，范围说明书可能需要修改或细化，以反映这些界限的所有变化。

（2）产品说明。项目产品（项目最终成果）的说明，提供了有关在采购计划过程中需要考虑的所有技术问题或注意事项的重要材料。

（3）采购活动所需的资源。项目实施组织若没有正式的负责采购单位，则项目管理团队需要自己提供资源和专业知识支持项目的各种采购活动。

（4）市场状况。采购计划过程必须考虑市场上有何种产品可以买到、从何处购买，以及采购的条款和条件是怎样的。

（5）项目费用预算、进度计划和质量计划对项目采购会产生重要影响。

（6）制约条件和基本假设。由于项目采购存在着诸多变化不定的环境因素，项目组织在实施采购过程中，面对变化不定的社会经济环境应作出一些合理推断。

2. 项目采购的技术和工具

项目实施组织对需要采购的产品拥有一定的选择权，通常运用以下技术进行选择。

1）自制或外购分析

平衡点分析法是进行自制或外购选择决策分析的一种常用技术，可以确定某种具体的产品是否可由实施组织低成本生产出来。

自制或外购分析还必须反映项目实施组织的发展前景和项目目前需要的关系。例如，购买一项项目资产（一般为长期资产，如施工设备、个人计算机），从目前成本上看往往不合算。但是，如果项目组织以后还需要使用这项资产，则购买费分期摊入到该项目损益中的部分可能就会小于每期的资产租赁费，那么项目组织应选择购买而不是去租赁设备资产。

【例 5-2】　某项目实施需用甲产品，若自制，单位产品变动成本为 12 元，并需另外增加一台专用设备价值 4000 元；若外购，购买若大于 3000 件，购价为 13 元/件；购买量小于 3000 件时，购买价为 14 元/件。试问：该项目组织应如何根据用量作出甲产品取得方式的决策？

解：采用平衡点分析法。

设：x_1 表示用量小于 3000 件时外购产品平衡点，

x_2 表示用量大于 3000 件时外购产品平衡点，

x_3 表示产品用量，

则

用量小于 3000 件时产品外购成本为 $y = 14x_1$

用量大于 3000 件时外购成本为 $y = 13x_2$

产品自制成本为 $Y = 12x + 4000$

根据上述成本函数可求，

平衡点 x_1：$12x_1 + 4000 = 14x_1$，　$x_1 = 2000$（件）

平衡点 x_2：$12x_2 + 4000 = 13x_2$，　$x_2 = 4000$（件）

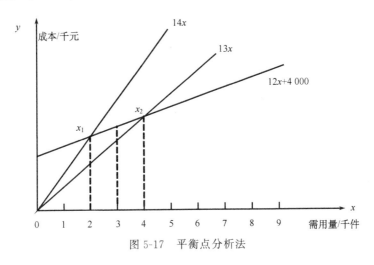

图 5-17　平衡点分析法

由图 5-17 可知：

当用量在 0～2000 件时，外购为宜；

当用量在 2000～3000 件时，自制为宜；

当用量在 3000～4000 件时，外购为宜；

当用量大于 4000 件时，自制为宜。

2）短期租赁或长期租赁分析

决定是短期还是长期租赁，通常取决于财务上的考虑。根据项目对某租赁品的预计使用时间、租金大小来分析短期与长期租赁的成本平衡点。

【例 5-3】　某项目经理部因施工需要某台特殊设备，若短期租赁该设备，租金按天计算，每天 150 元；也可以长期租用，租金每天 90 元，但必须交纳固定手续费 6000 元。试问：应如何选择？

解：设预计租期为 x 天，长短期租赁费用相等，则

$$150x = 6000 + 90x$$

$$x = 100（天）$$

因此，若预计租用设备不超过 100 天，应选择短期租赁，否则应选择长期租赁更经济。

5.7.2 项目采购招投标

项目采购方式包括招标和非招标两种形式。

1. 项目采购招投标概述

1）招标投标的概念与特征

招标投标是由招标人和投标人经过要约、承诺、择优选定，最终形成协议和合同关系的平等主体之间的一种交易方式，是"法人"之间达成有偿、具有约束力的法律行为。

招标投标是商品经济发展到一定阶段的产物，是一种高竞争性的采购方式。它能为采购者带来经济、高质量的工程、货物或服务。因此，在政府及公共领域推行招标投标制，有利于节约国有资金，提高采购质量。

招标投标具有平等性、竞争性、开放性等特征。

2）招标投标活动应遵循的基本原则

招标投标行为是市场经济的产物，并随着市场的发展而发展，必须遵循市场经济活动的基本原则。各国立法及国际惯例普遍规定，招标投标活动必须遵循"公开、公平、公正"和诚实信用的原则。

3）招标投标的一般程序

招标投标活动一般分为四个阶段。

（1）招标准备阶段。此阶段基本分为八个步骤：①具有招标条件的单位填写招标申请书，报有关部门审批；②获准后，组织招标班子和评标委员会；③编制招标文件和标底；④发布招标公告；⑤审定投标单位；⑥发放招标文件；⑦组织招标会议；⑧接受招标文件。

（2）投标准备阶段。根据招标公告或招标单位的邀请，投标单位选择符合本单位能力的项目，向招标单位提交投标意向，并提供资格证明文件和资料；资格预审通过后，组织投标班子，跟踪投标项目，购买招标文件；参加招标会议；编制投标文件，并在规定时间内报送给招标单位。

（3）开标评标阶段。按照招标公告规定的时间、地点，由招投标方派代表并有公证人在场的情况下当众开标；招标方对投标者进行资料后审、询标、评标；投标方做好询标解答准备，接受询标质疑，等待评标决标。

（4）决标签约阶段。评标委员会提出评标意见，报送决定单位确定；依据决标内容向中标单位发出《中标通知书》；中标单位在接到通知书后，在规定的期限内与招标单位签订合同。

2. 项目采购招标

项目采购招标是指招标人（业主）对自愿参加某一特定项目的投标人（承包商）进行审查、评比和选定的过程。

1) 项目采购招标的要素

作为最富竞争力的一种方式，与其他采购方式相比，招标采购至少应具备以下要素：

（1）程序规范。在招标投标活动中，从招标、投标、评标、定标到签订合同，每个环节都有严格的程序、规则。这些程序和规则具有法律约束力，当事人不能随意改变。

（2）编制招标、投标文件。在招标投标活动中，招标人必须编制招标文件，投标人据此编制投标文件参加投标，招标人组织评标委员会对投标文件进行评审和比较，从中选出中标人。因此，是否编制招标、投标文件，是区别招标和其他采购方式的最主要特征之一。

（3）公开性。招标投标的基本原则是"公开、公平、公正"，将采购行为置于透明的环境中防止腐败行为的发生。招标投标活动的各个环节均体现了这一原则。

（4）一次成交。在一般的交易活动中，买卖双方往往要经过多次谈判后才能成交，招标则不同。在投标人递交投标文件后到确定中标人之前，招标人不得与投标人就投标价格等实质性内容进行谈判。即投标人只能一次报价，不能与招标人讨价还价，并以此报价作为签订合同的基础。

2) 项目招标文件

以工程项目为例，建设部 1992 年颁发的《工程建设施工招标投标管理办法》对建设单位和建设项目的招标条件作了明确规定。

（1）建设单位招标应当具备的条件。建设单位招标应当具备的条件包括：①招标单位是法人或依法成立的其他组织；②有与招标工程相应的经济、技术、管理人员；③有组织编制招标文件的能力；④有审查投标单位资质的能力；⑤有组织开标、评标、定标的能力。

上述条件中，前两条是单位资格规定，后三条则是对招标人能力的要求。不具备上述③～⑤项条件的，须委托具有相应资质的招标代理机构办理招标事宜。有关招标代理机构应具备条件在《招标投标法》中有相应规定。

（2）建设项目招标应具备的条件。建设项目招标应具备的条件包括：①概算已经批准；②建设项目已经正式列入国家、部门或地方的年度固定资产投资计划；③建设用地的征用工作已经完成；④有能够满足施工需要的施工图纸及技术资料；⑤建设资金和主要建筑材料、设备的来源已经落实；⑥已经建设项目所在地规划部门批准，施工现场"三通一平"已经完成或一并列入施工招标范围。

上述规定的主要目的在用于促使建设单位严格按基本建设程序办事，确保招标工作的顺利进行。

3）项目招标程序

具备招标条件的项目组织一般应按规定程序开展采购招标工作。图 5-18、图 5-19 及图 5-20 分别是建设工程公开招标和邀请招标的程序框图。

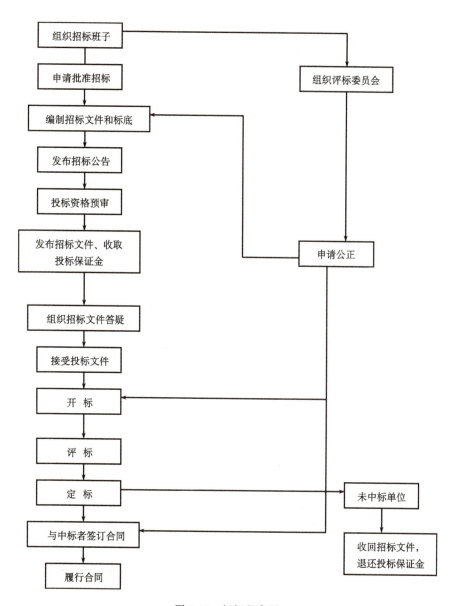

图 5-18　招标程序图

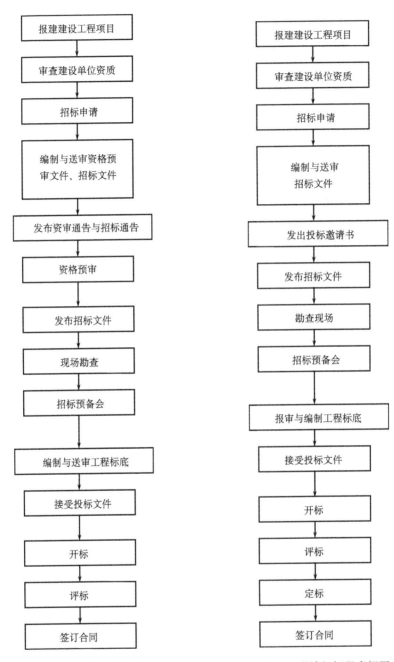

报建建设工程项目	报建建设工程项目
审查建设单位资质	审查建设单位资质
招标申请	招标申请
编制与送审资格预审文件、招标文件	编制与送审招标文件
发布资审通告与招标通告	发出投标邀请书
资格预审	发布招标文件
发布招标文件	勘查现场
现场勘查	招标预备会
招标预备会	报审与编制工程标底
编制与送审工程标底	接受投标文件
接受投标文件	开标
开标	评标
评标	定标
签订合同	签订合同

图 5-19　公开招标程序框图　　　　图 5-20　邀请招标程序框图

4）招标文件的编制

招标文件一般包括以下几部分：

（1）招标邀请书，投标人须知。

（2）合同的通用条款、专用条款。

（3）业主对货物、工程与服务方面的要求一览表格式、技术规格（规范）、图纸。

（4）投标书格式、资格审查需要的报表、工程清单、报价一览表、投标保证金格式及其他补充资料表。

（5）双方签署的协议书格式履约保证金格式，预付款保函格式等。

5）发布招标公告

招标文件编好后，即可根据既定的招标方式，在主要报刊上刊登招标公告或发出投标邀请通知。

招标公告和投标邀请通知的主要内容包括项目采购类目、项目资金来源、招标内容和数量、时间要求、发放招标文件的日期和地点、招标文件的价格、投标地点、投标截止日期（必须具体到年、月、日、时）和开标时间（一般与招标截止日相差 1 小时至 24 小时）、招标单位的地址、电话、邮编、电报挂号。工程项目招标公告格式见表 5-7。

表 5-7　工程项目招标公告样本

招　标　公　告

招标编号：

1. (招标工程项目名称) 工程，已由（项目批准机关名称）批准建设。现决定对该项目的(施工、监理、勘察、设计、设备等) 工程进行公开招标，择优选定承包人。

2. 本次招标工程项目的概况如下：

（1）工程建设地点：_____。

（2）招标工程项目的情况：

房建类：总投资____万元；建筑面积：____平方米；结构类型：____；层数：_____。

市政基础设施及其他类：总投资_____万元；

（3）项目资金来源：_____。

（4）计划开工日期：____年____月____日，计划竣工日期：____年____月____日，工期：____日历天。

（5）工程质量要求达到国家施工验收规范标准。

3. 招标范围：_____。

4. 凡对本工程感兴趣的施工企业均可向招标人提出资格预审申请，只有资格预审合格的投标申请人才能参加投标。

5. 投标申请人必须是具备建设行政主管部门核发的 (资质类别/几) 级及以上资质和具有足够资产及能力来有效地履行合同的企业或自愿组成的联合体（联合体各方均应当具备规定的相应资格条件）。

6. 投标报名：（委托贵阳建设工程交易中心接受投标报名）

（1）现场投标报名时间为_____年_____月_____日_____时_____分至_____年_____月_____日_____时_____分。

（2）网上报名时间为_____年_____月_____日_____时_____分至_____年_____月_____日_____时_____分。

（3）投标人可在投标报名时间内采用网上报名或现场IC卡报名。

现场报名地点：＿＿＿＿＿＿　网上报名网址：＿＿＿＿＿＿＿

（4）现场报名应该提交的资料：

IC卡和法定代表人身份证或法定代表人授权委托书原件及被委托人身份证。

对未办理IC卡的企业按下列要求提交资料办理临时IC卡：营业执照、资质证书、法定代表人证书（均为原件）或法定代表人授权委托书原件和身份证（同时提交上述资料一份加盖公章的复印件）。

7. 报名后投标申请人可从＿＿＿获取资格预审文件，时间为＿＿＿年＿＿＿月＿＿日至＿＿＿年＿＿＿月＿＿日。

8. 资格预审申请书必须经密封后，在＿＿＿年＿＿＿月＿＿＿日＿＿＿时＿＿＿分以前送达（招标人、委托招标的送招标代理机构）。申请书封皮上应清楚地印有"（工程名称或工程标段名称）"字样。迟到的申请书将被拒绝。

9. 招标预计于＿＿＿年＿＿＿月＿＿＿日＿＿＿时前发出资格预审合格通知书。

10. 凡资格预审合格被邀请参加投标的申请人，请按照资格预审合格通知书中通知的时间、地点和方式向招标人或招标代理机构购取招标文件及有关资料。

11. 有关本项目投标的事宜，请与招标人或招标代理机构联系。

12. 其他：

招 标 人：　　　　　　　　招标代理机构：

联系电话：　　　　　　　　联系电话：

联 系 人：　　　　　　　　联 系 人：

公告发布日期：　　　年　　　月　　　日

6）资格预审

资格预审是对申请投标的单位进行事先资质审查。资格预审的主要内容有投标者的法人地位、资产财务状况、人员素质、各类技术力量及技术装备状况、企业信誉和业绩等。

7）现场勘察和文件答疑

（1）现场勘察。业主在招标文件中要注明投标人进行现场勘察的时间和地点，并按照国际惯例，投标人提出的标价一般被认为是审核招标文件后并在现场勘察的基础上编制出来的。投标人应派出适当的负责人员参加现场勘察，并作出详细的记录，作为编制投标书的重要依据。投标人现场勘察的费用将由投标人自行承担。

（2）文件答疑。这是业主给所有投标者的一次质疑机会。投标人应消化招标文件中的各类问题，整理成书面文件，寄往招标单位指定地点要求答复，或在会上要求澄清。会上提出的问题和解答的概要情况，应做好记录，如有必要可以作为招标文件补充部分发给所有投标人。

8）标底的编制

标底又称底价，是招标人对招标项目所需费用的自我测算的期望值，它是评定投标价的合理性、可行性的重要依据，也是衡量招标活动经济效果的依据。标底应具有合理性、公正性、真实性和可行性。

影响标底的因素很多，在编制时要充分考虑投资项目的规模大小、技术难易、市场条件、时间要求、价格差异、质量等级要求等因素。从全局出发,标底的确定应兼顾国家、项目组织和投标单位三者的利益。标底的构成包括三部分,即项目采购成本、投标者合理利润和风险系数。

标底直接关系到招标人的经济利益和投标者的中标率,应在合同签订前严加保密。如有泄密情况,应对责任者严肃处理,直至追究其法律责任。

3. 项目投标

1) 投标人及其条件

投标人是响应招标、参加投标竞争的法人或者其他组织。投标人应具备下列条件:

(1) 投标人应当具备承担招标项目的能力。国家有关规定对投标人资格条件或者招标文件对投标人资格条件有规定的,投标人应当具备规定的资格条件。

(2) 两个以上法人或者其他组织可以组成一个联合体,以一个投标人的身份共同投标。国家有关规定或者招标文件对投标人资格条件有规定的,联合体各方均应当具备规定的相应资格条件。由同一专业的单位组成的联合体,按照资质等级较低的单位组成资质等级。联合体各方应当签订共同投标协议,明确约定各方拟承担的工作和相应的责任,并将共同投标协议连同投标文件一并提交招标人。中标的联合体各方应当共同与招标人签订合同,就中标项目向招标人承担连带责任,但是共同投标协议另有约定的除外。招标人不得强制投标人组成联合体共同投标,不得限制投标人之间的竞争。

(3) 投标人不得相互串通投标报价,不得排挤其他投标人的公平竞争,损害招标人或者他人的合法权益。

(4) 投标人不得以低于合理预算成本的报价竞标,也不得以他人名义投标或者以其他方式弄虚作假,骗取中标。所谓合理预算成本,即按照国家有关成本核算的规定计算的成本。

(5) 投标人根据招标文件载明的项目实际情况,拟在中标后将中标项目的部分非主体、非关键性工作交由他人完成的,应当在投标文件中载明。

2) 投标的组织

进行项目投标,需要有专门的机构和人员对投标的全部活动过程加以组织和管理。实践证明,建立一个强有力的、内行的投标班子是投标获得成功的根本保证。

对于投标人来说,参加投标就会面临一场竞争。不仅比报价的高低,而且比技术、经验、实力和信誉。特别是在当前国际承包市场上,越来越多的是技术密集型工程项目,势必要给投标人带来两方面的挑战:一方面是技术上的挑战,要求投标人具有先进的科学技术,能够完成高、新、尖、难工程;另一方面是管理上的挑战,要求投标人具有现代先进的组织管理水平。

3) 投标程序

投标过程是指从填写资格预审表开始,到正式投标文件送交业主为止所进行的全部工作。图 5-21 是工程项目投标程序图。

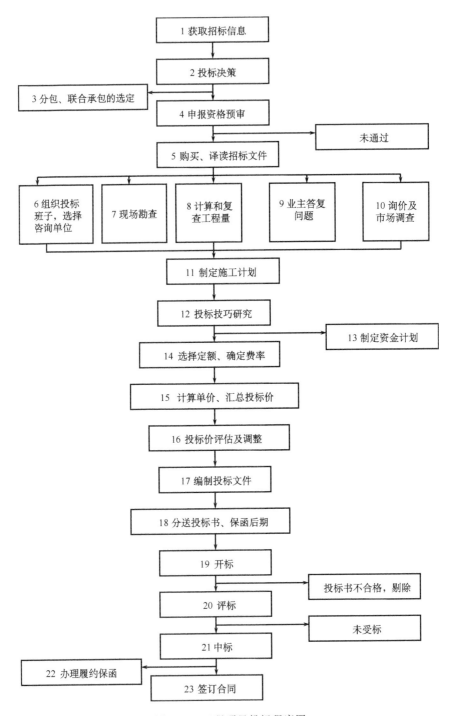

图 5-21　工程项目投标程序图

4）投标文件

（1）投标文件的编制。投标文件是承包商参与投标竞争的重要凭证，是评标、决标和订立合同的依据，是投标人素质的综合反映和投标人能否取得经济效益的重要因素。投标文件应当对招标文件提出的实质性要求和条件作出响应。投标人要到指定的地点购买招标文件，并准备投标文件。在招标文件中，通常包括投标须知、合同的一般条款、合同特殊条款、价格条款、技术规范及附件等。投标人必须严格按照这些要求编写投标文件，不得对招标文件进行修改，不得遗漏或者回避招标文件中的问题，更不能提出附带条件。

（2）投标文件的组成。投标文件一般由下列内容组成：投标书、投标书附录、投标保证金、法定代表人的资格证明书、授权委托书、具有价格的工程量清单与报价表、辅助资料表、资格审查表（有资格预审的可不采用）、按投标须知规定提出的其他资料。

（3）投标有效期。投标有效期一般是指从投标截止日起算至公布中标的一段时间，一般在投标须知的前附表中规定具体时间（如 28 天）。

在原定投标有效期满之前，如因特殊情况，经招标管理机构同意后，招标单位可以向投标单位书面提出延长投标有效期的要求。此时，投标单位须以书面的形式予以答复，对于不同意延长投标有效期的，招标单位不能因此而没收其投标保证金。对于同意延长投标有效期的，不得要求在此期间修改其投标文件，而且应相应延长其投标保证金的有效期，对投标保证金的各种有关规定在延长期内同样有效。

（4）投标保证金。投标保证金是投标文件的一个组成部分，对未能按要求提供投标保证金的投标，招标单位将视为不响应投标而予以拒绝。

投标保证金可以是现金、支票、汇票和在中国注册的银行出具的银行保函。对于银行保函，应按招标文件规定的格式填写，其有效期应不超过招标文件规定的投标有效期。

未中标的投标单位的投标保证金，招标单位应尽快将其退还，一般最迟不得超过投标有效期期满后的 14 天。中标的投标单位的投标保证金，在按要求提交履约保证金并签署合同协议后，予以退还。

对于在投标有效期内撤回其投标文件或中标后未能按规定提交履约保证金或签署协议者将没收其投标保证金。

（5）投标文件的份数和签署。投标文件应明确标明"投标文件正本"和"投标文件副本"份数，按前附表规定份数提交。若投标文件的正本与副本有不一致时，以正本为准。投标文件均应使用不能擦去的墨水打印或书写，由投标单位法定代表人亲自签署并加盖法人公章和法定代表人印鉴。

（6）投标文件的送达和签收。投标单位应将投标文件的正本和副本分别密封在内层包封内，再密封在一个外层包封内，并在内包封上注明"投标文件正本"

或"投标文件副本"。外层和内层包封都应写明招标单位和地址，合同名称、投标编号并注明开标时间以前不得开封。在内层包封上还应写明投标单位的邮政编码、地址和名称，以便投标出现逾期送达时能原封退回。

投标单位应在前附表规定的投标截止日期之前递交投标文件。招标方收到投标文件后，应当签收保存，不得开启；对投标截止日期后收到的投标文件，应要原样退还。

投标单位在递交投标文件后，可以在规定的投标截止时间之前以书面形式向招标单位递交修改或撤回其投标文件的通知，补充、修改内容为投标文件的组成部分。在投标截止时间之后，则不能修改与撤回投标文件，否则，将没收投标保证金。

4. 开标和评标

1）开标

（1）开标应当在招标文件确定的提交投标文件截止的同一时间公开进行；开标地点应当为招标文件中预先确定的地点。

（2）开标应在招标管理机构监督下由招标单位主持，并邀请所有投标单位的法定代表人或者其代理人和评标委员会全体成员参加。

（3）投标文件有下列情形之一的，应当在开标时当场宣布无效：①未加密封或者逾期送达的；②无投标单位及其法定代表人或者其代理人印鉴的；③关键内容不全、字迹辨认不清或者明显不符合投标文件要求的；④无效投标文件，不得进入评标阶段。

2）评标

（1）评标委员会的组成。评标由评标委员会负责，评标委员会由招标单位代表和有关技术、经济等方面的专家组成，成员人数为 5 人以上单数，其中技术、经济等方面的专家不得少于成员总数的 2/3。

（2）评标内容的保密。公开开标后，直到宣布授予中标单位为止，凡关于评标机构对投标文件的审查、澄清、评比和比较的有关资料和授予合同的信息、项目标底情况都不应向投标单位和与该过程无关的人员泄露。在评标和授予合同过程中，投标单位对评标机构的成员施加影响的任何行为，都将导致取消投标资格。

（3）资格审查。对于未进行资格审查的，评标时必须首先按招标文件的要求对投标文件中投标单位填报的资格审查表进行审查，只有资格审查合格的投标单位，其投标文件才能进行评比和比较。

（4）投标文件的澄清。为了有助于对投标文件的审查评比相比较，评标委员会可以个别要求投标单位澄清其投标文件，有关澄清的要求与答复，均须以书面形式进行，在此不涉及投标报价的更改和投标的实质性内容。

（5）投标文件的符合性鉴定。在详细评标前，评标机构将首先审定每份投标文件是否实质上响应了招标文件的要求，即鉴定投标文件与招标文件所规定的要求、条件、条款和规范是否相符，无显著差异或保留等。如果投标文件没有实质上响应招标文件的要求，其投标将被予以拒绝。

（6）评标标准和方法。评标可以采用合理低标价法和综合评议法。所谓合理低标价法，即能够满足招标文件的各项要求，投标价格最低的投标即可作为中选投标。综合评议法又可分最低评标价法和打分法两种。

（7）评标报告。评标结束后，评标委员会应当编制评标报告。

5. 授予合同

1）中标单位确定

招标单位应当依据评标委员会的评标报告，并从其推荐的中标候选人名单中确定中标单位，也可以授权评标委员会直接定标。

招标单位未按照推荐的中标候选人排序确定中标单位的，应当在其招标投标情况的书面报告中说明理由。

2）中标通知书

在评标委员会提交评标报告后，招标单位应当在招标文件规定的时间内完成定标。定标后，招标单位须向中标单位发出《中标通知书》。《中标通知书》的实质内容应当与中标单位投标文件的内容相一致。工程项目《中标通知书》的格式见表 5-8。

表 5-8　《中标通知书》样本

中标通知书

　　(建设单位名称) 的(建设地点) 工程，结构类型为_____，建设规模为_____，

　　经____年____月____日公开招标后，经评标小组评定并报招标管理机构核准，确定_____为中标单位，中标标价人民币____元，中标日期自____年____月____日开工，____年____月____日竣工，工期____天（日历日），工程质量达到国家施工验收规范(优良、合格) 标准。

　　中标单位收到中标通知书后，在____年____月____日时前到(地点)与建设单位签订合同。

建设单位：(盖章)

法定代表人：(签字、盖章)

　　　　　　　____年____月____日

招标单位：(盖章)

法定代表人：(签字、盖章)

　　　　　　　____年____月____日

招标管理机构：(盖章)

审核人：(签字，盖章)

审核日期____年____月____日

3）履约保证

中标单位应按规定提交履约保证，履约保证可由在中国注册的银行出具的银

行保函（保证数额为合同价的 5%），也可由具有独立法人资格的经济实体企业出具履约担保书（保证数额为合同价 10%）。投标单位可以选其中一种，并使用招标文件中提供的履约保证格式。中标后不提供履约保证的投标单位将没收其投标保证金。

4）合同协议书的签署

中标单位按《中标通知书》规定的时间和地点，由投标单位和招标单位的法定代表人按招标文件中提供的合同协议书签署合同。若对合同协议书有进一步的修改或补充，应以"合同协议书谈判附录"形式作为合同的组成部分。

中标单位按文件规定提供履约保证后，招标单位及时将评标结果通知未中标的投标单位。

5.8 项目合同管理

5.8.1 项目合同概述

1. 合同的概念

合同是平等主体的自然人、法人、其他经济组织（包括中国的和外国的）之间建立、变更、终止民事法律关系的协议。

项目合同是指项目业主或其代理人与项目承包人或供应人为完成一确定的项目所指向的目标或规定的内容，明确相互的权利义务关系而达成的协议。

1）项目合同的特点

（1）合同是当事人协商一致的协议，是双方或多方的民事法律行为。

（2）合同的主体是自然人、法人和其他组织等民事主体。

（3）合同的内容是有关设立、变更和终止民事权利义务关系的约定，通过合同条款具体体现出来。

（4）合同须依法成立，只有依法成立的合同对当事人才具有法律约束力。

2）项目合同的构成要素

（1）合同的彼此一致性。项目合同必须建立在一个双方均可接受的提议基础之上。

（2）报酬原则。项目合同要有一个统一的计算和支付价金的方式。

（3）合同规章。只有当承包商依据合同规章进行工作时，他们才会受到合同的约束，并享受合同的保护。

（4）合法的合同目的。合同中必须有一个合法的目的或标的物，它应当不是法律所禁止的。

（5）依据法律确定的合同类型。项目合同要反应双方的权利及义务，这将作用于合同的最终结果，而合同的类型也取决于此。

2. 项目合同的分类

项目合同的类型按不同的分类方法，其种类也不同。

1）按签约各方的关系分类

按签约各方的关系，项目合同可分为：①工程总承包合同；②工程分包合同；③货物购销合同；④转包合同；⑤劳务分包合同；⑥劳务合同；⑦联合承包合同。

2）按合同计价方式分类

（1）固定价或总价合同。该类合同非常明确地固定了项目的总价格。如果该项目各方面并不十分明确，则买主和卖主将会有风险。买主可能收不到希望的项目成果，或者卖主可能要支付额外的费用才能提交该项目成果。固定价合同还可以增加激励措施，以便达到或超过预定的项目目标。

（2）单价合同。付给承包商的报酬按单位服务计算（例如，每小时专业服务500元，每立方挖方15元等），因此该合同的总价值是为完成该项目所需工作量的函数。

（3）成本加酬金合同。这种类型的合同向承包商支付（报销）项目的实际成本和支付约定的酬金。项目实际成本一般分为直接费用（项目直接开支的费用，如项目人员的薪水等）和间接费用（由实施组织分摊到该项目上作为经营费用的费用，如承包商行政人员的工资等）。间接费用在计算时一般都取直接费用的某个百分比。成本加酬金合同经常包括某些激励措施，以便达到或超过某些预定的项目目标。

（4）计量估价合同，计量估价合同以承包上提供的劳务数量清单和单价表为计算价金的依据。

3）按承包范围分类

（1）交钥匙合同。这种合同有时又叫"统包"或"一揽子"合同，它通常由一个承包商承担整个项目的设计和实施，签订一份合同。项目业主只对项目概括地叙述一般情况，提出一般要求，而把项目的可行性研究、勘测、设计、施工、设备采购和安装及竣工后一定时期内的试运行和维护等，全部交给一个承包商。

（2）设计-采购-施工合同。与交钥匙合同类似，只是承包的范围不包括试生产及生产准备。

（3）设计-采购合同。承包商只负责工程项目设计和材料设备的采购，工程施工由业主另行委托。这类合同承包商所负责的工作范围较窄，业主管理工作量大，需负责设计、采购、施工的协调等。

（4）单项合同，如设计合同和施工合同等。设计合同，承包商只承包工程项目设计和实施小部分设计技术服务，而大部分工作由业主统一协调控制；施工合同，承包商只能按图施工，无权修改设计方案，承包范围单一，与项目设计、采购等环节形成众多结合部，难于协调。这种设计、施工、分立式项目合同，需要业主有很强的管理能力，同时也增大了承包商项目管理工作的难度。

3. 项目合同主要内容

合同的内容由合同双方当事人约定。不同种类的合同其内容不一，简繁程度差别很大。签订一个完备周全的合同，是实现合同目的、维护自己合法权益、减少合同争执的基础。项目合同通常包括如下几方面内容：

(1) 合同当事人。合同当事人指签订合同的各方，是合同的权利和义务的主体。

(2) 合同标的。合同标的是当事人双方的权利、义务共指的对象。它可能是实物（如生产资料、生活资料、动产、不动产等）、行为（如工程承包、委托）、服务性工作（如劳务、加工）、智力成果（如专利、商标、专有技术）等。标的是合同必须具备的条款。无标的或标的不明确，合同是不能成立的，也无法履行。

(3) 标的的数量和质量。标的的数量和质量共同定义标的的具体特征。标的的数量一般以度量衡作为计算单位、以数字作为衡量标的的尺度；标的的质量是指质量标准、功能、技术要求、服务条件等。没有标的数量和质量的定义，合同是无法生效和履行的，发生纠纷也不易分清责任。

(4) 合同价款或酬金。合同价款或酬金即取得标的（物品、劳务或服务）的一方向对方支付的代价，作为对方完成合同义务的补偿。合同中应写明价款数量、付款方式和结算程序。

(5) 合同期限、履行地点和方式。合同期限指履行合同的期限，即从合同生效到合同结束的时间。履行地点指合同标的物所在地，如以承包工程为标的的合同，其履行地点是工程计划文件所规定的工程所在地。

由于项目活动都是在一定的时间和空间上进行的，离开具体的时间和空间，项目活动是没有意义的，所以合同中应非常具体地规定合同期限和履行地点。

(6) 违约责任。即合同一方或双方因过失不能履行或不能完全履行合同责任而侵犯了另一方权利时所应负的责任。违约责任是合同的关键条款之一。没有规定违约责任，则合同对双方难以形成法律约束力。难以确保圆满地履行合同，发生争执也难以解决。

(7) 解决争执的方法。这是一般项目合同必须具备的条款。不同类型项目合同按需要还可以增加许多其他内容。

5.8.2　项目合同的订立

合同的签订过程也就是合同的形成过程、合同的协商过程。合同订立应遵循合法原则、协商原则、公平原则、等价交换原则、诚信原则等。

订立合同的具体方式多种多样，有的是通过口头或者书面往来协商谈判，有的是采取拍卖、招标投标等方式。但不管采取何种具体方式，都必然经过两个步骤即要约和承诺。《合同法》规定，"当事人订立合同，采取要约、承诺方式"。

5.8.3　项目合同的履行

项目合同的履行是指合同生效后，当事人双方按照合同约定的标的、数量、质量、价款、履行期限、履行地点和履行方式等完成各自应承担的全部义务的行为。严格履行合同是双方当事人的义务，因此，合同当事人必须共同按计划履行合同，实现合同所要达到的各类预定的目标。

项目合同的履行有实际履行和适当履行两种形式。

1. 实际履行

项目合同的实际履行，即要求按照合同规定的标的来履行。实际履行是我国合同法规的一个基本原则。由于项目合同的标的物大都为指定物，因此不得以支付违约金或赔偿损失来免除一方当事人继续履行合同规定的义务。如果允许合同当事人的一方可用货币代偿合同中规定的义务，那么合同当事人的另一方可能在经济上蒙受更大的损失或无法计算的间接损失。此外，即使当事人一方在经济上的损失得到一部分补偿，但是对于预定的项目目标或任务，甚至国家计划的完成，如果某些涉及国计民生、社会公益项目不能得到实现，实际上会有更大的损失。所以，实际履行的正确含义只能是按照项目合同规定的标的履行。

但在某些情况下，过于强调实际履行，不仅在客观上不可能，而且还会给对方和社会利益造成更大的损失。此时，应当允许用支付违约金和赔偿损失的办法，代替合同的履行。

2. 适当履行

项目合同的适当履行，即当事人按照法律和项目合同规定的标的按质、按量地履行。义务人不得以次充好、以假乱真，否则，权利人有权拒绝接受。所以在签订合同时，必须对标的物的规格、数量、质量作具体规定以便按规定履行义务，权利人按规定验收。

5.8.4　项目合同变更、转让、解除和终止

1. 项目合同变更和转让

1）项目合同变更

合同的变更通常是指由于一定的法律事实而改变合同的内容和标的的法律行为。当事人双方协商一致，就可以变更合同。合同变更应符合合同签订的原则和程序。

2）项目合同转让

债权人可以将合同的权利全部或部分地转让给第三人，但如下情况除外：

（1）根据合同的性质不得转让。

（2）按照当事人的约定不得转让。

（3）按照法律规定不得转让。

（4）合同当事人一方经对方同意，可以将自己的权利和义务转让给第三人。

（5）如果当事人一方发生合并或分立，则应由合并或分立后的当事人承担或分别承担履行合同的义务，并享有相应的权利。

2. 项目合同解除

合同的解除是指消灭既存的合同效力的法律行为。其主要特征是：①合同当事人必须协商一致；②合同当事人应负恢复原状之义务；③其法律后果是消灭原合同的效力。合同解除有两种情况。

1）协议解除

协议解除是指当事人双方通过协议解除原合同规定的权利和义务关系。有时是在订立合同时在合同中约定了解除合同的条件，当解除合同的条件成立时，合同就被解除；有时在履行过程中，双方经协商一致同意解除合同。

2）法定解除

法定解除是合同成立后，没有履行或者没有完全履行以前，当事人一方行使法定解除权而使合同终止。为了防止解除权的滥用，《合同法》规定了十分严格的条件和程序。有下列情形之一的，当事人可以解除合同：

（1）因不可抗力因素致使合同无法履行，或不能实现合同目的。

（2）在履行期满之前，当事人一方明确表示或者以自己的行为表明不履行主要义务。

（3）当事人一方拖延履行主要义务，经催告后在合理期限内仍未履行。

（4）当事人一方迟延履行义务或者有其他违约行为致使不能实现合同目的，致使原签订的合同成为不必要。

（5）法律规定的其他情形。

可见，只有在不履行主要义务、不能实现合同目的，也就是根本违约的情况下，才能依法解除合同。如果只是合同的部分目的不能实现，或者部分违约，如延迟或者部分质量不合格，一方是不能解除合同的，而应当按违约责任来处理，可以要求违约方实际履行、采取补救措施、赔偿损失等。合同的权利和义务终止，并不影响合同中结算和清理条款的效力。

3. 项目合同的终止

当事人双方依照项目合同的规定，履行其全部义务后，合同即行终止。合同签订以后，是不允许随意终止的。根据我国的现行法律和有关司法实践，合同的法律关系可因下列原因而终止：

（1）合同因履行而终止。合同的履行意味着合同规定的义务已经完成，权利已经实现，因而合同的法律关系自行消灭。所以，履行是实现合同、终止合同的法律关系的最基本的方法，也是合同终止的最通常原因。

（2）当事人双方混同为一人而终止。法律上对权利人和义务人合为一人的现象，称为混同。既然发生合同当事人合并为一人的情况，那么原有的合同已无履行的必要，因而自行终止。

（3）合同因不可抗力的原因而终止。合同不是由于当事人的过错而是由于不可抗力的原因致使合同义务不能履行的，应当终止合同。

（4）合同因当事人协商同意而终止。当事人双方通过协议而解除或者免除义务人的义务，也是合同终止的方法之一。

（5）仲裁机构裁决或者法院判决终止合同。

5.8.5 项目合同纠纷的处理

合同纠纷通常具体表现在：当事人双方对合同规定的义务和权利理解不一致，最终导致对合同的履行或不履行的后果和责任的分组产生争议。合同纠纷的解决通常有如下几个途径。

1. 协商

这是一种最常见的，也是应首先采用的解决方法。当事人双方在自愿、互谅的基础上，通过双方谈判达成解决争执的协议。这是解决合同争执的最好方法，具有简单易行、不伤和气的优点。

2. 调解

调解是在第三者（如上级主管部门、合同管理机关等）的参与下，以事实、合同条款和法律为根据，通过对当事人的说服，使合同双方自愿、公平合理地达成解决协议。如果双方经调解后达成协议，由合同双方和调解人共同签订调解协议书。

3. 仲裁

仲裁是仲裁委员会对合同争执所进行的裁决。我国实行一裁终局制，裁决作出后合同当事人就同一争执若再申请仲裁或向人民法院起诉，则不再予以处理。

仲裁作出裁决后，由仲裁机构制作仲裁裁决书。对仲裁机构的仲裁裁决，当事人应当履行。当事人一方在规定的期限内不履行仲裁机构的仲裁裁决，另一方可以申请法院强制执行。

4. 诉讼

诉讼解决是指司法机关和案件当事人在其他诉讼参与人的配合下为解决案件依法定诉讼程序所进行的全部活动。基于所要解决的案件的不同性质，可以分为民事诉讼、刑事诉讼和行政诉讼。而在项目合同中一般只包括广义上的民事诉讼（即民事诉讼和经济诉讼）。

项目合同当事人因合同纠纷而提起的诉讼一般由各级法院的经济审判庭受理并判决。某些据有特殊情况的合同，还必须由专业法院进行审理，如铁路运输法院、水上运输法院、森林法院以及海事法院等。当事人在采取诉讼前，应注意诉讼管辖地和诉讼时效问题。

➤ 复习思考题

1. 时间、费用、质量是项目管理的三大约束，请说明这三大约束与项目目标实现的关系。在项目实施过程中应如何协调三者之间的关系？
2. 简述项目进度监测类型与进度更新的方法。
3. 在项目费用控制过程中，如何利用控制方法和技术？
4. 质量控制的特点有哪些？
5. 现场管理的原则是什么？
6. 简述安全控制的内容。
7. 简述变更控制的基本要求。
8. 项目招投标的程序是什么？
9. 如何进行项目合同纠纷的处置？

➤ 案例分析　校园安防系统建设项目的实施与控制

一、项目概况

1. 项目背景

近年来，随着我国学校规模的不断扩大，校园安全成为社会关注的重要问题。由于校园场地分散、面积大，管理人员少，学生人数众多、生性好动、防御能力低并且防范意识差，校园逐渐成为不法分子实施犯罪的新的场所。如何建立一套行之有效的校园公共安全防范体系已经成为一个备受关注的社会问题。

2. 项目目标

(1) 工期目标：2006 年 2 月 8 日至 2006 年 5 月 15 日。

(2) 质量目标：建立优化合理、功能齐全、操作简单、维护方便、扩展性好、性能稳定、实用可靠、性价比高的安防系统。

(3) 建设目标：能够实现校园电视监控系统、防盗防火及周界报警系统、防盗报警与监控联动系统、电子巡更系统、原有报警系统的升级改造等的系统集成及一体化安全管理。安防系统主要以防范为主，结合日常管理，以加强学校公共安全、维护学校治安秩序为目的，对需要监控、设防的重点场所部位进行实时有效的探测、监视、传输和记录，并具备进行长时间录像功能，提供发生事故的时间、空间的证据。

(4) 项目总投资：300 万元。

3. 项目特点

校园安防项目采用总体设计、全面规划、分步实施的原则，利用数字化、智能化、网络化技术，从现代化安全保卫的需求出发，充分考虑技术的先进性，并考虑未来的技术发展变化。

该项目具有以下特点：①防范区域点多面广；②系统功能多，工程质量标准高。

按照校园安防项目建设组织的特点，业主方是人力资源、物质资源和知识的总集成者，同时又是项目生产过程的总组织者，因此对于一个建设项目，项目管理是管理的核心，而项目招投标管理则是业主项目管理的重点。项目的采购过程实际也是业主的项目管理过程，是一个短期决策分析、科学合理地选定最为满意的投标人的过程。招投标工作分期在工程项目设计前的准备阶段、设计阶段和施工阶段中进行。

二、总体规划

规划能指导工程项目全面开展工作，是内部执行、考核的重要依据，能够避免不必要的资金浪费和工期延长，并有利于领导小组对基建工作管理人员的管理水平和能力作出客观、公正的评价，同时还有利于指导今后工作，也是存档的重要资料。

2005 年 10 月安防项目立项，11 月 20 日确定初步方案，11 月 22 日对系统可行性进行了论证，同时明确了安防要求及采取两阶段招标模式确定承建方。

1. 总体要求

系统应充分体现设计的科学性、布局的合理性、系统的可扩展性，充分利用现有资源，将原防盗报警系统和 110、119 电话报警系统进行升级改造，采用多媒体控制系统，实现校区控制中心之间视频互传。产品应选用国内外知名品牌，保证产品售后服务。系统设计时充分考虑弱电管线内电话、广播干扰，防碱防潮，摄像机逆光影响，报警灯光联动以及与多媒体教室监控系统的接口等。系统设计应遵循：中华人民共和国公安部发布的《安全防范工程程序与要求》（GA/75—94），中华人民共和国技术监督局发布的（GB5198/94）中华人民共和国公共安全行业标准《防盗报警控制器设计规范》（GPT75—94），《安防系统工程验收规范》（GA308—2001），《山东省安全技术防范管理规范》有关规范和标准的要求。

2. 系统要求

安防系统主要以防范为主，结合日常管理，以加强学校公共安全、维护学校治安秩序为目的，对需要监控、设防的重点场所部位进行实时有效的探测、监视、传输和记录，并具备进行长时间录像功能，提供发生事故的时间、空间的证据。

3. 其他要求和措施

为使整个项目更加科学、规范、合理，通过调研确定了以下要求和措施：

（1）承建方招标确定后须根据甲方的要求免费进行方案深化设计。

（2）在系统投入运行前，完成对使用该系统的用户的培训工作；建立完整的客户培训体系，免费为校方提供相关的技术培训和业务培训，并提供相应的培训技术资料；售后服务及时到位。

（3）承建方必须是专业从事安防监控系统开发、系统集成、安防工程的高新技术企业，并有承担学校"安防监控"工程的应用系统的成功经验（需用户证明）；企业注册资金不低于 3000 万元人民币。

（4）必须具有省级安防管理部门颁发的山东省公共安全技术防范工程一级以上施工许可证。

（5）使用产品必须具有其厂家的产品授权证书，产品具有 3C 认证证书。

（6）聘请省、地两级公安机关技术防范办公室专家组成员参与评标。

三、资源协调

由于安防项目具有结构复杂、环节众多、施工周期长和结点分散等特点，所以必须成立一个严格缜密的组织部门来指挥、协调、安排具体的工作，保证项目顺利有序地进行。考虑到项目的实施涉及学校、施工单位、供货公司等多家单位，每家单位涉及的部门很多，在工程实施前，业主建议由项目合作各方共同组建"项目领导小组"，全面负责整个校园安防项目工程的实施工作。

1. 确定领导小组成员

领导小组成员包括资产设备处处长、条件装备科科长、公安处处长、公安处副处长、招标办公室人员、财务处长、审计处长、纪委主任、工会主席、网络中心主任、网络中心副主任和计通学院专家等。

2. 资金确定

协调 300 万元专项经费到位。

3. 团队组建

由条件装备科、公安处、招标办、纪委、审计处、网络中心和财务处等单位抽调专人组建安防项目建设管理团队。

四、采购管理

由于项目对安全性等各方面性能的特殊要求较高的特点，资产设备处组织相关人员对执行过程进行了多次论证，最终确定该项目的招标采购分两阶段执行，以使整个项目的实施方案尽量达到最优。第一阶段：招标选出较优的几套方案；第二阶段：将优选方案整合优化，招标确定承建单位。

1. 项目招标采购的准备

伴随着市场化改革的不断发展，高校建设项目招投标不断向深度和广度发展。高校建设项目推行招投标制度有两个最基本的功用和目的：一是按市场原则实现资源优化配置，这是自然属性；二是以廉政为原则防止腐败，这是其社会属性。

（1）合理的采购形式。采购分多种形式：招标、竞价公示、竞争性谈判采购、询价采购和单一来源采购等。

建设项目的招投标是指项目法人单位依据特定的程序，招请潜在的投标人依据招标文件参与竞争，从中评定出符合全面完成工程建设项目要求的承建单位，并与其达成协议的经济法律活动。经充分论证，本项目采取招标的采购形式。

校园安防系统工程建设项目的招标分成了两个阶段：第一阶段主要采用公开招标方式；第二阶段招标以商务投标报价为主，招标以邀请招标方式进行。

为了有效地控制采购过程，领导小组主要从组织、技术、经济和合同等多方面采取措施，包括明确组织结构，明确任务，将整个项目的投资目标分解成各个单体目标，责任到人，对产生投资偏差的项目，立刻查找原因。在技术上采取措施，严格审查初步设计、技术设计、施工图设计和施工组织设计，深入技术领域研究节约投资的可能性；从经济上采取措施，严格审核各项费用支出，为了更好地控制各项支出，聘请了审计人员，进行全过程跟踪审计。

（2）成立招投标组织。成立了以招标办牵头，资产设备处、公安处、网络中心、工会、纪委、审计和财务等多部门组成的招投标组织，聘请省、地两级公安机关技术防范办公室专家组成员参加评标。

（3）明确科学的招投标流程。

2. 项目招标

编制招标文件，明确规定建设单位应承担的质量责任；在工程管理中领导小组要求根据工程特点，严格按有关规定选择相应等级的勘察、设计、施工单位；所供材料的质量必须保证；明确质量责任，并真实、准确、齐全地提供与建设工程有关的原始资料。

第一阶段招标文件由资产设备处根据使用单位（公安处）具体要求编制，按校园安防系统工程建设要求，校招标办组织了校园安防系统建设的招标，按计划在第一阶段招标确定三家公司的方案并优化后，进行以商务投标报价为主的第二阶段招标。第二阶段由校资产设备处会同使用单位、网络中心对三家方案进行了优化，并报学校批准确定了建设方案。由校资产设备处就选定的主要设备（摄像机等）直接与设备供应（生产）厂家协商，争取到了最优惠的特别代理价，同时与供货方签订了质量保证、监控协议，以保证所有投标厂家提供性价比最好的硬件设备；与网通公司协商利用已有的通信地下管道、网络布线等资源，并将管网部分从安防工程中切出由网通公司单独承建，减少安防工程承包方熟悉地下管网、协调校地关系所需的费用，从而将学校安防工程总费用降到最低。

按第一阶段招标文件明确的条款，结合第一阶段招标、投标情况，2006年3月中旬确定了第二阶段招标方案，以邀请招标方式为主，同时开始招标。

招标以邀请招标方式进行，即主要邀请报名参加第一阶段投标的商家参加，但不拒绝购买标书未参加第一阶段投标与其他具有该工程建设资质与能力的承包商或代理商直接参加第二阶段招标者报名投标，后者参加投标均须按第一阶段招标的要求交纳投标保证金（购买招标文件），开标时接受资格审查。

校园安防系统工程建设项目采用校园网和纸质公告栏相结合的招标公告发布方式，在不同阶段发布不同招标文件。

3. 项目的评标及决标

在所有合格投标文件开标、唱标后，由评标委员会开始评标。根据标准，最终确定中标公司承建项目。

4. 签订合同及付款

经多次沟通与修改，最终于2006年4月18日签订合同。合同分设备和施工两部分，设备单价是确定的，总价由相关单位清点数量后确定，施工总价按投标方报价基本确定，最终支付费用根据施工实际情况由审计处出具报告确定。合同签订后设备处、公安处、中标单位制定预算报告交审计处。并希望总价上下浮动资金不可超过投标价10%。

五、对施工方的管理

1. 项目进度管理

建设项目进度管理的最终目的是确保建设项目按预定时间或提前交付使用，建设项目进度控制的总目标是建设工期。

影响项目进度的因素很多，包括人为、勘察设计、施工技术、自然环境、社会环境、组织管理、材料设备和资金因素。其中，人为因素是最大的干扰因素。从产生的根源来看，分别来自业主、政府、建设主管部门，以及勘察设计、施工与材料供应单位等。

在项目管理实践中，要将人为干扰因素降到最低，应注意两个问题：

（1）加强沟通。多沟通让每个参与工程项目的单位和个人都能理解各自的工作意图。

（2）走一步看两步，长计划短安排。做任何工作的同时都要考虑好下面的工作，要用自己的经验和知识去合理预见可能会发生的问题，并采取有效措施。

进度管理必须根据实际工程变更的具体情况来确定，采取的主要措施包括组织、经济、技术和合同方面的措施。

领导小组征求了使用单位的意见，经反复研究，认为项目进度可变更（延期完成），同意了承建方的申请，并签订了变更合同：工期延长 30 天（至 2006 年 8 月 14 日完工）。

2. 验收管理

2006 年 8 月 15 日承建方完工提出验收要求，形成整个项目的工程预决算 2 795 529 元，其中设备部分总计 2 546 357 元，管材及施工部分总计 249 172 元。

2006 年 11 月 30 日，经三个月的试运行，对系统的功能情况作了肯定，经清点，设备部分因变更与原标书中设备差价为 −1463 元，2006 年 12 月 5 日经审计处审计，管材及施工部分决算额 249 172 元，总造价 2 794 066 元。工程总预算 3 000 000 元，节余 205 934 元。

思考题：

1. 该项目通过哪些措施确保了项目实施？

2. 该项目的成功对项目管理者有何启示？

（注：本案例参考"浅谈校园安防系统建设项目监管"一文，董晓芳，《项目管理技术》，2008 年第 10 期）

第 **6** 章

项目结束与后评价

内容提要

在本章中，您将学习到以下主要内容：

1. 了解项目结束阶段的主要工作；

2. 理解项目正常结束和非正常终止的区别；

3. 了解项目验收的概念、作用和分类；

4. 掌握项目验收的基本方法；

5. 熟悉项目验收的一般程序；

6. 熟悉项目质量验收和文件验收的主要内容、方法和结果形式；

7. 了解项目决算的概念、内容和结果；

8. 了解项目审计的意义，掌握项目竣工审计的主要内容；

9. 熟悉项目交接的程序和内容；

10. 熟悉项目清算的程序；

11. 理解项目后评价和项目论证的主要区别；

12. 熟悉项目后评价的主要内容；

13. 知道编制项目后评价报告的一般体例；

14. 通过案例，清楚项目后评价的一般流程。

6.1 项目结束概述

6.1.1 项目结束概述

任何一个项目均是有生命周期的，要经过启动、计划、实施、控制和结束五个基本过程，当某项目的规划目标已经实现，或者能够清晰地判断该项目规划目标无法实现时，则该项目就应该适时终止，项目便进入结束阶段。项目的结束阶段一般是项目生命周期的最后一个阶段。这一阶段的主要任务是，对项目结束过程进行有效管理，完成相应的移交与验收、决算与审计、清算与后评价等工作，总结分析项目的经验教训，为今后的项目管理工作提供有益的经验和总结具有普遍意义的管理规律。

当某一项目出现下列情形之时，就应适时终止，使项目进入结束阶段：

（1）项目的目标已经成功地实现，项目的结果（产品或服务）已经可以交付给了项目投资人或转移给其他第三方。

（2）项目严重地偏离了其进度、成本或性能目标，而且即使采取措施也无法实现预定的目标。

（3）项目投资人的战略发生了改变，该项目必须舍弃。

（4）项目无法继续获得足够的资源以保证项目持续。

（5）项目的外部环境发生剧烈变化，使项目失去了继续下去的意义或根本无法持续下去。

（6）项目因为政策、法律或一些无法控制的因素而被迫无限期地延长。

（7）项目的关键成员成为不受欢迎的人，而又无法找到替代者。

（8）项目目标已无望实现，项目工作开始放慢或已经停止。

可见，项目的最后执行结果只有两个状态：成功与失败。相应地，项目进入结束阶段后，能够采用两种方式来结束项目：正常结束和非正常终止。在项目进入正常结束阶段时，应对项目进行项目竣工验收和后评价，实现项目的移交和清算。当采用非正常终止方式对项目进行收尾时，要综合考虑影响终止项目的决定因素，制定并执行项目终止决策，处理好终止后的事务。

6.1.2　正常结束（竣工）

当项目的预定目标已经实现，该项目就取得了成功。项目成功是指项目已经达到了其费用、进度和性能目标并融入投资人、业主或项目所有者的组织中，促进其组织的发展。一个成功的项目意味着组织成功地定位了自己的未来，设计和实施了一个具体的战略。

项目在工程实施完成后，进入项目收尾阶段——总结和后评价阶段。项目后评价的实施是以项目建设实施过程中的监测、监督资料和施工管理信息为基础，分自我评价和独立评价两个步骤来完成的。

6.1.3　非正常终止（下马）

当项目可能因为政治原因、经济原因、管理原因等，没有办法维持一个项目，或项目目标不可能实现时，此时高层管理人员应考虑终止项目的执行，避免进一步的损失。例如，国际金融危机使得许多国家大量的在建项目由于资金被抽回而被迫停止。项目失败意味着项目没有达到其成本、进度和技术性能目标，或者它不能适合组织的未来。因此，失败是一个相对的因素。

由于不可预见的因素而导致失败的项目并非是真正的失败项目，由于环境变化、组织变化、目标变化而失败的项目也非真正的失败项目，虽然这些理由并不能使项目投资人、业主或项目所有者信服，获得项目的款项。因为从某种意义上来说，这些因素是人力不可控制的。只有那些因为管理问题、决策问题而导致预算超支、进度推迟、资源严重浪费的项目才是失败的项目。

不同的项目有不同的经验教训和启示。对那些失败的项目，研究错误出现在哪里，为什么项目的目标不能实现，从中可以得到许多有益的启示。

对项目终止问题的探讨，需要考虑决定项目终止的因素有哪些，如何作出项目终止决策，以及决策制定后，如何来执行决策和处理终止后的行动等。

6.2 项目验收

6.2.1 项目验收概述

1. 项目验收的概念

项目验收是指项目结束或项目阶段性结束时，项目承包单位将其成果交付给使用者之前，项目接受方会同项目承包方、项目监理等有关方面对项目的工作成果进行审查，查核项目计划规定范围内的各项工作或活动是否已经完成，应交付的成果是否令人满意。若验收合格，将项目成果交付给项目接受方，实现投资转入生产、使用和运营。同时，总结经验教训，为后续项目作准备。

对非正常终止的项目，通过验收查明哪些工作已经完成、完成到什么程度、哪些原因造成项目不能正常结束，并将核查结果记录在案，形成文件以供决策。

2. 项目验收的作用

当项目结束时，及时地对项目进行验收，对项目参与各方均有重要的作用，主要表现在：

（1）项目验收是项目结束（或阶段性结束）的标志。任何项目不通过验收，项目就无法移交，业主就不能正式地使用项目，就不能达到项目建设或投资的目的，也不能获得其预期的收益（或效用）。对某些时效性非常强的产品和服务，很可能由于验收的延误而造成项目成果的失效，失去项目存在的意义。

（2）项目验收是项目参与各方获得应得利益的前提。若项目顺利地通过验收，项目的当事人就可以终止各自的义务和责任，从而获得相应的权益。同时，也意味着项目团队的全部或部分任务的完成，项目团队可以总结经验，接受新的项目任务；项目成员可以回到各自原来的工作岗位或安排合适的工作。

（3）项目验收是提高项目质量的手段。项目的竣工验收，是保证合同任务完成，提高质量水平的最后关口。通过竣工验收，全面考查工程质量，保证交工项目符合设计标准、规范等规定的质量标准要求，并能及时发现和解决一些影响正常生产使用的问题，确保项目能按设计要求的技术、经济指标正常地投入生产并交付使用。

（4）项目验收是促进项目尽快投入运营的基础。对于基本建设项目和投资项目，通过竣工验收，促进项目及时投入生产和交付使用，将投资及时转入固定资产，发挥投资效益。避免项目由于延期不能投入使用而造成的资金和时间价值的损失。通过项目竣工验收，整理档案资料，可为项目投产后的经营管理、生产技术和固定资产的保养、维修提供全面系统的技术经济文件、资料和图样。

3. 项目验收的分类

1）按验收时项目所处的时点划分

按验收时项目所处的时点，可分为前期验收、过程验收和竣工验收。

（1）前期验收，是指项目团队依据项目目标、项目范围、项目资源等编制出项目进度计划、项目质量标准、成本预算等项目目标文件后，项目业主针对目标文件进行论证验收，签订具有法律效力的合同，以此作为项目启动的依据和项目完成的评价标准。

（2）过程验收，是在项目实施过程中，由业主、项目团队、监理部门等根据项目进度计划对项目进行适时跟踪检查，以保证在规定时间内，按预算成本达到项目目标。尤其对在实施过程中遇到困难、有较大变动的项目，对其进行过程验收，可以使各方当事人进一步了解项目情况，以保证项目顺利完成。

进行过程验收是工程建设项目管理的国际惯例，我国在投资项目建设中，也特别强调过程验收的必要性。随着我国经济与世界经济的融合，项目建设与国际惯例接轨，过程验收更显重要。

（3）竣工验收，是指项目基本完成，在项目成功正式交付使用前，由项目业主会同项目团队、项目监理等有关方面对项目的工作成果进行审查和接收，是项目质量检查的最后关口，也是对项目的总体验收。本章节所指的验收主要指竣工验收。

2）按项目验收的范围划分

按项目验收的范围分类，可分为部分验收和全部验收。

（1）部分验收，亦称单项工程验收，是指项目取得阶段性成果后，项目接收方或其委托人对阶段性成果进行检验，如果成果合格，可提前投入使用，获得一定的效益。对那些能够明显分出阶段性成果的项目进行部分验收，可充分有效地利用资源。通过部分验收还可为后续的全部验收奠定基础，做好准备。

对工程建设项目，部分验收多数为单项工程验收。指投资项目全部验收前，承包商完成其承建的单项工程施工任务以后向建设单位（或业主）交工，接受建设单位验收的过程。这个过程的程序是，建设项目的某个单项工程已按设计要求完成，能满足生产要求或具备使用条件，施工单位就可以向建设单位发出交工通知。在发出通知的同时，施工单位按照国家规定，整理好文件、技术资料等，作为验收依据交给建设单位。建设单位接到施工单位交工通知后，在做好验收准备的基础上，组织施工、设计及使用等有关单位共同进行交工验收。验收中，对设备应按试车规程进行单体试车、无负荷联动试车和负荷联动试车。验收合格的，建设单位与施工单位应签订《交工验收证书》。

（2）全部验收，亦称整体验收，指项目全部完成后，对取得的成果进行全面、综合的考核，以便为项目的终结作出合理的结论。所有的项目都必须有全部验收的过程。对于大型综合项目，可通过综合各个子项目的部分验收，来完成全部验收；对于小型项目，可不必进行部分验收，而仅进行全部验收。

建设项目的全部验收，又称整体工程验收或动用验收，简称竣工验收。指建设单位（项目业主）在建设项目按批准的设计文件规定的内容全部建成后，向国家交工、接受验收的过程。

3）按项目的性质划分

按项目的性质分类，可分为投资建设项目验收、生产性项目验收、R&D项目验收、系统开发项目验收和服务项目验收等。

（1）投资建设项目验收，主要从工程质量是否达到要求，工程图样、资料是否齐全，工期是否得到保证，成本控制等方面进行验收。

（2）生产性项目验收，主要考核项目交工使用后生产能力能否达到设计要求、产品质量是否能得到保证等。

（3）R&D项目的验收，重点检验项目成果是否达到预期的性能指标，如果项目失败，则应分析失败的原因。由于R&D项目本身风险较大，所以相对性能指标而言，项目工期和成本处于验收的次要位置。

（4）系统开发项目，主要验收项目运行是否稳定，项目能否达到项目投资人、业主或项目所有人要求的功能，项目说明书是否清楚、全面等。

（5）服务性项目，由于涉及面比较广，因而主要依项目合同要求进行检查验收。

4）按项目验收的内容划分

按项目验收的内容，主要分为质量验收和文件验收。

质量验收和文件验收，是一般项目验收的两大部分，也是比较全面、准确地把握项目验收的基础。关于质量验收和文件验收将在下面详尽介绍。

6.2.2 项目验收的范围及方法

1. 项目验收范围

项目验收范围是指项目验收中要验收的内容和方面，即在项目验收时，需要对哪些子项进行验收和对项目的哪些方面、哪些内容进行验收。

项目验收范围的确认是指对需要验收的内容进行科学、合理的界定,以保障项目各方的权益和明确各方的责任。要确认项目验收范围,不仅要明确项目的起点和终点,还要明确项目的最终成果以及标志这些成果的各个子项。

从项目层次来看,原则上一切完整的项目子项或单元都应列入项目验收的范围,只是根据项目业主方不同、项目性质不同,其验收的形式也可能不同。但所有列入固定资产投资计划的建设项目或单项工程,只要已按国家批准的设计文件所规定的内容建成;或工业投资项目经负荷试车考核,试生产期间能够正常生产出合格产品;或非工业投资项目符合设计要求,能够正常使用的,不论是属于哪种建设性质,都应及时组织验收,办理固定资产移交。

从项目验收的内容划分,项目验收范围通常包括工程质量验收和文件资料验收。

项目验收范围确认主要依据项目合同、项目成果文档和工作成果等。

2. 项目验收的方法

项目验收根据项目的特点不同,而灵活采用不同的方法,在实际验收中采用观测、试运行、抽样统计分析等方法非常普遍。对于生产性项目,可采用试生产的方法,检验生产设备或试制件是否能达到设计要求;对于系统开发项目,可采用试运行方式检验项目成果的性能;对于 R&D 项目,可通过测试成果的各项物理、化学、生化等性能指标来检验;对于服务性项目,一般通过考核其经济效益或社会效益来验收。为了核实项目或项目阶段是否已按规定完成,往往验收需要进行必要的测量、考查和试验等活动。

3. 项目验收的结果

项目验收完毕后,如果验收合格,项目参与各方应签署项目验收鉴定书。

如果验收的成果符合项目目标规定的标准和相关的合同条款及法律法规,参加验收的项目团队和项目接收方人员应在事先准备好的验收鉴定书上签字,表示接收方已正式认可并验收全部或部分阶段性成果。一般情况下,这种认可和验收可以附有条件,如软件开发项目在移交和验收时,可规定若在使用中发现软件有问题,软件使用者仍可以要求该软件项目开发人员协助解决。

对于投资建设项目,项目验收合格要签署竣工验收鉴定书。竣工验收鉴定书,是表示建设项目已经竣工,并交付使用的重要文件,它是全部固定资产交付使用和建设项目正式动用的依据,也是承包商对建设项目消除法律责任的证件。竣工验收鉴定书,一般应包括工程名称、地点、验收委员会成员、工程总说明、工程据以修建的设计文件、竣工工程是否与设计相符合、全部工程质量鉴定、总的预算造价和实际造价、结论以及验收委员会对工程动用时的意见和要求等主要内容。同时,竣工验收鉴定书应附有下列文件:

(1) 验收委员会进行检查性试验的记录。

（2）验收委员会认为可以允许的建筑安装工程和设备偏差一览表。

（3）建筑安装工程质量评定表。

（4）动用的固定资产一览表等。

验收委员会在进行正式全部验收工作后，有关负责人须在竣工验收鉴定书中签署姓名和意见。竣工验收鉴定书如表6-1所示。

表6-1　竣工验收鉴定书

工程名称			工程地点	
工程范围			建筑面积	
工程造价				
开工日期			竣工日期	
日历工作天			实际工作天	
验收意见				
建设单位				
验收人				
建设单位	（公章） 年　月　日	监理单位	（公章） 年　月　日	施工单位	工程负责人：　（公章） 公司负责人：　（公章） 年　月　日

6.2.3　项目验收的标准及依据

1. 项目验收的一般标准

项目验收标准是判断项目成果是否达到目标要求的依据，因而应具有科学性和权威性。只有制定科学的标准，才能有效地验收项目结果。作为项目验收的标准，一般选用项目合同书、国家标准、行业标准、相关的政策法规、国际惯例等。

项目合同书规定了在项目实施过程中各项工作应遵守的标准、项目要达到的目标、项目成果的形式以及对项目成果的要求等，它是项目实施管理、跟踪与控制的首要依据，具有法律效力。因而在对项目进行验收时，最基本的标准就是项目合同书。

国家标准、行业标准和相关的政策法规，是比较科学的、被普遍接受的标准。项目验收时，如无特殊的规定，可参照国家标准、行业标准以及相关的政策法规进行验收。

国际惯例是针对一些常识性的内容而言的，如无特殊说明，可参照国际惯例进行验收。

2. 投资建设项目竣工验收的一般标准

进行投资建设项目验收时，由于建设项目所在行业不同，验收标准也不完全相同，一般情况下必须符合以下要求方可认为符合标准：

（1）生产性项目和辅助性公用设施，已按设计要求完成，能满足生产使用。

（2）主要工艺设备配套设施经联动负荷试车合格，形成生产能力，能够生产出设计文件所规定的产品。

（3）必要的生活设施，已按设计要求及规定的质量标准建成。

（4）生产准备工作能适应投产的需要。

（5）环境保护设施、劳动安全卫生设施、消防设施已按设计要求与主体工程同时建成使用。

有的投资建设项目（工程）基本符合竣工验收标准，只是零星土建工程和少数非主要设备未按设计规定的内容全部建成，但不影响正常生产，亦应办理竣工验收手续。对剩余工程，应按设计留足投资，限期完成。

若投资建设项目或单项工程已形成部分生产能力，或部分工程已经投入生产中使用，近期不能按原设计规模续建的，应从实际情况出发缩小规模，报主管部门（公司）批准后，对已完成的工程和设备，应尽快组织验收，移交固定资产。

国外引进设备项目，须按照合同规定，在完成负荷调试、设备考核合格后，进行竣工验收。其他类型项目在验收前是否需要安排试生产阶段，可按照各个行业的规定执行。

按照我国有关规定，已具备竣工验收条件的项目（工程），在规定的期限内不办理验收投产和移交固定资产手续的，取消企业和主管部门（或地方）的基建试验收入分成，由银行监督全部上缴财政。如在规定期限内办理竣工验收确有困难，经验收主管部门批准，可以适当延长期限。

3．生产性投资项目土建、安装、管道等工程的验收标准

生产性投资项目，如工业项目、一般土建工程、安装工程、人防工程、管道工程、通信工程等，其施工和竣工验收，必须按国家批准的《中华人民共和国国家标准××工程施工及验收规范》和主管部门批准的《中华人民共和国行业标准××工程施工及验收规范》执行。

4．项目验收的依据

在对项目进行验收时，主要依据项目的工作成果和成果文档。工作成果是项目实施后的结果，项目结束应当提供出一个令人满意的工作成果。因此，项目验收重点是针对工作成果进行检验和接收。工作成果验收合格，项目实施才可能最终完成。同时在进行项目验收时，项目团队必须向接收方出示说明项目（或项目阶段）成果的文档，如项目计划、技术要求说明书、技术文件、图样等，以供审查。对不同类型的项目，成果文档包含的文件不同。

6.2.4 项目验收的组织和程序

1．项目验收的组织及其职责

项目验收的组织是指对项目成果进行验收的组成人员及其组织。一般由项目

接收方、项目团队和项目监理人员构成。但由于项目性质的不同,项目验收的组织构成差异较大,如对一般小型服务性项目,只由项目接收人员验收即可;甚至对内部项目,仅由项目经理就可验收。

关于投资建设项目的竣工验收组织,应按国家发展和改革委员会、原建设部关于《建设项目(工程)竣工验收办法》的规定组成。大中型和限额以上基本建设和技术改造项目(工程),由国家发展和改革委员会或由国家发展和改革委员会委托项目主管部门、地方政府部门组织验收。小型和限额以下基本建设和技术改造项目(工程),由项目(工程)主管部门或地方政府部门组织验收。竣工验收要根据工程规模大小、复杂程度组成验收委员会或验收组。验收委员会或验收组,应由投资方、银行、环保、劳动、消防及其他有关部门的人员组成。接管单位、施工单位、勘察设计单位应参加验收工作。

验收委员会或验收组的主要职责是:

(1) 审查预验收情况报告和移交生产准备情况报告。

(2) 审查各种技术资料,如项目可行性研究报告、设计文件、概(预)算,有关项目建设的重要会议记录,以及各种合同、协议、工程技术经济档案等。

(3) 对项目主要生产设备和公用设施进行复验和技术鉴定,审查试车规格,检查试车准备工作,监督检查生产系统的全部带负荷运转,评定工程质量。

(4) 处理交接验收过程中出现的有关问题。

(5) 核定移交工程清单,签订交工验收证书。

(6) 提交竣工验收工作的总结报告和国家验收鉴定书。

2. 项目验收的程序

根据项目的大小、性质、特点的不同,项目验收程序也不尽相同。对大型建设项目而言,由于验收环节较多、内容繁杂,因而验收的程序也相对复杂。对一般程序设计、软件开发或咨询等小项目,验收也相对简单一些。但项目验收一般应由以下过程组成。

1) 前期准备工作

(1) 做好项目的收尾工作。当项目接近尾声时,大量复杂的工作已经完成,但还有部分分散的、零星的工作需要耐心细致地处理。这些工作看似较轻,但如果处理不好,将直接影响项目的进行。同时,临近项目结束,项目团队成员通常有松懈心理。这就要求项目负责人把握全局,正确处理好团队成员的工作情绪,保质保量地将收尾工作做好,做到项目的善始善终。

(2) 准备项目验收材料。项目验收的重要依据之一是项目的成果材料。项目团队在项目全过程中,应时刻做好各种项目文件的收集工作,编制必要的图样、说明书、合格验收证、测试材料、相关论文、研究报告等。项目验收准备阶段,再将分阶段、分部分的材料汇总、整理、装订入档,形成一套清晰、完整、客观的验收材料。这既是项目验收的前提,也是顺利通过项目验收的必要保证。

（3）自检。项目负责人应组织项目团队，在项目成果交付验收之前，进行必要的自检自查工作，找出问题和漏洞以尽快解决。

（4）提出验收申请，报送验收材料。项目自检合格后，项目团队应向项目接受方提交申请验收的报告，并同时附送验收的相关材料，以备项目接收方组织人员进行验收。

2）验收方的验收工作

（1）组成验收工作组或验收委员会。项目业主（接收方）应会同项目监理人员、政府相关人员，如有必要还可吸收注册会计师、律师、审计师、行业专家等人员，组成验收工作组或验收委员会。项目验收班子成员应坚持公正、公平、科学、客观、负责的态度对项目进行全面验收。

（2）项目材料验收。项目验收班子对项目团队送交的验收材料进行审查，如有缺项、不全、不合格的材料应立即通知项目团队，令其限期补交，以保证项目验收的顺利进行。

（3）现场（实物）初步验收。项目验收班子根据项目团队送交的验收申请报告，组织人员对项目成果现场或项目成果进行初步检查，形成对项目成果的基本把握。如果发现不符合项目目标要求的，应通知项目团队尽快整改。

（4）正式验收。在对项目验收材料和项目初审合格的基础上，项目验收班子组织人员对项目进行全面、细致的正式验收。正式验收可依据项目特点，实行单项工程验收、整体工程验收，或部分验收、全面验收等。如果验收合格，签署验收报告；如果验收不合格，通知项目团队进行整改后再作验收。如在验收中发现较严重的问题，双方难以协商解决，可诉诸法律。

（5）签发项目验收合格文件。对验收合格的项目，验收班子签发项目验收合格文件，标志项目团队的工作圆满结束，项目由接收方使用，投入下一阶段的生产运营。

（6）办理固定资产形成和增列手续。对于投资性项目，当项目验收合格后，应立即办理项目移交，对形成的固定资产增列办理固定资产手续。

6.2.5　项目质量验收

项目质量是考查和评价项目成功与否的重要方面。一个项目的最终目的是满足项目投资人、业主或项目所有人的需求，它是以项目质量保证为前提的。特别是对于基本建设项目，保证质量更有十分重要的意义。基本建设是百年大计，但是在我国基本建设领域工程出现重大质量问题却屡见不鲜，甚至出现"豆腐渣"工程，所以必须从项目计划、项目控制、项目验收等不同环节严把质量关。其中，工程质量验收尤其关键，只有搞好质量验收，项目才能圆满移交。

1. 项目质量验收的概念

项目质量验收是依据质量计划中的范围划分、指标要求和采购合同中的质量条款，遵循相关的质量评定标准，对项目质量进行认可评定和办理验收交接手续的过程。质量验收是控制项目最终质量的重要手段，也是项目验收的重要内容。

项目质量验收，首先要对质量有个客观的认识。《项目管理知识体系指南》指出："质量是实体中能够满足明确需求和隐含需要的能力的特性的总和"；赵铁生在《工程质量管理》一书中认为，工程项目质量是指坚固、耐久、经济、适用、美观等这些能够满足社会和人们需要的自然属性和技术性能。通常，项目质量包括项目产品实体（有形产品）和服务（无形产品）两个方面的质量。

项目的最终质量是由项目过程形成的，要确保项目质量，必须应首先保证过程工作质量。因此，应强调项目全过程的质量管理、质量控制、全面质量管理（TQM）、ISO9000质量管理体系标准正是因此应运而生。由此，质量验收也是质量的全过程验收，在项目规划、项目实施、项目竣工等不同时期都要进行质量验收，以保证最终获得一个合格的项目。

2. 项目质量验收的范围

项目质量验收包括项目概念阶段的质量验收、项目规划阶段的质量验收、项目实施阶段的质量验收、项目竣工阶段的质量验收等。

1）项目概念阶段的质量验收

概念阶段是项目整个生命周期的起始阶段，这一阶段工作的好坏直接影响到项目后期的实施。同时，项目概念阶段的质量目标决策是项目规划、设计阶段质量验收范围与标准的设计依据和前提。

概念阶段各项工作的主要目的是确定项目的可行性，对项目所涉及的领域、总投资、投资效益、技术可行性、环境影响、融资措施、社会效益等进行全方位的评估，从而明确项目在技术上、经济上的可行性和项目的投资价值。这阶段的主要工作包括一般机会研究、特定项目机会研究、方案策划、初步可行性研究、详细可行性研究、项目评估及商业计划书的编写等。

项目概念阶段的质量验收是整个项目质量验收的开端，其重点是对可行性研究的科学性进行把关。这阶段的质量验收，主要是检查项目可行性研究和机会研究时是否收集到足够的和准确的信息，使用的方法是否合理；项目评估是否科学，评估的内容是否全面，是否考虑了项目的进度、成本与质量三者之间的制约关系，对项目投资人、业主或项目所有人的需求是否有科学、可行、量化的描述，对项目的质量目标与要求是否作出整体性、原则性的规定和决策等。

2）项目规划阶段的质量验收

规划阶段作为项目实施的前期准备阶段，是对项目的实施过程进行全面、系统的描述和安排。规划阶段的主要工作包括项目背景描述、目标确定、范围规划、范围定义、工作分解关系排序、工作延续时间估计、进度安排、资源计划费用估计、费用预算、质量计划及质量保证等。

这一阶段的质量验收主要检验设计文件的质量，包括：

（1）项目目标定位是否准确。

（2）目标描述是否清晰。

（3）范围规划是否全面，使用的工具和技术是否科学。

（4）工作分解是否细致，使用的方法和工具是否科学，结果能否达到目的。

（5）工作排序是否符合逻辑性和最优化思想，工具和方法是否科学。

（6）工作延续时间估计是否准确，考虑影响工作延续的可能因素是否全面。

（7）进度安排是否合理，使用的方法和工具是否科学，是否考虑到资源的相互制约。

（8）资源计划涉及的内容是否考虑全面，费用估计的依据是否可信，使用的方法和工具是否科学。

（9）费用预算是否精确，系数选择是否合理。

（10）质量计划是如何安排的，质量计划的标准和规划是否实际可行，制约质量计划的方法和技术是否科学。

（11）质量保证是否完善，是否切实可行，质量保证的依据是否真实，使用的工具和方法是否科学等。

另外，该阶段还要检验项目的全部质量标准及验收依据是否完成，即检验质量验收评定标准与依据的合理性、完备性和可操作性等。项目规划阶段质量验收的标准与依据是根据概念阶段决策的质量目标进行分解，并在相应的设计文件上指出达到质量目标的途径和方法。

项目规划阶段必须指明项目竣工验收时质量验收评定的范围、标准与依据，以及质量事故处理程序和奖惩措施等。项目规划阶段给出的质量验收范围与适用标准是项目实施阶段每个工序实体质量控制和评定的依据。

3）项目实施阶段质量验收

项目实施阶段是项目质量管理、质量控制的具体执行，它占据了项目生命周期的大部分时间，涉及的工作内容最多、时间最长，耗费大量资源，是项目能否取得成功的关键所在。项目实施阶段的质量验收要根据范围规划、工作分解和质量规划对每一道工序进行单个评定和验收。

项目实施阶段的主要管理工作包括：采购规划、招标采购的实施，合同管理基础，合同履行和收尾，实施计划，安全计划，项目进展报告，进度控制，费用控制，质量控制，安全控制，范围变更控制，生产要素管理及现场管理与环境保护等。项目实施阶段的验收，既要对上述主要工作的过程进行检验，又要对工作结果进行验收。

项目实施阶段质量验收的标准和依据是项目规划阶段制定的质量评定的范围、标准与依据。对单个工序依据规划阶段对质量验收评定的标准、范围和依据进行验收，对验收结果进行汇总、统计，形成上道工序的质量结果（合格率或优良率），以检验项目质量的等级，依此类推，最终形成全部项目质量的验收结果。

项目实施阶段对质量的验收将形成质量的四个等级：不合格、合格、良好、优。

4）项目收尾阶段的质量验收

项目收尾阶段是整个项目生命周期的最后阶段，是对项目质量的最后把关，关系到项目能否顺利交接及能否进入正常使用阶段。因而这阶段的质量验收，无论对项目团队还是对项目接收都是非常重要的。收尾阶段的质量验收要以项目规划阶段制定的"项目竣工质量验收评定的范围、标准与依据"为准。

对于大型、复杂项目的质量验收，可采用对项目实施阶段中每个工序的质量验收结果进行汇总、统计、澄清，得出项目最终的、整体的质量验收结果；对于比较简单的项目和具有特殊要求的项目（如系统软件等），收尾阶段的质量验收要依据验收标准，彻底进行检验，以保证项目质量。

收尾阶段项目验收的结果将产生质量验收评定报告。

3. 项目质量验收的方法

项目质量验收的方法依项目阶段的不同、项目类型的不同而不同，如在项目概念、规划等阶段，质量验收多采用审阅的方法，主要是对项目的文件进行审阅。对于一般项目通常采用文件审阅、实物观测、性能测试或进行特殊试验等方法。对于大型投资建设项目，除采用一般项目的验收方法外，还要进行试生产等验收方法。

4. 项目质量验收的结果形式

项目质量验收的结果将产生质量验收评定报告和项目技术资料。

项目质量验收评定报告包含的主要内容为：详细评定项目各组成部分的质量等级；综合项目不同时期的质量检验结果；对项目质量给出最终的评价；对于验收不合格的项目，提出问题所在并限定达标的期限及组织再验收的规定；对合格的项目，质量等级一般分为"合格"和"优良"两级。

在项目的不同阶段验收中，都形成验收评定报告，这些报告翔实记录了项目进程中各时期的工作状况，将这些资料汇总，就形成相应的验收技术资料。这些技术资料既是前期工作的记录，也是后期工作评定的依据，是项目资料的重要组成内容。对项目技术资料，要按《技术档案法》妥善保管，以便在项目引进、项目评估和项目后评价中查阅使用。同时，这些技术资料也可为将来新项目提供有价值的参考。

6.2.6　项目文件验收

项目文件是项目整个生命周期的详细记录，是项目成果的重要展示形式。项目文件既作为项目评价和验收的标准，也是项目交接、维护和后评价的重要原始凭证。因而，项目文件在项目验收工作中起着十分重要的作用。

在项目验收过程中，项目团队必须将整理好的、真实的项目资料交给项目验收方，项目验收方只有在对资料验收合格后，才能开始项目竣工验收工作。可见，项目文件验收是项目竣工验收的前提。

项目验收合格后，接收方应将项目成果及项目文件一同接收，并将其妥善保管，以便查阅和参考。

1. 项目文件验收的范围与内容

项目的不同阶段，形成文件的范围与内容也不同，具体见表6-2。

表6-2　项目文件验收、移交和归档的资料清单

概念阶段	规划阶段	实施阶段	收尾阶段
1. 项目机会研究报告及相关附件	1. 项目背景概况	1. 全部项目的采购计划及工程说明	1. 项目竣工图
2. 项目初步可行性研究报告及相关附件	2. 项目目标文件	2. 全部项目采购合同的招标书和投标书	2. 项目竣工报告
3. 项目详细可行性研究报告及相关附件	3. 项目范围规划说明书	3. 全部合格供应商资料	3. 项目质量验收报告
4. 项目方案及论证报告	4. 项目范围管理计划	4. 完整的合同文件	4. 项目后评价资料
5. 项目评估与决策报告	5. 项目工作分解结构	5. 全部合同变更文件、现场签证和设计变更等	5. 项目审计报告
	6. 项目计划资料	6. 项目实施计划、项目安全计划等	6. 项目交接报告
		7. 完整的项目进度报告	
		8. 项目质量记录、会议记录、备忘录、各类通知等	
		9. 进度、质量、费用、安全、范围等变更控制申请及签证	
		10. 现场环境报告	
		11. 质量事故、安全事故调查资料和处理报告等	
		12. 第三方所作的各类试验、检验证明、报告等	

项目文件验收的依据主要为：合同中有关资料的条款要求；国家关于项目资料档案的法规、政策性规定和要求；国际惯例等。

2. 项目文件验收的程序

项目团队依据项目进行的不同时期，按合同条款中有关资料验收的范围及清单，准备完整的项目文件。文件准备完毕后，由项目经理组织项目团队进行自检和预验收。合格后将文件装订成册，按文档管理方式妥善保管，并送交项目验收方进行验收。

项目验收班子在收到项目团队送交的验收申请报告和所有相关的项目文件后，应组织人员按合同资料清单或档案法规的要求，对项目文件进行验收、清点。对验收合格的项目文件立卷、归档；对验收不合格或有缺损的文件，要通知项目团队采取措施进行修改或补充。只有项目文件验收完全合格后，才能进行项目的整体验收。

当所有的项目文件全部验收合格时，项目团队与项目接收方对项目文件验收报告进行确认和签证，形成项目文件验收结果。

3. 项目文件验收的结果

项目文件验收结果包括项目文件档案和项目文件验收报告。

项目文件档案，既是项目文件的卷宗，也是项目文件的结果。一套完整的项目文件档案，就是一个项目的历史写照。

项目文件验收报告，表明了对项目文件质量的客观评价，也构成了项目验收的主要内容。对于某些咨询类、策划类的项目，项目文件验收就是项目的成果验收，因而合格的项目文件验收结果非常重要。

6.3 项目决算与审计

6.3.1 项目决算

1. 项目决算的概念

项目决算是以实物量和货币为单位，综合反映项目实际投入和投资效益，核定交付使用财产和固定资产价值的文件，是项目的财务总结，是竣工验收报告的重要组成部分。

项目决算由项目业主编制，所需的资料由项目团队提供。项目决算是指项目从筹建开始到项目结束交付使用为止的全部费用的确定。

2. 项目决算的依据

项目决算的依据主要是合同、合同的变更。原始资料包括：①各原始概（预）算；②设计图样交底或图样会审的会议纪要；③设计变更记录；④施工记录或施工签证单；⑤各种验收资料；⑥停工（复工）报告；⑦竣工图；⑧材料、设备等调差价记录；⑨其他施工中发生的费用记录。

3. 项目决算的内容及结果

项目决算的内容包括项目生命周期各个阶段支付的全部费用。

项目决算的结果形成项目决算书，经项目各参与方共同签字后成为项目验收的核心文件。决算书由两部分组成，即文字说明和决算报表。文字说明主要包括工程概况、设计概算、实施计划和执行情况、各项技术经济指标的完成情况、项目的成本和投资效益分析、项目实施过程中的主要经验、存在的问题、解决意见等。

决算报表分大中型项目和小型项目两种，大中型项目的决算表包括竣工项目概况表、财务决算表、交付使用财产总表、交付使用财产明细表；小型项目决算表按上述内容并简化为小型项目决算总表和交付使用财产明细表。

6.3.2 项目审计

1. 项目审计的意义

项目审计是整个项目管理系统的重要组成部分。项目审计是指审计机构依据国家法令和财务制度、企业的经营方针、管理标准和规章制度，对项目的活动用科学的方法和程序进行审核检查，判断其是否合法、合理和有效，借以发现错误，纠正弊端，防止舞弊，改善管理，保证项目目标顺利实现的一种活动。

2. 项目审计的特征

项目审计有以下三个特征：

（1）独立性。项目审计独立于项目组织之外，其工作不受项目管理人员的制约，审计人员与项目无任何直接的行政或经济关系。审计人员的权力由国家或委托方授予，代表国家或委托方对项目实施审计监督并评价其经济责任，客观地向国家或委托方报告审计结果。

（2）权威性。项目审计具有高度的权威性，其依据是法规和标准。法规是指法律、法令、条例、规章制度及方针政策等。标准是指各种技术标准和管理标准。因而，项目审计不是体现决策者的权力和意志，而是以原则和权威为依据。

（3）科学性。项目审计是一项具有科学性的工作，它不仅在审计实施过程中应遵循科学的程序，而且还运用各种科学的方法。审计的科学性是其独立性和权威性的基础和保证。

3. 项目审计的职能

审计因对象不同、具体内容不同，其职能也有区别。就项目建设而言，审计主要有如下职能。

1）经济监督

经济监督是指对项目的全部或部分建设活动进行监察和督促。具体来讲，就是把项目实施情况与其目标、计划和规章制度、各种标准，以及法律、法令、投资政策、经营方针等进行对比，把那些不合法规的经济活动找出来，从而保证项目建设沿着正常的轨道进行。

项目的审计监督主要包括两个方面：一是对项目管理人员的监督；二是对建设项目的各种活动进行监督。而项目审计要充分发挥其监督职能，必须具备两个条件：其一，项目审计要由企业或国家的审计机关实施，这是发挥审计监督职能的先决条件；其二，项目审计要有严格的标准和明确的界限，只有这样，才能保证审计结果的严肃、公平和客观。

2）经济评价

经济评价是指通过审计和检查，评定项目的投资决策及项目建设期间的重大决策是否正确，项目计划是否科学、完备和可行，实施状况是否满足工程进度、工期和质量目标的要求，资源利用是否优化，以及控制系统是否健全、有效，机构运行是否合理等。

评价过程，就是查明建设项目的真相，并对照标准进行分析研究，从而发现问题、肯定成绩的过程。因此，评价的实现既包括为投资决策者了解项目的建设情况和管理状况提供简明可靠的资料，为新的决策提供依据，也包括对项目管理人员的鞭策和鼓励。如同监督职能一样，评价职能也包括两个主要方面，即对管理人员业绩的评价和对建设活动的评价。

3）经济鉴证

经济鉴证是指通过审查项目建设和管理的实际情况，确定相关资料是否符合实际，并在认真鉴定的基础上作出书面的证明。

在建设项目中，需要在审计中予以鉴证的资料很多，但最主要的不外乎进度报告、质量报告、成本报告、会计记录、财务报表、物资领用记录和报表等。对某一方面材料的真实性和正确性作出鉴证，需要做大量艰苦细致的工作。比如，对项目会计记录和财务报表的鉴证，就需要对鉴证期限中所有账目和单据进行审核，以确保其正确无误。然而在项目审计中，并不一定要对所有的资料都进行鉴证，而可以选择其中某些既重要而又可能存在问题的领域开展工作。

审计的鉴证职能依赖于审计工作的权威性。这种权威性来自于两个方面：其一，审计部门拥有国家或企业授予的足够的权力；其二，参与审计的人员在所审查的范围内的专业性，这两者缺一不可。

4）项目促进

项目促进是指通过实施审计，提出改进项目组织、提高工作效率、改善管理方法的途径，帮助项目组织者在合乎法规的前提下更合理地利用现有资源，顺利实现建设项目的目标。

在我国各种项目建设中，审计者和项目组织的根本利益是一致的，其工作目标也是一致的，这就要求项目审计在发挥监督职能的同时发挥其促进职能，帮助项目组织更好地开展工作。正确地认识审计的支持职能，对于项目审计的顺利实施将起到促进作用，一位优秀的项目经理对此也会竭诚欢迎。

项目审计的支持促进职能是由项目建设的特殊性所决定的。现代项目的建设会涉及大量复杂的管理和技术问题，其中有些问题可能是全新的。尽管项目经理经过精心挑选，但是他们也不一定精通项目涉及的所有问题，不可避免地出现差错与失误，因而通过项目审计提供支持就显得十分重要。

4. 项目审计的范围

项目审计的范围，原则上指项目的所有内容并且贯穿于项目的整个生命周期中，但在实际项目的进程中，审计人员往往依据项目目标的特点和项目中具体出现的问题，有重点地选择项目的不同内容、不同时期进行审计。一般常见的审计按审计的内容不同分为工程质量审计、资金使用审计、合同审计等；按项目周期分类，分为项目前期审计、项目实施审计、项目竣工审计等。本书着重针对项目收尾阶段的项目竣工审计。

6.3.3 项目的竣工审计

项目经过系统建设达到既定的投资目标之后，就要组织试运行和验收，交付使用。为了对项目结束期间的经济活动进行监督和对整个项目建设与管理状况作出评价，必须加强这一时期的审计工作。

1. 竣工验收审计

项目完成有形建设直至交付使用后还有大量的工作要做。其间的审计工作主要有以下几方面：

（1）审查剩余物资、设备的处理情况。项目结束后，要及时清理施工现场和仓库，做好剩余物资和设备的清点和处理工作。该部分审计的重点是审查剩余物资和设备的处理是否合乎规定，处理剩余物资和设备的收入是否已按规定上交，有无违反国家规定、财经纪律以及贪污盗窃等现象，发现线索要彻底清查，严肃处理。

（2）审查项目的试运行情况。主要检查项目完成之后试运行的结果，对运行中暴露出的问题的补救措施，试运行时间和交工时间的执行情况，销售试产产品的行为等。

（3）审查项目建设资料的归档和移交。主要检查项目组织是否系统整理了项目建设的各种资料，图样、记录、文件、合同及其他资料是否齐全，是否已被分类归档，资料处理是否符合保密要求等。同时还要检查各种技术资料向项目使用单位的移交情况。

（4）审查索赔问题。审核甲乙双方因对方未履行合同条款或建设期间发生意外而产生的索赔问题，要逐一核查索赔是否合法、合理，处理结果如何，有无勾结作弊现象，赔偿的技术和法律依据是否充分等问题，防止因失误造成经济损失和个别人趁项目结束时放松管理钻空子。

（5）审查人员复员情况。审查复员费用与计划的偏差，包括复员费用是否合法、复员人员安置是否合理，总结人员复员工作的经验和不足，提出改进建议。

（6）项目验收审计。审查项目验收是否符合规范，验收工作是否认真、严格，对特殊环节的验收是否按规定作了检验和计算，验收的手续和资料是否齐全，是否有行贿受贿、敷衍应付、弄虚作假等现象。

2. 竣工决算审计

竣工决算是由项目组织或建设单位编制的综合反映竣工项目的建设成果和财务情况的总结性报告文件，对竣工决算的审计主要从以下几方面进行：

（1）审查项目预算的执行情况。审查建设内容与批准的预算和建设计划是否相符，有无擅自改变建设内容的情况，乱摊成本和搞计划外工程的现象。

（2）审查项目的全部资金来源和资金运用是否正常。要认真审核竣工财务决算表和竣工决算总表是否正确，其所反映的全部资金来源和资金占用情况是否正常，有没有建设资金和专用基金等其他资金相互挪用的问题，有没有技术方面的问题等。

（3）审查交付使用财产总表和明细表是否正确。交付使用财产总表反映大、中型建设项目建成后新增固定资产和流动资产的价值，审查时要与各子项目或单项工程的交付使用财产明细表对比进行，看两者有无差异，交付使用财产价值的计算是否准确、可靠，有无虚列、重报等现象。

（4）审查竣工情况说明书的编制是否真实。竣工情况说明书是对竣工决算报表作进一步分析和补充说明的文件，主要应审查其内容与编制的竣工决算表是否一致，与实际情况是否相符。

（5）审查竣工决算的编报是否及时。项目竣工验收交付使用后一个月内，要编制好竣工决算，并按规定上报。审计人员要检查有无拖延编报期或未将编制好的竣工决算及时送交相关部门等现象的发生，检查经审查批复的竣工决算是否及时办理了调整和结束工作。

3. 项目建设经济效益审计

项目建设的经济效益体现在成本降低、工期缩短和质量提高三个方面，因而，审计工作也要紧密围绕这三者展开。

（1）项目工期审计。对照项目计划审查项目的开工日期和竣工日期，以及各分项工程的开工日期和竣工日期。查明有无拖延开工和拖延工期的现象，找出原因并提出整改建议，查明有无工期提前的情况并总结经验等。

（2）项目成本审计。对照项目预算审核实际成本的发生情况。如果超支，要查明是因成本控制不利还是因擅自扩大项目范围或乱摊成本所致；如果节约，则要查明是否缩小了建设范围或降低了建设标准，若成本节约源于有效利用资源，要及时肯定和推广经验。

（3）项目质量审计。审查建设质量是否达到验收规范和设计标准，查明其中有无不合格的建设内容和重大质量事故，评定建设项目的质量等级，督促施工单位对质量低劣的部分进行加固补修或返工。对于报废工程或重大质量事故，要追究相关人员的责任，并总结教训，引以为戒。

（4）投资决策审计。项目建成之后，对照项目前期对投资收益的预测，审查投资效果是否达到设计能力以及满足建设需要的程度，对投资决策及投资收益作出综合评价。

4. 项目人员业绩评价

项目完成后，要对项目参与人员作出全面真实的评价，以确定他们在项目建设期间的业绩及其对职责的履行状况。做好这项工作，对于激励员工和培养项目组织优秀的管理人员具有重要意义。

（1）准确评价项目经理的业绩。要根据任命书评价项目经理的业绩，并根据项目经理履行既定的责任，对部下的有效激励，对资源的合理利用，对意外事件的正确处理，对技术问题的判断能力，以及创造性成果等，按照"优秀"、"很好"、"好"、"一般"、"差"来评定项目经理的业绩。

（2）合理评价主要项目管理人员的业绩。对项目主要管理人员的业绩评价主要集中在评价他们的业务能力、工作的主动性和适应性、与他人合作的程度，以及工作习惯和对项目建设作出的贡献等方面。

（3）全面评价一般工作人员的表现。主要包括工作态度、工作质量和工作主动性等方面。在评价项目参与人员业绩的工作中，一要注意征求相关部门负责人的意见，避免所作的评价带有片面性；二要不以成败论英雄，有些项目虽不太成功，但参与人员已付出了最大努力，这时也要作出正确评价；三要将评价与精神和物质鼓励结合起来。

■6.4 项目交接与清算

6.4.1 项目交接

1. 项目交接的概念

项目交接是指全部合同收尾后，在政府项目监管部门或社会第三方中介组织协助下，项目业主与全部项目参与方之间进行项目所有权移交的过程。

项目能否顺利移交取决于项目是否顺利通过了竣工验收。在项目收尾阶段，主要工作由项目竣工、项目竣工验收和项目交接三项组成，三者之间紧密联系，但又是不同的概念和过程。

项目竣工是对项目团队而言的，表示项目团队按合同完成了任务，项目团队对项目的有关质量和资料等内容进行了自检，项目的工期、进度、质量、费用等均已满足合同的要求。

项目竣工验收是指项目团队与项目承接方、项目监理和与项目有关的人员组成的验收班子，对竣工的项目进行验收、检查的过程。只有当项目质量和资料等项目成果完全符合项目验收标准，达到要求，才能通过验收。

当项目通过验收后，项目团队将项目成果的所有权交给项目接收方，这个过程就是项目交接。项目交接完毕，项目接收方有责任对整个项目进行管理，有权力对项目成果进行使用。这时，项目团队与项目业主的项目合同关系基本结束，项目团队的任务转入对项目的保修阶段。

可见，项目竣工验收是项目交接的前提，交接是项目收尾的最后工作内容，是项目管理的完结。

2. 项目交接的范围与依据

对于不同行业、不同类型的项目，国家或相应的行业主管部门出台了各类项目交接的规程或规范。下面以投资建设项目为主，分别就个人投资项目、企（事）业投资项目和国家投资项目的交接范围与依据进行讨论。

1）个人投资项目交接的范围与依据

对于个人投资项目，一旦验收完毕，应由项目团队与项目业主按合同进行移交。移交的范围是合同规定的项目成果、完整的项目文件、项目合格证书、项目产权证书等。

2）企（事）业投资项目交接的范围与依据

对于企（事）业单位投资项目，应由企（事）业的法人代表出面代表项目业主进行项目交接。移交的范围是合同规定的项目成果、完整的项目文件、项目合格证书、项目产权证书等。移交的依据是项目合同。

3）国家投资项目交接的范围与依据

对于国家投资项目，投资主体是国家，并通过国有资产的代表实施投资行为。对中、小型项目，一般由地方政府的某个部门担任业主的角色，例如，城市建委、城建局或其他单位等。对大型项目，通常可委托地方政府的某个部门担任建设单位（项目业主）的角色，但建成后的所有权属于国家（中央）。此时，由于项目的使用者（业主）与项目的所有者（国家）不是一体的，因而，竣工验收和移交要分两个层次进行。

（1）项目团队向项目业主进行项目验收和移交。一般是项目已竣工并通过验收班子的竣工验收之后，由监理工程师协助项目团队向项目业主进行项目所有权的交接。

（2）项目业主向国家进行的验收与交接。由国家有关部委组成验收工作小组，在项目竣工验收试运行一年左右时间后进驻项目现场，在全面检查项目的质量、档案、环保、财务、预算、安全及项目实际运行的性能指标、参数等情况之后，进行项目交接手续。交接在项目法人与国家有关部委或国有资产授权代表之间进行。

3. 项目交接的内容

工程项目经竣工验收合格后，便可办理工程交接手续，即将项目的所有权移交给建设单位。项目的移交包括项目实体移交和项目文件移交两部分。以工程项目移交为例，移交的内容如下。

1）实体移交

实体移交的繁简程度随工程项目承发包模式的不同及工程项目本身的具体情况不同而各不相同。一般地，凡是合同上规定属于用户在生产过程中使用的备品备件及专用工具，均应由项目团队向项目接受方移交。

2）文件移交

移交时要编制《工程档案资料移交清单》，详见表6-3。项目团队和业主按清单查阅并认可后，双方在移交清单上签字盖章。移交清单一式两份，双方各自保存一份，以备查对。

表 6-3　工程档案资料移交清单

编号	专业	档案资料内容	人员数	备注
（项目团队）签章		（接收单位）签章		说明：
经办人：		接收人：		

3）竣工决算书

在办理工程项目交接前，项目团队要编制竣工结算书，并据此向项目业主结算最终拨付的工程价款。而竣工结算书通过监理工程师审核、确认并签证后，才能通知银行与项目团队办理工程价款的拨付手续。

当实体移交、文件移交和项目款项结清后，项目移交方和项目接收方将在项目移交报告上签字，形成项目交接报告，并据此构成项目交接的结果。

6.4.2　项目清算

1. 项目清算的概念

在项目结尾阶段，如果项目达到预期的成果，就是正常的项目竣工、验收、移交过程；如果项目没有达到预期的效果，并且由于种种原因没有可能或没有必要进行下去，因而终止项目的，就是项目清算。项目清算是非正常的项目终止过程。

通常，如果项目存在下列情况之一（但不限于下列情况），便应果断进行清算：

（1）项目决策失误，由于在项目概念阶段工作有误，比如，可行性研究报告依据的信息不准确，市场预测失误，重要的经济预测有偏差等原因造成项目决策失误，导致项目失败。

（2）项目规划、设计中出现重大技术方向错误，造成项目的计划不可能实现。

（3）项目实施过程中出现重大质量事故，并且不能挽回，项目无法再经济地实现。

（4）项目虽然顺利进行了交接，但在项目试运行过程中发现项目的技术性能指标或经济效益无法达到项目概念设计的目标，项目的经济或社会价值无法实现。

（5）因为资金无法到位并且无法确定可能到位的具体期限，即出现"烂尾项目"。

（6）由于制约项目运行的相关新政策的出台（如环保政策等），项目的继续成为不可能。

（7）其他不可预见因素。

项目清算是项目业主和项目团队都不希望出现的事件，但是，如果出现项目不能顺利进行的情况，及时、果断地进行项目清算无论对业主、项目团队，还是对国家都是必要的。此时，对于项目业主，项目清算是最大限度地减少损失的唯一方法和途径；对于项目团队，促使项目业主尽快清算，项目清算可减轻对项目承担的责任，使项目团队尽快转移到新项目中去；对于国家，当项目无意义时，尽快清算，结束项目，可减少对资源的占用和浪费。因而，对不能成功结束的项目，要根据情况，尽快进行清算。

与项目竣工不同，项目清算是由项目业主召集项目团队及其相关人员组成清算班子，执行清算的。

2. 项目清算的依据和程序

1）项目清算的依据

项目清算主要以合同为依据。在清算时，按照合同的有关条款，确定相应的责任和损失。

2）项目清算的程序

（1）由业主召集项目团队、工程监理等相关人员组成项目清算小组。

（2）项目清算小组对项目执行的现状及已完成的部分，依据合同逐条进行检查。对项目已经进行的，并且符合合同要求的，免除相关部门和人员责任；对项目中不符合合同目标的，并有可能造成项目失败的工作，依合同条款进行责任确认，同时就损失估算、索赔方案、拟定等事宜进行协商。

（3）找出造成项目失败的所有原因，总结经验。

（4）明确责任，确定损失，协商索赔方案，形成项目清算报告，合同各方在清算报告上签章，使之生效。

（5）如协商不成则按合同的约定提请仲裁，或直接向项目所在地的人民法院提起诉讼。

项目清算对于及时结束不可能成功的项目，保证国家资源得到合理使用，增强社会法律意识都起到重要作用。项目各方应树立实事求是的观念，对于无法完成的项目就应及时、客观地进行清算。

6.5 项目后评价

6.5.1 项目后评价概述

1. 项目后评价的概念

项目论证是指分析研究拟议中的项目应该采用什么技术、规模做多大、项目需要多少资金、市场前景如何，也就是说，要解决项目应该做成什么样子或实现什么目的。而项目后评价则是分析研究已经开始运营的项目究竟怎样，评价当时采用的技术是否先进、规模是否适宜、投融资措施是否恰当。

随着整个社会越来越关注投资效益问题，越来越强调科学决策观，许多的项目特别是投资巨大、社会影响面广的投资项目，不仅在投资决策前要进行项目的可行性分析，也需要在项目完成并投资使用后的一定时期内，结合实际运营情况，对项目进行后评价。

项目后评价是指对已完成并投入运营的项目的投资背景和目的、建设或实施过程、投资执行情况、运营情况、配套及服务设施情况、建成后的作用与效益、社会经济与环境影响以及项目的可持续性所进行的系统的、客观的和全面的分析研究过程。

2. 项目后评价的作用

项目后评价通过对项目运营情况的检查总结，确定项目预期的目标是否达到，项目是否合理有效，项目的主要运营指标是否实现。具体讲，项目后评价具有以下作用。

1）总结经验教训，提升过程能力

项目后评价是指对已完成并投入运营的项目进行的系统的、客观的而全面的分析研究，通过提炼项目在实施及运营过程中有益的经验，发现规律性的科学方法，反思在实施及运营过程中出现的失误和教训，使项目的投资人、决策者、管理者和建设者学习到更加科学、合理的方法和策略，提升项目全过程的计划与控制能力。

2）促进全过程参与，增进各方责任心

由于后评价具有现实、客观、公正等特点，通过对项目实施全过程的成绩和失误进行科学客观地分析研究，可以准确地判断投资人、决策者、管理者和建设者在工作中实际存在的主要问题，使项目参与各方清醒地认识到任何决策上、执行中和管理层面的失误给项目带来的危害，进而增强其责任心。

3）优化投资决策，改进决策支持

虽然后评价对完善已建项目、改进在建项目有重要作用，但更重要的是为待建项目或拟议中的项目的投资决策提供经验和决策支持。

4）加强过程监督，促进项目发展

后评价是一个向实践学习的过程，同时又是一个对投资活动的监督过程。项目后评价的监督功能与项目的前期评估、实施监督结合在一起，构成了对投资活动的监督机制。同时，针对后评价中发现的问题，可以制定有效的改进措施，促进项目随后的发展。

3. 项目后评价与项目评估的区别

项目后评价与项目评估，在评价原则和方法上没有太大的区别，采用的都是定量与定性相结合的方法。但是，两者是项目生命周期中不同时点上进行的两种不同的评价活动，因此也存在一些区别。

1）目的不同

项目评估的目的是审查项目可行性研究的可靠性、真实性和客观性，为项目融资决策、银行贷款决策以及行政主管部门的审批决策提供科学依据。项目后评价则是在项目完成并投入运营以后，总结项目执行情况，并通过利用已经运营阶段的数据来预测项目的未来趋势，其目的是为了总结经验教训，以改进决策和项目运营。所以，后评价要同时进行项目的回顾总结和前景预测。

2）起点不同

项目评估是指在项目可行性研究完成后，从项目对企业、对社会贡献的各个角度对拟建项目进行全面的经济、技术论证和评价，并给出评价结果的过程。而项目后评价是站在项目已经建成的时点上，对项目实施全过程的成绩和失误进行科学客观地分析研究。

3）判别标准不同

项目评估的重要判别标准是投资者期望达到的收益水平，如投资利润率和投资回收期。而后评价的判别标准则重点是对比项目可行性研究和项目评估的结论，采用前后对比的方法，分析项目实际运行中是否已经达到当初的预计。

4. 项目后评价的特点

1）现实性

项目后评价是以实际执行和运行情况为出发点，对项目建设、运营现实存在的情况、产生的数据进行分析研究，所以具有现实性的特点。项目论证与评估是预测性的评价，它所使用的数据为通过对市场分析以后预测得来的数据，而项目后评价则以项目投入运营后的短期实际数据为依据。

2）客观性

项目后评价必须确保是客观公正的，这是一条很重要的原则。客观性表示在评价时，应该从实际执行情况和运营数据出发，始终保持客观的立场对待评价工作。再者进行后评价的机构应尽量是独立的第三方，以确保客观公正。

3）全面性

项目后评价是对项目实践的全面评价，它是对项目立项决策、设计施工、生产运营等全过程进行的系统评价。这种评价不仅涉及项目生命周期的各阶段，而且还涉及项目的方方面面；不仅包括经济效益、社会影响、环境影响，还包括项目的管理效率、可持续性等许多方面。

4）反馈性

项目后评价的结果需要反馈到决策部门，作为新项目立项和评估的基础以及调整投资计划和政策的依据，这是后评价的最终目标。

6.5.2 项目后评价的主要内容

项目后评价的主要内容与项目论证及评估的内容基本相同，具体包括以下内容。

1. 项目目标评价

项目后评价要对照原定目标完成的主要指标，检查项目实际实现的情况和变化，分析实际发生改变的原因，以判断目标的实现程度。另外，目标评价要对项目原定决策目标的正确性、合理性和实践性进行分析评价。有些项目原定的目标不明确，或不符合实际情况，项目实施过程中可能会发生重大变化，项目后评价都要给予重新分析和评价。

2. 项目实施过程评价

项目的过程评价应对照立项评价或可行性研究报告时所预计的情况和实际执行的过程进行比较和分析，找出差别，分析原因。具体包括以下几个方面：①前期工作情况和评价；②项目实施情况和评价；③投资执行情况和评价；④运营情况和评价；⑤项目的管理和机制。

3. 项目效益评价

项目效益评价包括财务评价和经济评价，主要分析指标有内部收益率、净现值和贷款偿还期等项目盈利能力和清偿能力的指标。具体应注意以下几点：

（1）项目前评价采用的是预测值，项目后评价则对已发生的财务现金流量和经济流量采用实际值，并按统计学原理加以处理；对后评价时点以后的流量作出新的预测。

（2）当财务现金流量来自财务报表时，对应收而未实际收到的债权和非倾向资金都不可计为现金流入，只有当实际收到时才作为现金流入；同理，应付而实际未付的债务资金不能计为现金流出，只有当实际支付时才作为现金流出。必要时，要对实际财务数据作出调整。

（3）实际发生的财务会计数据都含有物价通货膨胀的因素，而通常采用的盈利能力指标是不含通货膨胀水分的。因此，对项目后评价采用的财务数据要剔除物价上涨因素，以实现前后的一致性和可比性。

4. 项目影响评价

项目影响评价包括经济影响评价、环境影响评价和社会影响评价等几个方面。

（1）经济影响评价。经济影响评价主要分析评价项目对所在地区、所属行业和国家所产生的经济方面的影响。要注意把项目效益评价中的经济分析区别开来。评价的内容主要包括分配、就业、国内资源成本（或换汇成本）、技术进步等。由于经济影响评价的部分因素难以量化，一般只能作定性分析，一些国家和组织把这部分内容并入社会影响评价的范畴。

（2）环境影响评价。对照项目前期评价时批准的《环境影响评价》，重新审定项目环境影响的实际结果，审核项目环境管理的决策、规定、规范、参数的可靠性和实际效果。项目的环境影响评价一般包括项目的污染控制、地区环境质量、自然资源利用和保护、区域生态平衡和环境管理等几个方面。

（3）社会影响评价。从社会发展的观点来看，项目社会影响评价是对项目在社会的经济、发展方面的有形和无形的效益与结果的一种分析，重点评价项目对所在地区和社区的影响。社会影响评价一般包括贫困、平等、参与和妇女等内容。

5. 项目持续性评价

项目持续性是指在项目建成之后，项目的既定目标是否还能继续，项目是否可以持续地发展下去，项目业主是否愿意并可能依靠自己的力量继续去实现既定目标，项目是否具有可重复性，即是否可在未来以同样的方式建设同类项目。持续性评价一般可作为项目影响评价的一部分，但是世界银行和亚洲开发银行等组织把项目的可持续性视为其援助项目成败的关键之一，因此要求受援项目在前评价和后评价中进行单独的持续性分析和评价。项目持续性的影响因素一般包括：本国政府的政策；管理、组织和地方参与；财务因素；技术因素；社会文化因素；环境和生态因素；外部因素等。

上述后评价的内容是目前项目后评价实践中普遍采用的范围。不同的项目其侧重点是不一样的，有些项目重点评价项目建成后对就业、居民生活条件改善、收入和生活水平提高、文教卫生、体育、商业等公用设施增加和质量提高等方面带来的影响；而一些项目将评价重点放在项目建成后为本地区经济发展、社会繁荣和城市建设、交通便利等面所产生的实际影响。另外一些项目则着眼于项目对产业结构的调整、生产力布局的改善、资源优化配置等方面产生的作用和影响。

6.5.3　项目后评价的程序

1. 项目后评价的阶段

项目后评价一般分为四个阶段。

1）项目自评阶段

由项目业主会同执行管理机构按照行业标准、国家标准或世界金融机构的要求编写项目的自我评价报告，报相应的投资部门或投资决策部门。项目自我评价是从项目业主或项目主管部门的角度对项目的实施进行全面的总结，为开展项目后评价做好准备。

项目自我评价的内容基本上与项目完工报告相同，侧重找出项目在实施过程中的变化，以及变化对项目效益等各方面的影响，并分析变化的原因，总结经验教训。在我国，由于国际金融组织（如世界银行、亚洲开发银行）、国家发展和改革委员会和国家开发银行及各部门和地方对项目后评价的目的、要求和任务不尽相同，因此项目自我评价报告的格式也有区别。根据国家有关规定，从1998年起利用国内商业银行贷款的项目，凡是投资总额超过2亿元以上的，在项目完工以后必须进行后评价。因此，项目单位需要在银行评价之前提交一份项目执行自我评价报告。

2）行业或地方初审阶段

在行业或地方初审阶段，由行业或省级主管部门对项目自评报告进行初步审查，提出意见，一并上报。

3）正式后评价阶段

该阶段由相对独立的第三方后评价机构组织专家对项目实施后评价，通过资料收集、现场调查、统计分析和综合判断，编制项目的后评价报告，这一阶段也称为项目的独立后评价。项目的独立后评价要保证评价的客观公正性，同时要及时将评价结果报告委托单位。世界银行、亚洲开发银行等的项目独立后评价由其行内专门的评价机构来完成，称为项目执行审核评价。为了达到后评价总结经验教训的目的，项目独立后评价的主要任务是，在分析项目完工报告、项目自我评价报告或项目竣工验收报告的基础上，通过实地考察和调查研究，评价项目结果和项目执行情况。

4）成果反馈阶段

反馈是后评价的主要特点，评价成果反馈的好坏是后评价能否达到其最终目的的关键之一。在项目后评价报告的编写过程中应该广泛征求各方面意见，在报告完成之后要以召开座谈会等形式进行发布，同时散发成果报告。反馈是后评价体系中的一个决定性环节，是一个传达和公布评价成果信息的动态过程，可以保证这些成果在新建或已有项目中以及其他开发活动中得到采纳和应用。

2.项目后评价的程序

1）后评价项目的选定

选择后评价项目有两条基本原则，即特殊的项目和规划计划总结需要的项目。

2）制定项目后评价计划

选定进行后评价的项目之后，需要制定项目后评价的计划，以便项目管理者和执行者在项目实施过程中注意收集资料。严格来说，项目后评价本身也是一个项目，同样需要制定周密、详细的实施计划。

3）项目后评价范围的确定

通常，一个项目的影响面非常广泛，所以在进行后评价时应该把评价内容限定在一定的范围内，主要是项目直接影响的范围之内。评价范围通常在委托合同中确定，委托者要把评价任务的目的、内容、深度、时间和费用等，特别是那些在本次任务中必须完成的特定要求，予以明确而具体的规定。

4）项目后评价机构的选择

在项目后评价阶段，通常需要委托一个独立的评价咨询机构去实施，或由银行内部相对独立的后评价专门机构去实施，如世界银行的业务评价局，项目后评价往往由这两类机构来完成。

5）项目后评价的执行

在项目后评价任务委托、专家聘用后，后评价即可开始执行。项目后评价的主要工作包括：

（1）资料信息的收集。项目后评价的基本资料应包括项目自身的资料、项目所在地区的资料、评价方法的有关规定和指导原则等。

项目自身的资料一般应包括：①项目自我评价报告、项目完工报告、项目竣工验收报告；②项目决算审计报告、项目概算调整报告及其批复文件；③项目开工报告及其批复文件、项目初步设计及其批复文件；④项目评估报告、项目可行性研究报告及其批复文件等。

项目所在地区资料包括国家和地区的统计资料、物价信息等。

项目后评价方法规定的资料则应根据委托者的要求进行收集。目前已经颁布项目后评价方法指导原则或手册的国内外主要机构有联合国开发署、世界银行、亚洲开发银行、经济合作与发展组织、英国海外开发署、日本海外协力基金、中国国家计委、中国国际工程咨询公司、国家开发银行等。

（2）后评价现场调查。项目后评价现场调查应事先做好充分准备，明确调查任务，制定调查提纲。调查任务一般应回答以下问题：①项目基本情况；②目标实现程度；③作用和影响。

（3）分析和结论。后评价项目现场调查后，应对资料进行全面认真的分析，回答以下主要问题：①总体结果；②可持续性；③方案比选；④经验教训。

6）编制项目后评价的报告

上述后评价研究成果应按项目后评价的一般要求编写成为项目后评价报告。它既是评价结果的汇总，又是反馈经验教训的重要文件。

6.5.4 项目后评价报告

1. 项目后评价报告的编写要求

项目后评价报告是评价结果的汇总，应真实反映情况，客观分析问题，认真总结经验。另外，后评价报告是反馈经验教训的主要文件形式，必须满足信息反馈的需要，而且后者显得更为重要。因此，后评价报告要有相对固定的内容格式，便于分解，便于计算机输录。项目后评价报告编写有以下要求：

(1) 报告文字准确清晰，通俗易懂。报告应包括摘要、项目概况、评价内容、主要变化和问题、原因分析、经验教训、结论和建议、评价方法说明等。这些内容既可以形成一份报告，也可以单独成文上报。

(2) 报告的发现和结论要与问题和分析相对应，经验教训和建议要把评价的结果与将来规划和政策的制定、修改联系起来。

2. 项目后评价报告的内容

项目后评价报告的内容包括项目背景、实施评价、效果评价和结论建议等几个部分，具体包括以下几方面。

1) 项目背景

项目背景主要应说明：

(1) 项目的目标和目的。简单描述立项时社会发展对本项目的需求情况和立项的必要性，项目的宏观目标，与国家、部门或地方产业政策布局规划和发展策略的相关性，建设项目的具体目标和目的，市场前景预测等。

(2) 项目建设内容。项目可行性研究报告和评估提出主要产品、运营或服务的规模、品种、内容，项目的主要投入和产出，投资总额，效益测算情况，风险分析等。

(3) 项目工期。项目原计划工期，实际发生的科研批准、开工、完工、投产、竣工验收、达到设计能力，以及后评价时间。

(4) 资金来源与安排。项目批复时所安排的主要资金来源、贷款条件、资本金比例，以及项目全投资加权综合贷款利率等。

(5) 项目后评价。项目后评价的任务来源和要求，项目自我评价报告完成时间，后评价时间程序，后评价执行者，后评价的依据、方法和评价时点。

2) 项目实施评价

项目实施评价应简单说明项目实施的基本特点，对照可行性研究评估找出主要变化，分析变化对项目效益影响的原因，讨论和评价这些因素及影响。世界银行、亚洲开发银行项目还要就变化所引起的对其主要政策可能产生的影响进行分析，如环保、扶贫等。

(1) 设计。评价设计的水平、项目选用的技术装备水平，特别是规模的合理性。对照可行性研究和评估，找出并分析项目涉及重大变更的原因及其影响，提出如何在可行性研究阶段预防这些变更的措施。

（2）合同。评价项目的招投标、合同签约、合同执行和合同管理方面的实施情况，包括工程承包商、设备材料供货商、工程咨询专家和监理工程师等。对照合同承诺条款，分析和评价实施中的变化和违约及其对项目的影响。

（3）组织管理。组织管理的评价包括对项目执行机构、借款单位和投资者三方在项目实施过程中的表现和作用的评价。如果项目执行得不好，评价要认真分析相关的组织机构、运作机制、管理信息系统、决策程序、管理人员能力、监督检查机制等因素。

（4）投资和融资。分析项目总投资的变化，找出变化的原因，分清内部原因还是外部原因，如是汇率变化、通货膨胀等政策性因素，还是项目管理的问题，以及投资变化对项目效益的影响程度。评价要认真分析项目主要资金来源和融资成本的变化，讨论原因及影响，重新测算项目的全投资加权综合利率，作为项目实际财务效益的对比指标。如果政策性因素占主导，则应对这些政策的变化提出对策建议。

（5）项目进度。对比项目计划工期与实际进度的差别，包括项目准备期、施工建设期和投产达产期。分析工期延误的主要原因，及其对项目总投资、财务效益、借款偿还和产品市场占有率的影响。同时，还要提出今后避免进度延误的措施建议。

（6）其他。包括：银行资金的到位和使用，世界银行、亚洲开发银行安排的技术援助，贷款协议的承诺和违约，借款人和担保者的资信等。

3）效果评价

效果评价应分析项目所达到和实现的实际结果，根据项目运营和未来发展，以及可能实现的效益、作用和影响，评价项目的成果和作用。但在内容和文字上不要与上一节重复。

（1）项目运营和管理评价。根据项目评价时的运营情况，预测出未来项目的发展，包括产量、运营量等。对照可研评估的目标，找出差别，分析原因。分析评价项目内部和外部条件的变化及制约条件，如市场变化、体制变化、政策变化、设备设施的维护保养、管理制度、管理者水平、技术人员和熟练工的短缺、原材料供应、产品运输等。

（2）财务状况分析。根据上述项目运营及预测情况，按照财务程序和财务分析标准，分析项目的财务状况。主要应评价项目债务的偿还能力和维持日常运营的财务能力。在可能的情况下，要分析项目的资本构成、债务比例；需要投资者、政府和其他方面提供的政策和资金，如资本重组、税收优惠、增加流动资金等。

（3）财务和经济效益的重新评价。一般的项目在后评价阶段都必须对项目的财务效益和经济效益进行重新测算。要用重新测算得出的数据与项目可行性研究评估时的指标进行对比分析，找出差别和原因。还要与后评价计算的项目全投资加权综合利率相比，确定其财务清偿能力。同时，评价根据未来市场、价格等条件，进行风险分析和敏感性分析。

（4）环境和社会效果评价。环境和社会效果及影响评价的内容、指标和方法已在前面的小节中作过介绍。这部分评价的一个关键是项目受益者，即项目对受益者产生了什么样影响。一般应评价项目的社会经济、文化、环境影响和污染防治等，如人均收入、就业机会、移民安置、社区发展、妇女地位、卫生与健康、扶贫作用、自然资源利用、环境质量、生态平衡、污染治理等。

（5）可持续发展状况。项目可持续性主要是指项目固定资产、人力资源和组织机构在外部投入结束之后持续发展的可能性。评价应考虑以下几个方面：①技术装备与当地条件的适用性；②项目与当地受益者及社会文化环境的一致性；③项目组织机构、管理水平、受益者参与的充分性；④维持项目正常运营、资产折旧等方面的资金来源；⑤政府为实现项目目标所承诺提供的政策措施是否得力；⑥防止环境质量下降的管理措施和控制手段的可靠性；⑦对项目外部地质、经济及其他不利因素防范的对策措施。

4）结论和经验教训

项目独立后评价报告的最后一部分内容包括项目的综合评价、结论、经验教训、建议对策等。

（1）项目的综合评价和评价结论。综合评价应汇总以上报告内容，以便得出项目实施和成果的定性结论。综合评价要作出项目的逻辑框架图，以评定项目目标的合理性、实现程度及其外部条件。同时，评价还要列出项目主要效益指标，评定项目的投入产出结果。在此评定的基础上，综合评价采取分项打分的办法，即成功度评价。一般项目独立后评价的定性结论分为成功的、部分成功的和不成功的三个等级。

（2）主要经验教训。经验教训主要是两个方面的：一是项目具有本身特点的重要的收获和教训；二是可供其他项目借鉴的经验教训，特别是可供项目决策者、投资者、借款者和执行者在项目决策、程序、管理和实施中借鉴的经验教训，目的是为决策和新项目服务。

（3）建议和措施。根据项目的问题、评价结论和经验教训，提出相对应的建议和措施。

3. 项目后评价报告的范例

以下以我国《公路建设项目后评价报告文本格式及内容要求》为基础，说明项目后评价报告的基本格式。

第一章　概述

一、建设项目概况：项目的起讫点（位置），项目立项、决策、设计、开工、竣工、通车时间等，突出反映项目的特点附图：项目竣工平纵面缩图（比例为 1/10 万～1/20 万，内容同初步设计文件要求）。

二、建设标准、规模及主要技术经济指标

三、建设项目各阶段主要指标的变化情况

四、资金来源及使用情况

五、主要结论

第二章　建设项目过程评价

一、前期工作情况和评价

（一）前期工作基本情况。

（二）项目建设的必要性。

（三）前期工作各阶段审批文件的主要内容。

（四）前期工作各阶段主要指标的变化分析。

二、项目实施情况和评价

（一）施工图设计和项目实施情况。包括施工图设计单位及施工单位的选择、建设环境及施工条件、施工监理和施工质量检验、施工计划与实际进度的比较分析等。

（二）项目开工、竣工、验收等文件内容。

（三）工程验收的主要结论。

（四）实施阶段主要指标的变化分析。包括变更设计原因、施工难易、投资增减、工程质量、工期进度的影响等情况分析。

三、投资执行情况和评价

（一）建设资金筹措。若有变化，分析其变化的原因及影响。

（二）施工期各年度资金到位情况及投资完成情况（内资、外资数额及其当年利率或汇率）。

（三）工程竣工决算与初步设计概算、立项决策估算的比较分析（按单项工程分内资和外资）。

（四）工程投资节余或超支的原因分析。

四、运营情况和评价

（一）运营情况。包括运营交通量（含路段及各互通立交出入交通量）、车速等运行参数的调查情况。

（二）运营评价。评价建设项目是否达到预期的效果，分析实际交通量与预测交通量的差别及其原因，并对项目达到预期目标的情况进行分析。

五、管理、配套及服务设施情况和评价

（一）管理情况和评价。包括项目前期至实施全过程的各阶段各项制度、规定和程序的管理情况，各种管理机构的设置及其功能、组织形式和作用，并对其管理效果进行评价。

（二）配套及服务设施情况和评价。包括建设项目配套及服务设施（包括通信、收费、管理所、服务区、停车场、安全防护设施、标志标线、监控系统等）的设计、方案比选及其实施情况，并对其设置的必要性和适宜性进行分析评价。

第三章　建设项目效益评价

一、国民经济效益评价

参照《公路建设项目经济评价方法》，根据通车运营的实际车速、经济成本等各项数据，评价项目的国民经济效益，并与决策阶段预测的结论比较，分析其差别及原因。

二、财务效益评价

（一）对于收费公路（包括独立大桥、隧道），根据实际财务成本和实际收费收入，进行项目的财务效益分析，并与决策阶段预测的结论比较，分析其差别和原因。

（二）进一步进行收费分析，明确贷款偿还能力。并分析物价上涨、汇率变化及收费标准变化对财务效益产生的影响。

三、资金筹措方式评价

根据建设资金来源、投资执行情况及财务效益分析，对项目的资金筹措方式进行评价。

第四章　建设项目影响评价

一、社会经济影响评价

分析项目对所在地区社会经济发展所产生的影响。包括土地利用、就业、地方社区发展、生产力布局、扶贫、技术进步等方面的影响和评价。

二、环境影响评价

对照项目前评估时批准的《环境影响报告书》，重点从项目建设所引起的区域生态平衡、环境质量变化及自然资源的利用和文物保护等方面评价项目环境影响的实际效果。

第五章　建设项目目标持续性评价

一、外部条件对项目目标持续性的影响。包括社会经济发展、管理体制、公路网状况、配套设施建设、政策法规等外部条件。

二、内部条件对项目目标持续性的影响。包括运行机制、内部管理、服务情况、公路收费、运营状况等内部条件。

第六章　结论

一、结论

二、存在问题

三、经验与教训

四、措施与建议

其他类型项目的后评价报告的基本格式是类同的，也主要包括：①报告封面（包括编号、密级、后评价者名称、日期等）；②封面内页（世界银行、亚洲开发银行要求说明汇率、英文缩写、权重指标及其他说明）；③项目基础数据；④地图；⑤报告摘要；⑥报告正文，包括项目背景、项目实施评价、效果评价、论和经验教训；⑦附件；⑧附表（图）。

➤ 复习思考题

1. 项目处于什么样的情况下，应该进入到项目结束阶段？
2. 项目正常结束和非正常终止的主要区别有哪些？
3. 什么叫项目验收？项目验收有什么作用？如何分类？
4. 项目验收的结果是什么？
5. 简述项目验收的一般程序。
6. 项目质量验收和文件验收各自的主要内容是什么？
7. 项目质量验收的结果是什么？
8. 项目文件验收的程序有哪些？
9. 什么叫项目决算？项目决算的主要内容是什么？
10. 项目审计有什么作用？
11. 项目竣工审计的主要内容有哪些？
12. 简述项目交接的程序和内容。
13. 项目清算要经过哪些步骤？
14. 项目后评价和项目论证的主要区别是什么？
15. 项目后评价的主要内容有哪些？
16. 如何编制项目后评价报告？项目后评价要遵循什么样的流程？

➤ 案例分析　　S市机场建设项目的后评价

S市是我国沿海开放城市之一，是海峡两岸交通的门户，又是著名的侨乡，经济和社会事业发展迅速，航空运输需求日益增长。改革开放后，该市的经济发展进入高速增长阶段，原有的机场已经无法满足经济和社会发展的需要。于是该市决定以地方投资为主建设新的国际机场。机场建成以后。该市航空客流量比建设前增加了3倍以上，充分说明了建设项目的必要性。

该市机场项目于20世纪90年代初批准立项，并于90年代中正式开工建设，三年后建成投入运营。通航运营五年后，国家发展和改革委员会组织有关专家对该项目进行后评价。表6-4～表6-6列出了该项目后评价的部分数据。

表 6-4　机场建设规模和投资规模

名称	可行性研究报告规模	建成规模
机场用地	8 753 亩	12 360 亩
跑道	3 600 米×45 米	3 600 米×45 米
联络道		1 381 米
机坪	24 个机位	11 个机位
航站楼	100 000 平方米	141 000 平方米
货运库	18 000 平方米	20 000 平方米
行政用房	25 000 平方米	36 400 平方米
市内售票处	7 000 平方米	40 000 平方米
总投资	161 500 万元	331 340 万元

表 6-5　项目资金筹措的变化

名称	可研报告	开工方案	竣工决算	决算比可研
无偿性资金	15.60	10.80	12.64	−2.96
借款	1.50	12.50	21.56	+20.06
合计	17.10	23.30	34.20	+17.10

表 6-6　近 5 年运营状况与可研预测对照表

项目	年份	第一年	第二年	第三年	第四年	第五年	合计
旅客量/万人次	预测值	221	260	307	360	399	1 547
	实际值	200	211	202	216	228	1 057
货邮量/万吨	预测值	34 778	42 811	52 701	64 925	75 626	270 841
	实际值	18 669	26 826	41 644	39 462	41 372	167 973
运营收入/万元	预测值	5 278	11 671	12 906	14 272	16 490	60 620
	实际值	5 169	13 340	16 496	18 669	16 724	70 398
成本费用/万元	预测值	3 407	6 970	7 484	7 667	7 986	33 514
	实际值	18 992	38 991	38 972	38 087	44 103	179 146

思考题：

1. 该机场项目的实际建设与可行性研究发生了怎样的变化？

2. 项目的运营可能达到可行性研究报告所预计的财务效果吗？如果不能，其主要原因是什么？

3. 您能为该项目财务效果的改观提出一些可行的建议吗？

4. 从本案例中，您可以得到什么启示？项目后评价的主要作用是什么？

第7章

项目组织与沟通

内容提要

在本章中，您将学习到以下主要内容：

1. 项目组织、项目组织设计和项目规划等基本内容；

2. 项目组织的四种类型及各自适用范围和优缺点；

3. 项目经理的责任和权力以及如何有效领导项目团队；

4. 项目沟通概述及项目经理的主要沟通工作；

5. 项目冲突的来源与管理。

项目确立之后，首先要考虑两个问题：一是确定项目和公司的关系，即项目的组织结构；二是项目组织内部的管理问题，尤其是项目经理的挑选、项目团队的组建、项目内部的沟通和冲突的处理问题。项目组织作为一种新型的组织形式，其组织结构和传统的组织结构有相同之处，因而其管理同企业管理也有一些共同点。但项目本身的特性，决定了项目实施过程中其组织与管理又有特殊之处。

7.1 项目组织概述

7.1.1 组织与项目组织的概念

1. 组织的概念

组织，一般有两种含义：一种是动词，就是有目的、有系统地集合起来，如组织群众，这里，组织是管理的一种职能；另一种是名词，指按照一定的宗旨和目标建立起来的集合体，如工厂、机关、学校、医院，各级政府部门、各个层次的经济实体、各个党派和政治团体等，它们都是具有特定目的、肩负一定任务的组织。

名词的"组织"有广义和狭义之分。从广义上说，组织是指由诸多要素按照一定方式相互联系起来的系统。系统论、控制论、信息论、耗散结构论和协同论等，都是从不同的侧面研究组织系统的。从这个角度来看，组织和系统是同等程度的概念，包含生物学中有机体的组织，动物的群体组织和人的组织等。

从狭义上说，组织是指人们为了实现一定的目标，互相协作结合而成的集体或团体，如党团组织、工会组织、企业、军事组织，等等。在现代社会生活中，组织不仅是社会的细胞、社会的基本单元，而且可以说是社会的基础。本章所要研究的项目组织是指狭义的组织。

可见，组织是特定的群体，为了共同的目标，按照特定原则，通过组织设计使得相关资源有机组合，并以特定结构运行的结合体。而目标的一致性、原则的统一性、资源的有机结合性、活动的协作性、结构的系统性等是组织的典型特点。

2. 项目组织的概念

项目组织是指为了完成某个特定的项目任务而由不同部门、不同专业的人员所组成的一个特别的临时性组织，通过计划、组织、领导、控制等活动，对项目的各种资源进行合理配置，以保证项目目标的成功实现。

一些规模较小、任务单一的项目，其技术工作和管理职能均由项目组织成员承担，如软件开发项目等。此时，由于管理工作量不大，没有必要单独设立履行管理职责的班子。此时项目组织负责人除了管理工作之外，也要承担具体的技术工作。这时，可称项目组织为项目班子。而一些规模较大、任务复杂的项目，由于管理工作量很大，往往需要成立专门的管理机构来履行管理功能，而技术工作则由他人或其他组织承担。这时候，可称其为项目管理班子，以突出其管理职能。

通常，项目班子、项目管理班子统称为项目团队，或者项目组。

7.1.2 项目组织规划

项目组织规划就是确定项目管理需要的角色，各角色应负的责任以及诸角色之间的从属关系的管理活动。组织规划工作应当有形成文字的可见成果，这些成果是实施项目人力资源管理的根据，应当包括下列主要内容：线性责任图，说明角色和责任的分派结果；人员配备计划，说明何时和如何增加及减少项目团队人数；组织结构图，以及文字说明等。

1. 项目组织规划的原则

1) 目的性原则

项目组织成员的配备、组织结构选择的根本目的，是为了产生组织功能实现项目目标。项目组织规划要从这一根本目的出发，因目标设事，因事设岗，因职责定权力。

2) 精干高效原则

大多数项目组织是一个临时性组织，项目结束后就要解散，因此，项目组织应精干高效，力求一专多能、一人多职，应着眼于使用和学习锻炼相结合，以提高人员素质。

3) 一体化原则

项目组织往往是企业组织的有机组成部分，企业是它的母体，项目组织是由企业组建的，项目管理人员来自企业，项目组织解体后，其人员仍回企业，所以项目的组织形式与企业的组织形式密切相关。

4) 管理幅度原则

管理幅度也称管理跨度，是指一个主管人员直接管理的下属人数。管理幅度大，管理人员需要协调的人与人之间的关系就多。管理幅度小，主管人员需要协调的人与人之间的关系就少。另外，管理幅度的大小决定了管理层次的多少。在组织规模一定的情况下，管理层次与管理幅度成反比。因此，应根据项目负责人和班子成员的能力和项目的大小进行权衡。

5) 系统化原则

在项目实现的过程中，不同专业、工作之间存在着大量结合部，这就要求项目组织要形成一个有机整体，防止职能分工、权限划分和信息沟通上相互矛盾或重叠，在设计组织结构时要使组织结构成为严密的有机系统。

6) 及时更新原则

项目的单件性、阶段性和一次性必然带来任务量的变化，带来资源配置种类和数量变化。这就要求组织结构随之调整，及时更新，以适应项目活动内容的变化。

2. 项目组织规划的依据

1) 项目内在联系

项目内在联系 (project interfaces)，是指项目各组成要素之间的相互依赖关系及由此引起的项目组织和人员之间的依赖关系。它反映了项目的内容和特点，并由此决定和影响着项目组织设计和项目沟通渠道。

从项目管理的角度，可以将这些联系分为三大类：技术联系、组织联系和个体联系。

(1) 技术联系 (technical interfaces)。这是项目内在联系中最基本的一种，指项目各要素之间客观存在的相互依赖关系。例如，在工程项目中，土建工程与安装工程、设计与施工的关系等。由于技术联系是客观的、不以人的意志为转移的，因而其他项目联系在一定程度上都要受它的制约。

（2）组织联系（organizational interfaces）。是指与项目技术联系有关的项目组织内外各部门之间的关系，亦称为报告关系（reporting relationship）。例如，由于土建工程与安装的联系，必然产生土建部门与安装部门的联系。

（3）个体联系（interpersonal interfaces）。是指项目组织内部个人与个人之间由于完成任务而形成的相互关系。

2）人员配备要求

人员配备要求（staffing requirements）是根据项目各部门的任务提出的，对完成任务的人员的专业技能、合作精神等综合素质及需要的时间安排等方面的要求，包括性别、年龄、品德、性格、经验、学历、专业技术水平、工作能力、责任心、何时需要、需用多长时间等。

3）制约和限制

制约和限制（constraints and limitations）是指项目组织内外存在的、影响项目组织采用某些结构模式及获得某些需要资源（如人员）的因素，常见的制约有组织结构形式、项目管理班子的偏好、期望的工作分工等。

7.2 项目组织形式

在实际工作中存在多种项目组织形式，项目组织的形式对项目的成败有很大的影响，但并没有证据证明有一个最佳的组织形式，每一种组织形式有各自的优点和缺点，有其合适的适用场合，因此在设计项目组织形式时要具体分析、具体设计。

7.2.1 项目组织的类型

一般来说，典型的项目组织结构形式有四种，即职能式、项目式、矩阵式和组合式。

1. 职能式组织形式

职能式组织形式指企业按职能以及其相似性来划分部门，如一般要生产市场需要的产品涉及计划、采购、生产、营销、财务、人事等职能，那么企业在设置组织部门时，按照职能的相似性将所有计划工作以及相应人员归为计划部门、从事营销的人员划归营销部门等，企业便有了计划、采购、生产、营销、财务、人事等部门。

采用职能式组织形式的企业在进行项目工作时，各职能部门根据项目的需要承担本职能范围内的工作，即根据项目任务需要从各职能部门抽调人员及其他资源组成项目组织，如图7-1所示。例如，开发新产品项目就可以从营销、设计及生产部门各抽调一定数量的人员形成开发小组。

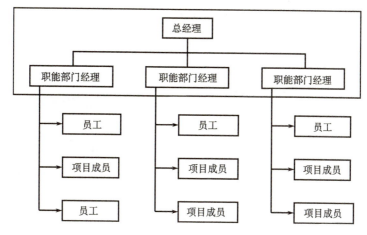

图 7-1　职能式组织形式

职能式组织的界限并不十分明确，小组成员没有脱离原来的职能部门，而其在项目中的工作多属于兼职性质。这样的项目组织的另一特点是没有明确的项目主管或项目经理，项目中各种职能的协调只能由处于职能部门顶层的部门主管或经理来协调。因而，这种组织形式多适用于小型的项目。

1）职能式组织形式的优点

（1）有利于部门专业化，可使项目获得部门内所有的知识和技术支持，对创造性的项目技术问题的解决很有帮助。

（2）技术专家可同时参加不同的项目，提高资源的利用效率。

（3）当项目组人员变动时，职能部门可作为保持项目技术持续性的基础。

（4）有利于在过程、管理和政策等方面保持连续性。

（5）有利于专业人员的正常的晋升途径，使得项目成员不必担心项目的临时性。

2）职能式组织形式的缺点

（1）项目利益和职能部门利益的冲突。

（2）项目人员容易把项目工作看成额外负担，从而影响其工作的积极性。

（3）由于部门目标不同，跨部门之间的交流沟通比较困难。

（4）强调内部协调往往会使得客户利益得不到优先考虑。

（5）没有人对项目的整体负责。项目经理只负责项目的一部分，另外一些人则负责项目的其他部分。

2. 项目式组织形式

项目式组织形式是按项目来配置所有资源，即每个项目拥有完成项目任务所必需的所有资源，有明确的项目经理，对上直接接受企业主管或大项目经理领导，对下负责本项目资源的运用以完成项目任务。每个项目组之间具有相对独立性，如图 7-2 所示。

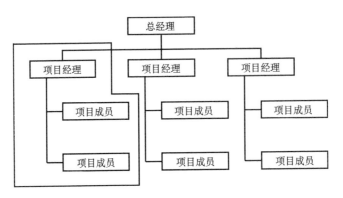

图 7-2 项目式组织形式

1）项目式组织形式的优点

（1）项目经理有充分的权利调动项目内外部的资源，并对项目全权负责。

（2）项目经理可以直接与公司的高层管理者进行沟通，使项目内决策与沟通效率更高。

（3）项目目标单一、明确，项目成员能够集中精力，团队精神易得到充分发挥。

（4）组织结构简单，排除了多重领导的可能，利于命令协调和控制效率的提高。

（5）有利于项目专业化，保留技术领域的专家作为固定的成员。

2）项目式组织形式的缺点

（1）多项目运行时可能产生人员、设施和设备的重复设置，从而可能增加成本，降低资源利用效率。

（2）不利于专业化和规模经济的实现。

（3）组织环境相对封闭，组织管理相对松散。

（4）项目组成员有很强的依赖关系，而与公司其他部门的沟通常常发生困难。

（5）项目成员缺乏归属感，难以形成长期的职业生涯规划。

3．矩阵式组织形式

矩阵式组织形式发展的推动力主要来自高科技领域的公司，这些公司的项目通常需要多个部门专家的合作，因而希望各个项目能够共享这些专家。此外，项目的技术要求也需要有一种新的组织方式能够克服先前的项目管理中的不足。

矩阵式组织形式的特点是将按照职能划分的纵向部门与按照项目划分的横向部门结合起来，以构成类似矩阵的管理系统，如图 7-3 所示。从理论上讲，当多个项目对有限的同类职能资源有共同要求时，矩阵管理就是一个有效的组织形式。此时，传统职能组织无力对包含大量职能之间相互影响的不同项目任务提供集中、持续和综合的关注与协调。因为在职能组织结构的设计是依据职能专业化分工，因而难以让职能部门把项目作为一个整体，对职能之间的项目各方面也加以全力的关注。

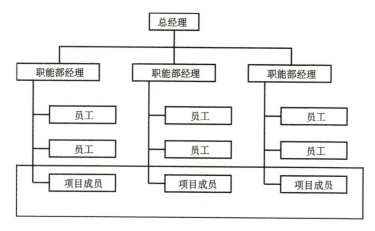

图 7-3　矩阵式组织形式

在矩阵组织中，项目经理在项目活动的"什么"和"何时"方面，即内容和时间方面对职能部门行使权力，而各职能部门负责人决定"如何"支持。每个项目经理要直接向最高管理层负责，并由最高管理层授权。而职能部门则通过对其所掌握的资源进行合理分配和有效控制来管理项目。职能部门负责人既要对他们的直线上司负责，也要对项目经理负责。

1）矩阵式组织形式的优点

矩阵式组织汇集了职能式组织和项目式组织的一般特点，并且具有较广的选择范围，从而使得项目的组织具有更大的灵活性。

（1）项目是工作的焦点，有专人即项目经理负责管理整个项目，负责在规定的时间、经费范围内完成项目的要求。

（2）项目中会有来自职能部门的人员，他们在工作过程中保持与公司政策的一致性，从而增加公司对项目的控制力。

（3）当有多个项目同时进行时，可以借助职能部门平衡资源以保证各个项目都能完成其各自的进度、费用及质量要求。

（4）在保留项目式组织长处的同时，减少人员冗余。由于项目组织是覆盖在职能部门上的，它可以临时从职能部门抽调所需的人才，所以可以共享各个部门的技术人才资源。

（5）减小项目组织临时性的影响，使项目组成人员既与项目具有很强的联系，又对职能部门有"家"的感觉。

（6）对客户要求的响应与项目式组织一样快捷灵活，而且对公司组织内部的要求也能作出较快的响应。

2）矩阵式组织形式的缺点

（1）包含纵向和横向双重领导结构，因此职能组织和项目组织间的平衡需要持续地进行监督，以防止双方互相削弱对方。

（2）在开始制定政策和方法时，需要花费较多的时间和劳动量。

（3）每个项目都是独立进行的，容易产生重复性劳动。

（4）对时间、费用以及运行参数的平衡必要加以监控，以保证不因时间和费用而忽视技术运行。

（5）对员工素质要求高。

4．组合式组织形式

所谓组合式项目组织结构形式有两种含义：一是指在公司的项目组织形式中存在着职能式、项目式或矩阵式两种以上的组织形式；二是指在一个项目的组织形式中包含两种结构以上的模式，例如，在职能式项目组织结构的子项目采取项目式的组织结构等。

组合式项目组织结构的最大特点是方式灵活，公司可根据公司或者项目的具体情况确定项目管理组织形式，而不受现有模式的限制，因而在发挥项目优势与人力资源优势等方面具有方便灵活的特点。

组合式项目组织结构形式可能产生的主要问题是：在项目管理方面容易造成混乱，项目信息流、项目沟通等容易产生障碍，公司的项目管理制度不易较好地得到贯彻执行等。

7.2.2 项目组织形式的选择

项目组织结构的选择是一件非常困难的事情，要依据项目特点和公司资源来进行选择。一般地，需要考虑项目的性质和影响、各种组织形式的优缺点，最后需经综合权衡。因此，项目组织形式的选择可以说是项目管理者知识、经验及直觉等的综合结果。

1．影响项目组织选择的因素

影响组织形式选择的因素有项目影响因素的不确定性、技术的难易和复杂程度、项目规模和建设周期、客户及其他项目外部条件、项目内部依赖性和时间压力等。表7-1列出了这些因素对组织结构选择的影响。

表 7-1　影响组织结构选择的关键因素

组织结构 影响因素	职能式	矩阵式	项目式
不确定性	低	高	高
所用技术	标准	复杂	新
复杂程度	低	中等	高
持续时间	短	中等	长

影响因素 ＼ 组织结构	职能式	矩阵式	项目式
规模	小	中等	大
重要性	低	中等	高
客户类型	各种各样	中等	单一
对内部依赖性	弱	中等	强
对外部依赖性	强	中等	强
时间限制性	弱	中等	强

　　一般来说，职能式组织结构比较适用于规模较小、偏重于技术的项目，而不适用于环境变化较大的项目。因为，环境的变化需要各职能部门间的紧密合作，而职能部门本身的存在及权责的界定成为部门间密切配合难以逾越的障碍。

　　当一个公司中包括许多项目或项目的规模较大、技术复杂时，则应选择项目式的组织结构，同职能式组织相比，在应对不稳定的环境时，项目式组织显示出了自己潜在的长处，这来自于项目团队的整体性和各类人才的紧密合作。

　　与前两种组织结构相比，矩阵式组织形式无疑在充分利用企业资源上显示出了巨大的优越性，由于其融合了两种结构的优点，这种组织形式在进行技术复杂、规模巨大的项目管理时呈现出了明显的优势。

　　2. 选择项目组织形式的程序

　　(1) 定义项目。描述项目目标，即所要求的主要输出。

　　(2) 确定实现目标的关键任务，并确定上级组织中负责这些任务的职能部门。

　　(3) 安排关键任务的先后顺序，并将其分解为工作集合。

　　(4) 确定完成工作集合的项目子系统及子系统的联系。

　　(5) 列出项目的特点或假定，例如，要求的技术水平、项目规模和工期的长短，项目人员可能出现的问题，不同职能部门之间协调可能出现的政策问题和其他有关事项，包括上级部门组织项目的经验。

　　(6) 根据以上考虑，并结合对各种组织形式特点的认识，选择出一种组织形式。

　　3. 项目组织结构的调整与优化

　　为保证项目的顺利进行，对项目的组织结构一般不要轻易进行调整，但由于项目内外环境的变化有必要对项目组织结构进行适当调整时，除要遵循一般的组织设计原则外，还要把握以下几点：

　　(1) 尽可能地保持项目工作的连续性。要防止因项目组织调整而对项目进展产生不利的影响。

　　(2) 维护客户利益。当组织调整出现矛盾时，以客户利益为标准，不能因组织的调整影响了项目合同的正常完成。

（3）把握调整的时机问题。要注意研究与把握调整的最佳时机，并利用调整前的时间做好各项准备工作，防止各种意外情况的出现。

（4）新组织一定要能解决原组织的主要问题。解决原组织中存在的主要问题是项目组织结构调整的动因。因此，在构造新组织时一定要认真分析研究，新组织能否达到这一目标。

7.3　项目团队

项目团队是项目管理的基本单位，它具有两个鲜明的特点：一是团队成员有共同的工作目标；二是团队成员需要协同工作，某个成员工作需要依赖于另一成员的结果。团队的工作如同用照相机拍照片，其结果是暗箱、快门、胶卷等零部件综合作用的产物。值得注意的是，这种协同工作所产生的整体效力是无法通过个体的简单叠加来形成的。

7.3.1　项目团队概述

1. 有效的项目团队的特征

项目团队是指由项目所集合起来的、齐心协力工作、相互帮助支持，以实现项目目标的群体。有效的项目团队应具备下列特征：

（1）明确清晰的目标。团队成员清楚地了解所要达到的目标，以及目标所包含的意义。

（2）职责和角色期望明确。项目成员参与计划制定，明确自身责任，以及与其他成员的相互关系，共同完成其在项目中的任务。

（3）对共同目标的承诺。所有团队成员都认同团队目标，以及个人目标与团队目标的关系，并承诺为达到目标而努力工作。

（4）良好的沟通和高度合作互助。成员之间开放、坦诚、互相尊重、相互帮助、及时沟通，并愿意接受建议性的批评。

（5）高度的相互信任。项目成员之间相互信任，相信团队中其他成员的品行和能力，承认团队中每个成员都是项目成功的重要因素。

（6）相关的技能。团队成员具备实现项目目标所需要的基本技能。

（7）优秀的团队领导。高效团队的领导往往起到教练或后盾的作用，他们对团队提供指导和支持，而不是试图去控制下属。

（8）内部与外部的支持。既包括内部合理的基础结构，也包括外部给予必要的资源条件。高效的团队鼓励其成员与其他组织部门进行充分交流，以使其他部门员工了解本团队，并对团队提出改进意见。这样会有效减少猜忌，并保证相互之间的合作。

2. 项目团队的发展阶段

项目团队的发展一般经历四个阶段：形成、震荡、规范、执行。

1）形成阶段

在这一阶段，项目组成员刚刚开始在一起工作，总体上有积极工作的愿望，但对自身职责及其他成员的角色都不是很了解，他们会有很多的疑问，并不断摸索以确定何种行为能够被接受。在这一阶段，项目经理需要进行团队的指导和构建工作。

（1）宣传项目目标，描绘项目前景及项目成功所能带来的效益，公布项目工作范围、质量、预算、进度计划的标准和限制，使每个成员对项目有全面深入的了解，建立起共同愿景。

（2）明确每个项目团队成员的角色、主要任务和要求，并帮助他们尽快理解所承担的任务。

（3）与项目团队成员共同讨论决定项目团队组成、工作方式、管理方式、方针政策，以保证今后工作的顺利开展。

2）震荡阶段

这是团队内激烈冲突的阶段。随着工作的开展，各方面问题会逐渐暴露。例如，现实与理想往往不一致；任务繁重而且困难重重；工作中可能产生不愉快经历等，这些都会导致冲突产生、士气低落。在这一阶段，项目经理需要利用这一时机，创造一个理解和支持的环境。

（1）允许成员表达不满或其所关注的问题，接受并容忍成员的不满。

（2）做好导向工作，努力解决问题、矛盾。

（3）依靠团队成员共同决策，共同解决问题。

3）规范阶段

团队成员经过一段时间的适应开始表现出相互理解、关心和友爱，亲密的团队关系开始形成，团队开始表现出凝聚力。另外，团队成员通过一段时间的工作，开始熟悉工作程序和标准操作方法，对新制度，也开始逐步熟悉和适应，新的行为规范得到确立并为团队成员所遵守。在这一阶段，项目经理应顺势而为，确立规范，培育和谐的团队文化。

（1）尽量减少指导性工作，给予团队成员更多的支持和帮助。

（2）在确立团队规范的同时，要鼓励成员的个性发挥。

（3）培育团队文化，注重培养成员对团队的认同感、归属感，努力营造出相互协作、互相帮助、互相关爱、努力奉献的精神氛围。

4）执行阶段

在这一阶段，团队的结构完全功能化并得到认可，内部致力于从相互了解和理解到共同完成当前工作上。团队成员一方面积极工作，为实现项目目标而努力；另一方面成员之间能够开放、坦诚及时地进行沟通，互相帮助，共同解决工作中遇到的困难和问题，创造出很高的工作效率和满意度。这一阶段项目经理工作的重点是：

（1）授予团队成员更大的权力，尽量发挥成员的潜力。

（2）帮助团队执行项目计划，集中精力了解项目完成情况，以保证项目目标得以实现。

（3）做好对团队成员的培训工作，帮助他们获得职业上的成长和发展。

（4）对团队成员的工作绩效作出客观的评价，并采取适当的方式给予激励。

3. 如何有效领导项目团队

有效领导项目团队需要两种互相关联的风格：一方面，项目经理必须管理好个性化团队成员；另一方面，还必须把团队控制成为一个统一的整体。因此，项目经理还必须找到某种方式来协调这两个方面。

1）选择合适的项目成员

一个高效的团队不仅需要一个优秀的项目经理，项目成员的选择也非常重要。项目经理在组建项目之后的第一个重要任务就是挑选项目组成员。虽然技术是选择项目组成员的重要因素，但不是唯一的因素，还需要考虑团队成员教育背景、工作经历，成员的性格特点、成员之间的互补性等因素。

2）选择合适的激励手段

通常，对项目组成员的激励手段除了经济手段之外，表扬、休假、培训、富有挑战性的工作任务及允许个体参与决策都是积极的激励手段。项目经理应有节制地使用消极激励，因为积极激励比消极激励更趋向产生持续的影响。

3）建立有效的沟通机制

要建立一个高效的项目团队，内部的沟通机制是非常重要的。如果产生矛盾或是冲突，首先要识别沟通问题的来源，其次要找相关人员沟通并且使用有效倾听的技巧，最后要用团队文化的压力来避免和减少负面冲突。

4）着力提升团队的凝聚力

一个好的项目团队应该是一个具有较高凝聚力的团队，要让团队成员感觉到团队的凝聚力，首要在组建团队的时候要强调每一个人的参与是团队不可分割的一部分，另外要统一团队目标并强调集体奖励和培养团队成员的集体荣誉感。

5）有效利用授权

有效地利用授权，可以使团队自主完成任务，而不要太多地监督。授权首先要确认适合授权的工作范围；其次要明确授权的对象，只有了解团队成员才能正确授权；再次要向授权对象说明授权的原因以及任务完成后的验收标准；最后要适当地加以控制并进行有效的评估。

7.3.2 项目经理的责任与选拔

项目经理负责制是多数项目管理的组织特征。项目经理是项目实施的最高领导者、组织者、责任者，在项目管理中起到决定性的作用。因此，明确项目经理职责，科学选拔项目经理是确保项目成功的关键。

1. 项目经理与部门经理的比较

由于项目通常都是在一个比项目本身更高一级的组织背景下产生的，人们习惯于将项目经理定位为中层管理。然而，项目经理所行使的"中层管理"与职能主管所行使的"中层管理"在管理职能上较大的不同。实际上，由于项目管理的特殊性，对项目经理的素质和技能要求同企业中的总经理有很大的相似性。但由于职位临时性的特点，项目经理在项目中的角色又好像一个球队的教练、一个交响乐团的指挥。具体地讲，项目经理应确保项目全部工作在预算范围内按时优质地完成，并使所有的项目利益相关者满意。因此，项目经理需要对项目的上级组织负责、对项目本身以及对项目团队成员负责。

项目经理与职能部门经理的角色对比如表 7-2 所示。

表 7-2 项目经理与职能经理角色的比较

比较项目	项目经理	职能部门经理
扮演角色	"帅"，为工作找到适当的人去完成	"将"，直接指导他人完成工作
知识结构	通才，具有丰富经验和广博知识	专才，是某一技术专业领域的专家
管理方式	目标管理	过程管理
工作方法	系统综合集成的方法	系统分析方法
工作手段	个人实力，责大权小	职位实力，权责对等
主要任务	规定项目任务，何时开始、何时达到最终目标	规定谁负责任务，技术工作如何完成

2. 项目经理的责权和能力要求

1）项目经理的职责

（1）在技术、费用和时间给定的情况下，利用组织现有资源生产出最终产品并实现项目的目标。

（2）以项目章程为基础，精心计划，合理分工，保证项目进度及各项目标的完成。

（3）控制和指导项目日常工作，管理项目变更。

（4）对项目的进展和绩效实施有效的管理，并向上层主管及时汇报项目进展。

（5）对项目可能发生的风险实施有效的管理和控制，保证项目顺利实施。

（6）获取外部资源，进行外部沟通和工作协调。

（7）负责项目团队建设，激发成员士气，培养成员能力，考核成员业绩。

2）项目经理的权力

（1）生产指挥权。按项目承包合同的规定，根据项目随时出现的人、财、物等资源变化情况进行指挥调度，对于项目组织和计划，也有权在保证总目标不变的前提下进行优化和调整，以保证项目经理能对项目实施中临时出现的各种变化应付自如。

（2）人事权。在有关政策和规定的范围内，对项目组成员的选择、聘任、调配、考核、奖惩和解聘等。

（3）财权。在财务制度允许的范围内，项目经理有权安排承包费用的开支，在工资基金范围内决定项目组织内部的计酬方式、分配原则、分配方案；对风险应变费用、赶工措施费用等都有使用支配权。

（4）技术决策权。审查和批准重大技术措施和技术方案，以防止决策失误造成重大损失；必要时召集技术方案论证会或外请咨询专家，以防止决策失误。

（5）设备、物资、材料的采购与控制权。在公司有关规定的范围内，决定相关设备的型号、数量、和进场时间；对材料、工具、大中型机具的进场有权按质量标准检验后决定是否适用于本项目；自行采购零星物资。通常，主要材料的采购权不宜授予项目经理，而由材料部门统一采购，但供应的材料必须按时、按质、按量保证供应，否则项目经理有权拒收或采取其他措施。

3）项目经理的能力要求

项目经理的能力要求既包括"软"的方面——个性因素，也包括"硬"的方面——管理技能和技术技能。

（1）个性因素。个性素质通常体现在与组织中其他人的交往中的理解力和行为方式上。优秀的项目经理应能够有效理解他人的需求和动机，并以合适的方式与之沟通。具体内容包括：号召力——调动下属工作积极性的能力；交流能力——有效倾听、劝告和理解他人行为的能力；应变能力——灵活、耐心和耐力；对政策高度敏感；自尊；热情等。

（2）管理技能。管理技能主要指项目经理应把项目作为一个整体来看待，认识到项目各部分之间的相互联系和制约，以及单个项目与母体组织之间的关系。具体包括：计划、组织、目标定位、对项目的整体意识、处理项目与外界之间关系的能力、以问题为导向的意识、授权能力——使项目团队成员共同参与决策等。

（3）技术技能。技术技能主要指理解并能熟练从事某项具体活动，特别是包含了方法、过程、程序或技术的活动。优秀的项目经理应具有该项目所要求的相关技术经验或知识。具体包括：使用项目管理工具和技巧的特殊知识；项目知识；理解项目的方法、过程和程序；相关的专业技术；计算机应用能力等。

4）项目经理的选任方式

一般企业选任项目经理的方式有以下三种：

（1）由企业高层领导委派。由企业高层领导提出人选或由企业职能部门推荐人选，经企业人事部门听取各方面的意见，进行资质考察，若合格则经由总经理委派。这种方式的优点是能坚持一定的客观标准和组织程序，听取各方面的评价，有利于选出合格的人选。企业内部项目一般采取这种方式。

（2）由企业和客户协商选择。分别由企业内部及客户提出项目经理的人选，然后双方在协商的基础上加以确定。这种方式的优点是能集中各方面的意见，形成一定的约束机制。由于客户参与协商，一般对项目经理人选的资质要求较高。企业外部项目，如为客户安装调试设备、为客户咨询等，一般采取这种方式。

（3）竞争上岗。首先由上级部门（有可能是一个项目管理委员会）提出项目的要求，提出竞争上岗需要规范的程序和客观的考核标准，然后广泛征集项目经理人选，候选人需提交项目的有关目标文件，由项目管理委员会进行考核与选拔，最终确定人选。这种方式的优点是可以充分挖掘各方面的潜力，有利于选拔人才和发现人才，也有利于促进项目经理的责任心和进取心。竞争上岗方式多适用于企业内部项目。

7.4 项目沟通管理

7.4.1 沟通概述

1. 沟通的定义和过程

沟通是人们分享信息、思想和情感的过程。沟通不仅是发送者将信息通过渠道传递给接收者，同时接收者还要将他们所理解的信息反馈给发送者。因此，沟通是一个反复循环的互动过程。如图 7-4 所示，沟通包括四个要素：发送者、接收者、信息、反馈。沟通过程包括四种活动：发送者的编码、接收者的译码、信息过滤、双方的反馈。

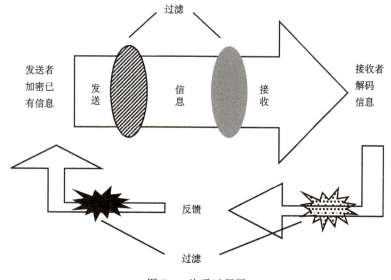

图 7-4　沟通过程图

沟通是信息和意图在发送者和接受者之间的传递。其中，意图的传递是沟通的中心目标，也是进行沟通的目的。因而判断沟通效果也应以意图是否正确传递与理解为基准。只有接收者在正确理解了发送者的意图时，才可以认为这一沟通是成功的。沟通双方不仅要在传递的信息上取得一致，而且在该信息的内涵上亦要取得相同的理解。

2. 沟通的形式

项目团队的沟通应以工作任务为导向，其他类型的沟通如人际关系方面的沟通应服务于团队业绩，而且团队应注重非正式沟通的独特优势。在项目管理中，正式沟通分为上行沟通、下行沟通与平行沟通三种基本形式。

1）沟通渠道

在项目管理中，正式沟通渠道分为上行沟通、下行沟通与平行沟通三种基本形式。

（1）上行沟通。指信息依照系统内上下隶属关系，由低层成员向高层成员传递信息的沟通形式，通常是指下级对上级的反馈和对下层问题的反映。上行沟通主要包括正式报告、汇报会、建议箱、申诉、信访制度等。上行沟通通常表现为两种形式：一是逐层传递，即依据最初制定的团队活动原则逐级向上反映；二是越级传递，指的是减少中间层次，让项目负责人与一般团队成员直接沟通。通过上行沟通，团队成员的报告、请求、意见、建议等能够向项目负责人反映，项目负责人能够真正掌握全面情况，将各个部门的项目团队成员统一起来，作出正确的决策和控制。有效的上行沟通要求项目团队建立良好的团队文化，形成民主氛围。

（2）下行沟通。指信息依照系统内上下隶属关系，由高层人员向低层人员传递信息的形式，通常包括命令、政策、计划、规定等形式的信息。下行沟通形式往往带有命令性和权威性，通过下行沟通，项目负责人可以将项目目标、计划方案等信息传达给团队成员，对团队面临的一些具体问题提出处理方案等，以便对团队成员进行指导，提供必要的资料、反馈团队的工作绩效和激励团队成员。

（3）平行沟通。指项目团队中同级部门之间的信息交流，即同级成员之间的直接联系。平行沟通的思想最早来源于法国管理学家法约尔提出的"跳板原理"（也称"法约尔桥"），其目的是谋求团队成员之间的理解和工作中的配合，因此通常带有协商性。事实上，在项目运行过程中，项目各部门之间因信息沟通渠道不畅经常会产生矛盾和冲突，而平行沟通为减少部门之间的矛盾和冲突提供了一条有效的途径。

2）沟通方式

通常，沟通形式的选择不外乎口头沟通和书面沟通。但从信息技术和现代通信的发展来看，电子媒介还创造了一种介于口头和书面之间的沟通形式。在项目团队沟通的过程中，团队成员应根据不同的目的，选择合适的沟通形式，达到相应的良好的沟通效果。

7.4.2　项目沟通管理

在项目中，沟通是不可忽视的。项目经理最重要的工作之一就是沟通，通常花在这方面的时间要占到全部工作时间的 75%～90%。良好的交流才能获取足够的信息、发现潜在的问题、控制好项目的各个方面。

1. 项目沟通管理的定义及特征

1）项目沟通管理的定义

项目沟通管理包括确保及时、正确地产生、收集、发布、存储和最终处理项目信息所需的过程。它是人、思路和信息之间的关键纽带，是成功所必需的。参与项目的每一个人都必须使用项目"语言"传达和接收信息，理解他们以个人身份涉及的信息将如何影响整个项目。项目沟通管理，就是为了确保项目信息合理收集和传输，以及最终处理所需实施的一系列过程。

2）项目沟通管理的特征

（1）复杂性。每一个项目都涉及客户、承约商、供应商、居民、政府机构等多个方面。另外，大部分项目都是由特意为其建立的项目团队来实施的，具有临时性。因此，项目沟通管理必须协调项目内部各部门以及项目与外部环境之间的关系，以确保项目顺利实施。

（2）系统性。项目是开放的复杂系统。项目的确立将或全部或局部地涉及社会政治、经济、文化等诸多方面，对生态环境、能源将产生或大或小的影响，这就决定了项目沟通管理应从整体利益出发，运用系统的思想和分析方法，全过程、全方位地进行有效的管理。

2. 项目沟通管理的重要性

对于项目来说，要科学地组织、指挥、协调和控制项目的实施过程，就必须进行信息沟通。没有良好的信息沟通，对项目的发展和人际关系的改善，都会产生制约作用。具体来说，项目沟通管理主要有以下几方面的作用：

（1）决策和计划的基础。项目团队要想作出正确的决策，必须以准确、完整、及时的信息作为基础。

（2）组织和控制管理过程的依据和手段。只有通过信息沟通，掌握项目团队内的各方面情况，才能为科学管理提供依据，才能有效地提高项目团队的组织效能。

（3）建立和改善人际关系必不可少的条件。信息沟通，意见交流，将许多独立的个人、团体和组织贯通起来，成为一个整体。畅通的信息沟通，可以减少人与人的冲突，改善人与人，人与团队之间的关系。

（4）项目经理成功领导的重要手段。项目经理是通过各种途径将意图传递给下级人员并使下级人员理解和执行。如果沟通不畅，下级人员就不能正确理解和执行领导意图，项目就不能按经理的意图进行，最终导致项目混乱甚至失败。

3. 项目经理的沟通职能

在项目环境下，项目经理很可能花费 90% 在职时间或更多的个人时间来沟通，典型沟通管理职能包括提供项目指导、决策、分配任务、指导行动、报告、参加会议、综合项目管理、市场与营销、公共关系、备忘录/信件、记录管理、合同文件管理等等。项目经理的沟通能力和技巧对项目的成败有很大的影响。

1）确定沟通计划

明确在整个项目的生命周期阶段需要与哪些利益相关人进行沟通，沟通的目的和动机是什么，需要沟通的信息是什么；选择最佳的沟通时间、沟通方式、沟通场合等。

2）明确沟通依据

（1）沟通要求。指沟通最终要达到的目的和项目沟通之间的有效关系，以此在沟通的过程中要传递有效的、充分的信息。

（2）沟通技术。指沟通渠道和沟通方式。包括：正式沟通和非正式沟通；单向沟通和双向沟通；横向沟通和纵向沟通；书面沟通和口头沟通等。

（3）制约因素和假设。指沟通过程中可能产生的障碍及其对沟通结果的影响，以便采取有效的防范措施。

3）检验沟通结果

（1）评价沟通效果。确定沟通各方的需要和期望是否达成，对项目完成的影响是否正面等。

（2）评价沟通管理计划。评价在项目周期的不同阶段与不同的利益相关者保持有效沟通关系是否有效。

（3）评价沟通渠道和方式。评价沟通渠道、沟通方式、沟通内容，包括信息的形式、内容、详细程度和采用的符号规定与定义等是否合适。

（4）制定随着项目的进展而对沟通计划更新和细化。

7.5 项目冲突管理

7.5.1 项目冲突的来源

根据组织行为学中对冲突的定义，结合项目管理的环境，把项目冲突定义为：两个或两个以上的项目利益相关人，因其所追求的目标相互矛盾，以及另一方对自己实现目标的障碍而导致的争斗。

项目冲突的来源一般表现为如下七个方面：

（1）人力资源使用冲突。项目团队成员一般来自不同的职能部门和参谋部门，当人员的支配权还在这些部门的经理手中时，双方就会在如何使用这些队员的问题上发生冲突。

（2）成本费用冲突。在项目的进程中，常常会由于某项工作需要多少成本而产生冲突。这种冲突可以发生在客户和项目团队之间，也可以发生在管理决策层和项目执行层之间。

（3）技术冲突。当项目采用新技术或需要技术创新时，冲突便会随着技术的不确定行相伴而来。职能经理和项目经理之间、项目团队成员之间、项目经理与项目发起人之间都有可能在技术问题上产生冲突。

（4）管理程序的冲突。许多冲突来源于项目如何管理，也就是项目经理的报告关系、责任定义、界面关系、项目工作范围、运行要求、实施的计划、与其他组织协商的工作关系等。

（5）优先权的冲突。这是由于参与项目的各个方面对实现项目目标而应执行的工作活动和工作任务的优先次序有不同的看法而产生的冲突。这种冲突可以发生在项目团队内部，也可以发生在项目团队和其他组织之间。

（6）项目进度的冲突。围绕项目工作任务的时间确定、次序安排和进度计划而产生的冲突。这种冲突可以发生在项目团队内部，也可以发生在项目团队和其他组织之间。

（7）团队成员的个性冲突。项目组成员在思维方式、对待问题的态度方面的不同也会导致冲突。例如，在一个软件功能涉及多个成员、实现方法多种多样时，就会因为成员自身的习惯等不同产生冲突。

7.5.2　项目生命周期不同阶段的冲突来源与管理

项目的生命周期可分为四个阶段：启动、规划、实施、结束。在项目生命周期的不同阶段，各种冲突发生的频率和强度不一样。项目经理只有从项目的整个生命周期出发来考察冲突，分辨各个阶段可能发生的主要冲突，才能抓住主要矛盾，有效地管理及解决冲突。

1. 项目启动阶段

1）冲突来源

在这个阶段，项目组织还没有真正形成。项目经理与职能经理经常在项目活动的优先权上发生冲突。另外在项目管理程序上也会涉及如下的一些冲突：如何设计项目组织？项目经理的权力是什么？项目经理向谁汇报？由谁来建立项目的进度、成本和质量计划？人力资源使用冲突在项目的启动阶段也是很常见的。项目团队的成员来自不同的职能部门，项目经理需求和职能部门的人力资源安排可能不同，冲突由此产生。

2）冲突管理

（1）与参与项目的各职能部门共同协商、联合决策，制定明确的项目计划书，将项目列入公司的目标，在公司总体目标的框架内明确本项目的地位。

（2）尽早明确并建立项目组织，建立详细的管理程序，形成明确的项目任务责任矩阵。

（3）尽早预测项目对人力资源的需求，并与职能部门经理协调项目人员供给，争取他们对项目提供所需的人力资源作出承诺。

2．项目规划阶段

1）冲突来源

在项目的优先权、项目的进度安排和管理程序上的冲突是本阶段的重要冲突，其中一些是上一阶段的延伸。项目进度安排上的冲突开始显现，这是由于在前一阶段参与项目的各方对进度的设想还不是很具体，而且在项目启动阶段的进度安排一般是粗略的而不是强制性的，而在项目的规划阶段的进度安排确是具有强制性的，此时会因为这一强制性而发生冲突。本阶段管理程序的冲突开始降低，这是因为随着项目的进展，正式的项目组织已经建立，各种规章制度也随之确立，导致出现的管理程序问题比前一阶段减少。

2）冲突管理

（1）定期召开与相关部门的协助会议，及时提供信息反馈，使他们及时了解既定的项目计划的执行情况和出现的问题，当需要对项目的优先权作出调整时，就容易取得他们的谅解。

（2）与职能部门或其他有关部门协调合作，一起来对项目任务进行工作包分解，一起制定切合实际的进度计划。这样可以取得各参与部门对其所制定的进度计划的承诺。

（3）制定处理突发问题的应急计划及相应的汇报批准程序，明确项目经理的权限。

3．项目实施阶段

1）冲突来源

在项目的执行阶段，主要冲突源与前两个阶段相比有了很大的变化。在项目的执行过程中，项目进度安排是最主要的冲突。因为项目的执行往往需要很多参与方的协调配合才能按计划进行，而各方由于各自利益目标的不一致，导致这种协调配合难以顺利进行，进度的冲突频频发生。由于项目各个子任务的内在逻辑关系，某一方的工作延期就可能会引起整个项目的延期。项目经理为了防止整个项目的延期就会对某些任务的进度进行调整，使得冲突更加激烈。

技术问题的冲突在这一阶段居于重要位置。这是因为：其一，项目是由各个子系统集合而成，在各个子系统的技术界面上会由于匹配问题产生冲突；其二，各种设计中的技术问题都在实施时体现出来并引起冲突；其三，在质量控制和检测人员经常与实施人员发生冲突。

人力资源分配的冲突在这一阶段也开始激烈。因为这一阶段对人力资源的需求达到了最高水平。项目经理在人力资源的问题上与职能部门或其他协作部门经常引发冲突。

2）冲突管理

（1）紧密地与项目各个参与部门和支持部门进行沟通，及时、准确地了解各项任务的实际进展情况，以便预见可能出现的会影响进度的异常情况，并且做好应对计划。

（2）在各项任务进入执行之前，项目团队会同各参与部门和支持部门一起回顾项目目标所涉及的所有技术质量标准，尽可能明确所有的技术细节，尤其是各个子任务相连界面的技术匹配细节要明确；就进度和预算问题及时与技术人员沟通，使其了解技术变更对进度和预算可能产生的影响。

（3）及时与各职能部门或协助部门沟通对人员的需求预测，如果需要增加人员，要提前通知相关部门，避免突然抽调人员对部门工作造成的冲击。

4. 项目结束阶段

1）冲突来源

在这个阶段，项目的进度安排仍然使最主要的冲突。这是因为在实施阶段积累的进度错位传递到了项目的结束阶段。

项目成员的个性冲突也会频繁发生。其主要原因：一是临近项目结束，项目组成员对未来的去向问题产生担忧；二是项目组成员们在这一阶段为满足项目的进度、预算和质量目标的要求而承受着很大的压力。两个因素综合作用导致该阶段人际关系的紧张。

人力资源分配冲突在这个阶段也比较突出。临近项目结束，各个职能部门或协助组织会要求一些项目组的成员回到原来的组织或部门。此外，抽调人员去新的项目组也会加剧人力资源冲突的产生。

2）冲突管理

（1）密切监督项目各个子任务的进度，对出现进度落后的关键子任务给予人力或物力的支援；预测并及时解决可能影响进度的技术问题。

（2）尽可能组织安排一些娱乐活动，舒缓紧张的工作压力；注意项目成员情绪变化并及时疏导，并与各方保持良好的工作关系。

（3）在项目临时结束时，提前考虑人员的重新安排计划，让项目组成员能够安心工作直至项目完全结束。

7.5.3　冲突的解决方式

尽管项目经理可以采取以上措施来减少冲突的发生，但在项目整个生命周期内冲突是不可避免的。项目经理必须采取恰当的方式来解决冲突，否则就会影响到项目的顺利进行。

1. 解决冲突的总体思路

（1）共同合作。冲突的解决最需要的是所有成员的共同合作。冲突有时也能带来好处，使问题及早暴露、及早得到重视；迫使相关成员尽快商讨，寻找问题的解决办法。同时，成员在讨论过程中，更好的解决思路、更好的方法都会随之出现。相反，如果冲突处理不当，就会对项目产生非常不利的影响。因此，应正视冲突，而不是回避、妥协；应通过坦诚、合作的方式解决问题。

（2）勤于沟通。任何冲突解决方案都必须在沟通中产生。不愿意沟通、不愿意交流、出现问题不愿意讨论、不愿意倾听别人的意见、自以为是、不尊重别人的观点等，都会导致问题无法解决，项目无法按正常质量完成。

（3）鼓励参与。让项目成员参与到计划制定中，是减少和解决冲突的重要思路。项目经理明确每个成员的角色和职责、明确工作规范；成员发现问题及时沟通和上报项目经理，项目经理发现问题及时通知相应的成员，双方共同配合，才能找到解决冲突的有效途径。

2. 解决冲突的基本步骤

（1）明确问题的具体内容、分歧所在、严重程度、涉及面的广度等。问题描述一定要具体，而不是一两句话的简要描述。

（2）找出产生冲突的真正原因，确定可能的解决方案。有些冲突可能是沟通不够造成的，如甲在某个接口或数据结构上进行了修改，而与此相关的乙却并不知道，当两部分合并时，问题就出来了；有些冲突是由于需求或设计描述不明确，易产生歧义，导致成员对同一问题理解不同，最后的实现也就出现了差错。对于不同的原因，可能有不同的解决方案。

（3）提出解决问题的可行方案。对每一个可能的解决方案，应进行仔细而全面的讨论，分析各种方案的优劣，通过综合权衡，决定最优的方案。当冲突各方确实无法达成一致意见时，由项目经理最后决定采用哪种方案。

（4）根据新的方案制定具体的实现计划。新的方案确定后，应制定实现该方案的具体计划。计划实施之后，还要进行仔细的测试和分析，判断是否与最初的预测结果相符。同时，要将新方案涉及的内容更新到相应的文档中。

➤复习思考题

1. 与一般的组织相比，项目组织有哪些特点？

2. 进行项目组织规划时，一般应遵循的原则有哪些？

3. 对项目进行管理，可选择哪几种组织结构形式？并分析它们各自的优缺点。

4. 结合实际谈一谈如何进行项目组织结构形式的选择？有哪些主要的影响因素？

5. 项目经理同部门经理有什么不同？项目经理的职能有哪些？其所要求的能力有哪些？

6. 项目团队有什么特点？如何才能有效地领导一个项目团队？

7. 项目沟通的渠道有哪些？沟通方式又有哪些？

8. 项目冲突的主要来源有哪些？分别采取怎样的策略来解决？

➢ 案例分析 创新数据处理公司的搬迁计划

创新数据处理公司是一家为当地企业提供数据处理服务的公司，成立至今已有 20 多个年头了，拥有 90 多名员工。60 名员工在 A 市近郊的一栋商业大楼——世纪大厦里工作，其中有 40 名员工在第 5 层工作。公司在最近 12 年里一直租用这层楼。其他 20 名员工在第 9 层工作，这是公司发展后才附加租用的场所。这两个办公区的成员常在大楼的餐厅里见面，但相互都不熟悉。6 个月前，创新数据处理公司收购了一家类似的公司——数据助手公司。后者处理数据处理服务业务已经 10 多年了，有 30 名员工，它的办公地点在该市另一边的一座商业大楼——绿岛大厦里。

最近，在世纪大厦旁，落成了一座新办公大楼——世纪之星大厦。创新数据处理有限公司的老板马女士有意在"世纪之星"里租一整层，这样的话，就有足够的空间让 90 名员工集中在一起工作，并且还能给公司发展壮大留下空间。

马女士从目前的 3 个办公地点各选 1 个人，组成一个 3 人项目团队，对新大楼的办公空间进行布局设计。在第 5 层工作的林先生是一名业务主管，为公司工作 18 年了；在第 7 层工作的王小姐是公司的计算机专家，为公司服务 5 年了；而沙先生则是在数据助手公司工作的一个数据处理员，是数据助手公司的元老，在该公司工作已有 10 年了。

这个项目团队在公司的会议室里举行了第一次会议。沙先生迟到了。这是他第二次来世纪大厦，一路上的交通状况远比他预想的恶劣。林先生首先说道："我非常了解我们的工作流程和制约因素，并且已想好了我们要搬进的新办公区的布局方案。"

"我们真的有必要搬进这个新的办公区里吗？"沙先生问道。

林先生回答说："那还用问吗？"

王小姐说："我的邻居跟我说，他的公司进行了同样的合并，他们对所有员工作了调查，询问他们的想法，也许我们也应该那么做。"

林先生说道："没必要那样浪费时间，我在这儿已多年了，知道该怎么做。"

王小姐说："也许你是对的。"

林先生接着说："现在开始工作吧。我建议先讨论如何合并的方案问题……"

沙先生打断了他的话："合并？你是说合并吗？那不是意味着公司要进行裁员？在创新数据处理有限公司收购'数据助手'时就听到这个传言了，现在果然开始了。"

王小姐问道："裁员？真的？凭我的计算机能力，公司绝不会解雇我。再说，我能在一分钟内找到另一份工作。"

林先生打断了她说："我们偏离主题了！不要争论了，开始工作吧。"

沙先生又说道："等一下。我有一些更重要的问题要讲！我告诉你，绿岛大厦那边没人愿意搬到这个新楼里来。我们喜欢现在的地方，我们可以在午餐时逛商场，员工们的孩子就在附近街上的托儿所里。要是搬过来，每天上、下班需多花半个小时。人们在 5 点托儿所关门前也赶不到那儿。我认为在办公设计前，首先需要解决许多员工的实际问题。"

王小姐说："我无所谓，也许吧。"

林先生叹息一声说："那些事情都不是我们要讨论的。现在，能不能让我们开始进行办公区的设计？"

思考题：

1. 为什么马女士想搬进新的办公楼里？这个搬迁的有利和不利之处是什么？

2. 林先生、王小姐和沙先生是一个有效的团队吗？说明原因。

3. 林先生、王小姐和沙先生本可以怎样做？请提出一些建议，使这个团队能有效地工作。

第8章

项目风险管理

内容提要

在本章中，您将学习到以下主要内容：

1. 项目风险的基本概念；

2. 项目风险识别的依据；

3. 项目风险识别过程；

4. 项目风险估计；

5. 项目风险评价；

6. 项目风险应对措施；

7. 项目风险监控方法；

8. 项目风险监控技术。

项目风险管理是指识别、分析和采取措施应对项目风险的一系列过程，它包括将积极因素所产生的影响最大化和使消极因素产生的影响最小化两方面内容。

早期的项目管理决策对风险考虑很少，现代项目管理引入了风险管理技术。项目风险管理通过识别和评估风险，建立、选择、管理和解决风险的可选方案，从而将项目风险的负面影响减少到最小。项目风险管理的目的就是运用一系列工具辅助项目管理者管理与项目有关的风险、理解项目出现偏差的危险信号，尽可能地采取正确的行动。从过程来看，项目风险管理包括项目风险识别、项目风险量化和项目风险应对三个方面。

8.1 项目风险管理概述

8.1.1 风险的基本概念

1. 风险的定义

风险（risk）在现代汉语字典中的解释是"损失或伤害的可能性"，而人们对风险的通常理解是"可能发生的危险"。《韦氏词典》（*Merriam-Webster Dictionary*）对风险的定义是"遭受伤害或损失的一种可能性"；D. F. Cooper 和 C. B. Chapman 在《大项目风险分析》一书中对风险给出的定义则是："风险是由于从事某项特定活动过程中存在的不确定性而产生的经济或财务的损失，自然破坏或损伤的可能性"。

可见，风险一词包含了两方面的含义：一是风险意味着损失，或者是未实现预期的目标；二是指这种损失出现与否是一种不确定性，可以用概率表示出现的程度，但不能对出现与否作出确定性判断。

2. 风险的种类

以不确定性为定义，风险可分为以下三类：

（1）收益风险。即只会产生收益而不会导致损失的可能性，只是具体的收益规模无法确定，如接受教育的风险问题。

（2）纯粹风险。指只会产生损失而不会导致收益的可能性。在现实生活中，纯粹风险是普遍存在的，如地震、洪水、火灾等。

（3）投机风险。指既可能产生收益，也可能造成损失的可能性。这类风险最好的例子就是股票投资。一旦购买股票，投资者可能随该股票贬值而亏损，也有可能随着股票升值而获益。

3. 风险的产生

关于风险产生的原因，国际风险管理界有不同的解释。

（1）危险因素结合说。这种理论的代表人物是佩费尔、威廉斯和海恩斯。他们认为不确定性是主观的，概率是客观的。某种事物的发生和不发生，其概率相等时，不确定性最大。风险由此产生，因此构成风险的就是风险因素的结合。

（2）预想和结果变动说。这种说法是威廉斯和海恩斯对危险因素结合说进行扬弃后提出的。他们给风险下的定义是：风险是在风险状态下，一定时期内可能发生变动的结果。如果这种结果只有一种可能，则风险为零；如果可能产生几种结果，则风险不为零。变动越大，风险也越大。预想和结果的变动意味着主观臆断和实际结果不一致或猜测的结果和现实的偏离。

（3）商业风险和纯风险说。这种观点认为，风险管理的重点应为商业风险和纯风险。商业风险源于企业和项目的经营活动，包括投机产生的风险。而纯风险则源于人身伤亡或人员的道德异化。

4. 风险的构成要素

一般而言，构成风险的要素有风险因素、风险事故、风险损失和风险载体。

（1）风险因素。指引起或促使风险事故发生损失增加或扩大的原因和条件。

（2）风险事故。又称为风险事件，指引起损失或损失增加的直接的或外在的事件。

（3）风险损失。指偶然发生的、非预期的和非计划性的经济价值的减少或灭失。

（4）风险载体。指风险的直接承受体，即风险事故直接指向的对象。

5. 风险的特性

风险的特性是风险本质及其发生规律的表现。风险具有以下特性：

（1）客观性和普遍性。风险的存在取决于决定风险的各种因素的存在。也就是说，不管人们是否意识到风险，只要决定风险的各种因素出现了，风险就会出现，它是不以人的意志为转移的客观实在，是人们不能拒绝与否定的。而且，风险普遍存在于各种事物之中。

（2）不确定性。虽然风险是客观存在的，但受到各种条件的限制，人们无法充分认识客观事物及其未来的发展变化，不可能准确预测风险的发生，即风险事件的发生及其后果都具有不确定性。

（3）危害性。在多数情况下，风险会导致潜在损失，对行为主体造成威胁。这种威胁致使行为人焦虑、恐惧，并由此而导致行动选择的非理性和资源配置的低效性。可见，危害性是风险的本质属性。

（4）行为相关性。指决策者面临的风险与其决策行为是紧密关联的。不同的决策者对同一风险事件会有不同的决策行为，具体反映在其采取的不同策略和不同的管理方法上，也因此会面临不同的风险结果。

（5）潜在性。尽管风险是一种客观存在，但其不确定性决定了它的出现只是一种可能，要变成现实还有赖于其他相关条件，这一特性可称为风险的潜在性。

（6）隶属性。指凡风险皆有其明确的行为主体，且必被置于某一目标明确的行动中。

（7）可测量性。虽然风险具有不确定性，但这种不确定性并不是指对客观事物变化全然不知，人们可以根据以往发生的一系列类似事件的统计资料，经过分析处理，对风险发生的频率及其造成的经济损失程度作出估计，从而对可能发生的风险进行预测与衡量。

8.1.2 项目风险管理的概念

1. 项目风险的定义

项目风险是指在项目决策和项目实施过程中，造成项目实际结果达不到预期目标的不确定性。项目风险的不确定性包含损失的不确定性和收益的不确定性。这里所指项目风险是损失的不确定性。

2. 项目风险的类别

工程项目的风险可以按发生的概率、后果的严重程度、结果属性（项目目标）、项目阶段、风险因素（引发原因）、关联程度、作用对象、项目系统等多种方法进行分类。其中，最为典型的就是按照项目系统、风险因素（引发原因）、结果属性（项目目标）和项目阶段四种方法进行分类。

（1）按项目系统分类，项目风险可分为环境系统风险、技术系统风险、行为主体系统风险、目标系统风险、管理过程风险等。

（2）按风险因素分类，项目风险可分为自然风险、政治风险、经济风险、社会风险、技术风险、管理风险、组织风险等。

（3）按结果属性分类，项目风险可分为质量风险、工期风险、成本风险、安全风险、生态风险等。

（4）按照项目阶段分类，项目风险可分为决策风险、投标风险、设计风险、采购风险、施工风险、试车风险等。

3. 项目风险管理的定义

项目风险管理是项目管理者通过风险识别、风险评价去认识项目的风险，并以此为基础，合理地使用风险回避、风险控制、风险分散、风险转移等管理方法、技术和手段对项目的风险进行有效的控制，妥善处理风险事件造成的不利后果，以合理的成本保证项目总体目标实现的管理工作。

4. 项目风险管理的作用

（1）促进项目实施决策的科学化、合理化，降低决策的风险水平。项目风险管理利用科学的、系统的方法，管理和处置各种项目风险，有利于该项目的项目组织减少或消除各种经济风险、技术风险、决策失误风险等，这对项目科学决策、正常经营具有重大意义。

（2）为项目组织提供安全的实施环境。项目风险管理为处置项目风险提供了各种措施，从而消除了项目组织的后顾之忧，使其全身心地投入到各种项目活动中去，保证了项目的稳定进展。

（3）保障项目目标的顺利实现。项目风险管理的实施可以使项目组织面临的风险损失减少到最低限度，并能在损失发生后及时合理地提供补偿，从而能促使项目目标的顺利实现。

（4）促进项目组织效益的提高。项目风险管理是一种以最小成本达到最大安全保障的管理方法，它将有关处置风险管理的各种费用合理地分摊到产品、过程之中，减少了费用支出；同时，项目风险管理的各种监督措施也要求各职能部门提高管理效率，减少风险损失，这也促进了项目组织效益的提高。

8.1.3 项目风险管理的过程

项目风险管理过程分为风险规划、风险识别、风险估计、风险评价、风险应对、风险监控六个阶段和环节，如图8-1所示。

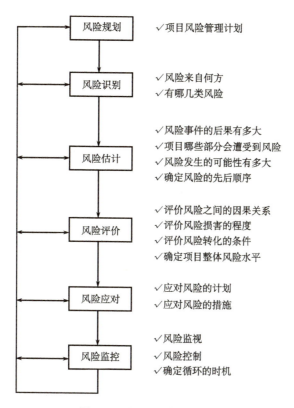

图 8-1　项目风险管理过程

8.2　项目风险识别

8.2.1　风险识别的概述

1. 风险识别的基本概念

项目风险识别是指项目风险管理人员在收集资料和调查研究之后，运用各种方法对尚未发生的潜在风险以及客观存在的各种风险进行系统归类和全面识别，了解并寻找项目所有可能遭受损失的来源，并将这些风险的特性整理成文档。风险识别是项目管理者识别风险来源、确定风险发生条件、描述风险特征并评价风险影响的过程。

风险识别是风险管理的基础，没有风险识别的风险管理是盲目的，通过风险识别，才能使理论联系实际，把风险管理的注意力集中到具体的项目上来。通过风险识别，可以将那些可能给项目带来危害和机遇的风险因素识别出来。

风险识别过程描述发现风险、确认风险的主要活动和方法。作为一种系统过程，风险识别有其自身的过程活动，一般分为五步：

第一步，确定目标；

第二步，明确最重要的参与者；

第三步，收集资料；

第四步，估计项目风险形势；

第五步，根据直接或间接的症状将潜在的项目风险识别出来。

2. 风险识别的作用

项目风险是客观存在的，项目风险管理人员在研究项目所面临的风险对策时，最重要的工作就是寻找项目可能遭受的损失的来源。因此，风险识别的主要作用有：①为风险分析提供必要的信息，是风险分析的基础性工作；②用于衡量风险的大小；③提供最适当的风险管理对策；④通过项目风险识别，有利于项目组成员树立项目成功的信心。

8.2.2 项目风险识别的依据

项目风险识别的主要依据包括项目规划、风险管理计划、风险种类、历史资料、制约因素和假设条件。

1. 项目规划

项目规划是项目风险识别的基础依据，其中的项目目标、任务、范围、进度计划、费用计划、资源计划、采购计划及项目承包商、业主及其他各利益相关方对项目的期望值等都是项目风险识别的依据。

2. 风险管理计划

项目风险管理计划是规划和设计如何进行项目风险管理的过程，它定义了项目组织及成员风险管理的行动方案及方式，指导项目组织选择风险管理方法。它是针对整个项目生命周期制定的。

从项目风险管理计划中可以确定风险识别的范围、信息获取的渠道和方式、项目组成员在识别风险过程中的分工和责任分配、重点调查的项目相关方、识别风险过程中可以应用的方法及规范、在风险管理过程中应该何时由谁进行哪些风险重新识别、风险识别结果的形式、信息通报和处理程序。

3. 风险种类

风险种类是指那些可能对项目产生正面或负面影响的风险源。一般的风险类型有技术风险、质量风险、过程风险、管理风险、组织风险、市场风险及法律法规变更风险等。

4. 历史资料

历史资料是项目风险识别的重要依据之一，它是指从本项目或其他相关项目的档案文件中、从公共信息渠道中获取对本项目有借鉴作用的风险信息。

历史资料包括工程系统的文件记录、生命周期成本分析、产业分析或研究、计划或工作分解结构的分解、技术绩效测评计划或分析、进度计划、影像图、文件规定、决策驱动者、专家判断、文件记录的事件教训、估计成本底线、假想分析。

5. 制约因素和假设条件

项目建议书、可行性研究报告、设计等项目计划和规划性文件一般都是在若干假设、前提条件下估计或预测出来的。这些前提和假设在项目实施期间可能成立，也可能不成立。因此，项目的前提和假设之中隐藏着风险。

项目必然处于一定的环境之中，受到内外许多因素的制约，其中国家的法律、法规和规章等因素是项目活动主体无法控制的，这些都构成了项目的制约因素，这些制约因素中隐藏着风险。

8.2.3 项目风险识别过程

项目风险识别包含两方面内容：识别哪些风险可能影响项目进展及记录具体风险的各方面特征。风险识别不是一次性行为，而应有规律地穿插在整个项目中。项目风险识别过程如图 8-2 所示。

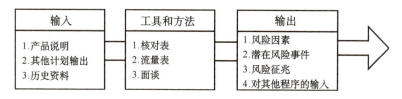

图 8-2 项目风险识别过程

项目风险识别包括识别内在风险及外在风险。内在风险指项目工作组能加以控制和影响的风险，如人事任免和成本估计等。外在风险指超出项目工作组可控力和影响力之外的风险，如市场转向或政府行为等。

严格来说，风险仅仅指遭受创伤和损失的可能性，但对项目而言，风险识别还牵涉机会选择（积极成本）和不利因素威胁（消极结果）。

项目风险识别应凭借对"因"和"果"（将会发生什么导致什么）的认定来实现，或通过对"果"和"因"（什么样的结果需要予以避免或促使其发生，以及怎样发生）的认定来完成。

1. 风险识别的输入

1）产品说明

在所识别的风险中，项目产品的特性起主要的决定作用。所有的产品都是这样，生产技术已经成熟完善的产品要比尚待革新和发明的产品风险低得多。与项目相关的风险常常以"产品成本"和"预期影响"来描述。

2）其他计划输出

应该回顾一下在其他区域里的程序输出，它们可以用来识别可能的风险，比如：

工作分析结构——非传统形式的结构细分往往能提供给我们高一层次分支图所不能看出来的选择机会。

成本估计和活动时间估计——不合理的估计及仅凭有限信息作出的估计会产生更多风险。

人事方案——确定团队成员有独特的工作技能使之难以替代，或有其他职责使成员分工细化。

必需品采购管理方案——类似发展缓慢的地方经济这样的市场条件往往可能提供降低合同成本的选择。

3）历史资料

有关以前若干个项目情况的历史资料对识别目前项目的潜在风险具有特殊帮助。这种历史资料往往可以从以下渠道获得：

（1）项目资料文件。一个项目所牵涉的一个或更多的组织往往会保留过去项目的记录，这些记录会很详细，足以协助进行风险识别工作。实际上，某些团队的成员就保有这样的记录。

（2）商业数据。在很多应用领域我们可以获得商业的历史信息。

（3）项目组的经验知识。项目组成员都会记得以往项目的产出和消耗情况。当然这样收集的信息可能很有用，但较之以文件资料形式记录的信息可靠性低些。

2．工具和方法

1）核对表

核对表一般根据风险要素编写。包括项目的环境、其他程序的输出、项目产品或技术资料，以及内部因素如团队成员的技能（或技能的缺陷）。有些应用领域广泛应用分类图表作为风险原始资料的一部分。

2）流量表

流量表能帮助项目组易于理解风险的缘由和影响。

3）面谈

与不同的项目涉及人员进行有关风险的面谈有助于那些在常规计划中未被识别的风险。项目前期面谈记录（这些工作往往在进行可行性研究时进行）也是可以获得的。

3．风险的输出

1）风险因素

风险因素是指一系列可能影响项目向好或坏的方向发展的风险事件的总和，

这些因素是复杂的，也就是说，它们应包括所有已识别的条目，而不论频率、发生之可能性、盈利或损失的数量等。一般风险因素包括：①需求的变化；②设计错误、疏漏和理解错误；③狭隘定义或理解职务和责任；④不充分估计；⑤不胜任的技术人员。

2）潜在的风险事件

潜在的风险事件是指如自然灾害或团队特殊人员出走等能影响项目的不连续事件。在发生这种事件或重大损失的可能相对巨大时（"相对巨大"应根据具体项目而定），除风险因素外还应将潜在风险事件考虑在内。

对潜在风险的描述应包括对以下四个要素的评估：①风险事件发生的可能性；②可选择的可能结果；③事件发生的时间；④发生频率的估测（即是否会发生一次以上）。

3）风险征兆

风险征兆有时也称为触发引擎，是一种实际风险事件的间接显示。例如，丧失士气可能是计划被搁置的警告信号，而运作早期即产生成本超支可能又是评估粗糙的表现。

4）对其他程序的输入

风险认定过程应在另一个相关领域中确定一个要求，以便进行进一步运作。例如，如果工作分析结构图不够细致，就无法进行充分的风险识别。

风险常常被作为系统规定参数或假定值输入其他过程。

8.3 项目风险量化

项目风险的量化是项目风险管理的第二个步骤。项目风险量化包括风险估计与风险评价两个内容。风险估计主要任务是确定风险发生的概率与后果；风险评价则是确定该风险的社会、经济意义以及处理的费用/效益分析。

8.3.1 项目风险估计

1. 风险估计的含义

风险估计又称风险测定、测试、衡量和估算等，因为在一个项目中存在着各种各样的风险，估计可以说明风险的实质，但这种估计是在有效辨识项目风险的基础上，根据项目风险的特点，对已确认的风险，通过定性和定量分析方法衡量其发生的可能性和破坏程度的大小，对风险按潜在危险大小进行优先排序和评价、制定风险对策和选择风险控制方案有重要的作用。

根据项目风险和项目风险估计的含义，风险估计的主要内容包括：①风险事件发生的可能性大小；②风险事件发生可能的结果范围和危害程度；③风险事件发生预期的时间；④风险事件发生的频率等。

风险是指损失发生的不确定性（或可能性），所以风险是不利事件发生的概率及其后果的函数，而风险估计就是估计风险的性质、估算风险事件发生的概率及其后果的严重程度，以降低其不确定性。因此，风险与概率密切相关，概率是项目风险管理研究的基础。

2. 风险估计的计算标尺

项目风险后果的多样性，要求根据风险性质对风险后果采取多种计算标尺。计量是为了取得有关数值或排列顺序。目前，计量一般使用标识、序数、基数和比率四种标尺。

标识标尺是标识对象或事件的，可以用来区分不同的风险，但不涉及数量。不同的颜色和符号都可以作为标识标尺，例如，项目管理组如果感到项目进度拖延的后果非常严重时，可用紫色表示进度拖延；如果感到很严重，用红色表示；如果感到严重，则用橘红色表示。序数标尺是事先确定一个基准，然后按照与这个基准的差距大小将风险排出先后顺序，可以区别出各风险之间的相对大小和重要程度。但序数标尺无法判断各风险之间的具体差别大小，只能给出一个相对的先后排列顺序，例如，将风险分为已知风险、可预测风险和不可预测风险就是一种序数标尺。基数标尺是指项目风险也像其他物质一样可以计算出其大小来，虽然它的计量单位是相对的或抽象的。基数标尺不仅可以把项目各个风险彼此区别开来，而且还可以表示它们彼此之间差别的大小。比率标尺不但可以确定风险彼此之间差别的大小，还可以确定一个计量起点，风险事件发生的概率就是一种比率标尺。

1）效用与效用函数

有些风险事件后果，即收益和损失大小很难计算，即使能够计算出来，但同一数额的收益或损失对于不同的人或组织其承受能力或感受也不一样，这就需要引入效用这个概念。

效用（utility）是一个在经济学、管理学及日常生活中广泛使用的一个概念。所谓效用是指人们对风险的满足或感受程度。人不同，对风险的评价也不同。因此，效用是一个相对概念，其数值也是一个相对值。效用的度量一般有两种：序数效用和基数效用。序数效用只是给出效用的先后排列顺序，基数效用则给出效用的量化计量值。

效用函数。人们对风险信念、风险后果也是随着风险后果的大小、环境的变化而有所变化，这种变化关系可用效用函数 $u(x)$ 来表示。如不同数额的收益或损失在同一个人中有不同的感受，描述收益或损失大小 x 的函数就是效用函数。效用函数在经济学、管理学中具有广泛的应用，可用于衡量人们对风险以及其他事物的主观评价、态度、偏好和倾向等。在项目风险管理中，效用常被用来量化项目管理人员的风险观念。项目管理人员对待风险的态度或主观认识也可以用效用曲线来直观地描述。

2）效用曲线

在直角坐标系里，以横坐标表示收益或
损失的大小，纵坐标表示效用值，将项目管
理人员对风险所抱态度的变化关系用曲线来
反映，这种曲线就叫做该项目管理人员的效
用曲线。图 8-3 给出了三种常用效用曲线，
反映了人们对待风险的不同态度。

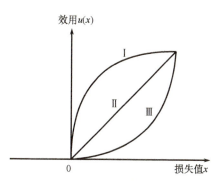

图 8-3　典型效用曲线类型

曲线Ⅰ称为保守型效用曲线。属于这种
类型的项目管理人员对收益的反映比较迟
缓，而对损失比较敏感。这是一种谨慎小
心、规避风险、不求大利的保守型决策者。

曲线Ⅲ称为冒险型效用曲线。属于这种类型的项目管理人员的风险观念与曲
线Ⅰ相对立，他们对损失的反映比较迟缓，而对收益则比较敏感。这是一种不怕
风险、谋求大利的进取型决策者。

曲线Ⅱ称为中间型效用曲线。属于这种类型的项目管理人员，对能够得到的
收益期望值本身与效用大小看成是比例关系。这是一种愿冒一定风险、完全按期
望值大小选择行动方案的决策者。

效用、效用函数和效用曲线在项目风险管理中考虑项目管理人员的主观因素
时很有用，不同的人有不同的效用曲线。

3. 估计的不确定性与偏向

估计的本质，是在信息不完全情况下的一种主观评价。因此，进行风险估计
时有两个问题要注意。①不管使用哪种标度，都需要有几种形式的主观判断。所
以，风险估计的结果必然带有一定程度的不确定性。②计量本身也会产生一定程
度的不确定性。项目变数（如成本、进度、质量、规模、产量、贷款利率、通货
膨胀率）不确定性程度依赖于计量系统的精确性和计量的准确性。计量风险的准
确性同不确定性是有区别的。

风险估计还涉及信息资料问题。人们一般不能从收集到手的信息资料直接获
得有关风险大小、后果严重程度和发生频率的信息。在传播过程中，信息资料的
意义常常被人们歪曲地理解或解释。如果事件给人留下的印象深，则其损失容易
被高估。有人研究过这种现象，结论是，广为传播的事件发生频率常常被高估，
而传播少的事件则被低估。

对事物感知的选择性或偏向性还表现在人们往往只依赖一种信息资料，例
如，只依赖定量的或只依赖定性的信息资料，而排除另外一种。在进行风险估计
时还存在着若干认知上的偏向：①人们往往过分自信。对风险的估计要么比实际
风险大，要么比实际风险小。当他们渴望项目成功时，就不愿意看到与项目不利
的方面。②当获得新资料时，人们常常不能或不愿意对原来作的估计进行准确、

前后一致的修改。最初形成的印象常常在脑子里驻留很久，不肯褪去。在识别出新的风险时，人们就常有这种表现。因为，新的风险刚被识别之时，很少经过量化，容易使人的感知产生很大的偏向性。这种偏向一旦形成，则日后难以排除。③人们似乎很少注意样本的大小。也就是说，大多数人思考问题时缺乏概率的概念。④人们作初步判断时总要选择一个起点，并根据这个起点修改以后的各次判断。因此，最初判断对以后的预测都将产生重大影响。所以，在开始估计时，一定要把脑子里没有事实根据，甚至错误的东西清除干净。⑤在进行估计时，人们常常作简单的类推。例如，如果一个人认为项目的技术风险低，他就有可能认为技术风险对项目的费用影响也小。

那么，如何减少或消除这些不确定性和估计偏向呢？

(1) 我们必须知道风险估计的精确性和准确性取决于发生风险事件的哪些过程。从风险估计的角度来看，过程分为行为过程、自然过程和随机过程三类。行为过程指有人参与的过程。人的行为或行动带有大量的不确定性。由自然规律支配的自然过程具有"重复性"，是具有"确定性"的过程，因而可被预测。自然过程的因果关系可被人类揭示和理解。所以，在理论上自然过程的不确定性可以减少到零。随机过程是自然过程的一种，其不确定性需要依靠统计手段来理解和掌握。

(2) 使用德尔菲法，把各种潜在的有关问题、想法、意见和见解尽可能地都提出来，并让多人分别进行仔细认真的考虑，最后取得集体意见的一致，提高风险估计的准确性。如果参加考虑的人不带有严重的偏见，而且关键的信息资料不遗漏的话，德尔菲法很有效。

(3) 确定风险估计中的"确定性"与"购买"有关的资料和信息。建立系统原型、随机模拟、实际调查、实验、建立数学模型都属于这类方法。这些方法都需要支出费用，"购买"二字的含义即在于此。因此，项目管理人员在支出费用之前要认真地想一想，值得不值得采用这些方法。

4. 项目风险估计方法

1) 项目风险估计的一般方法

(1) 风险评价方法有定性和定量两大类。最简单的定性风险评价方法莫过于在项目的所有风险中找出后果严重者，看看这最严重的后果是否低于项目整体评价基准。例如，从经济风险的角度，看一个投资项目失败时所造成的损失是否低于30万元人民币。这种方法用不着收集很多资料，也用不着估计风险发生的概率，是一种最简单、最保守的方法。这种方法可以确定一个风险可接受水平上限。此法实际上是假定最严重的风险存在于整个项目期间，忽略了时间因素。再者，此法太绝对，其结论要么是项目干下去，要么是不干，否认了进行风险管理的必要性。

(2) 列表法。对上述方法略加改善，就可以得到另外一种方法——列表法。该法利用风险识别时加工过的信息和资料把那些会引起太多麻烦，而需时时当心的风险找出来，然后列在一个表中。被视为重要的放在前面。表列出之后，对照风险评价基准，把未达到评价基准的从表中删除。使用该法时要注意：①不能以为未列入表中的风险就不会对项目整体风险产生重大影响。②要留意风险的耦合作用。耦合作用往往掩盖了风险之间的真实关系。③表中的风险及其优先顺序只是暂时的情况，它们的内容和顺序随时都会发生变化。

（3）概率分析法。风险估计要确定风险发生的概率和对项目的影响程度。一般来说，项目风险发生的概率和后果的计算均要通过对大量已完成的类似项目的数据进行分析和整理得到，或通过一系列的模拟实验来取得数据。

概率分布。概率分布表明了每一可能事件及其发生的概率。由于诸事件的互斥性，这些概率的和为1。我们可以使用历史数据（资料）或理论概率分布来建立实际概率分布。

历史资料法。在基本相同的条件下，我们通过观察各个潜在的风险长期已经发生的次数，就能估计每一可能事件的概率，这种估计是每一事件过去已经发生的频率。但是，人们缺乏广泛而足够的经验，以致不能用这种方法建立可靠的概率分布。如前所述，项目风险的客观概率是很难得到的。即使有这样一些历史数据，也会因样本过小而无法建立概率分布。国外的资料表明，除个别情况之外，企业无法依赖自己本身的历史资料建立每年的总损失金额概率分布，而只能依赖同业工会、私营保险商、政府部门提供的辅助信息。

理论分布法。当历史资料不充分或不可信时，项目风险管理人员可以根据理论上的某些概率分布来补充或修正，从而建立风险的分布图。

常用的风险概率分布是正态分布。正态分布可以描述许多风险的概率分布，如财产损失、交通事故等。还有一些风险估计中常用的理论概率分布，如离散分布、等概率分布、阶梯长方形分布、梯形分布、三角形分布、二项分布和对数正态分布等。

外推方法。外推方法分为前推、后推及旁推三种，都是风险估计的好方法。从预测理论来分析，后推和旁推的应用效果一般较差，故较少用，大量运用的是前推方法。

前推方法即趋势外推法，是一种时间序列法。其基本原理是利用取得的按时间顺序排列的历史信息数据推断出未来事件发生的概率和后果，是一种定量预测方法。外推法简单易行，前提是有足够的历史资料。

2）特定风险类型下的风险估计方法

根据项目风险的确定程度，项目风险类型可以划分为确定型、风险型和不确定型三种。以下针对三种风险类型讨论项目风险的估计方法。

（1）确定型风险估计。确定型风险是指那些项目风险出现的概率为1，其后果是完全可以预测的，由精确、可靠的信息资料支持的项目风险估计问题，即当风险环境仅有一个数值且可以确切预测某种风险后果时，称为确定性风险估计。

确定型风险估计有许多方法，这里重点讨论项目经济评价使用的盈亏平衡分析、敏感性分析等方法。

盈亏平衡分析。盈亏平衡分析侧重研究项目风险管理中盈亏平衡点的分析，即对项目的产量、成本和利润三者之间的平衡关系进行研究分析，确定项目在产量、价格、成本等方面的盈亏界限，据此判断在各种不确定因素作用下项目适应能力和对风险的承受能力。盈亏平衡点越低，表明项目适应变化的能力越强，承受风险的能力越大。盈亏平衡分析一般是根据项目正常生产年份的产量或销售量、可变成本、固定成本、产品价格和销售税金等资料数据计算盈亏平衡点。

敏感性分析。项目管理活动一般处在一种动态的复杂环境中，所以一般要进行敏感性分析。敏感性分析是指通过分析、预算项目的主要制约因素发生变化时引起项目评价指标变化的幅度，以及各种因素变化对实现预期目标的影响程度，从而确认项目对各种风险的承受能力。在项目的整个寿命周期内，存在着各种不确定性因素，而且这些因素对项目的影响程度也是不一样的，有些因素很小的变化就会引起项目指标较大的变化，甚至于变化超过了临界点（所谓临界点是指在该点处，所分析的因素使某项目备选方案从被接受转向被否决），直接影响到原来的项目管理决策，这些因素称为敏感性因素；有些因素即使在较大的数值范围内变化，但只引起项目评价指标很小的变化甚至"无动于衷"，这些因素称为不敏感性因素。敏感性分析的目的就是要在项目诸多的不确定性因素中，确定敏感性因素和不敏感性因素，并分析敏感性因素对项目活动的影响程度，从而使项目管理人员掌握项目风险水平，明确进一步的项目风险管理途径和技术方法。

（2）随机型风险估计。随机型风险是指那些不但它们出现的各种状态已知，而且这些状态发生的概率（可能性大小）也已知的风险，这种情况下的项目风险估计称为随机型风险估计。随机型风险估计一般按照期望收益值最大或期望效用值最大来估计。

（3）不确定型风险估计。不确定型风险是指那些不但它们出现的各种状态发生的概率未知，而且究竟会出现哪些状态也不能完全确定的风险，这种情况下的项目风险估计称为不确定型风险估计。在实际项目管理活动中，一般需要通过信息的获取把不确定型决策转化为风险性决策。由于掌握的有关项目风险的情况极少，可供借鉴参考的数据资料又少，人们在长期的管理实践中，总结归纳了一些公认的原则供参考，如等概率准则、乐观准则、悲观准则、最小后悔值准则等。

8.3.2 项目风险评价

1. 风险评价的含义

所有的风险管理过程都有一个评价阶段，尽管这个阶段可能和估计阶段合并在一起，包含在一个范围更宽的分析阶段。这个阶段的作用是对估计阶段的结果进行综合评价，从而实现业主对决策和判断的评估。

2. 项目风险评价方法

风险评价方法一般可分为定性、定量、定性与定量相结合三类，有效的项目风险评价方法一般采用定性与定量相结合的系统方法。

1）层次分析法

层次分析法（analytical hierarchy process，AHP），又称 AHP 法，是 20 世纪 70 年代美国学者 T. L. Saaty 提出的，是一种在经济学、管理学中广泛应用的方法。层次分析法可以将无法量化的风险按照大小排出顺序，把它们彼此区别开来。层次分析法处理问题的基本步骤是：①确定评价目标，再明确方案评价的准则，根据评价目标、评价准则构造递阶层次结构模型；②应用两两比较法构造所有的判断矩阵；③确定项目风险要素的相对重要度；④计算综合重要度。

2）主观评分法

主观评分法是利用专家的经验等隐性知识，直观判断项目每一单个风险并赋予相应的权重，如 0～10 的一个数。0 代表没有风险，10 代表风险最大，然后把各个风险的权重加起来，再与风险评价基准进行分析比较。

3）决策树法

根据项目风险问题的基本特点，项目风险的评价既要能反映项目风险背景环境，同时又要能描述项目风险发生的概率、后果及项目风险的发展动态。决策树这种结构模型既简明，又符合上述两项要求。

（1）决策树的结构。树，是图论中一种图的形式，因而决策树又叫决策图。它是以方框和圆圈为结点，由直线连接而成的一种树枝形状的结构。图 8-4 是一个典型的决策树结构。

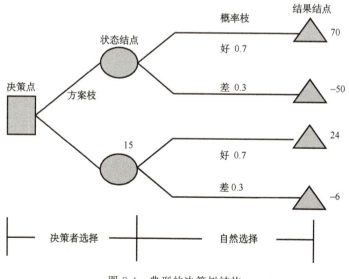

图 8-4　典型的决策树结构

决策树图一般包括以下几个部分：

□——决策结点，从这里引出的分枝叫方案分枝，分枝数量与方案数量相同。决策结点表明从它引出的方案要进行分析和决策，在分枝上要注明方案名称。

○——状态结点，也称为机会结点。从它引出的分枝叫状态分枝或概率分枝，在每一分枝上注明自然状态名称及其出现的主观概率。状态数量与自然状态数量相同。

△——结果结点，将不同方案在各种自然状态下所取得的结果（如收益值）标注在结果结点的右端。

（2）决策树法应用分析。决策树法是利用树枝形状的图像模型来表述项目风险评价问题，项目风险评价可直接在决策树上进行，其评价准则可以是收益期望值、效用期望值或其他指标值。

4）故障树分析法

故障树分析法（fault tree analysis，FTA）是 1961～1962 年，美国贝尔（BELL）电话实验室的 Watson 和 Mearns 等在分析和预测民兵式导弹发射控制系统安全性时首先提出并采用的故障分析方法。此后，有很多部门和人都对该方法产生兴趣，并开展了卓有成效的研究和应用。波音飞机公司的 Hassl、Schroder 和 Jackson 等研制出了 FTA 计算程序，从而使 FTA 进入了以波音公司为中心的宇航领域。

8.4　项目风险应对

规避风险，可从改变风险后果的性质、风险发生的概率或风险后果大小三个方面提出多种策略。本节着重介绍项目风险应对措施、项目风险监控方法、项目风险监控技术和项目风险监控工具。

8.4.1　项目风险应对措施

1. 减轻风险

减轻风险策略，顾名思义，是通过缓和或预知等手段来减轻风险，降低风险发生的可能性或减缓风险带来的不利后果，以达到风险减少的目的。减轻风险是存在风险优势时使用的一种风险决策，其有效性在很大程度上要看风险是已知风险、可预测风险还是不可预测风险。

在实施风险减轻策略时，最好将项目每一个具体"风险"都减轻到可接受的水平。项目中各个风险水平降低了，项目整体风险水平在一定程度上也就降低了，项目成功的概率就会增加。

项目风险、项目风险管理在很大程度上是一个时间的函数，项目风险水平以及管理的成效与时间因素密切相关。因此，为了有效地减轻风险，必须采取措施应对未来的风险。

2. 预防风险

风险预防是一种主动的风险管理策略，通常采取有形和无形的手段。

1）有形手段

工程法是一种有形的手段，此法以工程技术为手段，消除物质性风险威胁。例如，为了防止山区区段山体滑坡危害高速公路过往车辆和公路自身，可采用岩锚技术锚住松动的山体，增加因为开挖而破坏了的山体稳定性。工程法预防风险有多种措施。

（1）防止风险因素出现。

（2）减少已存在的风险因素。

（3）将风险因素同人、财、物在时间和空间上隔离。

2）无形手段

（1）教育法。项目管理人员和所有其他有关各方的行为不当可构成项目的风险因素。因此，要减轻与不当行为有关的风险，就必须对有关人员进行风险和风险管理教育。

（2）程序法。程序法指以制度化的方式从事项目活动，减少不必要的损失。项目管理组织制定的各种管理计划、方针和监督检查制度一般都能反映项目活动的客观规律性。因此，项目管理人员一定要认真执行。

3. 回避风险

回避风险是指当项目风险潜在威胁发生可能性太大，不利后果也太严重，又无其他策略可用时，主动放弃项目或改变项目目标与行动方案，从而规避风险的一种策略。

回避风险包括主动预防风险和完全放弃两种。主动预防风险是指从风险源入手，将风险的来源彻底消除。采取回避策略，最好在项目活动尚未实施时，放弃或改变正在进行的项目，一般都要付出高昂的代价。

4. 转移风险

转移风险是将风险转移至参与该项目的其他人或其他组织，所以又叫合伙分担风险。

1）财务性风险转移

财务性风险转移（financial risk transfer）可以分为保险类风险转移和非保险类风险转移两种。

（1）财务性保险类风险转移。财务性保险类风险转移是转移风险最常用的一种方法，是指项目组向保险公司交纳一定数额的保险费，通过签订保险合约来对冲风险，以投保的形式将风险转移到其他人身上。

（2）财务性非保险类风险转移。财务性非保险类风险转移是指通过不同中介，以不同的形式和方法，将风险转移至商业上的合作伙伴。

2）非财务性风险转移

财务性风险转移是指将项目有关的物业或项目转移到第三方，或者以合同的形式把风险转移到其他人身上，同时也能够保留会产生风险的物业或项目。

5. 接受风险

接受风险也是应对风险的策略之一，它是指有意识地选择承担风险后果。觉得自己可以承担损失时，就可用这种策略。接受风险可以是主动的，也可以是被动的。

6. 储蓄风险

对于一些大型的工程项目，由于项目的复杂性，项目风险是客观存在的，因此，为了保证项目预定目标的实现，有必要制定一些项目风险应急措施即储备风险。所谓储备风险，是指根据项目风险规律事先制定应急措施和制定一个科学高效的项目风险计划，一旦项目实际进展情况与计划不同，就动用后备应急措施。项目风险应急措施主要有费用、进度和技术三种，包括预算应急费、进度后备措施、技术后备措施。

8.4.2 项目风险监控方法

风险监控还没有一套公认的、单独的技术可供使用，其基本目的是以某种方式驾驭风险，保证项目可靠、高效地完成项目目标。

风险监控技术可分为两大类：一类用于监控与项目、产品有关的风险；另一类用于监控与过程有关的风险。常用的风险监控方法有以下几种。

1. 审核检查法

这种方法人们十分熟悉。监视风险首先应当想到这个传统方法。该法可用于项目的全过程。从项目建议书开始，直至项目结束。

项目建议、项目产品或服务的技术规格要求、项目的招标文件、设计文件、实施计划、必要的试验等都需要审核。审核时要查出错误、疏漏、不准确、前后矛盾、不一致之处。审核还会发现以前或他人未注意或未想到的地方和问题。审核多在项目进展到一定阶段时以开会的形式进行。

2. 系统的项目监控方法

风险监控，从过程的角度来看，处于项目风险管理流程的末端，但这并不意味着项目风险控制的领域仅此而已，风险控制应该面向项目风险管理全过程，项目预定目标的实现，是整个流程有机作用的结果。多数关于项目管理的调查显示，项目管理过程的完成结果是不令人满意的。许多项目缺少足够的支持、全面的计划、详细的跟踪及明确的目标。这些及其他障碍增加了项目失败的可能性。风险监控应是一个连续的过程，它的任务是根据整个项目（风险）管理过程规定的衡量标准，全面跟踪并评价风险处理活动的执行情况。

3. 风险预警系统

项目的创新性、一次性、独特性及其复杂性，决定了项目风险的不可避免性；风险发生后损失的难以弥补性和工作的被动性决定了风险管理的重要性。传统的风险管理是一种"回溯性"管理，属于亡羊补牢，对于一些重大项目，往往于事无补。风险监控的意义就在于实现项目风险的有效管理，消除或控制项目风险的发生或避免造成不利后果。因此，建立有效的风险预警系统，对于风险的有效监控具有重要作用和意义。

风险预警管理，是指对于项目管理过程中有可能出现的风险，采取超前或预先防范的管理方式，一旦在监控过程中发现有发生风险的征兆，及时采取校正行动并发出预警信号，以最大限度地控制不利后果的发生。当计划与现实之间发生偏差时，存在这样的可能，即项目正面临着不可控制的风险，这种偏差可能是积极的，也可能是消极的。例如，计划之中的项目进度拖延与实际完成日期的区别显示了计划的提前或延误。前者通常是积极的，后者是消极的，尽管都是不必要的。这样，计划日期之间的区别就是系统会预测到的一个偏差。

8.4.3 项目风险监控技术

1. 审核检查法

审核检查法是一种传统的控制方法，该方法可用于项目的全过程，从项目建议书开始，直至项目结束。

项目建议书、项目产品或服务的技术规格要求、项目的招标文件、设计文件、实施计划、必要的试验等都需要审核。审核时要查出错误、疏漏、不准确、前后矛盾、不一致之处。审核还会发现以前或他人未注意的或未考虑到的问题。审核多在项目进展到一定阶段时，以会议形式进行。审核会议要有明确的目标、问题要具体，要请多方面的人员参加，参加者不要审核自己负责的那部分工作。审核结束后，要把发现的问题及时交代给原来负责的人员，让他们马上采取行动，予以解决，问题解决后要签字验收。

检查是为了把各方面的反馈意见及时通知有关人员，一般以完成的工作成果为研究对象，包括项目的设计文件、实施计划、试验计划、试验结果、正在施工的工程、运到现场的材料、设备等。检查是在项目实施过程中进行，而不是在项目告一段落后时进行。检查不像审核那样正规，一般在项目的设计和实施阶段进行。检查之前最好准备一张表，把要问的问题记在上面。在检查时，把发现的问题及时记在上面。检查结束后，要把发现的问题及时地向负责该工作的人员反馈，使他们能马上采取行动，予以解决。问题解决后要签字验收。参加检查的人专业技术水平最好高低差不多，这样便于平等地讨论问题。

2. 监视单

监视单是项目实施过程中需要管理工作给予特别关注的关键区域的清单。这是一种简单明了又很容易编制的文件，内容可浅可深，浅则可只列出已辨识出的风险，深则可列出诸如下述内容：风险顺序、风险在监视单中已停留的时间、风险处理活动、各项风险处理活动的计划完成日期和实际完成日期、对任何差别的解释等。

项目风险监视单的编制应根据风险评估的结果，一般应使监视单中的风险数目尽量少，并重点列出那些对项目影响最大的风险。随着项目向前进展和定期的评估，可能要增补某些内容。如果有数目可观的新风险影响重大，十分需要列入监视单，则说明初始风险评估不准，项目风险比最初预估的要大，也可能说明项目正处在失去控制的边缘。如果某项风险因风险处理无进展而长时间停留在监视单之中，则说明可能需要对该风险或其处理方法进行重新评估。监视单的内容应在各种正式和非正式的项目审查会议期间进行审查和评估。

3. 项目风险报告

编制和提交此类报告一般是项目管理的一项日常工作。成功的风险管理工作都要及时报告风险监控过程的结果。风险报告要求，包括报告格式和频度一般应作为制定风险管理计划的内容统一考虑并纳入风险管理计划。为了看出技术、进度和费用方面有无影响项目目标实现和里程碑要求满足的障碍，可将这些报告纳入项目管理审查和技术里程碑进行审查。

项目风险报告是用来向决策者和项目组织成员传达风险信息，通报风险状况和风险处理活动的效果。风险报告的形式有多种，时间仓促可作非正式口头报告，里程碑审查则需提出正式摘要报告，报告内容的详略程度按接受报告人的需要确定。

4. 费用偏差分析法

这是一种测量项目预算实施情况的方法。该方法将实际上已完成的项目工作同计划的项目进行比较，确定项目在费用支出和时间进度方面是否符合原定计划的要求。该方法计算、收集三种基本数据，即计划工作的预算费用（BCWS）、已完工作实际费用（ACWP）和已完成的实际工作量。BCWS是在项目费用估算阶段编制项目资金使用计划时确定的，它是项目进度时间的函数，是累积值，随着项目的进展而增加，在项目完成时达到最大值，即项目的总费用。若将此函数画在以时间为横坐标、以费用为纵坐标的图上，则函数曲线一般呈现S状，俗称S曲线。ACWP是在项目进展过程中对已完工作实际测量的结果，也是进度时间的函数，是累积值，随着项目的进展而增加。ACWP是费用，不是实际工作量。按照单位工作的预算价格计算出的已完成的实际工作量的费用，叫做已完工作预算费用（BCWP）。差值BCWP－ACWP叫做费用偏差，若BCWP－ACWP＞0，表示项目未超支。差值BCWP－BCWS叫做进度偏差，BCWP－BCWS＞0时，表示项目进度提前。

8.4.4 项目风险监控工具

1. 直方图

直方图有助于形象化地描述项目风险。直方图是发生的频数与相对应的数据点关系的一种图形表示，是频数分布的图形表示。直方图的一个主要应用就是确认项目风险数据的概率分布；同时，直方图也可直观地观察和粗略估计出项目风险状态，为风险监控提供一定的参考。

2. 因果分析图

因果分析图是表示特性与原因关系的图，它把对某项、某类项目风险特性具有影响的各种主要因素加以归类和分解，并在图上用箭头表示其间关系，因而又称为特性要因图、树枝图、鱼刺图等。因果分析图所指的后果指的是需要改进的特性以及这种后果的影响因素，因果分析图主要用于揭示影响及其原因之间的联系，以便追根溯源，确认项目风险的根本原因，便于项目风险监控。因果分析图的基本原理是，如果一个项目风险发生了，除非及时采取应对措施，否则它将再次发生。通过学习，吸取过去的教训，起到防患于未然的作用。因果分析图一般可由以下三阶段过程来完成：①确定风险原因；②确定防范项目风险的对策措施；③实施管理行为。

因果分析图的结构由特性、要因和枝干三部分组成。特性是期望对其改善或进行控制的某些项目属性，如进度、费用等；要因是对特性施加影响的主要因素，要因一般是导致特性异常的几个主要来源；枝干是因果分析图中的联系环节：把全部要因同特性联系起来的是主干，把个别要因同主干联系起来的是大枝，把逐层细分的因素（细分到可以采取具体措施的程度为止）同各个要因联系起来的是中枝、小枝和细枝，如图8-5所示。

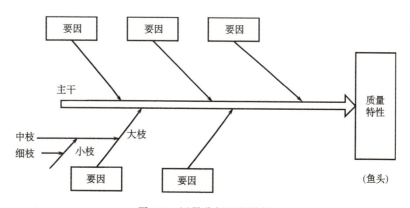

图 8-5 因果分析图的结构

3. 帕累托图

帕累托图主要用于确定处理问题的顺序，其科学基础是所谓的"80/20"法则，即为80％的问题找出关键的影响因素。帕累托图又称"比例图分析法"，最早是由意大利经济学家帕累托（V. Pareto）提出来的，用以分析社会财富的分布状况，并发现少数人占有大量财富的现象，所谓"关键的少数与次要的多数"这一关系。在项目风险监控中，帕累托图可用于着重解决对减少项目有重大影响的风险，如可用于确定进度延误、费用超支、性能降低等问题的关键性因素，从而及时明确地解决问题的途径和措施。

帕累托图一般将影响因素分为三类：A类包含大约20％的因素，但它导致了75％～80％的问题，称为主要因素或关键因素；B类包含了大约20％的因素，但它导致了15％～20％的问题，称为次要因素；其余的因素为C类，称为一般因素，这就是所谓的ABC分析法。帕累托图显示了风险的相对重要性，同时，由于帕累托图的可视化特性，一些项目风险控制变得非常直观和易于理解，有利于确定关键性影响因素，有利于抓住主要矛盾，有利于重点地采取有针对性的应对措施。

还有其他一些项目风险监控工具，如关联图法、散点图、矩阵图等，有兴趣的读者可参考有关文献资料。

➢复习思考题

1. 何谓风险？风险的种类有哪些？
2. 风险的特性是什么？
3. 项目风险管理的作用是什么？
4. 什么叫风险识别？
5. 项目风险识别的依据是什么？
6. 项目风险估计的方法有哪些？
7. 风险评价有哪几种方法？
8. 项目风险的应对措施有哪些？
9. 项目风险监控的工具有哪些？

➢案例分析　某公司实施伊朗大坝项目的成功案例

我国某公司在承包伊朗某大坝项目时，风险管理比较到位，成功地完成了项目并取得较好的经济和社会效益。下面对该项目从几个主要方面进行简单分析。

（1）合同管理。该公司深知合同的签订、管理的重要性，因而专门成立了合同管理部，负责合同的签订和管理。在合同签订前，该公司认真研究并吃透了合同，针对原合同中的不合理条款据理力争，获得了有利的修改。在履行合同过程中，则坚决按照合同办事，因此，项目进行得非常顺利，这也为后来的成功索赔提供了条件。

（2）融资方案。为了避免利率波动带来的风险，该公司委托国内的专业银行作保值处理，避免由于利率波动带来风险。因为是出口信贷工程承包项目，该公司要求业主出资部分和还款均以美元支付，这既为我国创造了外汇收入，又有效地避免了汇率风险。

（3）工程保险。在工程实施过程中，对一些不可预见的风险，该公司通过在保险公司投保工程一切险，有效避免了工程实施过程中的不可预见风险，并且在投标报价中考虑了合同额的 6％作为不可预见费。

（4）进度管理。在项目实施的过程中，影响工程进度的主要是人、财、物三方面因素。对于物的管理，首先是选择最合理的配置，从而提高设备的效率；其次是对设备采用强制性的保养、维修，从而使得整个项目的设备完好率超过 90％，保证了工程进度。由于项目承包单位是成建制的单位，不存在内耗，因此对于人的管理难度相对小；同时项目部建立了完善的管理制度，对员工特别是当地员工都进行了严格的培训，这也大大保证了工程的进度。

（5）项目设备投入。项目部为了保证项目的进度，向项目投入了近 2 亿元人民币的各类大型施工机械设备，其中包括挖掘机 14 台、推土机 12 台、45 吨自卸汽车 35 台、25 吨自卸汽车 10 台、装卸机 7 台、钻机 5 台和振动碾 6 台等。现场进驻各类技术干部、工长和熟练工人约 200 人，雇用伊朗当地劳务 550 人。

（6）成本管理。对于成本管理，项目部也是牢牢抓住人、财、物这三个方面。在人的管理方面，中方牢牢控制施工主线和关键项目，充分利用当地资源和施工力量，尽量减少中国人员。通过与当地分包商合作，减少中方投入 1200 万～1500 万美元。在资金管理方面，项目部每天清算一次收入支出，以便对成本以及现金流进行有效掌控。在物的管理方面，如前所述，选择最合理的设备配置，加强有效保养、维修和培训，提高设备的利用效率，从而降低了设备成本。项目部还特别重视物流工作，并聘用专门的物流人员，做到设备材料一到港就可以得到清关，并能很快应用在工程中，从而降低了设备材料仓储费用。

（7）质量管理。该项目合同采用 FIDIC 的 EPC 范本合同，项目的质量管理和控制主要依照该合同，并严格按照合同框架下的施工程序操作和施工。项目部从一开始就建立了完整的质量管理体制，将施工质量与效益直接挂钩，奖罚分明，有效地保证了施工质量。

（8）HSE 管理。安全和文明施工代表着中国公司的形象，因此该项目部格外重视，并自始至终加强安全教育，定期清理施工现场。同时，为了保证中方人员的安全，项目部还为中方人员购买了人身保险。

（9）沟通管理。为了加强对项目的统一领导和监管，协调好合作单位之间的利益关系，该公司成立了项目领导小组，由总公司、海外部、分包商和设计单位的领导组成，这也大大增强了该公司内部的沟通与交流。而对于当地雇员，则是先对其进行培训，使其能很快融入项目中，同时也尊重对方、尊重对方的风俗习惯，以促进中伊双方人员之间的和谐。

（10）人员管理。项目上中方人员主要为中、高层管理人员，以及各作业队主要工长和特殊技工。项目经理部实行聘任制，按项目的施工需要随进随出，实行动态管理。进入项目的国内人员必须经项目主要领导签字认可，实行一人多岗、一专多能，充分发挥每一个人的潜力，实行低基本工资加效益工资的分配制度。项目上，机械设备操作手、电工、焊工、修理工、杂工等普通工种则在当地聘用，由当地代理成批提供劳务，或项目部直接聘用管理。项目经理部对旗下的四个生产单位即施工队实行目标考核、独立核算，各队分配和各队产值、安全、质量、进度和效益挂钩，奖勤罚懒，拉开差距，鼓励职工多劳多得，总部及后勤人员的效益工资和工作目标及各队的完成情况挂钩。

（11）分包商管理。该项目由该公司下属全资公司某工程局为主进行施工，该工程局从投标阶段开始，即随同并配合总公司的编标，考察现场，参与同业主的合同谈判和施工控制网布置，编制详细的施工组织设计等工作，对于项目了解比较深入。该工程局从事国际工程承包业务的技术和管理实力比较雄厚，完全有能力并认真负责地完成了受委托的主体工程施工任务。同时该公司还从系统内抽调土石坝施工方面具有丰富经验的专家现场督导，并从总部派出从事海外工程多年的人员负责项目的商务工作。其合作设计院是国家甲级勘测设计研究单位，具有很强的设计技术能力和丰富的设计经验。分包商也是通过该项目领导小组进行协调管理。

思考题：

　　1. 上述案例给您的启示是什么？

　　2. 您认为大型项目的实施中最需要控制风险的关键环节是什么？

第9章

项目信息管理

内容提要

在本章中，您将学习到以下主要内容：

1. 项目信息的概念和分类；

2. 项目信息管理的含义及主要内容；

3. 项目信息收集、传递、加工和处理的基本方法；

4. 项目管理信息系统的基本概念和构成；

5. 项目管理信息系统的分析、设计、应用的一般过程和方法；

6. 常用项目管理软件的应用。

信息是项目执行过程沟通的基本前提，是项目管理的基础，对于项目整个寿命周期的各项管理活动起着至关重要的作用。随着项目的日益复杂化，项目信息沟通的数量也在不断增大，项目管理信息系统成为适应项目信息管理新需要的必然手段。以现代信息技术和计算机技术为基础的项目管理信息系统可以帮助项目管理团队对项目实施动态管理与系统集成控制，对工程项目进行协调调度。施工项目的设备、建筑材料、合同图纸、人力资源等的管理，以及工程的质量、进度、成本控制等均可依赖项目管理信息系统来实现。本章主要介绍项目信息管理的基本概念，并着重介绍项目管理信息系统的构建、运行和应用。

9.1 项目信息管理概述

9.1.1 项目信息的概念

1. 项目信息的定义

项目信息是指报告、数据、计划、安排、技术文件、会议等与项目具有联系的各种信息。这些项目信息在项目组织内部和项目组织与外部环境之间不断流动，构成了项目信息流。项目信息流动是否顺畅，是否能及时而有效地传递给项目干系人，将决定项目的成败。

2. 项目信息的分类

1）按信息流向分类

按信息流向划分，项目信息可以分为自上而下的信息、自下而上的信息、横向流动信息、项目与环境之间的信息、综合部门信息等。

（1）自上而下的信息。主要是指从项目经理流向中低层项目管理人员或具体工作团队的信息，包括管理目标、指令、工作条例、办法、规定和业务指导意见等。

（2）自下而上的信息。主要指由下级向上级传递的信息，包括项目执行记录、报告、建议等。这类信息一般应逐级传递。

（3）横向流动信息。主要是指项目管理团队中同一层次的工作部门或工作人员之间的交流信息，主要包括相关部门之间的信息通报、工作协商等。项目管理的重要功能在于消除横向信息交流的阻隔，促进各相关部门的合作。

（4）项目与环境之间的信息。主要指项目管理团队与上级领导、建设单位、设计单位、供应单位、债权人、咨询单位、质量监督单位、政府主管部门，以及项目周围社区之间的交流信息。这类信息一方面要及时让项目外部利益相关方了解项目进展情况，另一方面是让项目管理团队及时了解外部环境对项目的要求。

（5）综合部门的信息。主要指项目综合管理部门通过汇总、分析、传播出来的与项目有关的信息。这些信息一方面为项目经理决策提供依据，另一方面又帮助工作部门进行工作规划、检查任务和控制项目进展等。

2）按信息来源分类

按信息的来源，项目信息可分为外生信息和内生信息。

（1）外生信息。是指产生于项目管理团队之外的信息，包括指令性和指导性信息、市场信息和技术信息等。

（2）内生信息。是指产生于项目管理团队之内的信息，包括基层信息、管理信息和决策信息等。基层信息是项目基层工作人员产生的信息，如原始记录和报表等。管理信息是由项目中层管理人员用于计划和控制的信息，包括汇总报表、统计表等。决策信息是高层决策者产生的信息，如项目决策、计划和指令等。

9.1.2 项目信息管理概述

1. 项目信息管理的概念

项目信息管理是对项目信息的收集、整理、储存、传递和应用的一系列工作的总和。项目信息管理是以项目信息为管理对象的管理，其目的是促进项目组织信息沟通，确保项目执行，并为项目决策者及时、准确地提供其所需要的信息。

2. 项目信息管理的主要内容

如上述定义所述，项目信息管理主要包括项目信息的收集、整理、储存、传递和应用等工作内容。以下就项目的信息收集、传递和处理进行介绍。

1）项目信息收集

（1）项目信息收集的内容。简而言之，项目管理团队应该收集与项目有关的所有信息，主要有：①项目宏观环境信息，包括政治、经济、社会、技术、法律、环境等方面。②项目行业信息，包括市场信息（市场供求关系及其变化趋势，价格及其变化）；竞争信息，包括主要竞争者的实力、态度和竞争策略；供应信息，包括项目所需要的各类资源的供应情况及价格的现状和变动趋势，等等。③项目微观信息，包括项目内部执行各个方面的信息。

（2）项目信息收集的方法。①现场调查研究，包括询问法、观察法和试验法等。②收集现有管理信息，主要是通过公共信息资源，如大众媒体、专业报纸杂志、国家政策法规汇编等，以及专业信息资源，如行业统计数据、专业信息公司、行业协会等，来收集项目所需要的信息。此外，项目本身的内部信息积累也是项目信息收集的基本方法。

2）项目信息传递

及时、高效地将项目信息传递给信息需求者手中是项目信息管理的重要内容，这就需要建立一套科学合理的项目信息传递制度，并使其标准化。

一般地，项目信息传递的主要方式包括专人负责传递、通信方式传递和会议方式传递三种。

3）项目信息加工和处理

对项目信息的加工和处理主要包含以下工作：

（1）判断。即对原始信息进行真伪性判定，以剔除那些不真实、不可靠的信息。

（2）分类整理。即将分散、无序的信息进行归类整理。进行归类的方法可以是按时间、地点、使用目的、业务类型等，形成一种科学的信息分类和编码系统，利于信息的查询和利用。

（3）分析和计算。利用适用的数学方法或归纳方法将信息进行加工，从中获得符合需要的数据或概念。

（4）编辑、归档和保存。信息经过加工后应按一定的方法编辑成册，以各种介质方式（纸、胶卷、磁盘、光盘等）进行妥善保存，以备项目各部门使用。

9.2　项目管理信息系统

9.2.1　项目管理信息系统的基本概念

1. 项目管理信息系统的概念

项目管理信息系统（project management information system，PMIS）是一种基于计算机技术而进行的项目管理系统。它能够帮助项目管理团队进行费用估算，并收集相关信息来计算挣得值和绘制 S 形曲线，能够进行复杂的时间和资源调度，还能够帮助进行风险分析和形成适宜的不可预见费用计划等。例如，项目计划图表（PERT 图、甘特图）的绘制，项目关键路径的计算、项目成本的核算、项目计划的调整、资源平衡计划的制定与调整及动态控制等，都可以借助于项目管理信息系统来实现。

一个项目管理信息系统可以看成是由两部分组成的——计划系统和控制系统。计划系统将项目的时间、费用和其他性能数据转化为结构化的、适时的、准确的信息；控制系统使用这些信息来辅助项目的管理决策，以及制定项目团队组织和背景有关的一些重大方针等。计划系统用来管理与五个系统目标（范围、组织、质量、费用和时间）相关的计划和进行数据控制。控制系统能够为项目经理提供一些控制手段，以领导和协调项目团队组织的各种要素，包括人力资源、工程设计、原材料和财务等部门和各种资源。

2. 项目管理信息系统的建立

1）建立项目管理信息系统的目的

项目管理信息系统能及时、准确地提供施工管理所需要的信息，完整地保存历史信息以便预测未来，为项目经理提供决策的依据，还能发挥计算机的信息管理作用，以实现数据的共享和综合应用。

2）建立项目管理信息系统的必要条件

（1）应建立科学的项目管理组织体系。要有完善的规章制度，采用科学有效的方法；要有完善的经济核算基础，提供准确而完整的原始数据，使管理工作程序化，报表文件统一化。而完整的、经编号的数据资料，可以方便地输入计算机，从而建立有效的管理信息系统，并为有效地利用信息创造条件。

（2）要有创新精神和信心。

（3）要有使用电子计算机的条件，既要配备机器，也要配备硬件、软件及人员，以使项目管理信息系统能在电子计算机上运行。

3. 项目管理信息系统的发展

自以计算机为核心的现代信息技术在项目管理领域应用以来，项目管理信息系统经过了三个不同发展时代，形成了结构与功能完全不同的三代信息管理系统。第一代大型机项目管理信息系统兴起于20世纪60～70年代，是基于大型计算机的集中式项目管理信息系统；第二代桌面项目管理信息系统兴起于20世纪80年代，是随着个人计算机的普及而兴盛起来的桌面项目管理信息系统，其典型代表是美国P3（美国，Primavera公司产品）、Project（美国，微软公司产品）、P9（中国，金投公司产品）；第三代网络项目管理信息系统的主流形态是以项目总控理论、项目远程协作理论和项目核心价值理论为基础的项目信息门户系统。

9.2.2 项目管理信息系统分析

1. 系统分析的任务

系统分析是研制管理信息系统的最重要阶段，也是最困难的阶段。系统分析的困难主要来自于三个方面：对问题的理解、人与人之间的通信和环境的不断变化。

具体来讲，系统分析主要做两件事，首先是进行可行性研究，接着就是作需求分析。可行性研究是从经济、技术和其他几个因素考察所开发的系统是否可行。需求分析是系统开发工作中最重要的环节之一，实际上就是对对象进行系统调查，它是整个系统开发的基础。需求是指用户要求系统必须满足的所有功能与限制。需求包括功能要求、性能要求、可靠性要求、安全保密要求，以及开发费用和开发周期、可使用资源等方面的限制。其中，功能要求是最基本的，包括数据要求和加工要求。大量实践证明，一个管理信息系统产生的许多错误都是由需求定义不准确或错误导致的，如果在需求定义阶段发生错误，则要修改这些错误常常要花费非常高的代价。系统分析工作通常由用户与系统分析人员协作完成。

2. 结构化分析概述

1）组织结构分析

组织结构指的是一个组织的组成，以及这些组成部分之间的隶属关系或管理与被管理的关系。组织结构分析是将调查中所了解的组织结构具体描绘在图上，作为后续分析和设计之参考。将一个项目组织内部的成分划分并将它们的相互关系用图形表示出来，就构成了一个项目的组织结构图。图9-1为某一工程项目的组织结构图。

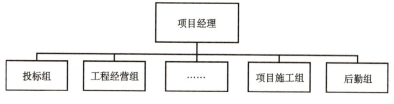

图9-1 某一工程项目的组织结构图

在项目的生命周期中，项目组织结构将随着项目流程的需要而变化，项目组织中的角色也将随着项目流程的需要而进行相关配置。因此，在对项目组织结构的分析时尤其要注意其组织成分和角色的时间特性（表9-1）。

表 9-1　生命周期下的项目角色时效表

序号	项目角色	时效特性
1	项目经理	全程
2	投标组	项目立项期
3	工程经营组	项目发展期
4	项目施工组	项目发展期、项目成熟期
5	后勤组	全程
……	……	……

2）项目系统业务功能分析

组织结构图反映了项目组织内部和上下级关系。但是对于组织内部各部分之间的联系程度，组织各部分的主要项目职能和他们在项目过程中所承担的工作等却不能反映出来。这将给后续的功能、数据流程分析等带来困难。因此，需要对项目的业务功能和流程进行分析，即从一个实际项目流程的角度将系统调查中有关该项目流程的资料串起来进一步分析。

项目流程图是分析项目功能流程的重要工具。它是一种描述系统内各单位、人员之间业务关系、作业顺序和管理信息流向的图表，体现了在项目进展的不同时期所反映出的项目信息和功能效用。

（1）项目功能分析。项目功能分析是建立在详细调查和组织结构分析的基础上的。组织与功能之间是紧密相连的，组织是为了实施项目的功能而成立的，当功能体系和组织体系相一致时，该项目就在功能上组织化了，这种组织体系被认为是合理的。在分析组织与功能关系的同时，找出项目的各个业务功能。例如，常用的项目管理业务功能包括资源管理、计划管理、成本预算和控制、报表与查询、项目执行监督与跟踪、质量安全管理等。

（2）项目流程图。项目流程图应该表达输入、输出、处理以及相关数据文件。图9-2为某工程项目流程图。

3）数据流分析

数据流分析（data flow analysis，DFA）方法源于结构化分析，是一种以数据流技术为基础的、自顶向下、逐步求精的系统分析方法。通常所说的结构化分析就是数据流分析。

数据流分析的核心特征是"分解"和"抽象"。所谓分解是指将一个复杂的问题按照内在的逻辑划分为若干个相对独立的子问题，从而简化复杂问题的处理。所谓抽象就是将一些具有某些相似性质的事物的公共之处概括出来，暂时忽略其不同之处，或者说，抽象是抽象出事物的本质特性而暂时不考虑它们的细节。

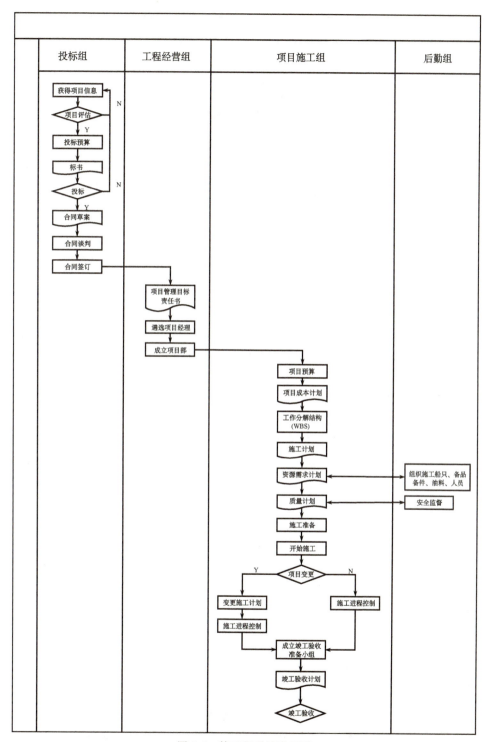

投标组	工程经营组	项目施工组	后勤组

获得项目信息

项目评估 N

投标预算 Y

标书

投标 N

合同草案 Y

合同谈判

合同签订

项目管理目标责任书

遴选项目经理

成立项目部

项目预算

项目成本计划

工作分解结构（WBS）

施工计划

资源需求计划

质量计划

施工准备

开始施工

项目变更 Y N

变更施工计划

施工进程控制

施工进程控制

成立竣工验收准备小组

竣工验收计划

竣工验收

组织施工船只、备品备件、油料、人员

安全监督

图 9-2　某工程项目流程图

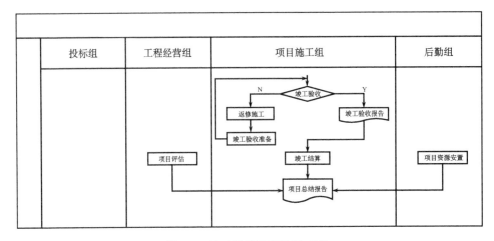

图 9-2　某工程项目流程图（续）

数据流分析常采用数据流图和数据字典。数据流图（data flow diagram，DFD）是结构化系统分析的主要工具，它能图形化地显示出系统中数据的使用，表达数据在系统内部的逻辑流向以及系统的逻辑功能和数据的逻辑变换。数据字典（data dictionary，DD）作为数据流程图的一种补充工具，能对数据流程图中出现的每一个成分都进行定义，从而完整、准确地描述一个系统。数据字典产生于数据流程图，是对数据流程图中的数据流、数据项、文件加工等描述的产物。

3. 系统分析说明书

系统分析说明书反映了这一阶段调查分析的全部情况，是系统分析阶段的最重要的文档。用户可以通过系统分析说明来验证和认可新系统的开发策略和开发方案，而系统设计师则可以用它来指导系统设计工作和以后的系统实施标准，此外系统分析说明还可用来作评价项目成功与否的标准。

系统分析说明书主要包括以下内容：

（1）概述。摘要说明新系统的名称、主要目标及功能，以及新系统开发的有关背景以及新系统与功能系统之间的主要差别。

（2）现行系统概况。用一些工具，如组织结构图、业务流程图、数据流程图、数据字典等，详细描述现行组织的目标、系统的主要功能、组织结构、业务流程等。另外，各个主要环节对业务的处理量、总的数据存储量、处理速度要求、处理方式和现有的各种技术手段等，都应作一个扼要的说明。

（3）系统需求说明。在掌握了现行系统的真实情况基础上，针对系统存在的问题，全面了解组织中各层次的用户对新系统的各种需求。

（4）新系统的逻辑方案。根据原有系统存在的问题，明确提出更加具体的新系统目标。围绕新系统的目标，确定新系统的主要功能划分，新系统的各层次数据流程图，新系统的数据字典等，并与原有系统进行比较。

（5）系统开发资源与时间进度估计。

9.2.3 系统设计

1. 系统设计概述

系统设计（system designs）阶段的主要目的是在系统分析提出的反映用户需求的逻辑方案的基础上，科学合理地将逻辑方案转换成可以实施的物理（技术）方案。即根据系统分析说明书中的系统逻辑模型，综合考虑各种约束，利用一切可用的技术手段和方法，进行各种具体设计，确定新系统的实施方案，解决"系统怎么做"的问题。

系统设计阶段的主要文档是系统设计说明书。

1）系统设计的原则

系统设计阶段的主要任务是：在科学、合理的设计系统总体模型的基础上，尽可能提高系统的运行效率、可变性、可靠性、可控性和工作质量。充分利用并合理投入各类可以利用的人、财、物等资源，使之获得较高的综合效益。

在系统设计中应遵循以下原则：

（1）简单性。只要能达到预定的目标和实现预定的功能，系统就应避免一切不必要的复杂化，应该尽量简单。

（2）系统性。系统设计过程中，要从整个系统的角度进行考虑，系统的代码要统一，设计规范要标准，传递语言要尽可能一致，对采集的数据要能够共享。

（3）灵活性。要求系统具有较强的环境适应性，具有较好的开放性和结构的可变性。

（4）可靠性。一个好的项目管理信息系统必须具有较高的可靠性，如安全保密性、检错及纠错能力、抗病毒能力等。

（5）经济性。系统设计中应尽量避免不必要的复杂化，模块尽量简洁，缩短处理流程，减少处理费用。

系统设计所使用的主要方法是以自顶向下结构化的设计方法，在局部或是某些相对规模较小的系统还可以使用原型法和面向对象的方法。

2）系统结构设计

系统结构设计是要根据系统分析的要求和组织的实际情况来对新系统的总体结构形式进行大致设计，它是一种宏观、总体上的设计和规划。

（1）系统结构化方法。结构化思想是系统开发的重要思想。一个复杂的系统可以看成由许多相对独立的部分组成。再经过层层划分，分解为若干个组成部分进行设计。系统结构化的方法主要有层次结构和模块化结构两种类型。

类型一：层次结构。一个好的系统结构应该是各个组成部分关系明确，相对独立。在设计时便于调试、修改和扩充。层次结构分析法一般有三种形式。

线型结构。线型结构简单，用来描述事物之间一对一的关系（图 9-3）。

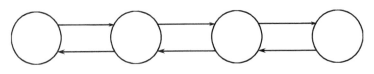

图 9-3　线性结构

树型结构。树型结构所描述的事物之间的关系是：正关系是 1 对 N，逆关系为 1 对 1。由根开始向下细分，下层的结点称为叶（图 9-4）。

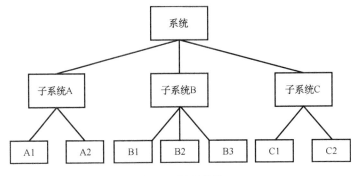

图 9-4　树型结构

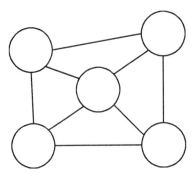

图 9-5　网状结构

网状结构。网状结构用来描述多对多的物体间的关系。当系统过大、层次过多时，信息传递的效率会降低。采用网状结构可以提高系统的效率（图 9-5）。

类型二：模块化结构。模块化结构方法是将系统分成若干模块，这种结构不一定是树型的，每个模块应尽可能相对独立于其他模块。但是在模块化结构中，各个模块之间的关联是无序的。所以在系统设计过程中，往往采用层次结构和模块化结构相结合的方式，把系统分成若干层次，并定义每个层次的功能和层次间的信息关系，然后再使用"自顶向下"的设计方法划分成相对独立的模块。

一般地，项目管理信息系统包括造价管理、进度管理、设备管理、材料管理、合同管理、财务管理、投资控制、档案管理和质量管理九个功能模块。

（2）系统的结构设计原则。系统的结构设计按照结构化系统分析与设计的基本思想，根据数据流图和数据字典，借助一套标准的设计准则和图表工具，按照自顶向下逐层把整个系统划分为若干个大小适当、功能明确，具有相对独立性，并容易实现的子系统，从而把复杂系统的设计转变为多个简单模块的设计。然后再自下而上地逐步设计。组成系统的子模块间彼此独立、功能明确，系统应能够对大部分模块进行单独维护和修改，因此合理地进行系统划分、定义和数据协调是结构化设计的主要内容。

子系统划分的一般原则是：①子系统要具有相对独立性；②要使子系统之间数据的依赖性尽量小；③子系统划分的结果应使数据冗余较小；④子系统的设置应考虑今后管理发展的需要；⑤子系统的划分应便于系统分阶段实现；⑥子系统的划分应考虑到各类资源的充分利用。

3）软件系统结构设计

软件设计要根据系统每一个功能模块内部的功能和处理过程来进行具体的设计。通过系统分析，系统总体结构划分，将整个管理信息系统划分成若干组成部分，描述各个部分具体的功能、处理过程及模块与模块之间的联结方式。

系统设计强调将一个系统设计成具有层次式的模块化结构，我们希望设计的结构中的每个模块完成一个相对独立的特定功能且模块之间的接口简单。一般地说，模块之间的联系越多或越复杂，它们之间的相互依赖程度就越高，独立性就会降低。因此模块化设计的基本原则是：①所划分的模块其内部的凝聚性要好，即模块具有独立性，模块之间的联系要少；②模块之间的联结只能存在上下级之间的调用关系，不能有同级之间的横向联系；③整个系统呈树状结构，不允许有网状结构或交叉调用关系出现；④所有模块都必须严格地分类编码并建立归档文件。

2. 代码设计

1）代码的作用

代码是代表实体、属性的一种符号，通常是由字母、数字组合而成。它的主要作用是：

（1）为实体或属性提供了唯一而确定的标识，便于数据的存储与检索，同时还能节省存储空间。

（2）可用来分类排序。它能按编码对象的某种属性分类，并赋予不同的分类代码，对同一类中的对象可以赋予不同的顺序代码，从而可将代码作为不同类型对象的标识，以及某一类对象的某种顺序的标识。这样就可以提高系统的处理效率，方便检索和统计。

（3）提高数据的全局一致性。对于同一事物，不同职能部门有不同的命名，可通过编码统一起来，有利于数据在全局范围内的一致性。

2）编码原则

尽管人工操作的现行系统中也有编码系统，但它往往不能覆盖全局，也不一定适合于计算机处理，因此需要重新进行编码设计，在设计过程中应遵循以下一些原则：

（1）一个代码值只能唯一地标识一个实体或某一个属性，而且一个编码对象只能赋予一个代码。

（2）代码结构的设计必须预留足够的位置，以满足编码对象不断增加的需要。

（3）代码结构要简单化、格式化。标识简单便于记忆和理解，格式化可提高代码的全局一致性，并能保持代码系统的稳定性。

（4）代码结构应与分类对象的分类体系相适应，同时又能满足不同模块对该数据进行处理时所提出的需求，并能随编码对象的特征或属性及相互关系出现的变化作方便的修改。

3）编码的方法

常用的代码种类有四种，下面分别介绍其编码方法。

（1）顺序码。用连续的数字或字符来代表编码对象。例如，用01，02，…分别代表项目的各个部门，这是一种无实际含义的代码，不能说明编码对象的任何特征，但它编码方法简单，是常用于其他代码各类中细分类的一种编码方法。

（2）分组顺序码。将代码分成若干组，每一组与编码对象的某一类相对应，而组内可以用数字来表示。这种代码中数字的值与位置都有一定的意义，属于有含义的代码。例如，对用户分类的代码用两位数字，用前一位数字表示用户的类型，政府部门、文教部门、企业或厂矿等，后一位表示采购的总量，不同的数字表示的采购量的范围不同。

（3）层次码。在代码结构中将代码分成若干层次，每一个层次与编码对象的分类层次相对应。代码自左向右表示的层次由高至低，每个层次的代码根据每一层分类对象的多少来决定其代码位数，一般采用顺序码或分组顺序码编码。例如，对合同的编码，可以分成合同类别、合同年月、合同流水号以及合同状态码，即合同编号是由 4 层 9 位数字组成的层次码表示，这种表示法常用于线分类体系。

（4）特征组合码。用于面分类体系，它将分类对象按其特征或属性分成若干个面，面与面之间彼此无关，对每一个面的对象再进行编码组合就构成了该分类对象的特征组合码。

3. 数据库设计

1）数据库设计的要求

数据库设计的核心是确定一个合适的数据模型，这个数据模型应当满足以下三个要求：

（1）符合用户的要求。既能包含用户需要处理的所有数据，又能支持用户提出的所有处理功能的实现。

（2）能被某个现有的数据库管理系统（DBMS）所接受，如 SQL Server、ORACLE 等。

（3）具有较高的质量，如易于理解、便于维护、没有数据冲突、完整性好、效益高等。

2) 数据库设计的步骤

管理信息系统中的数据库系统由数据库管理系统、数据库和相关程序等几部分组成。

其中，数据库管理系统这部分可以从现有软件产品中选购，而其他几个部分特别是数据库的建立则必须根据用户具体要求进行分析和设计。这项工作称为数据库设计。从软件生命周期的观点来看待数据库设计的全过程，可以分成四个阶段：分析用户需求、视图设计、概念模式与外部模式定义、物理设计。

为一个管理信息系统建立数据库是相当艰巨的任务，用户环境中包含的数据项多且关系复杂，设计人员不仅要了解用户需求，还要了解数据库管理系统的一些特点，故设计工作必须要借助一定的方法。数据库概念与逻辑结构设计的方法多种多样，常用的有实体联系法和数据规范化法。

（1）实体联系法（entity-relationship approach，E-R）。用 E-R 图设计数据库的基本步骤是：①确定实体类型；②确定联系类型；③画出 E-R 图；④确定属性；⑤从 E-R 图导出数据结构；⑥设计记录格式。图 9-6 为系统 E-R 图。

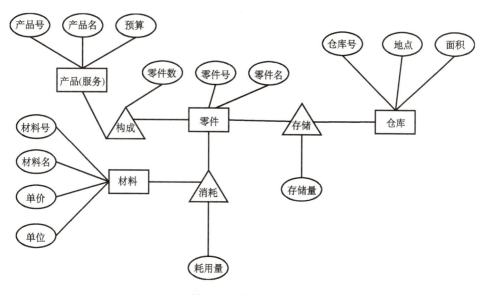

图 9-6　系统 E-R 图

（2）关系数据规范化。在数据字典中或由 E-R 图转换的数据模型，已经描述了每个存储数据的基本结构，即已经知道应当存储的数据了，那么，能不能直接拿来作为数据库的逻辑结构呢？我们知道，任何一个数据库由于应用的需要，都有可能修改，如增删某些数据项，引进新的数据关系，改变原有数据关系等，在这种情况下，为了用户使用方便，尽量减少对用户程序的影响，在删除、插入数据时不产生异常而破坏数据的完整性和一致性，必须重新考虑数据字典中的数据结构，用规范化的方法设计数据的存储结构。

4. 系统配置方案设计

1）系统物理配置方案

系统物理配置设计时应根据系统的吞吐量、系统的响应时间、系统的可靠性、系统的处理方式是集中式还是分布式、系统的地域范围及数据的管理方式来综合考虑。

（1）硬件设备的选配依据。硬件设备是网络的核心，对管理信息系统的性能影响很大，主要包括计算机的 CPU 处理速度、主存（内存）的最大容量和外存的最大容量。硬件设备的选择要根据实际管理业务和办公室地理位置来考虑配置设备，硬件的性能越好，价格就越昂贵。一般来说，根据实际业务需要考虑某个管理岗位是否要专配计算机设备（包括打印机等外部设备）；根据办公室物理位置分布和数据通信要求，决定是否需要与网络连接及连接的方式；根据调查估算的数据容量确定网络服务器或主机存储器的下限配置容量；根据新系统拟用的软件考虑计算机的 CPU、主存、辅存等硬件配置。

（2）软件及开发工具的选择。对于系统软件的配置和开发，应在具体实施中根据实际需要和实际可能来确定。一般来说，系统软件是采用直接购买商品软件或购买商品软件后加以改造修改的办法。在配置系统软件的时候，应考虑以下几个要求：①系统软件能充分满足应用开发的要求，具有较强的兼容性；②软件具有很好的经济性及发展前途；③可提供较好的网络系统工作环境。

操作系统。客户端一般均采用图形用户界面的 Windows 操作系统，而服务器端多在 UNIX 和 Windows NT 间选择。

数据库系统。数据库是管理信息系统的基础，选择合适的 DBMS 是十分重要的。目前广泛使用的都是关系数据库系统，对于客户机/服务器系统，要选择支持 SQL（结构化查询语言）的数据库系统。采用 SQL 标准查询语言的主要关系型数据库产品有 Oracle、Sybase、Informix 和 SQL Server 等。

语言和其他开发工具。语言和其他开发工具可以有多种选择，主要根据开发人员对语言的熟悉程度，如 VB、VC、VC＋＋、Delphi、PowerBuilder、Java 等都是可选的前端开发工具。除了开发语言，还要考虑在办公自动化方面所需的软件，包括文字处理、图形处理、表格处理以及电子邮件收发软件等。

2）系统总体布局设计

（1）总体布局设计方式。从分析项目管理信息系统的构成和应用出发，可将其分成三类：集中式、分散式、分布式。

集中式。项目管理信息系统是在一台计算机单机系统上实现某些目标的信息管理。系统中各结点通过终端与主机相连。这种方式数据的共享性好，冗余度小，保持数据的一致性相对来说较为容易，数据的安全性和保密性也容易控制，系统中各结点的通信能力好,对功能结构的重新分配适应能力较强。但是系统不灵活,若全部处理由一台主计算机完成,一旦主机系统出现故障,所有终端的工作不得不全部停止工作。当用户多时,对系统资源争用严重,必然造成终端响应慢。

分散式。管理信息系统是一个计算机系统只控制或管理一个子系统,每台计算机各有各的目标与运行方式。这种方式由于数据分散在各结点上,某台主机停止工作时可以不影响其他主机的处理,该主机上进行的工作也可以送到其他主机上完成,结构较为灵活。另外,由于系统由多台计算机构成,因此可以根据人、财、物条件分步建设。但分散在各结点的数据的统一管理问题较大,数据的一致性较难维护,结点间通信能力的强弱及系统对功能变化的适应能力受机型因素的影响。

分布式。分布式和分散式系统一样,各个子系统都由各自的计算机来控制或管理。它具有主机所在的结点为主结点,辅助计算机是具有处理能力的智能终端,采用多用户微机局域网,共享数据在主机上集中管理。因而,具有集中式结构在数据管理方面的优点。同时,由于辅机之间相对独立,当主机停止工作时,辅机可以照常工作,反之亦然。因而,又具有部分完全分布式结构的优点。其缺点是由于系统功能分给若干台计算机,因而造成数据分散,传输系统复杂等。

(2)网络设置。根据网络的结构选择相应的网络服务器、网络协议、网络拓扑结构、通信方式、网络安全性及与 Internet 的连接方式。

5. 输入输出设计

输入输出(I/O)设计是系统设计的重要部分。系统设计的最终目标是满足用户的要求。一个好的输入设计可以为用户和系统带来良好的工作环境,一个好的输出设计可以为管理者提供简捷、明了、有效的管理和控制信息。

1)输入设计

输入模块承担着将系统外的数据以一定的格式送入计算机的任务。输入设计要考虑三方面的问题:输入设备、输入方式和数据校验。

(1)输入设计的基本原则。①输入形式应尽量接受原始处理的形式。尽量控制数据输入量,输入时,只需要输入基本信息,其他的统计、计算由计算机系统完成。②可采用周转文件,批量输入等方式减少数据延迟。③采用有效的验证手段,减少输入错误。

(2)输入设备及输入方式的选择。随着计算机技术的发展,输入设备的种类越来越多,能够输入到计算机中的信息的类型也越来越多,设计人员必须认真分析输入数据的类型,从方便用户使用的角度选择输入设备。常见的输入设备有键盘、扫描仪、触摸屏、多媒体输入设备(如话筒、数字相机、数字摄像机等)和光电阅读器等。

（3）输入格式及数据校验。数据输入格式应尽量与数据库结构、报表输出格式一致。这样可以提高编程效率，降低设计难度。输入格式应尽量符合用户的使用习惯，操作简便。

由于管理信息系统中数据输入量往往较大，为了保证其正确性，一般都设置输入数据校验功能，对已经输入的数据进行校验。数据校验的常用方法有：

人工校验。输入数据后，显示或打印出来，由人来进行校验。这种方式只适合少量数据，对于大批量的数据，效率太低，查错率也低。

重复校验。对同一数据，输入两次，若两次输入的数据不一致，则认为数据输入有误。这种方法方便快捷，适用于各种类型的数据。

数据平衡校验。对于财务报表、统计报表等完全数字型报表的输入校验，可以采用合计、小计等求和计数手段检验数据各项间是否平衡。

此外，还有数据类型校验、格式校验、逻辑校验、界限校验、对照校验、校验位校验和顺序校验等。

2）输出设计

（1）输出设计内容。输出是指由计算机对输入的原始数据进行加工处理，使之具有一定的格式，提供给管理者使用。因而，输出是管理者直接面对的实物，往往已有固定的格式和数据要求，具有直观性，并直接反映用户需求。输出的要求往往决定对输入的需求，例如，在设计一张报表时，报表中需要的数据就是在输入阶段要提供的数据。

输出设计的主要内容有：①输出信息的内容，包括输出数据项、位数和数据形式（文字、数字）；②输出信息的格式，包括报表、凭证、单据和公文等格式；③输出信息使用方面的内容，包括使用者、使用目的、报表量、有效期、日期时间、保管方法、密级和复写份数等；④输出设备，包括打印机、显示终端、绘图仪等；⑤输出介质，包括输出到磁盘还是光盘或是输出用纸等。

（2）输出设计的方法与格式。在系统设计阶段，设计人员应给出系统输出的说明。它是实际输出设计的依据。输出可采用报表与图形方式：①以报表的形式提供信息输出。这种方式可以表示详细的数据。②以图形的形式提供信息输出。对于决策者或宏观管理部门，图形信息可以给出比例或综合发展趋势的信息，可以提供比较信息。

打印输出时，根据纸张设置格式，使用已印有表头和文字说明等格式的专用纸，可直接套打。通用白纸则需要打印表头、格式及说明信息。

（3）用户界面设计。用户界面是人机对话的窗口，设计时应尽可能地坚持友好、简便、实用、易于操作的原则，避免烦琐、花哨的界面。

用户界面设计包括菜单方式、会话方式、操作提示方式，以及操作权限管理方式等。

6. 系统设计说明书

系统设计阶段的主要成果是系统设计说明书，它既是目标系统的物理模型，也是系统实施的主要依据。系统设计说明书通常由下述内容组成。

1）引言

（1）摘要：系统名称、目标及功能。

（2）背景：项目开发者、用户、涉及的其他系统或机构及其关系。

（3）系统环境及限制：系统软件、硬件及运行环境的限制；保密安全限制；软件文本，网络协议标准文本等。

（4）参考资料及术语说明。

2）系统设计内容

（1）系统总体结构设计方案。

（2）网络设计方案。

（3）代码设计方案。

（4）数据库设计。

（5）输入输出设计方案。

一旦系统设计被审查批准，整个系统开发工作便进入系统实施阶段。

9.2.4 系统实施

系统实施是继系统规划、系统分析、系统设计之后的又一个重要阶段，也是一个新的管理信息系统开发工作的最后一个阶段。在系统设计完成之后，如何将原来纸面上的、类似于设计图的新系统方案转换成可在计算机上执行的应用软件，将成为系统实施阶段的主要工作。因此，必须制定系统实施计划，确定系统实施的方式、步骤及进度、费用等，以保证系统实施工作的顺利进行。

系统实施工作以系统实施方案为依据，主要包括的任务有物理系统的实施、程序设计、系统测试、系统维护及系统评价。

1. 物理系统的实施

物理系统的实施包括硬件环境、软件环境和网络环境的建立等方面的工作。

1）计算机系统的安装与调试

按照系统物理配置方案的要求，选择购置该系统所必需的硬件设备（计算机系统）和软件系统。硬件设备包括主机、外围设备、稳压电源、空调装置、机房的配套设施及通信设备等，软件系统包括操作系统、数据库管理系统、各种应用软件和工具软件等。

在建立硬件环境的基础上，还需建立适合系统运行的软件环境，包括购置系统软件和应用软件包。按照设计要求配置的系统软件包括操作系统、数据库管理系统、程序设计语言处理系统等。在项目管理系统中，有些模块可能有商品化软件可供选择，也可以提前购置，其他则需自行编写。在购买或配置这些软件前应先了解其功能、适用范围、接口及运行环境等，以便做好选购工作。

计算机硬件和软件环境的配置，应当与计算机技术发展的趋势相一致，硬件选型要兼顾升级和维护的要求；软件选择特别是数据库管理系统，应选择 C/S 或 B/S 模式下的主流软件产品，为提高系统的可扩展性奠定基础。

2）网络环境

计算机网络是现代管理信息系统建设的基础，网络环境的建立应根据所开发的系统对计算机网络环境的要求，选择合适的网络操作系统产品，并按照目标系统将采用的 C/S 或 B/S 工作模式，进行有关的网络通信设备与通信线路的架构与连接、网络操作系统软件的安装和调试、整个网络系统的运行性能与安全性测试及网络用户权限管理体系的实施等。

2. 程序设计

程序设计的任务就是将系统设计阶段得到的系统物理模型，用某种程序设计语言进行编码，以完成每个模块乃至整个系统的代码开发。其主要依据是系统总体结构图、数据库结构设计、代码设计方案等。

在进行程序设计工作中，应尽量采用各种开发工具进行编码，以加快开发进程。

1）程序设计与数据准备

（1）程序设计。由于已在系统设计说明书中规定了系统各模块的功能、要求，所以，计算机程序员可以根据系统设计员的要求，利用结构化、模块化方法进行程序的编制工作。结构化编制程序一般采用顺序结构、循环结构或条件结构。程序的编写可以利用最新的技术、软件和方法，也可以采用购买成套软件或平台，再编写一些接口程序的方式。程序完成后，要注意程序的调试工作。

由于一般系统的程序编写工作需由多人完成，因此，要重视程序设计的组织管理工作。应综合考虑任务的轻重缓急、程序的相关程度、程序员的多少、编程能力强弱等因素，进行合理分工。分配任务时，要下达有关的程序设计任务书及有关系统设计资料。要有专人负责验收。

最后，要编写程序设计说明书与操作手册或使用说明书。程序设计说明书的主要内容包括程序概述、程序结构图、程序控制图、算法、程序流程图、源程序和程序注释说明等。

（2）数据准备。数据的收集、整理、录入是一项既烦琐、劳动量又大的工作。而没有一定基础数据的准备，系统调试就不能很好地进行。一般来说，确定数据库物理模型之后，就应进行数据的整理、录入。这样既分散了工作量，又可以为系统调试提供真实的数据。实践证明，这方面的工作往往容易被人忽视。甚至系统完成后只能作为摆设放在那里而不能真正运行。这等于建好工厂，但缺乏原料而不能投产。要特别强调，不能把系统的实现仅仅归结为编写程序或购买机器。这几方面的任务是相互联系、彼此制约的。

2）软件工具的选择

随着计算机在信息系统中的广泛应用，对各种软件工具的研究十分迅速，各种各样的软件及程序的自动设计、生成工具日新月异，为各种信息系统的开发提供了强有力的技术支持和方便的实用手段。利用这些软件生成工具，可以大量减少手工编程环节的工作，避免各种编程错误的出现，极大地提高系统的开发效率。

一般来说，比较流行的工具有一般编程语言工具、数据库系统工具、程序生成工具、专用系统生成工具、客户/服务器型工具及面向对象编程工具等。其各自性能特点如下。

（1）一般编程语言工具。主要指各种常用的程序设计语言，如 C、C++、COBOL、LISP、PROLOG 等，利用这类工具进行程序设计的基本形式是手工编程。

（2）数据库系统工具。指流行的数据库软件产品，可分为微机上的小型 DBMS（如 XBASE 系列、VFP、Access 等）和大型数据库系统工具（如 ORA-CLE 系统、SYBASE 系统、IMFORMIX 系统、DB2 系统、SQL Server 系统等）。前者适用于小型系统（EDP/TPS）的开发，后者则可以支持基于局域网、Intranet 和 Internet 的大型管理信息系统的开发。

（3）程序生成工具。主要指基于常用数据处理功能与程序相对应的自动编程工具，一般称为第四代程序生成语言（4GL）工具，大多结合在流行软件产品中，构成其中的一部分，它能实现系统中的某些模块程序代码的自动生成。

（4）专用系统生成工具。指在程序生成工具基础上发展的，除了具有 4GL 的各种功能外，更大、综合化程度更高的，具有图形化及其他功能的集成工具。一般可归为两类：专用功能开发工具（包括各类套装软件、专用图表生成工具等）和综合系统开发工具（如 CASE、Jasmine、Team Enterprise Developer 等）。

（5）客户/服务器型工具。是指可进行基于网络环境的系统开发工具，它是完全符合管理信息系统发展趋势和要求的新型系统开发工具，如 Delphi Client/Server、Power Builder Enterprise、Java、Visual C++等。

（6）面向对象编程工具。是指与面向对象开发方法相对应的各类 OOP 工具，主要代表性产品如 Java、Visual C++、Smalltalk 等。这类工具针对性强，必须与面向对象开发方法相结合，很可能成为今后的主流系统开发工具。

3. 系统测试

系统调试只是解决软件的正确性与有效性，而系统测试可以进一步发现系统中存在的问题，验证新系统是否达到设计的目标，以便在正式投入运行时能正常工作。在测试前，应制定测试大纲，其中包括测试目的、测试环境、测试内容与步骤，评价指标，确定测试数据，选定测试方法等，对测试的全过程要详细记录，形成测试分析报告，并作为软件文档的一部分。系统测试的流程如图 9-7 所示。

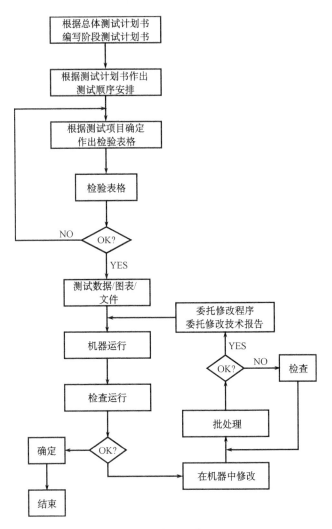

图 9-7　系统测试的流程

1）测试的主要内容

（1）功能测试。通过对系统所列举的所有功能逐项进行测试，以确定其是否具备规定的各项功能。在测试过程中，特别要注意边界条件、覆盖条件，以及出错处理是否有效。

（2）性能测试。主要是对系统的数据精确度、时间特性（系统处理时间、响应时间、传输时间，以及数据转换时间等）、适应能力（操作方式、运行环境、接口变化）是否能满足设计要求进行测试。

（3）可靠性与安全性测试。应测试系统所提供的防护手段，如密码、授权的有效性及可靠性，要对系统的容错、恢复能力等进行考核，并记录长时间连续运行的系统故障率等。

2）测试方法

系统测试可以用测试用例作为测试程序，以测试程序是否正确、是否会出现错误。测试用例的编写也是比较复杂的，常采用下述两种方法来设计测试用例。

（1）黑盒法。测试者不关心被测程序中模块内部的结构，以及它如何去处理数据，而是把它看成一个黑盒，只检查它是否能完成功能说明所指定的功能。因此，测试用例的设计是完全根据程序的功能说明进行设计的，但要列举出所有可能的输入数据来检查该程序是否能产生正确的结果是非常困难甚至也是不可能的。因此，只能是选择一个适当的子集，即选择一个能够发现最多错误概率的最大子集。

（2）白盒法。这种方法要求测试者了解程序的内部结构，要将程序中所有可能的路径都执行一次，使得测试能尽可能地覆盖程序中的内部逻辑，覆盖程度愈高愈好。这些覆盖包括：①语句覆盖。要求选择测试数据能对软件中每条语句至少能执行一次。②判定覆盖。在程序流程图中，经常需要对条件进行判定，以决定要走哪一分支，因此，选择的测试数据要使每一个分支都要通过一次。

不论是黑盒法或是白盒法，它们都是针对程序的功能进行测试，而对于性能测试，安全可靠性测试则需采用其他方法。

4. 系统维护

管理信息系统在投入正常运行后，就进入系统运行和维护阶段。在系统的整个使用中，都伴随着系统维护工作的进行。系统维护的目的是保证管理信息系统正常而可靠地运行，并能使系统在运行中不断得到改善和提高，以充分发挥作用。因此，系统维护的目的就是保证系统中的各个因素随着环境的变化始终处于良好的、正确的工作状态。

1）系统维护的对象和类型

（1）系统维护工作的对象。系统维护面向系统中的各种构成因素，按照维护对象的不同，系统维护的内容可分为以下几类：

应用系统的维护。系统的业务处理过程是通过程序的运行而实现的，一旦程序发生问题或业务发生变化，就必然引起程序的修改和调整，因此系统维护的主要活动是对程序进行维护。

数据的维护。业务处理对数据的需求是不断发生变化的，除系统中主体业务数据的定期更新外，还有许多数据需要进行不定期的更新，或随环境、业务的变化而进行调整。此外，数据内容的增加、数据结构的调整和数据的备份与恢复等，都是数据维护的工作内容。

代码的维护。当系统应用范围扩大和应用环境变化时，系统中的各种代码需要进行一定程度的增加、修改、删除，以及设置新的代码。

文档的维护。根据应用系统、数据、代码及其他维护的变化，对相应文档进行修改，并对所进行的维护进行记载。

硬件设备的维护。主要指对主机及外设的日常管理和维护，都应由专人负责，定期进行，以保证系统正常有效的运行。

（2）系统维护的类型。按照软件维护的不同性质，系统维护可划分为正确性维护、适应性维护、完善性维护和预防性维护四种类型。

正确性维护用来改正在系统开发阶段已发生的而系统测试阶段未发现的错误；适应性维护是为适应软件的外界环境变化而进行的修改；完善性维护是为扩充功能和改善性能而进行的修改，指对已有的软件系统增加一些在软件需求规范书中没有规定的功能与性能特征，还包括对处理效率和编写程序的改进；预防性维护是为减少或避免以后可能需要的前三类维护而对软件配置进行的修改，从而减少以后的维护工作量维护时间和维护费用。

根据对多种维护工作的分布情况统计，一般正确性维护占 21%，适应性维护占 25%，完善性维护达到 50%，而预防性维护及其他类型的维护仅占 4%。可见，系统维护工作中，一半以上的工作是完善性维护。

2）系统维护方法

系统的可维护性对于延长系统的生存期具有决定的意义，因此必须考虑如何才能提高系统的可维护性，为此，需从以下五个方面入手：

（1）建立明确的软件质量目标和优先级。一个可维护的程序应是可理解的、可靠的、可测试的、可修改的、可移植的、高效率的、可使用的。

（2）使用提高软件质量的技术和工具。模块化是系统开发过程中提高软件质量、降低成本的有效方法之一，也是提高可维护性的有效技术，它的优点是如果需要改变某个模块的功能，只要改变这个模块，而对其他模块影响很小，如果需要增加某些功能，仅增加完成这些功能的新的模块或模块层，同时程序错误也容易定位和纠正。结构化程序设计则把模块化又向前推进了一步，不仅使得模块结构标准化，而且将模块间的相互作用也标准化了。采用结构化程序设计可以获得良好的程序结构，提高现有系统的可维护性。

（3）进行明确的质量保证审查。质量保证审查对于获得和维持系统各阶段的质量，是一个很有用的技术。审查还可以检测系统在开发和维护阶段内发生的质量变化，可对问题及时采取措施加以纠正，以控制不断增长的维护成本，延长系统的有效生命期。

（4）选择可维护的程序设计语言。程序是维护的对象，要做到程序代码本身正确无误，同时要充分重视代码和文档资料的易读性和易理解性。因此，要注意编码规则、编码风格，尽量采用结构化程序设计和通用性高的程序设计语言，把与机器和系统相关的部分减少到最低限度。

（5）改进系统的文档。系统文档是对程序总目标、程序各组成部分之间的关系、程序设计策略、程序实现过程的历史数据等的说明和补充。因此，在开发过程中各阶段产生的文档资料要尽可能采用形式描述语言和自动的文件编辑功能。文档是维护工作的依据，文档的质量对维护有着直接的影响。一个好的文档资料应能正确地描述程序的规格，描述的内容局部化，并且易读、易理解。

完成各项系统维护工作后，应及时提交系统维护报告，就所作的系统维护的具体内容进行总结，加入到系统维护的有关文档中。

5. 系统评价

信息系统的评价就是对系统在运行一段时间后的技术性能及经济效益等方面的评价。评价的目的是检查系统是否达到预期的目标，技术性能是否达到设计的要求，系统的各种资源是否得到充分的利用，经济效益是否理想，并指出系统的长处与不足，为以后的改进和扩展提出意见。

1) 系统评价体系

由于管理信息系统是一个复杂的社会技术系统，它所追求的不仅仅是单一的经济性指标。除了从费用、经济效益和财务方面的考虑外，管理信息系统还涉及技术先进性、可靠性、适用性和用户界面友好性等技术性能方面的要求，以及改善员工劳动强度和单位经营环境、增强市场竞争力等社会效益目标。目标的多重性产生了对管理信息系统进行多指标综合评价的必要性。多指标综合评价体系的方法就是先提出信息系统的若干评价指标，然后对各指标评出表示系统优劣程度的值，最后用加权等方法将各指标组合成一个综合指标。

(1) 技术评价。对信息系统的评价主要是从技术与经济两方面进行。技术上的评价主要是系统性能，具体内容为：①信息系统的总体水平，如系统的总体结构、地域与网络的规模、所采用技术的先进性等；②系统功能的范围与层次，如功能的多少与难易程度或对应管理层次的高低等；③信息资源开发与利用的范围和深度，如企业内部与外部信息的比例、外部信息的利用率等；④系统的质量，如系统的可使用性、正确性、可维护性、可扩展性和通用性等；⑤系统的安全与保密性；⑥系统文档的完备性。

(2) 经济评价。经济上的评价主要是系统效果和效益，包括直接和间接两个方面。直接的评价内容有：①系统的投资额；②系统的运行费用；③系统运行所带来的新增效益；④投资回收期。间接的评价内容有：①对企业形象的改观、员工素质的提高所起的作用；②对企业的体制与组织机构的改革、管理流程的优化所起的作用；③对企业各部门间、工作人员间协作精神所起的作用。

信息系统在运行与维护过程中不断地发生变化，因此评价工作不是一项一次性的工作，应定期或当系统有较大改进后进行。评价工作由系统开发人员、系统管理与维护人员、系统用户及系统外专家等共同参与，评审方式可以是鉴定或评审意见。

2) 项目管理信息系统的评价指标

根据信息系统的特点与综合评价指标体系的构成原则，从系统性能指标、与直接经济效益有关指标及与间接经济效益有关指标等三个方面提出项目管理信息系统的综合评价指标。

（1）系统性能指标。①人机交互的灵活性与方便性；②系统响应时间与信息处理速度满足管理业务需求的程度；③输出信息的正确性与精确度；④单位时间内的故障次数与故障时间在工作时间中的比例；⑤系统结构与功能的调整、改进及扩展、与其他系统交互或集成的难易程度；⑥系统故障诊断、排除、恢复的难易程度；⑦系统安全保密措施的完整性、规范性与有效性；⑧系统文档资料的规范、完备与正确程度等。

（2）与直接经济效益有关指标。①系统的投资额，包括系统硬件及软件的购置、安装，应用系统的开发等所投入的资金、人力、材料等成本；②系统运行费用，包括消耗性材料费用、系统投资折旧费、硬件维护费及电等其他费用；③系统运行新增加的效益，主要反映在成本降低、库存积压减少、流动资金周转加快与占用额减少、销售利润增加及人力的减少等方面；④投资回收期，即通过新增效益逐步收回投入的资金所需的时间，它也是反映信息系统经济效益好坏的重要指标。

（3）与间接经济效益有关指标。间接经济效益是通过改进组织结构及运作方式、提高人员素质等途径，促使成本下降、利润增加而逐渐地间接获得的效益。由于成因复杂，只能作定性分析，所以间接经济效益也称定性效益。一般地，间接经济效益有关指标有：①对项目组织为适应环境所作的结构、管理制度与管理模式等的变革会起巨大的作用，这种作用一般无法用其他方法实现；②使管理人员获得许多新知识、新技术与新方法，进而提高他们的技能素质，拓宽思路，进入学习与掌握知识的良性循环；③系统信息的共享使项目各部门间管理人员的联系更紧密，提高他们的协作精神及凝聚力；④能对项目的基础管理产生很大的作用，为其他管理工作提供有利条件。

完成系统评价工作后，应提交系统评价报告，就新系统的概况，系统组成，设计目标的实现程度，系统的可靠性、安全保密性、可维护性等的实现情况，系统的经济效益、社会效益等方面作出客观的评价。

6. 系统实施阶段的文档

在系统实施阶段，主要的文档有两个：程序设计报告和系统测试报告，另外，还包括系统使用和维护手册中的系统使用说明部分。现分述如下。

（1）程序设计报告。是对系统程序设计过程的总结，包括程序设计的工具和环境的概述，系统程序模块的组成及总体结构描述，程序之间的控制关系及其描述，各模块程序中采用的算法及其描述，各程序流程及其描述，系统各模块程序的源代码清单及有关注释的说明。

（2）系统测试报告。是对系统测试过程的总结，主要包括系统测试的环境，对系统、子系统、模块、程序等的技术性能指标进行的测试方法、选用的测试数据、测试步骤、有关问题的分析和解决方案等，系统测试的结果及分析，对系统的功能、技术性能指标的评价及系统测试结论。

（3）系统使用说明部分。是提供给用户的系统操作指南，包括系统的总体介绍，功能、系统运行环境、系统安装等的说明，系统各功能和部分的操作步骤、方法、过程和数据输入输出方式等。

9.3 项目管理软件及其应用

自 1982 年第一个基于 PC 的项目管理软件出现至今，项目管理软件已经历了 20 多年的发展历程。据统计，目前国内外正在使用的项目管理软件已有 2000 多种，限于篇幅，本节将按照综合进度控制管理软件、合同及费用控制管理软件两大类别介绍几种国内外较为流行的项目管理软件。

9.3.1 Primavera Project Planner

在国内外为数众多的大型项目管理软件当中，美国 Primavera 公司开发的 Primavera Project Planner（P3）普及程度和占有率是最高的。国内的大型和特大型工程项目几乎都采用了 P3。目前国内广泛使用的 P3 进度计划管理软件主要是指项目级的 P3。

Primavera 公司在项目级的 P3 后又推出的项目管理套件 Primavera Enterprise，该套件的核心 Primavera Project Planner for Enterprise，又称 P3e，与原 P3 相比，有了很大的变化。集成该软件的套装软件 Primavera Enterprise，除了核心部分外，还包括 Primavision（辅助决策信息定制与采集，可以根据管理人员、项目经理和专业人员自定义的视角为其提供项目的综合信息）、Primavera Progress Reporter（基于网络进行进度/工时数据采集的工具软件）、Primavera Portfolio Analyst（多项目调度/分析工具软件）和 Primavera Mobile Manager（为手持式移动设备提供相关服务的终端工具软件，可以将手持设备与项目数据直接连接，实现双向数据传输）。该套装软件所涵盖的管理内容较以前推出的项目管理软件更广、功能更强大，充分体现了当今项目管理软件的发展趋势。

下面简要介绍这两个软件的情况。

1. Primavera Project Planner（以下简称 P3）

P3 是用于项目进度计划、动态控制、资源管理和费用控制的综合进度计划管理软件，也是目前国内大型项目中应用最多的进度计划管理软件。

（1）P3 的特点。拥有较为完善的管理复杂、大型工程项目的手段，拥有完善的编码体系，包括 WBS 编码、作业代码编码、作业分类码编码、资源编码和费用科目编码等，这些编码及这些编码所带来的分析、管理手段给项目管理人员的管理以充分的回旋余地，项目管理人员可以从多个角度对工程进行有效管理。

（2）P3 具体的功能包括：①同时管理多个工程，通过各种视图、表格和其他分析、展示工具，帮助项目管理人员有效控制大型、复杂项目；②可以通过ODBC 与其他系统结合进行相关数据的采集、数据存储和风险分析；③P3 提供了上百种标准的报告，同时还内置报告生成器，可以生成各种自定义的图形和表格报告，但其在大型工程层次划分上的不足和相对薄弱的工程（特别是对于大型工程项目）汇总功能也将其应用限制在了一个比较小的范围内；④某些代码长度上的限制妨碍了该软件与项目其他系统的直接对接，后台的 Btrieve 数据库的性能也明显影响到软件的响应速度和与项目信息管理系统集成的便利性，给用户的使用带来了一些不方便。这些问题在其后期的 P3e 中得到了一定程度的解决。

2. Primavera Project Planner for Enterprise（以下简称 P3e）

P3e 的特点如下：

（1）首次在项目管理软件中增加了企业项目结构（以下称 EPS，见图 9-8），利用 EPS 使得企业或项目组织可以按多重属性对项目进行层次化的组织，使得企业可基于 EPS 层次化结构的任一层次和任一点进行项目执行情况的财务分析。

图 9-8　P3e 操作界面

（2）提供了完善的编码结构体系。除了提供前文所述的企业项目结构、工作分解结构、组织分解结构、资源分解结构、费用分解结构、作业分类码和报表结构，等等，所有的结构体系均提供了直观的树型视图。

（3）提供了丰富的图表。P3e 提供了 100 多种标准的报表格式和便利的报表管理方式，同时还提供了报表生成向导功能，以帮助项目管理人员随时定制自己所需要的报表。

（4）支持基于 EPS、WBS 的"自上而下"预算分摊。P3e 支持按项目权重、里程碑权重、作业步骤及其权重进行绩效衡量，这些设置连同多样化的赢得值技术使得"进度价值"的计算方法拟人化而又符合客观实际。

（5）提供了专业的、结合进度的资源分析和管理工具，可以通过资源分解结构对企业的全部资源进行管理，资源还可以按角色、技能、种类划分。使用资源的角色、技能、种类可为资源协调与替代提供方便，从而使资源得到充分的利用。在 P3e 中除跟踪劳动力和非劳力资源费用外，还可跟踪作业的其他费用，并将实际费用、数量与预算进行对比，可通过图形、表格及报表加以反映。

（6）内置了风险管理功能。对项目的不确定因素的管理分析，是企业风险控制的基础。P3e 的风险管理功能，提供了风险识别、分类、指定影响分析的优先级等功能。用户也可以自行创建风险管理计划，估计并指定发生概率，并指定组织中特定的人对特定风险管理工作负责。

（7）内置了临界值管理与问题追踪功能。通过预先设置的费用、进度，以及赢得值的临界值及其处理措施，对实施中出现的超临界状态自动通知相关责任人，并可利用问题跟踪功能对"问题"进行跟踪。

（8）支持大型关系数据库 Oracle、MS SQL Server，为企业和工程项目管理信息系统的构建提供了极大的便利。

（9）与原 P3 相比，拥有更为直观易用的操作界面和更为全面的在线帮助。

9.3.2 Microsoft Project

Microsoft Project 是到目前为止在全世界范围内应用最为广泛的、以进度计划为核心的项目管理软件，Microsoft Project 可以帮助项目管理人员编制进度计划、管理资源的分配、生成费用预算，也可以绘制商务图表，形成图文并茂的报告。

借助 Microsoft Project 和其他辅助工具，可以满足一般要求不是很高的项目管理的需求；但如果项目比较复杂，或对项目管理的要求很高，那么该软件可能很难让人满意。这主要是该软件在处理复杂项目的管理方面还存在一些不足的地方，例如，资源层次划分上的不足，费用管理方面的功能太弱等，但就其市场定位和低廉的价格来说，Microsoft Project 是一款不错的项目管理软件。

该软件的典型功能特点如下：

（1）进度计划管理。Microsoft Project 为项目的进度计划管理提供了完备的工具，用户可以根据自己的习惯和项目的具体要求采用"自上而下"或"自下而上"的方式安排整个工程项目。

（2）资源管理。Microsoft Project 为项目资源管理提供了适度、灵活的工具，用户可以方便地定义和输入资源，可以采用软件提供的各种手段观察资源的基本情况和使用状况，同时还提供了解决资源冲突的手段。

（3）费用管理。Microsoft Project 为项目管理工作提供了简单的费用管理工具，可以帮助用户实现简单的费用管理。

（4）突出的易学、易用性，完备的帮助文档。Microsoft Project 是迄今为止易用性最好的项目管理软件之一，其操作界面和操作风格与大多数人平时使用的 Microsoft Office 软件中的 Word、Excel 完全一致。对中国用户来说，该软件有很大吸引力的一个重要原因是在所有引进的国外项目管理软件当中，只有该软件实现了"从内到外"的"完全"汉化，包括帮助文档的整体汉化。

（5）强大的扩展能力，与其他相关产品的融合能力。作为 Microsoft Office 的一员，Microsoft Project 也内置了 Visual Basic for Application（VBA），VBA 是 Microsoft 开发的交互式应用程序宏语言，用户可以利用 VBA 作为工具进行二次开发，一方面可以帮助用户实现日常工作的自动化，另一方面还可以开发该软件所没有提供的功能。此外，用户可以依靠 Microsoft Project 与 Office 家族其他软件的紧密联系，将项目数据输出到 Word 中生成项目报告，输出到 Excel 中生成电子表格文件或图形，输出到 PowerPoint 中生成项目演示文件，还可以将 Microsoft Project 的项目文件直接存为 Access 数据库文件，实现与项目管理信息系统的直接对接。

9.3.3 梦龙智能项目管理集成系统

梦龙智能项目管理集成系统是国内软件公司开发的项目管理软件。该系统由智能项目管理动态控制、建设项目投资控制系统、机具设备管理、合同管理与动态控制、材料管理系统、图纸管理系统和安全管理系统组成，可对工程项目进行全方位的管理。

该软件的典型特点包括：

（1）灵活方便的制图功能。可以在计算机屏幕上直接制作网络图，还可以采用文本输入方式制作网络图，包括双代号输入法、紧前关系输入法和紧后关系输入法。

（2）瞬间即可生成流水网络。

（3）方便实用的网络图分级管理功能（子网络功能）。可以根据工程的实际情况分为多级网络，使不同的管理层对应不同级别的网络，实现分级网络管理。

（4）利用前锋线功能实现对工程的动态控制。

（5）资源费用优化控制。可以将资源按人工、材料、施工机械分开管理，可按不同属性进行分布，还可根据定额分别计算出人工、材料、施工机械费用及总费用；资源可按不同种类管理，可自定义名称，通过网络可作出各种资源的分布曲线及报表；对资源及数据可进行优化计算；根据不同分布曲线可分别作出用工计划、机具安排计划、材料供应计划及费用投资计划等。

（6）综合控制功能。提供了合同及图纸等工程信息的管理，并内置了针对这些信息的自动预警体系。

（7）支持双代号网络。

9.3.4　Welcom Open Plan 项目管理软件

与前面介绍的 P3e 类似，Welcom 公司的 Open Plan（图 9-9）也是一个企业级的项目管理软件。

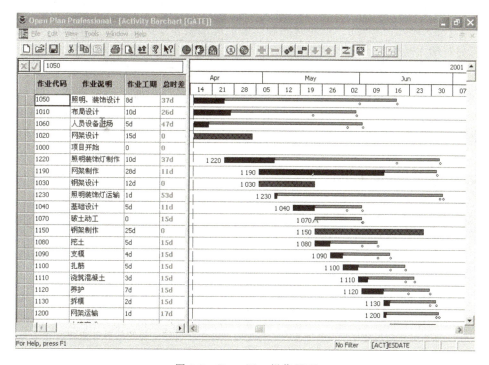

图 9-9　Open Plan 操作界面

该软件的特点如下：

（1）进度计划管理。Open Plan 采用自上而下的方式分解工程，拥有无限级别的子工程，每个作业都可分解子网络、孙网络，无限分解。这一特点为大型、复杂工程项目的多级网络计划的编制和控制提供了便利。此外，其作业数目不限，同时提供了最多 256 位宽度的作业编码和作业分类码，为工程项目的多层次、多角度管理提供了可能，使得用户可以很方便地实现这些编码与工程信息管理系统中其他子系统的编码的直接对接。

（2）资源管理与资源优化。资源分解结构（RBS）可结构化地定义数目无限的资源，包括资源群、技能资源、驱控资源，以及通常资源、消费品、消耗品。拥有资源强度非线性曲线、流动资源计划。

在资源优化方面拥有独特的资源优化算法，四个级别的资源优化程序，与 P3 一样，Open Plan 可以通过对作业的分解、延伸和压缩进行资源优化。Open Plan 可同时优化无限数目的资源。

（3）项目管理模板。Open Plan 中的项目专家功能提供了几十种基于美国项目管理学会（PMI）专业标准的管理模板，用户可以使用或自定义管理模板，建立 C/SCSC（费用/进度控制系统标准）或 ISO（国际标准化组织）标准，帮助用户自动应用项目标准和规程进行工作，如每月工程状态报告、变更管理报告等。

（4）风险分析。Open Plan 集成了风险分析和模拟工具，可以直接使用进度计划数据计算最早时间、最晚时间和时差的标准差和作业危机程度指标，不需要再另行输入数据。

（5）开放的数据结构。Open Plan 全面支持 OLE2.0，与 Excel 等 Windows 应用软件可简单地拷贝和粘贴；工程数据文件可保存为通用的数据库，如 Microsoft Access、Oracle、Microsoft SQL Server、Sybase，以及 FoxPro 的 DBF 数据库；用户还可以修改库结构增加自己的字段并定义计算公式。

➤ 复习思考题

1. 什么是项目信息？它包含哪些类型？

2. 项目信息管理的主要内容和作用是什么？

3. 什么是系统？以什么指标来衡量系统的好坏？什么是信息系统？有哪几类信息系统？

4. 如何理解项目管理信息系统的含义？

5. 系统分析的主要任务是什么？为什么说系统分析是管理信息开发系统过程中最重要的一环？

6. 系统分析阶段使用了哪些图表？其作用各是什么？数据流程图与业务流程的联系与区别是什么？

7. 系统设计的原则是什么？

8. 简述系统结构化划分的原则。

9. 简述计算机硬件系统的配置方案的内容。

10. 试述代码的校验方法。

11. 试举例说明由 E-R 图设计数据库结构的过程和方法。

12. 简述输入输出设计的原则。

13. 系统实施阶段应当包括的主要内容是什么？系统分析设计阶段与系统实现阶段的接口过程中要注意的主要问题是什么？

14. 通过本章的学习和自身的实际经验，谈谈你对结构化程序设计方法和面向对象程设计方法的认识。

15. 系统开发过程中的转换阶段的重要性常常被低估，你是如何认识这个问题的？

➤案例分析　N 大学新建校门工程的进度计划编制过程

某大学为配合城市道路扩建工程，将校门及围墙后移 25 米，并对校门进行了重新设计。经初步设计，新的校门采用钢架结构支撑，上部采用网架结构。经过招标，工程的施工图由建筑设计院设计；校门的钢架基础由第三建筑公司负责施工；两边钢架由工程机械厂制造，并负责运输至现场，同时，工程机械厂还负责钢架和网架的安装工作；上部网架委托网架工程公司制造，并负责运输到施工现场；大门的装饰、照明用灯及霓虹灯由电子霓虹有限公司制作，运输至现场，并负责安装和调试；最后的现场清理工作由第三建筑公司完成。校方委托学校所属的监理公司负责此项工作的监理工作。学校监理公司根据学校的要求采用项目管理软件管理该工程的进度计划。

根据学校的安排，整个工作从 2001 年 4 月 9 日开始，2001 年 6 月 20 日完工。

以下是利用项目管理软件对该工程进行管理的过程，整个过程分为计划和控制两个阶段。

1. 计划阶段

1）编码系统规划

监理公司根据各个中标的设计和施工单位上报的进度计划，并考虑到工程的特点和校方对进度计划的要求，建立了如下编码系统。

（1）工作分解结构（WBS）及其编码。结构：×××。编码及编码说明见表 9-2。

（2）作业分类码结构划分及码值确定。作业分类码结构划分及码值见表 9-3 所示。

表 9-2　WBS 编码及编码说明

WBS 编码	编码说明
GT	校门工程
GT.1	设计
GT.2	土建
GT.3	制作
GT.4	运输
GT.5	安装

表 9-3　作业分类码结构划分及码值表

代码	长度	说明	码值	码值说明
DEPT	2	承包单位	001	市政三公司
			002	市政设计院
			003	电子厂
			004	机械厂
REPT	3	责任人（监理方）	CYM	陈元名
			XZF	徐志峰
			YYX	于悦宣
			FXM	冯学民
			LFG	李伏甘

代码	长度	说明	码值	码值说明
LOCA	1	场所	1	设计院
			2	施工现场
			3	制作工厂
			4	运输途中

（3）资源编码结构。资源编码结构如表9-4所示。

表9-4　资源编码表结构

资源代码	单位	代码说明	通常限量	最大限量	单价/元
L01	工日	设计工程师	8	12	150
L02	工日	建筑工人	20	25	110
L03	工日	安装工人	25	25	120
M01	台班	卡车	2	2	400
M02	台班	铲车	1	1	600
M03	台班	吊车	1	1	800

（4）费用科目结构。本例仅考虑一部分费用科目。费用科目应采用树形层次结构，其示意图见图9-10。

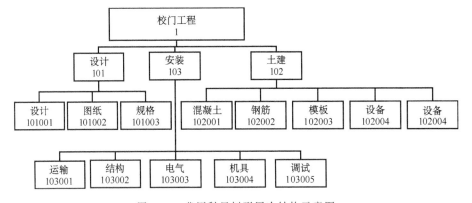

图9-10　费用科目树形层次结构示意图

2）定义工程日历

根据工程的安排和各个参与方实际情况，需在项目计划中设置两种日历，在工地进行土建和安装工程施工时采用每周七天工作制的日历，而在设计院和各个制作单位内采用每周五天工作制的日历。此外，在工程实施期间，5月1日和2日为节假日。

3）作业清单

监理工程师根据各承包单位上报的施工进度计划和校方对工期的要求，制定作业清单

（表9-5）。其中，包括作业代码、作业名称、作业类型、原定工期、以紧前作业表示的逻辑关系。

表9-5 作业清单

作业代码	作业名称	原定工期	作业类型	紧前作业
1000	项目开始	0	开工里程碑	
1010	布局设计	10	任务	1000SS
1020	网架设计	15	任务	1000SS
1030	钢架设计	12	任务	1020
1040	基础设计	5	任务	1020SS6，1030SS7
1050	照明、装饰设计	8	任务	1000SS
1060	人员设备进场	5	任务	1000SS
1070	破土动工	0	开工里程碑	1010FS2，1040，1060
1080	挖土	5	任务	1070SS
1090	支模	4	任务	1080
1100	扎筋	5	任务	1090
1110	浇筑混凝土	3	任务	1100
1120	养护	7	任务	1110SS1
1130	拆模	2	任务	1120
1140	土建完成	0	完工里程碑	1110FF
1150	钢架制作	25	任务	1030
1160	钢架运输	2	任务	1150
1170	钢架组对	2	任务	1160
1180	钢架吊装	1	任务	1140，1170
1190	网架制作	28	任务	1020
1200	网架运输	1	任务	1190
1210	网架吊装	1	任务	1180，1200
1220	照明装饰灯制作	10	任务	1050
1230	照明装饰灯运输	1	任务	1220
1240	照明装饰灯安装	2	任务	1210，1230
1250	照明装饰灯调试测试	1	任务	1240
1260	现场清理	2	任务	1250
1270	项目完成	0	完工里程碑	1260FF

4）将所定义的内容输入项目管理软件

在项目管理软件中建立新工程（图9-11）；按照各个编码表格的内容输入各个编码结构和编码值；按照作业清单输入作业及作业的相关内容，同时输入作业间的逻辑关系；将输入的各类编码码值分配（加载）给每个作业；为每个作业指定日历。具体的操作过程参见图9-12。

输入完成后的横道图见图9-13，图9-14是按照责任人分组的横道图，图9-15是按照承包单位分组的单代号网络图。

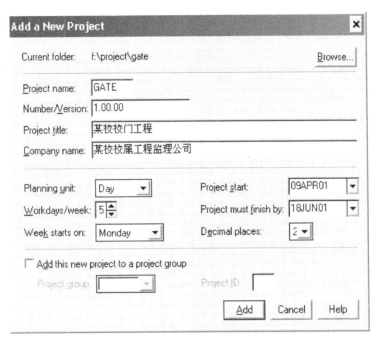

图 9-11　建立新工程

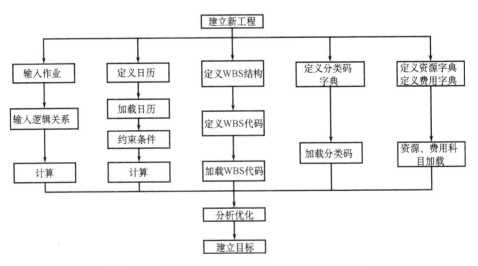

图 9-12　在项目管理软件中建立新项目的操作流程

5）初始计划草案优化

至此，我们已经建立了初始计划的草案，要让这个草案成为具有实施可能的计划，至少还需要做到：

（1）计划的完工日期应符合业主对工期的要求。

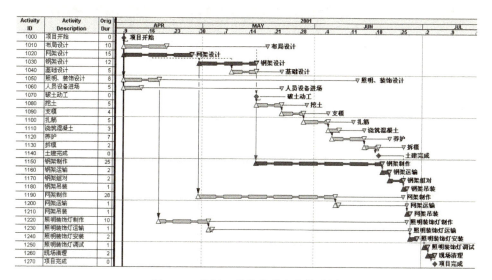

图 9-13 校门工程作业列表和横道图

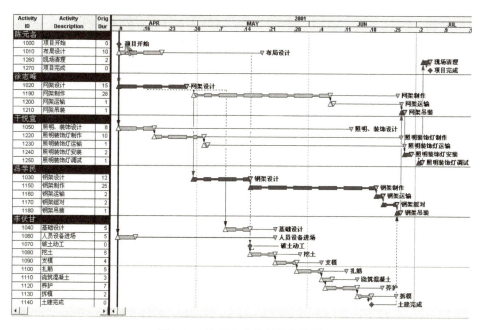

图 9-14 按责任人分组的横道图

（2）整个工程实施过程中不应出现资源的过分配现象。

针对这两个最基本的要求，还需要进行如下的工作：

一是进度优化。根据工期的要求，工程应在 2001 年 6 月 20 日前竣工。当前计划草案的完工时间为 2001 年 7 月 2 日，因此应采取措施压缩工期。

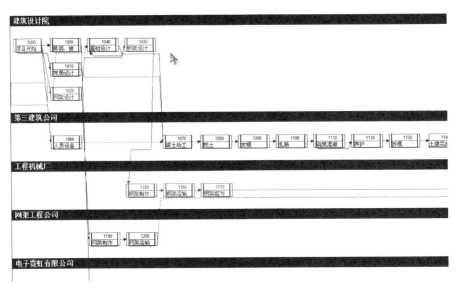

图 9-15　按照承包单位分组的单代号网络图

本例的解决方式是将作业 1020 和 1030 之间的逻辑关系由"完成到开始"改为"开始到开始"，同时加入 5 天的延迟时间，即作业 1020 开始 5 天后，作业 1030 就可以开始。结果是计划的完工时间可以提前到 6 月 18 日，可以满足工期的要求。

二是资源优化。由图 9-16 可以看到设计工程师（L01）出现过分配的现象，即该资源的单日用量超过了其最大限量。对此问题，本例采用软件自带的"自动平衡"功能进行处理，处理后的结果见图 9-17。

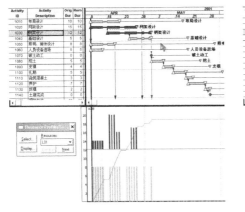

图 9-16　资源过分配示意图

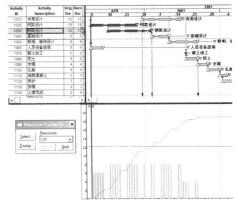

图 9-17　经过资源平衡后的情况

6）建立目标计划

目标计划，也称为基线计划，是经过监理工程师批准后作为施工过程中控制工程进度的基准，也是项目计划阶段的最终成果。图 9-18 显示了分别根据本工程目标计划的最早时间和最晚时间生成的项目按周发生的费用直方图和费用累计曲线（S曲线）。

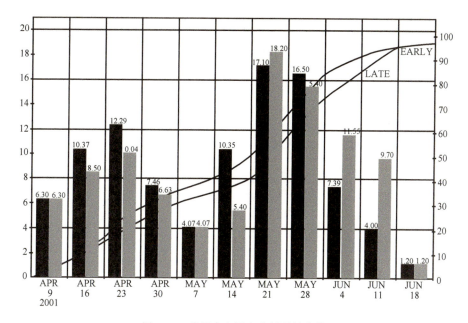

图 9-18 费用直方图和费用累计曲线

2. 控制阶段

进入计划实施阶段后，采用项目管理软件进行动态控制的基本步骤如下：

（1）根据事先确定的现场数据反馈周期（即计划控制周期），按时收集现场数据，包括进度数据和资源消耗数据，并将这些数据输入项目管理软件。

（2）将实际进度与目标计划进行比较，并根据工程实施情况确定是否需要对目标计划进行调整，图 9-19 是本例在第一个控制周期结束时实际进度与目标计划的进度横道比较，每组横道下方的是目标计划、上方的是实际进度。

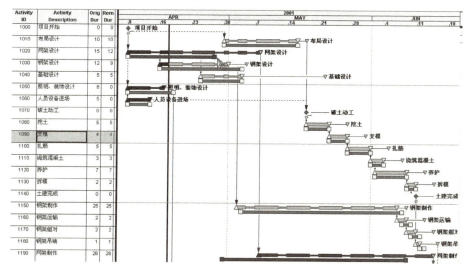

图 9-19 第一个控制周期结束时实际进度与目标计划的进度横道比较

（3）在工程尚未完成的情况下，如果不需要对计划进行调整，则直接进入下一个控制周期，即回到第一步；如果需要调整，则需下发新的目标计划，在下一个控制周期中采用新的计划，直至整个工程完成。

思考题：

1. 上述案例给您的启示是什么？
2. 如何借助信息系统有效地控制项目进度？

参 考 文 献

白思俊.2002.现代项目管理.北京：机械工业出版社

柏茨纳 K，艾泊嘉 M.2003.项目管理.朱涛译.上海：上海交通大学出版社

毕星，翟丽.2001.项目管理.上海：复旦大学出版社

波特尼 S.2001.如何做好项目管理.宁俊等译.北京：企业管理出版社

布鲁斯 A，兰登 K.2001.项目管理.王钦，张飞译.上海：上海科学技术出版社

常晋义.2002.管理信息系统.北京：中国电力出版社

董晓芳.2008.浅谈校园安防系统建设项目监管.项目管理技术，（10）

费朵，邹家继.2008.项目风险识别方法探讨.物流科技，（8）

甘华鸣.2003.项目管理.北京：中国国际广播出版社

管振祥.2001.工程项目质量管理与安全.北京：中国建材工业出版社

国家发展和改革委员会，建设部.2006.建设项目经济评价方法与参数.第3版.北京：中国标准出版社

侯家麟.2004.项目管理中的员工绩效评估.中国机电工业，（9）

霍布斯 P.1991.项目管理.北京：中国国际广播出版社

吉多 J，克莱门斯 J P.2004.成功的项目管理.张金成译.北京：机械工业出版社

凯兹伯 D S，爱德华 K A.2004.动态项目管理——以竞争优势取胜.杨春，李志超译.北京：人民邮电出
    版社

克里斯·查普曼 C，沃德 S.2003.项目风险管理——过程、技术和洞察力.李兆玉等译.北京：电子工业
    出版社

刘国靖，邓韬.2003.21世纪新项目管理——理念、体系、流程、方法、实践.北京：清华大学出版社

陆海，许保山.2002.项目管理全攻略.广州：广东世界图书出版公司

骆珣.2006.项目管理教程.北京：机械工业出版社

宁顺成，于贵穴.2003.激励机制在项目管理中的运用.长沙铁道学院学报，（6）

戚安邦.2003.项目管理学.天津：南开大学出版社

邱菀华.2007.现代项目管理学.北京：科学出版社

沈建明等.2003.项目风险管理.北京：机械工业出版社

舒森，方竹根.2002.项目管理精华读本.合肥：安徽人民出版社

孙骥钊.2000.建立 HSE 管理体系——施工企业参与市场竞争的需要.石油工程建设，（6）

《投资项目可行性研究指南》编写组.2002.投资项目可行性研究指南.北京：中国电力出版社

吴之明，卢有杰.2001.项目管理引论.北京：清华大学出版社

许成绩.2003.现代项目管理教程.北京：中国宇航出版社

许多顶.2003.管理信息系统.上海：上海交通大学出版社

许晶华.2003.管理信息系统.广州：华南理工大学出版社

杨胜来，刘铁民.2002.新型安全管理模式——HSE 管理体系的理念与模式研究.中国安全科学学报，
    （12）

杨庭，余元忠.2002.建立 HSE 管理体系，强化企业安全管理.陕西环境，（8）

袁义才等.2000.项目管理手册.北京：中信出版社

赵涛.2004.项目整体管理.北京：中国纺织出版社

中国项目管理研究委员会.2003.中国项目管理知识系与国际项目管理专业资质认证标准.北京：机械工

业出版社

周东斌，任玉荣 . 2004. 项目管理中的人力资源管理 . 航空工业管理，（10）

周桂荣，惠恩才 . 2002. 成功项目管理模式 . 北京：中国经济出版社

周小桥 . 2003. 突出重围：项目管理实践 . 北京：清华大学出版社

朱弘毅 . 1999. 网络计划技术 . 上海：复旦大学出版社

Association of Project Management. 2000. *In*：Project Management Body of Knowledge（4th）

Gareis R. 2000. Managing the Project Start. *In*：Turner J R，Simister S J. The Gower Handbook of Project Management

Heldman W. 2002. IT Project＋项目管理全息教程 . 北京：电子工业出版社

International Project Management Association. 2000. International Project Management Association Competence Baseline

Nicholas J M. 2003. 面向商务和技术的项目管理 . 北京：清华大学出版社

Project Management Institute. 2008. A Guide to the Project Management Body of Knowledge（3rd）. Project Management Institute Standard Committee

附 录

项目管理专业术语
中英文对照表

1. accountability matrix　会计责任矩阵

参考责任分配矩阵。

2. activity　工作，活动，工序

在一个项目期间执行的一项工作元素。一项工作通常有一个预计的时间、预计的成本和预计的资源需求。工作经常被划分成单个任务。

3. activity definition　工作定义

确定完成项目的各种可交付成果必须执行的具体工作。

4. activity description（AD）　工作说明（描述）

在项目网络图中使用的一个简单短语或标识。工作说明通常描述工作的范围。

5. activity duration estimating　工作持续时间估算

估算完成单项工作所需要的工作期间的数量。

6. activity-on-arrow（AOA）　箭线式网络图（双代号网络图）

参阅箭线式图示法。

7. activity-on-node（AON）　结点式网络图（单代号网络图）

参阅优先图示法。

8. actual cost of work performed（ACWP）　已执行工作实际成本

在规定的时间内完成工作所发生的实际总成本（直接的和间接的）。参阅挣值法。

9. actual finish date（AF）　实际完成日期

工作实际完成的时间点。

10. actual start date（AS）　实际开始日期

工作实际开始的时间点。

11. administrative closure　行政收尾

生成、收集和分发信息，正式形成项目完成手续。

12. application area 应用领域

项目的一种类别，它具有未在所有项目中表现出来的共性元素。应用领域通常根据项目的产品（如类似的技术或工业部门），或客户的类型（内部的与外部的、政府的与商业的）来定义。应用领域经常是重叠的。

13. arrow 箭线

工作的一种图示表达方式。参阅箭线式图示法。

14. arrow diagramming method（ADM） 箭线式图示法

一种由箭线来表示工作的网络图示技术。箭尾表示工作的开始，箭头表示工作的完成。工作在称之为结点的地方相接，图示出工作执行的预期的序列。参阅优先图示法。

15. as-of date 截止日期

参阅数据日期。

16. backward pass 逆推计算法

为项目网络中全部未完成的工作进行最迟完成日期和最迟开始日期的计算。它是从项目的完成日期沿网络逻辑按反向工作序列进行计算的。完成日期可以在正推计算中得出，或者由客户或负责人设置。参阅网络分析。

17. bar chart 横道图

一种与进度信息有关的图示方法。在一个典型的横道图中，工作或其他项目元素列在图的左边，时间刻度横跨顶部显示，工作的持续时间以跨越时间刻度的水平条表示。又称为甘特图。

18. baseline 基准计划

按批准的变更修订的原始的计划（项目、工作包，或工作的）。通常与一修饰语一起使用（如成本基准计划、进度基准计划、执行度量基准计划等）。

19. baseline finish date 基准计划完成日期

参阅预定的完成日期。

20. baseline start date 基准计划开始日期

参阅预定的开始日期。

21. budget at completion（BAC） 在完成时的预算

估算的在项目完成时的总成本。

22. budget estimate 预算估计（或概算）

参阅估算。

23. budgeted cost of work performed（BCWP） 已执行工作预算成本（已完成投资额）

在一个给定的时间内为已完成工作（或部分工作）核定的成本估算总和（包括分摊的各种间接费用）。参阅挣值法。

24. budgeted cost of work scheduled（BCWS） 计划执行预算成本（计划完成投资额）

在一个给定的时间期间内（通常到项目的某个日期）计划完成的工作（或部分工作）核定的成本估算总和（包括分摊的各种间接费用）。参阅挣值法。

25. calendar unit 日历单位

在编制进度计划中使用的最小时间单位。日历单位一般为小时、天、周，但是也可以为班次，甚至分钟。常在项目进度计划和项目管理软件相关的计算中使用。

26. change control board（CCB）　变更控制委员会

由项目干系者正式组织起来的小组，其责任在于批准或拒绝对于项目基准计划的变更。

27. change in scope　范围变更

改变项目的实施范围。参阅范围变更。

28. chart of accounts　会计科目表

任何借助分类（如劳动力、供应商、材料）来监督项目成本的数值化的系统。项目会计科目表通常基于最初执行组织的会计科目表。参阅会计科目代码。

29. charter　许可证

参阅项目许可证。

30. code of accounts　会计科目代码

任何用来唯一地识别工作分解结构的每个元素的数值化的系统。参阅会计科目表。

31. communications planning　沟通计划编制

确定项目干系人对信息和沟通的需要和方法。

32. concurrent engineering　协同设计

人员配置的一种方法，最一般的形式是安排项目的实施者参与设计阶段的工作。

33. contingencies　应急费用（不可预见费）

参阅备用金和编制应急计划。

34. contingency allowance　应急费用

参阅备用金。

35. contingency planning　编制应急计划

一种管理计划的开发，确定在一个特定的风险事件发生的时候，为确保项目成功应采用的替代策略。

36. contingency reserve　应急储备

一种分开编制的计划量，用来应付计划只是部分地编制了的情况。例如，返工是确定的，但是返工的数量是不知道的。应急储备可能包括成本、进度，或二者皆而有之。应急储备意在减轻遗漏成本或进度项时所造成的影响。应急储备通常包括在项目成本和进度的基准计划内。

37. contract　合同

合同是一种当事人各方相互具有约束力的协议，它强制卖方提供特定的产品，强制买方为其付款。合同通常划分为三个大类别：

（1）固定总价或总价合同。这类合同对于一个明确规定的产品规定一个固定的总价。固定总价合同也可以包括满足或超过选定的项目目标时的奖励费用。

（2）成本补偿合同。这类合同包括对于承包商实际成本的补偿。项目成本通常包括直接成本（项目直接发生的成本，如项目组成员的工资等）和间接成本（作为运转企业的执行组织分配到项目的成本，如公司总经理的工资等）。间接成本通常取直接成本的一个百分数计算出来。成本补偿合同经常包括满足或超过选定的项目目标的奖励费用。

（3）单价合同。承包商按照当前每个单位服务的价格得到支付（例如，专业服务每小时100元，或油漆墙面每平方米2元），单价合同的总合同款随完成的总工作量而变。

38. contract administration　合同管理

管理与卖方的关系，通常包括合同谈判与签订、担保与审批、履行与变更、违约责任、纠纷处理、收尾等。

39. contract close-out　合同收尾

合同的完成和结算，包括所有的遗留问题的解决方案。

40. control　控制

控制是这样的一些过程，即把实际执行与计划执行工作进行比较，分析偏差，评审可能的替代方案，并在必要时采取适当的纠正措施。

41. control chart　控制图

控制图是一个过程的结果随时间变化的图形表示。与建立起来的控制线对应，确定一个过程是处在"控制之下"，还是"需要调整"。

42. corrective action　纠正措施

为使预期的项目执行情况与既定计划相吻合所作的变更。

43. cost budgeting　成本预算

把成本概算分配到项目的每个组成部分。

44. cost control　成本控制

控制项目预算的执行和变更。

45. cost estimating　成本估算

估算完成项目工作需要的资源成本。

46. cost of quality　质量成本

为了保障项目质量目标的实现所发生的成本。质量成本包括编制质量计划、质量控制、质量保证和内外损失成本。

47. cost performance index（CPI）　成本执行指数

已执行工作预算成本对已执行实际成本的比率（BCWP/ACWP）。CPI经常使用如下的公式预测可能的成本超支的额度：原始的成本估算/CPI ＝ 在完成时的预测成本。

48. cost plus fixed fee（CPFF）contract　成本加固定费用合同

买方应支付卖方容许的成本（按合同规定），加一个固定利润（费用）进行补偿的一种合同。

49. cost plus incentive fee（CPIF）contract　成本加奖励费用合同

买方支付卖方的容许成本（按合同规定），并且卖方通过满足确定的执行标准而挣得利润的合同。

50. cost variance（CV）　成本偏差

任何一项工作的估算成本和该项工作的实际成本的差。即在挣值法中，BCWP减去ACWP所得的差值。

51. crashing　赶工

在分析了各种以最低成本获得最大限度的持续时间压缩的替代方案之后，采取措施缩短整个项目的总持续时间。

52. critical activity　关键工作/关键工序

在关键路线上的任何工作。最常用的方法是使用关键路线法测定。

53. critical path　关键路线/关键线路

在一个项目网络图中，决定项目的最早完成日期的工作系列。当某些工作超前或者拖后完成时关键路线可能随时发生变化。关键路线通常定义为时差等于或小于一个指定值的工作所组成的路线，通常这个值是0。参阅关键路线法。

54. critical path method（CPM）　关键路线法

用来预测项目工期的一种网络分析技术。这种技术是通过分析哪个工作序列（路线）具有最小的进度安排的机动性（最小时差量）实现的。最迟日期是从一个特定的完成日期开始（一般用正推计算法得到的项目最早完成日期），用逆推计算法计算完成的。

55. current finish date　当前完成日期

当前估算的工作将在什么时候完成的时间点。

56. current start date　当前开始日期

当前估算的工作将在什么时候开始的时间点。

57. data date（DD）　数据日期

区分实际的（历史的）数据与将来的（计划编制的）数据的时间点，也称为状态日期或截止日期。

58. definitive estimate　确定性估算

参阅估算。

59. deliverable　可交付成果

为了完成一个项目，或项目的一部分，必须产生的可以度量的、有形的、可验证的任何成果，结果或事项。在涉及外部的可交付成果时，该术语是指由项目业主或客户批准和控制的交付成果。

60. dependency　依赖关系

指项目工作之间的一种关系。参阅逻辑关系。

61. dummy activity　虚工作

在箭线式图示法中持续时间为零的工作的表示。虚工作是在用常规的工作箭线不能完整地或正确地描述逻辑关系时使用的。虚工作用虚箭线表示。

62. duration（DU）　持续时间，工期

为了完成一项工作或其他项目元素所要求的工作期间数（不包括假日或其他非工作时间）。通常以工作日、工作周表示。

63. duration compression　持续时间压缩

在不减少项目范围的前提下缩短项目的持续时间。持续时间压缩不总是可行的，并且经常要求增加项目成本。

64. early finish date（EF）　最早完成日期

在关键路线法中，基于工作逻辑关系和任何其他进度方面的限制条件，一项工作（或项目）的未完成部分可能完成的最早时间点。最早完成日期随项目的进展和项目计划的变更而

变化。

65. early start date（ES） 最早开始日期

在关键路线法中，基于工作逻辑关系和任何其他进度方面的限制条件，一项工作（或项目）的未完成部分可能开始的最早时间点。最早开始日期随项目的进展和项目计划的变更而变化。

66. earned value（EV） 挣值法

（1）度量项目执行效果的一种方法。它把原计划的工作量和实际完成的工作量进行比较，测定成本和进度是否控制在计划之内。参阅已执行工作实际成本、计划工作预算成本、已执行工作预算成本、成本偏差、成本执行指数、进度偏差和进度执行指数。

（2）一项工作或一组工作执行的预算成本。

67. earned value analysis 挣值分析

参阅挣值法定义（1）。

68. effort 人工量

为了完成一项工作或其他项目元素所要求的劳动力的单位数量。通常以工作人小时，工作人日，或工作人周表示。

69. estimate 估算，概算

最可能的量化结果的一个评定。通常应用于项目成本和持续时间，并且总是应当包括某些准确性的标记（如 $\pm x\%$）。通常和一个修饰语一起使用（如初始的、概念的、可行性的）。有时应用一些特殊的修饰语表示具体的准确性范围（如在工程和建设项目中的订单额度估算、预算估算和确切估算）。

70. estimate at completion（EAC） 在完成时的费用估算

在确定的工作范围完成后，一项工作、一组工作，或项目预期的总成本。预测 EAC 的主要的技术包括基于项目执行到某个日期为止对原始估算的某些调整。通常，EAC ＝ 到某个日期为止的实际成本＋ETC。参阅挣值法和到完成时的估算。

71. estimate to complete（ETC） 到完成时的估算

为了完成一项工作、一组工作，或项目，还需要的成本。预测 ETC 的主要的技术包括基于项目执行到某个日期为止对原始估算的某些调整。参阅挣值法和在完成时的估算。

72. event-on-node 单结点事件图

一种网络图示技术。在这种技术中，事项是由框（或结点）表示的，结点通过箭线连接，表示出要发生的事项的次序。在原始的计划评审技术中使用。

73. exception report 例外报告

仅包括计划的主要的偏差（而不是全部偏差）的文档。

74. expected monetary value 预期货币值（期望货币值）

一个事件的发生概率和将导致的收益或损失的结果。例如，如果下雨的概率为 50%，并且下雨将造成 100 元的损失，则下雨事件预期的货币值是 50 元（0.5×100 元）。

75. fast tracking 快速跟进

通过重叠正常情况下需要按顺序进行的工作来压缩项目进度计划，如设计和建设两项工作局部重叠进行。

76. finish date 完成日期

与一项工作完成相关的一个时间点。通常由如下词修饰：实际的、计划的、估算的、编制的、最早的、最迟的、基准计划的、目标的和当前的，等等。

77. finish-to-finish（FF）　完成到完成关系

一种网络图中的搭接关系。参阅逻辑关系。

78. finish-to-start（FS）　完成到开始关系

一种网络图中的搭接关系。参阅逻辑关系。

79. firm fixed price（FFP）contract　完全固定总价合同

一种合同类型。在这种合同中，买方支付卖方定量的一笔款，而不管卖方的成本。

80. fixed price contract　固定总价合同

参阅完全固定总合同。

81. fixed price incentive fee（FPIF）contract　固定总价加奖励合同

一种合同类型。在这种合同中，买方支付卖方固定的一笔款，并且，如果卖方满足了确定的执行标准，还可以挣得附加的奖励费用。

82. float　时差，机动时间，浮动时间

在不推迟项目完成日期的前提下一项工作从它的最早开始日期可以滞后的时间量。时差是按一种数学方法计算出来的。它随项目的进展和项目计划的变更而变化，也称为总时差、路线时差。参阅自由时差。

83. forecast final cost　预测最终成本

参阅在完成时的估算。

84. forward pass　正推计算法

为项目网络中所有工作未完成的部分计算最早开始和最早完成日期。参阅网络分析和逆推计算法。

85. fragnet 局部网络

参阅子网络。

86. free float（FF）　自由时差

在不推迟紧后工作完成日期的前提下，一项工作从它的最早开始日期可以滞后的时间量。参阅时差。

87. functional manager　职能经理

负责在一个特定部门的工作或职能的经理（如工程经理、制造经理、市场经理等）。

88. functional organization　职能制组织

一种工作人员依照他们的专业按层次分组的组织结构（例如，在顶层有产品、市场、工程和财务；就工程而言，又划分为化学、电和其他等）。

89. Gantt chart　甘特图

参阅横道图。

90. grade　等级

用来区分具有相同的使用功能（如锤子），但质量要求不同的物件的类别或等级（例如，不同的锤子可能需要经得起不同大小的力）。

91. graphical evaluation and review technique（GERT）　图示评审技术

一种网络分析技术，这种技术允许逻辑关系规定条件和按概率处理（即某些工作可能不执行）。

92. hammock　集合工作

一种汇集的或概括工作（一组相关的工作作为一个整体表示，并且在一个摘要级别上报告）。一个集合工作可能有，也可能没有内部的序列。参阅子项目和子网络。

93. hanger　悬摆

在一个网络路线中非预期的断裂。悬摆通常是由遗漏工作或遗漏逻辑关系引起的。

94. information distribution　信息分发

定期地将需要的信息提供给项目干系人。

95. initiation　立项

使机构承诺开始一个项目阶段。

96. integrated cost/schedule reporting　成本/进度综合报告

参阅挣值法。

97. invitation for bid（IFB）　招标

一般来说，这个短语等同于请求建议书。但是，在某些应用领域它可能具有一个更狭窄的或特定的意义。

98. key event schedule　关键事件进度计划

参阅主进度计划。

99. lag　滞后量

一种逻辑关系的修正，它直接给后续工作一个滞后量。例如，在一个具有 10 天滞后量的完成到开始关系中，后续的工作在先行工作完成以后 10 天之内不能开始。参阅提前量。

100. late finish date（LF）　最迟完成日期

在关键路线法中，在不推迟一个特定的里程碑时间的前提下（通常是项目的完成日期），一项工作（或项目）可能完成的最迟时间点。

101. late start date（LS）　最迟开始日期

在关键线路法中，在不推迟一个特定的里程碑时间的前提下（通常是项目的完成日期），一项工作（或项目）可能开始的最迟时间点。

102. lead　提前量

一种逻辑关系的修正，它允许后续工作有一个提前量。例如，在一个具有 10 天提前量的完成到开始的关系中，后续的工作可以在先行工作完成之前 10 天开始。参阅滞后量。

103. level of effort（LOE）　投入水平

用于测量不容易用明显的成就来衡量的辅助性工作（例如，供应商或客户的联络工作）的一种手段。它通常是由一个特定时期内的工作比率来测定的。

104. leveling　平衡

参阅资源平衡。

105. life-cycle costing　全生命周期成本估算

当评估不同的替代方案时，将包括购置、运作和处置在内的成本估算的概念。

106. line manager　直线经理

（1）实际工作在制造产品或提供服务的任何小组的经理。

（2）一种职能经理。

107. link　连接

参阅逻辑关系。

108. logic　逻辑

参阅网络逻辑。

109. logic diagram　逻辑图

参阅项目网络图。

110. logical relationship　逻辑关系

项目的两项工作之间的关系，或者一个项目工作和一个里程碑之间的关系。参阅优先关系。有四种可能的逻辑关系：

（1）完成到开始关系，"从"工作必须在"到"工作可以开始之前完成。

（2）完成到完成关系，"从"工作必须在"到"工作可以完成之前完成。

（3）开始到开始关系，"从"工作必须在"到"工作可以开始之前开始。

（4）开始到完成关系，"从"工作必须在"到"工作可以完成之前开始。

111. loop　回路

通过同一个结点两次的网络线路。传统的网络分析技术（如 CPM 和 PERT）不能有回路，但在 GERT 中允许回路。

112. management reserve　管理储备量

一个分开编制的计划量，它用来应对不可预测的情况。管理储备量可能包括项目的成本或进度。管理储备量的目的在于减小遗漏的成本或进度目标所带来的风险。管理储备量的使用要求变更项目成本的基准计划。

113. master schedule　主进度计划

一个概括级的进度计划，它识别主要的工作和里程碑。参阅里程碑进度计划。

114. mathematical analysis　数学分析

参阅网络分析。

115. matrix organization　矩阵型组织

由项目经理和职能经理共同负责按优先级别把项目工作分配到每个人的组织结构方式。

116. milestone　里程碑

在项目中重要的事件。通常为一个主要的可交付成果的完成。

117. milestone schedule　里程碑进度计划

一个概括级的进度计划，它识别主要的里程碑。参阅主进度计划。

118. mitigation　减轻风险

通过降低一个风险发生的概率，或风险发生时的影响，进而采取步骤，缓解风险。

119. modern project management（MPM）　现代项目管理

区别传统的项目管理（范围、成本、时间、质量、风险等）和狭义的、集中在成本和时间的项目管理的一个术语。

120. monitoring　监控

捕捉、分析和报告项目的执行情况，通常与计划进行比较。

121. Monte Carlo analysis　蒙托卡罗分析

一种进行风险评价的技术，为了计算项目可能的结果分布，它要对项目执行许多次模拟计算。

122. near-critical activity　次关键工作

具有次小的时差的工作。

123. network　网络

参阅项目网络图。

124. network analysis　网络分析

确定项目工作未完成部分的最早和最迟的开始和完成日期的过程。参阅关键路线法，计划评审技术、图示评审技术等。

125. network logic　网络逻辑

建立起来项目网络图的工作关系的集合。

126. network path　网络路线

在一个项目网络图中任何连续的连接起来的工作系列。

127. node　结点

一个网络中的一个限定点。把某些或所有的其他关系集结起来的集合点。参阅箭线式图示法和优先图示法。

128. order of magnitude estimate　订单额度估算

参阅估算。

129. organizational breakdown structure（OBS）　组织分解结构

为了将工作内容和各组织单位联系起来而对于项目组织的一种描绘。

130. organizational planning　组织规划

确定、行文并任命项目职务和规定责任和报告关系的过程。

131. overall change control　整体变更控制

协调整个项目期间的变更。

132. overlap　重叠

参阅提前量。

133. parametric estimating　参数估算法

使用历史数据和其他变量之间的一个统计关系（例如，在建设领域中的平方米，在软件开发中的代码行数）来计算一个估算值的技术。

134. Pareto diagram　帕累托图

按事件发生的频率进行排序的一种直方图，它表示出每个原因产生多少结果，用于发现产生结果的关键因素。

135. path　路线

在一个项目网络图中顺序相接的工作集合。

136. path convergence　路线收敛

在数学分析中，持续时间近似相等的平行线路推迟量所满足的里程碑完成时间的趋势。

137. path float 路线时差

参阅时差。

138. percent complete（PC） 完成百分比

在一项工作上，或者一组工作上用百分数表示的工作量的估算。

139. performance reporting 执行报告

为了保障项目进展，收集和分发项目执行的信息。

140. performing organization 执行机构

成员大部分直接参与完成项目工作的组织机构。

141. PERT chart 计划评审技术图

一种特殊的项目网络图。参阅计划评审技术。

142. phase 阶段

参阅项目阶段。

143. planned finish date（PF） 当前计划的完成日期

参阅计划完成日期。

144. planned start date（PS） 当前计划的开始日期

参阅计划开始日期。

145. precedence diagramming method（PDM） 优先图示法

由框（结点）代表工作的一种网络图示技术。工作通过优先关系连接起来表示出执行工作的顺序。

146. precedence relationship 优先关系

在优先图示法中，为表述逻辑关系使用的一个术语。在当前的用法中，优先关系、逻辑关系和依赖关系广泛地交互使用，而不管使用的图示法。

147. predecessor activity 先行工作

（1）在箭线式图示法中，进入一个结点的工作。

（2）在优先图示法中，"从"工作。

148. procurement planning 采购计划编制

确定采购什么和什么时候采购。

149. program 项目（群），计划

以一种协调的方式管理的一组相关的项目。计划通常包括连续工作的一个成分。

150. program evaluation and review technique（PERT） 计划评审技术

一种面向事件的网络分析技术。它把关键路线法应用到一个加权的平均持续时间的估算中，可用于估算单个工作持续时间存在着较高程度的不确定性时的项目持续时间。

151. project 项目

为完成一个独特的产品或服务的一种一次性努力。

152. project charter 项目许可证

由上级管理部门提供的一个文档，它给项目经理特权把组织的资源应用到项目工作中。

153. project communication management 项目沟通管理

项目管理的一个子集。它包括确保项目信息恰当地收集、分发所要求的过程，由编制沟

通计划、信息分发、执行报告和行政管理收尾组成。

154．project cost management　项目成本管理

项目管理的一个子集。它包括确保项目在批准的预算内完成项目所要求的过程，由编制资源计划、成本估算、成本预算和成本控制组成。

155．project human resource management　项目人力资源管理

项目管理的一个子集。它包括使参加到项目的人员得到最有效地使用所要求的过程，由编制组织计划、招募工作人员和项目团队建设组成。

156．project integration management　项目综合管理

项目管理的一个子集。它包括使各个项目元素能够恰如其分地协调所要求的过程，由项目计划开发、项目计划执行和整体变更控制组成。

157．project life cycle　项目生命期

按顺序的项目阶段的总体，这些阶段的名称和数量由参加项目机构的控制需要来决定。

158．project management（PM）　项目管理

在项目工作中应用知识、技能、工具和技术完成项目，以便满足或超过项目干系人的需要和期望。

159．project management body of knowledge（PMBOK）　项目管理知识体系

一个描述在项目管理的专业内的知识的总和全称术语，这个知识体系由使用和发展它的实践家和学者所支撑。PMBOK 包含通过实践检验，并得到广泛应用的传统做法和已经得到部分应用的创造性做法。

160．project management software　项目管理软件

专门用来辅助进行计划和控制项目成本和进度等的计算机应用系统。

161．project management team　项目管理班子（团队）

直接参与到项目管理工作中成员的集合。在某些小的项目中，项目管理班子可能实际上包括全部项目组成员。

162．project manager（PM）　项目经理

负责管理一个项目的人。

163．project network diagram　项目网络图

任何表示项目工作逻辑关系的图示表示。为了反映项目的时间序列关系，网络图通常从左向右绘制。

164．project phase　项目阶段

逻辑上相关的项目工作的总和。通常结束在一个主要的可交付成果完成时。

165．project plan　项目计划

用来指导项目执行和控制正式批准的文档。项目计划主要用途是提供书面的计划编制的假设和决定，以便使项目干系人之间的沟通，提供的书面计划包括范围、成本和进度的批准的基准计划。一个项目计划可以是概括性的，或详细的。

166．project plan development　项目计划开发

利用其他编制计划过程的结果，合成一个连贯的、表达清楚的文档。

167．project plan execution　项目计划实施

通过执行项目内的工作来完成项目计划。

168. project planning 项目计划编制

开发和维护项目计划的过程。

169. project procurement management 项目采购管理

项目管理的一个子集。它包括从执行组织的外部获得货物或服务所要求的过程，由编制采购计划、编制询价计划、询价、供应商选择、合同管理和合同收尾组成。

170. project quality management 项目质量管理

项目管理的一个子集。它包括确保项目将满足所执行的标准和需要所要求的过程，由编制质量计划、质量保证和质量控制组成。

171. project risk management 项目风险管理

项目管理的一个子集。它包括对于项目风险的识别、分析和应对所要求的过程，由风险识别、风险量化、风险应对措施开发和风险应对控制组成。

172. project schedule 项目进度计划

执行项目工作和达到里程碑编制的计划日期。

173. project scope management 项目范围管理

项目管理的一个子集。它包括确保成功地完成项目，项目要包括并且仅包括所要求完成工作的过程，由立项、范围计划编制、范围核实和范围变更控制组成。

174. project team member 项目团队成员

直接或间接向项目经理报告工作的人员。

175. project time management 项目时间管理

项目管理的一个子集。它包括确保项目按规定时间完成所要求工作的过程，由工作定义、工作排序、工作持续时间估算、进度计划开发和进度控制组成。

176. projectized organization 项目型组织

项目经理具有全部权力指定优先级别，并指挥分配到项目的每个人的工作的组织结构。

177. quality assurance（QA） 质量保障

（1）按一个常规标准评估整个项目的执行情况，提供项目将能够满足相关质量标准的置信度。

（2）指定负责质量保证的组织单位。

178. quality control（QC） 质量控制

（1）监视特定的项目结果，测定它们是否遵照相关的质量标准，识别并排除未满足执行要求的原因的过程。

（2）指定负责质量控制的组织单位。

179. quality planning 质量计划编制

确定质量标准，并且确定如何达到这些标准的过程。

180. remaining duration（RDU） 剩余持续时间

完成一项工作还需要的时间。

181. request for proposal（RFP） 需求建议书

RFP是一种招标文档，用来从预期的产品或服务的卖方征集建议书。在某些应用领域，它可能具有更狭义的，或更特定的含义。又称 requirement for payment（RFP）。

182. request for quotation（RFQ）　请求报价单

一般来说，这个术语等同于需求建议书。但是，在某些应用领域，它可能具有更狭义的，或更特定的含义。

183. reserve　储备量/裕量

为了减轻成本和（或）进度风险，编制在项目计划中的一种准备量。通常和一个修饰语一起使用（如管理储备量、应急储备量），提供进一步的缓解什么类型的风险细节说明。修正术语的特定含义因应用领域而不同。

184. resource leveling　资源平衡

任何由于资源管理的考虑而决定进度计划（开始和完成日期）的网络分析形式（例如，有限的资源限量，或在资源级难以管理其变更）。

185. resource-limited schedule　资源约束进度计划

项目开始和完成日期反映出预期的资源限量的项目进度计划。最终的项目计划总应当是资源约束前提下计划。

186. resource planning　资源计划编制

确定为了完成项目工作，需要什么资源（人、设备和材料），数量为多少。

187. responsibility assignment matrix（RAM）　责任分配矩阵

一种把项目组织结构和工作分解结构相关连的结构，它帮助确保项目范围中的每个工作元素都指定有负责人员。

188. responsibility chart　责任图

参阅责任分配矩阵。

189. responsibility matrix　责任矩阵

参阅责任分配矩阵。

190. retainage　保留金

合同条款的一个部分，为了确保合同条款全部完成，直到合同完成后才支付这笔款项。

191. risk event　风险事件

可能影响项目变得更好或更坏的随机发生的事件。

192. risk identification　风险识别

确定哪些风险事件可能影响项目。

193. risk response control　风险应对控制

在整个项目进行期间对于项目风险上的变化作出反应。

194. risk response development　风险应对开发

确定扩大机会或减轻威胁的办法。

195. S-curve　S曲线

累积的成本、劳动力工时或其他量的图形化显示，按时间点进行绘制。其名称是因为在一个项目上产生的这些曲线类似于S形状而获得的。它在开始时段内上升比较缓慢，在中间阶段上升加速，最后阶段缓慢收尾。

196. schedule　进度计划

参阅项目进度计划。

197. schedule analysis　进度计划分析

参阅网络分析。

198. schedule compression　进度计划压缩

参阅持续时间压缩。

199. schedule control　进度计划控制

控制项目进度计划的变化。

200. schedule performance index（SPI）　进度执行指数

已经执行工作预算对计划执行预算的比率（BCWP/BCWS）。参阅挣值法。

201. schedule variance（SV）　计划偏差

（1）一项工作的计划完成量与该工作实际完成量之间的差。

（2）在挣值法中 BCWP 减去 BCWS。

202. scheduled finish date（SF）　计划的完成日期

在一项工作上原计划的工作完成时间点。计划的完成日期正常情况下在最早完成日期和最迟完成日期之间。

203. scheduled start date（SS）　计划的开始日期

在一项工作上原计划的工作开始时间点。计划的开始日期正常情况下在最早开始日期和最迟开始日期之间。

204. scope　范围

一个项目所提供的产品和服务的总和。

205. scope baseline　范围基准计划

参阅基准计划。

206. scope change　范围变更

项目范围的任何变更。范围变更几乎总是要求对项目成本和进度进行调整。

207. scope change control　范围变更控制

控制对于项目范围的变更。

208. scope definition　范围定义

为了提供更好的控制，把项目的主要可交付成果分解为比较小的、更易于管理的组成部分。

209. scope planning　范围规划

开发一个包括项目可行性论证、主要的可交付成果和项目目标的书面范围说明文件。

210. scope verification　范围验证

确保所有确认的项目可交付成果已经满意地完成的过程。

211. should-cost estimates　合理的成本估算（标底）

对一个产品或服务的一种成本估算，用以评估预期的供应商所建议的成本的合理性。

212. slack　时差

在 PERT 中使用的与 float 等同意义的术语。

213. solicitation　询价

获取相应的报价单、标价、报盘或建议书。

214. solicitation planning   询价计划编制

编写产品需求文档并识别潜在的来源。

215. source selection   供方选择

从潜在的供应商中挑选合格供应商。

216. staff acquisition   人员招募

获得在项目上工作所需要的人力资源。

217. stakeholder   项目干系人

参加或可能影响项目工作所有个人或组织，又称项目利益相关者。

218. start date   开始日期

与一个项目工作的开始相关的时间点，通常是由如下的一个词修饰的：实际的、计划的、估算的、编制的、最早的、最晚的、基准计划的、目标的和当前的。

219. start-to-finish   开始到完成关系

参阅逻辑关系。

220. start-to-start   开始到开始关系

参阅逻辑关系。

221. statement of work（SOW）   工作说明

对合同中的规定产品或服务的文字描述。

222. subnet   子网

项目网络图的一个局部，通常代表某些子项目。

223. subnetwork   子网络，局部网络

参阅子网。

224. successor activity   后续工作

（1）在箭线式图示法中，离开一个结点的工作。

（2）在优先图示法中，"到"工作。

225. target completion date（TC）   目标完成日期

限制，或通过修改网络分析方法实现的一个强制的日期。

226. target schedule   目标进度计划

参阅基准计划。

227. task   任务

参阅工作。

228. team development   团队建设

开发个人或项目小组的技能，改善项目执行效果。

229. team members   团队成员

参阅项目团队成员。

230. time-scaled network diagram   时标网络图

任何以工作的位置和长度代表它的持续时间的项目网络图。基本的时标图是包括网络逻辑的一个条形图。

231. target finish date（TF）　目标完成日期

在一项工作上工作计划（确定为目标的）完成日期。

232. target start date（TS）　目标开始日期

在一项工作上工作计划（确定为目标的）开始日期。

233. total float（TF）　总时差

参阅时差。

234. total quality management（TQM）　全面质量管理

在一个组织内实现一个质量改进计划的通用方法。

235. workaround　权变措施

对一个不利的风险事件的处理。它与应急计划不同，在不利风险事件未发生前没有在风险事件应对措施中考虑到。

236. work breakdown structure（WBS）　工作分解结构

针对可交付成果的项目元素的分组，它归纳和定义项目的整个范围。层次每降一级，代表增加一级项目组成部分的细节定义。项目组成部分可能是产品或服务。

237. work item　工作项

参阅工作。

238. work package　工作包

工作分解结构中在最低级别上的一个可交付成果。一个工作包可能被划分为若干工作任务。